KB070293

Attachment Theory in Practice
Emotionally Focused Therapy(EFT) with Individuals, Couples, and Families

애착이론과 상담

개인, 부부, 가족을 위한 정서중심치료

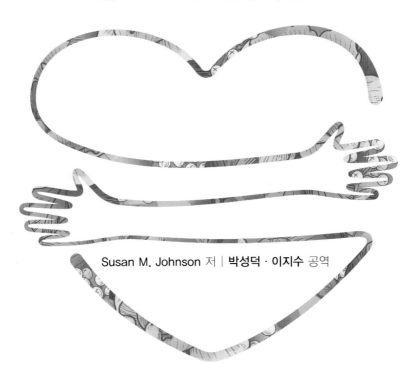

Susan M. Johnson 저 | 박성덕 · 이지수 공역

학지사

내 삶에 위대한 기적을 가져다준 동반자 John!
당신은 내 마음과 영혼에 매일 빛을 비춰 주어서 안전한 모험을 하게 해 주었고
나를 강하게 만들어 주었어요.

그리고 나의 위대한 동료들,
성인결합에서 과학적 신기원을 이룬 개척자 Mario Mikulincer와 Phil Shaver,
나의 EFT 가족이 되어 준 뛰어난 임상가와 훈련가들,
우리는 함께 성장했어요.

역자 서문

　수잔 존슨(Susan Johnson) 교수가 개발한 정서중심 부부치료(Emotionally Focused Therapy: EFT)는 발전 속도와 이를 통한 불화부부의 회복 정도가 깊고 놀라우며, 부부치료분야의 변화를 이끌고 있다. 특히 성인 사랑과 불화를 이해하는 데 애착이론을 최초로 적용함으로써 정서중심 부부치료의 치료효과를 극대화시켰다. 성인 관계를 애착 렌즈로 바라보면 결합이 되는 순간은 물론 분리되는 순간에 보이는 소중한 두 사람의 반응을 깊이 이해할 수 있게 된다. 부부치료로 출발한 정서중심 부부치료는 이제 개인치료와 가족치료 분야에서 탄탄한 기반을 다지고 있고 실제 변화를 이끌고 있다. 개인과 가족치료 발전의 배경에도 역시 애착이론이 큰 역할을 차지하고 있다. 애착이론은 개인의 작은 사랑의 속삭임을 사랑하는 사람에게 크게 들려주기도 하고, 상처 속에 있는 도움에 대한 갈망을 들리게도 해 준다. 치료사는 아파하고 고통스러워하는 내면의 이유가 무엇인지를 애착의 렌즈를 통해 이해하여 정확한 치료 목표를 잡을 수 있다. 이를 통하여 많은 내담자가 혼란스러운 정서와 관계에서 벗어나서 점차 안정적인 삶을 살아갈 수 있다.

　『애착이론과 상담』은 저자인 수잔 존슨 박사가 상담 장면을 기록하고 영상을 지켜보면서 무엇이 문제인가를 특유의 통찰력과 풍부한 경험을 바탕으로 저술했다. 그리고 애착에 대한 과학적인 발견을 통해서 이론과 경험에 대한 신뢰를 높였고 애착이론을 상담 분야의 중심으로 이끌었다. 애착이론은 다양한 나라에서 개인, 부부, 가족을 변화시키고 긍정적인 자아, 자신감 회복, 안전한 관계로 나아가게 해 주었다. 또한 갇혀 있던 부정적 감정과 악순환의 고리에서 벗어나 안정된 삶을 영위할 수 있는 방법을 제시하고 있다. 특히 이 책에서는 현대를 살아가는 사람들이 가장 많이 접하는 우울과 불안에 대한 해결 방안을 경쾌하게 풀어 가고 있다. 이러한 문제를 해결하기 위해서 앞으로 심리치료가 나아가야 할 관계의 중요성과 정서의 합리성을 강조하고 있다. 저자는 또한 개인이 일상에서 접해야만 하는 관계를 통하여 인간은 인간다운 삶을 살 수 있다는 확신으로 이 책을 저술하고 있다. 안식처와 안전기지인 애착 대상을 통하여 개인이 성장하고 관계가 건강해질 수 있다는 점을 강조한다.

총 10개의 장으로 구성된 이 책에서 저자는 애착의 과학적인 이해, 변화를 일으키는 정서, 개인치료, 부부치료, 가족치료에서 애착이론이 적용되는 과정을 자세하게 담고 있다. 그리고 각 장의 마지막에는 마음에 깊이 새겨야 할 중요한 내용을 요약하여 강조하고 있다. 이 책을 보는 상담 분야의 전문가들은 애착이론을 상담 실제에 적용하기 쉽게 기술한 내용을 통해서 내담자를 바라보는 시각이 변하고 상담에 대한 이해가 확장될 수 있을 것이다. 정서가 가진 변화의 힘을 신뢰하게 될 것이다. 그리고 어렵고 혼란스러운 상담의 교착상태에서 벗어날 수 있는 계기를 만들 수 있을 것이다.

이 책을 번역하면서 먼저 상담이 진행되는 '연리지가족부부연구소'와 전문가를 교육하는 '한국정서중심치료센터'의 직원들에게 감사를 드린다. 특히 함께 교정을 보고 우편물도 발송해 주신 배금란, 정지연 선생님께 많은 도움을 받았다. 함께 번역을 맡아 준 정신건강의학과 전문의이신 이지수 선생님께도 감사를 전하고 싶다. 그동안 여러 가지 정서중심 부부치료에 대한 책을 발간할 수 있게 허락해 준 학지사 김진환 사장님과 편집을 맡아 주신 분들께 감사를 전하고 싶다. 이들의 도움은 향후 한국 상담 분야의 발전에 든든한 주춧돌이 될 것이라고 확신한다.

"나를 미워하고 싫어하는 줄 알고 불안하고 우울했고, 혼자만 사는 세상이 처절하게 외로웠는데, 지금 소중한 사람이 곁에 있어요. 희망이 생겨납니다." 상담을 하면서 많은 사람이 회복되기 시작할 때 하는 말이다. 그 소중한 사람이 때로는 전보다 건강해진 자기 자신, 부모 혹은 배우자가 된다. 그리고 상담을 진행하고 있는 치료사가 소중한 사람이 되어 준다. 『애착이론과 상담』은 외로운 세상을 살아가는 많은 사람이 기댈 수 있는 사람 곁으로 다가갈 수 있도록 안내해 줄 것이다. 이 책은 분명 많은 상담실에서 회복으로 안내해 줄 길잡이가 될 것이다.

연리지가족부부연구소에서
역자 대표 박성덕

저자 서문

오, 음악에 맞춰 흔들리는 육체여, 오, 반짝이는 시선이여

어떻게 우리는 무용수와 춤을 구별할 수 있겠는가

— William Butler Yeats

나는 써야만 했다. 삶을 흔드는 만화경 속의 혼돈을 구속하고 잠시나마 멈추기 위해서 썼다. 나는 상담하는 동안에 기록했다. 경험에 대한 이해가 명확치 않고, 소중하거나 아름다운 무언가를 발견했을 때 나는 메모했다. 회기 중에 내담자가 나에게 가르쳐 준 것을 기록해야만 했으며, 그들은 항상 나에게 뭔가를 가르쳐 주었다. 놀랍게도 모든 회기와 기록된 반영은 여전히 인간의 영역을 향해 나아가는 모험이자 기회라는 것을 알게 되었다. 여기서 내가 무엇을 발견할 수 있을까? 항상 내가 아직도 이해하지 못했다는 것이다.

심리학자로서 나는 심리학과 정신의학 분야의 모든 유명한 분이 나누어 준 통찰과 결론 그리고 21세기에 우리 분야가 나아가기 위해서 제공한 의견에 귀 기울이는, 평생 배우는 학생으로 살고 있다. 나는 전 세계에 있는 치료사를 가르치면서 그들의 갈망, 좌절, 딜레마를 듣는다. 그래서 자연스럽게 나는 지난 10년간 심리치료에 대한 많은 노력과 우리의 문제가 무엇이고 나아가야 할 최선의 길이 무엇인시에 대한 나의 비전을 세웠고, 지금 이러한 비전을 기록하게 되었다.

나는 우리 직업에 대해 큰 희망을 갖고 있다. 우리는 친밀한 관계는 물론 우리가 누구인지, 더 좋게 그리고 더 나쁘게 삶을 전개하는 방식에서 관계가 하는 역할에 대해 아주 많이 그리고 빨리 배우고 있다. 나는 또한 실망도 갖고 있는데, 그렇게 생

각하는 몇 가지 이유는 제1장에서 다룰 것이다.

세상은 이전보다 더욱 훌륭한 치료사를 찾고 있다. 그리고 좋은 치료사는 인간을 이해하는 확실한 방법, 갈등에 대한 지도, 내담자를 온전함과 건강으로 안내해 줄 분명한 길이 필요하다. 우리가 안전하고 건강하고 자신 있고 막혀 있지 않다면, 내담자를 동일한 곳으로 돌아오게 도와줄 수 있다.

이 책은 성격과 정서조절에 대한 종합적 발달관점인 애착이론의 개요를 제공하고, 심리치료의 일반 임상에 이론이 미치는 영향을 보여 준다. 이 책에서 애착이론과 경험적 인본주의 모델의 개입 사이의 분명한 연관성을 묘사한다(이러한 연관성을 좇아가기 위해서 EFT를 사용한다). 또한 평가를 위한 통합적 접근 및 애착에 대한 통찰이 개인, 부부 및 가족 치료에 효과적으로 개입되는 방법에 대해 이해를 하게 한다. 각각의 치료방식을 소개하는 장에서 이러한 토론을 확대시켜 주는데, 이는 작동되는 개입을 보여 주는 실제를 기록한 장에서 밝히고 있다. 첫 장과 마지막 장에서 간단히 나는 애착이론과 심리치료의 실제에 대한 과학의 가능성에 대해서 요약했다. 이 책에서 개입의 초점은 '정서장애(emotional disorder)'라고 불리는 우울과 불안이다.

내 직업을 알고 있는 독자는 나의 주장 혹은 결론에 놀라지 않을 것이다. 앞으로 가야 할 길은 두 가지로, 심리치료의 실제에서 관계의 중요성과 정서의 타당성을 존중하는 것과 우리의 기술을 안내해 줄 애착과학에 귀 기울이는 것이다. 애착과학은 생물학에 대한 것이나, 또한 우리의 가장 깊은 직관이 우리에게 언제나 알려 주는 상식에 대한 것이기도 하다. 무엇보다 그것은 인간을 인간답게 만들어 주는 것, 즉 관계에 대한 것이다. 타인과의 긍정적인 유대감은 인간이 '안전하고 건강한' 장소를 발견하게 도와주는 최선이자 성공할 수 있는 유일한 방법이다.

차례

애착:
과학에 근거한 임상적 핵심 안내

21세기의 가장 흥미로운 돌파구는 과학기술보다는 인간됨에 대한 개념의 확장에서 찾게 될 것이다.

– John Naisbitt

사회적 자원에 가까워지면 우리는 당면한 실제적이면서 비유적인 언덕을 오르는 수고를 줄일 수 있다. 왜냐하면 뇌는 산소 혹은 당분과 마찬가지로 사회적 자원을 생물 에너지원으로 이용하기 때문이다.

– James A. Coan & David A. Sbarra (2015, p. 87)

현재 천 개가 넘는 다양한 심리치료법이 있으며, 그중 400개에서 기법에 대해 구체적으로 밝히고 있다(Garfiel, 2006; Corsini & Wedding, 2008). 또한 현실에 대한 자신 만의 견해를 갖고 있는 다양한 치료 '학파'가 있다. 그들이 설명하는 내용, 기초를 두고 있는 이론의 깊이, 누적된 경험의 수준에 따라서 접근과 방법은 매우 다르다. 더불어 회기 중 내담자가 가져오는 문제를 풀 수 있는 수백 가지의 구체적인 기법이 있다. 이러한 개입기법들은 개인과 증상이 발생한 맥락을 고려하기보다는 증상 완화에 초점을 두고 있고, 복합장애를 가급적 빨리 치료하는 것에 대해 묘사하고 있다. 어느 정도 엄격한 적용을 주장하는 이러한 여러 방법과 기술이 나에게 우리 분야의 혼란에 대한 완벽한 처방처럼 다가왔다.

혼란을 벗어날 수 있는 네 가지 길

(DSM과 같은 분류체계의 확산과 함께) '장애', 모델, 기법의 수가 늘어나면서 훈련 및 기법을 위한 명확하고 보편적이고 엄격한 길을 찾아야 할 필요가 분명해졌다. 여기 가능성이 있는 네 가지 길이 있다. 첫째, 헌신적 경험주의의 길이다. 양심적인 치료사는 과학적 길을 모색하고 경험적 연구들을 살펴보고 나서 각 내담자가 호소하는 현재 문제에 가장 적합한 관점, 모델, 개입방법을 선택하라고 권한다. 특히 매뉴얼로 정리된 치료지침이 워낙 다양하고 복잡하여 배우기 어렵기 때문에 아주 헌신적인 치료사에게조차 불가능하지는 않지만 두려운 과제로 여겨진다. 헌신적 경험주의 치료의 실제는 인지적 지침을 따르게 되고, 치료사는 기술자로 전락하게 된다.

두 번째 길은 치료의 변화과정에 초점을 맞추는 것이다. 여기서 가장 구체적이고 엄격하게 노력해야 할 것은 무엇을 혹은 누구를 변화시킬지와 상관없이 단순하게 치료의 변화과정의 일반 요소(common factor)에 초점을 맞추라고 제안한다. 이 방법은 모든 치료의 효과는 동일하다는 대규모 결과연구에 근거를 두고 있으며, 그래서 특정 모델과 기법은 교체가 가능하다는 것이다. 사실 이러한 일반화는 근거가 없고, 질적으로 다양한 연구를 한데 묶어서 시행한 메타분석, 그리고 종종 의미가 없는 평범한 결과에 근거를 두고 있다. 사실 치료들 사이에 효과를 교환할 수 있다는 생각 전체는 평가방법의 부작용에 기인한다(Budd & Hughes, 2009). 매뉴얼화된 다양한 치료는 많은 구체적 소재를 공유하고 있다. 비록 그 차이가 추적관찰 시 지속적으로 유지되는지는 확실하지 않지만(Marcus, O'Connell, Norris, & Sawaqden, 2014), 특정장애를 위하여 적절하고 효과적인 특별한 치료법이 발견된 부분이 있다(Chambless & Ollendick, 2001; Johnson & Greenberg, 1985).

일반적인 변화요소에 대한 연구의 가장 중요한 변수는 치료사와의 동맹과 내담자의 치료과정 참여 수준이다. 만일 우리가 이런 일반 요소들을 맞게 이해했다면, 변화를 위한 치료과제는 단순해지고 쉽게 다룰 수 있다는 것이다. 긍정적 동맹과 내담자의 참여도는 어떤 종류의 변화에 필요하다. 이들은 분명 변화과정을 강화하는 핵심변수이다. 하지만 이들이 개입의 전체 이야기가 될 수는 없다. 치료사와의 동맹이 결과에 미치는 변량은 대략 10% 정도로 측정되었다(Horvath & Symonds, 1991; Horvath & Bedi, 2002). 더군다나 일반 요소는 치료 상황에서는 일반적이지 못했다. 경험적 인본주의 치료사가 만든 동맹과 인지행동 치료사가 만든 동맹은 과연 동일한가? 내담자 참여의 개념이 더 중요해 보인다. 미국 국립정신건강연구소(National Institute of Mental Health: NIMH)의 우울증 연구에 따르면, Castonguay와 동료들은 모든 치료모델에서 내담자의 정서 참여와 경험이 많으면 많을수록 긍정적 변화를 예측할 수 있다고 밝혔다(Castonguay, Golfried, Wiser, Raue, & Hayes, 1996). 반면 부정적인 정서와 연관된 왜곡된 사고(전통적인 인지행동치료에서 하는)에 초점을 맞추면, 치료 후에 우울 증상을 실제로 더 많이 나타났다. 물론 변화를 위해 충분하다고 생각되는 참여 수준은 특정 치료모델이 가진 목표에 따라서 분명 다를 수 있다.

이 분야에서 명확성과 효율성을 높이기 위해서 세 번째로 제안된 길은 내담자가 호소하는 문제 속에 있는 공통성(commonality)에 초점을 맞추는 것이다. 예를 들면, 소위 정서장애(공황장애, 범불안장애, 우울증 등) 속에 숨어 있는 구조(latent structure)에 초점을 두면서 기법을 통합할 수 있다는 것이다. 즉, 이러한 장애가 가진 문제를 보편적인 부정적 **정동증후군**(negative affect syndrome)으로 본다. 그런 다음 치료사는 경험을 통해서 밝혀진 전반적 불쾌감(general malaise)과 같은 몇 개의 증상을 개선하는 데 힘을 쏟는다. 예를 들면, 부정적 정동증후군은 위협에 대한 과민감성, 위협적 상황에 대한 습관적 회피, 자극에 대한 자동적·부정적 반응 혹은 행동 방식으로 정의될 수 있다(Barlow, Allen, & Chaote, 2004). 변화란 내담자가 위협을 재평가하고, 최악의 상황을 줄여 주어서 두려운 상황에 대한 습관적 회피를 개선할 수 있게 해 주는 것이다(습관적 회피는 새로운 학습을 막고, 역설적으로 불안을 유지시킨다). 그렇게 되면 부정적 자극에 노출되었을 때 실제 다른 방식으로 반응할 수 있게 내담자를 설득할 수 있다. '설득하기' 및 '재평가하기' 위한 가장 좋은 방법은 아직 분명하지 않다.

네 번째 길은 단순히 장애의 발생보다 잘할 때와 역기능적일 때의 기능 방식, 즉 내재된 처리과정에 초점을 맞추는 것이다. 이는 인간이 지속적으로 자아감(sense of self)을 만들고 선택하고 타인과 교감을 하는 방식에 대해서 폭넓은 이해를 갖는 것이다. 이러한 관점에서 특정 근거중심 개입을 따르고, 치료 중 보편적 일반 요소를 붙잡고, 내담자의 문제 목록을 만드는 것이 유용할 수는 있지만 이것보다는 인간 기능에 대한 일반 모델, 즉 인간이 어떤 생명체인지를 묘사하고 이해하려는 시도를 통해서 심리치료의 발달을 이해한다. 이러한 모델은 건강과 긍정적인 기능 그리고 (DSM 혹은 ICD와 같은) 공식 분류체계에서 규정한 장애범위 밖의 역기능과 고통에 대한 일반적 정의를 치료사에게 제공한다. 최근에 이러한 모델들은 개인의 삶을 움직이는 전체 맥락에 치료의 초점을 맞추라고 한다. 이들은 하나 혹은 그 이상의 특정 증상 완화에만 엄격히 집중하기보다는 성장과 최적의 성격발달을 위하여 치료 방향을 확장할 것을 요구한다. 확장된 개념을 가진 모델은 통합적 이해의 틀에서 장애와 변화의 핵심요소를 서술할 수 있게 해 준다. 이러한 틀에서 우리는 내담자의 강점과 약점에 다가갈 수 있고, 그들과 교감할 최선의 방법을 결정할 수 있다. 또한 우리는 변화해야 할 진짜 문제와 변화를 지속시키는 것이 무엇인지 판단할 수 있다. 모든 치료모델은 어느 정도 인간의 기능에 대한 함축적 모델(implicit model)에 근거를 두고 있으나 종종 모호하거나 설명되지 않고 있다. 예를 들면, 인지행동 부부치료 모델은 능숙한 협상이 관계 만족도를 높인다는 친밀한 관계의 합리적 경제모델에 기초하고 있다. 반면에 정서중심 부부치료는 정서와 결합과정에 우선순위를 두고, 정서 반응이 만족과 안정의 핵심 요소라고 생각하는 관계모델에 기초한다.

"아아, 우리의 이론은 경험에게는 아주 보잘것이 없다."라고 Einstein이 말했듯이, 하나의 관점이나 모델이 인생의 풍성함과 복합성을 포착할 수 없다. 최상의 효율과 효과를 낼 수 있도록 임상가를 도와주려면 우리는 정서, 인지, 행동, 대인관계의 역기능을 다룰 수 있는 과학에 기초한 인간기능에 대한 핵심 이론이 필요하다. 이 이론은 개인, 부부 및 가족 치료방식에 공히 적용될 수 있어야 하고, 세 가지 기초가 되는 과학적 시도, 즉 관찰과 패턴의 틀에 근거한 체계적 서술, 한 요소의 다른 요소와의 연관성에 대한 예측, 대규모 보강연구를 통한 일반적 설명의 틀을 제공해야 한다. 이는 최적의 기능과 회복, 시간에 따른 개인의 발달과 성숙, 역기능과 그것의 지속 방식, 그리고 지속적으로 의미 있는 변화를 위한 필요충분조건이 무엇인지에 대한 그림이 확실해야 하고 조작이 가능해야 한다.

특히 심리치료는 습관적 정서조절 방식, 자기와 타인에 대한 인지 형성과 처리 방식, 그리고 중요한 행동과 타인과의 관계형성 방식 등 핵심 조직변수(core organizing variable) 수준의 변화를 도와주는 이론(혹은 경로나 지도)이 필요하다. 이 이론은 정신내적 범위를 넘어서야 하며, 진지하고 체계적으로 자기와 체계, 정신내적 개인 현실, 상호작용 패턴과 연결되어야 한다. 이는 신경과학적 최신 연구는 물론 인간은 사회적 동물로서 타인과의 유대감을 필요로 한다는 증거와 부합되어야 한다.

애착이론: 우리는 누구이며 어떻게 사는가

나는 이러한 범주를 만족시켜 줄 수 있는 오직 하나는 John Bowlby가 밝힌 성격 발달이론, 즉 애착이론(1969, 1988)이라는 데 동의한다. 처음에 애착이론(attachment theory)은 아동의 초기발달이라는 용어로 발표되었지만 최근 몇 년 사이에 성인들과 성인의 관계로 확대되었다. Rholes과 Simpson(2015, p.1)이 밝혔듯이, "지난 10년간 애착 분야만큼 열매를 많이 맺은 이론과 연구 분야는 없었다. …… 애착이론의 주요 원칙에 대한 지속적인 연구는 오늘날 심리과학의 가장 중요한 성과로 기록되고 있다." 더불어 애착과학은 최근의 신경과학, 사회심리학, 정신건강의학, 임상심리학 분야의 연구와 조화를 이루는데, 이것의 핵심 메시지는 인간은 무엇보다도 사회적이고 관계적이며 결합하는 종(species)이라는 것이다. 전 생애에 걸쳐서 타인과의 유대감에 대한 욕구는 삶에 소중한 신경조직, 스트레스 반응, 일상의 정서생활 및 대인관계의 드라마와 딜레마를 만든다.

Magnavita와 Anchin(2014)은 최근에 애착이론이 심리치료를 통합할 수 있는 접근의 기초라고 명쾌하게 밝혔다. 이들은 애착이론이 결국 다양한 심리장애에 대한 적절한 접근법이 될 것이고, 성격 변화와 지속적으로 증상 개선을 이끌어 줄 오랫동안 찾았던 '성배(holy grail)'가 된다고 했다. 다른 사람들도 애착이론은 개인 심리치료(Costello, 2013; Fosha, 2000; Wallin, 2007), 부부치료(Johnson & Whiffen, 2003; Johnson, 2002, 2004), 가족치료(Johnson, 2004; Furrow, Palmer, Johnson, Faller, & Palmer-Oslon, 출판 중; Hughes, 2007)와 같은 특정 분야의 접근에 대한 실제적 바탕을 제공한다고 밝혔다. 이 모든 저자는 핵심적으로 애착과학과 이론이 가진 통합성을 강조하였고, 이러한 관점은 E. O. Wilson이 사용한 용어 '합일(consilience)'(1998)처럼 인간을 분리와 분열로부터 벗어나게 한다. 이 용어는 우주는 질서가 있고, 질서는 발견될 수 있고, 상호작용 규칙과 과정의 연속이며 체계적으로 펼쳐진다는 고대 그리스의 신념으로부터 나왔다. 이 규칙들은 여러 현상으로부터 끌어낸 증거를 집합하여 나왔고, 우리의 세상과 자신에게 실행 가능한 청사진을 제공해 준다.

◍

애착이론의 원칙

John Bowlby에 의해서 빛나게 구상되고(Bowlby, 1969, 1973, 1980, 1988), 최근 사회심리학자에 의해서 더욱 발전되어(Cassidy & Shaver, 2008; Mikulincer & Shaver, 2016) 지금까지 발달해 온 현대 애착이론의 기본원리는 무엇인가? 나는 열 가지를 말하고 싶다. 하지만 먼저 이 관점에 대한 세 가지 일반적 사실을 주목하라. 애착은 근본적으로 개인을 자신의 가장 가까운 관계의 맥락에 두는 대인관계이론이다. 이는 인류를 기본적으로 사회적으로 볼 뿐 아니라 **결합하는 인간**(Homo Vinculum)으로 본다. 타인과의 결합은 인간의 가장 중요한 생존전략이다. 두 번째는 이 이론은 핵심적으로 정서와 정서조절에 주목하며, 특히 두려움의 의미를 크게 생각한다. 두려움은 일상의 불안이라는 것뿐 아니라 절망과 취약성과 같은 본질적 문제를 반영하는 실존의 수준으로 여긴다. 즉, 그것은 죽음, 고립, 고독, 상실과 같은 생존의 관심사를 반영하는 것으로 본다. 정신건강과 행복을 위한 중요한 요소는 이들 요소가 활력과 복원력을 강화시키는 방식으로 다루어질 수 있냐는 것이다. 세 번째, 애착이론은 발달이론이다. 즉, 애착이론은 성장과 유연한 적응 및 이와 같은 적응을 막거나 강화하는 요소에 관심을 둔다. 결합이론은 신뢰할 만한 사람과의 친밀한 유대감이 인간의 뇌, 신경계 그리고 행동 패턴이 발전할 수 있는 생태학적으로 필요한 부분(ecological niche)이고, 가장 훌륭한 자신으로 발전할 수 있는 조건이라고 생각한다.

애착이론과 과학의 열 가지 핵심 원리를 간단히 설명하자면 다음과 같다.

1. 요람에서 무덤까지 인간은 대체 불가한 특별한 누군가와의 사회적 접촉은 물론 신체적·정서적 근접성을 찾는 것을 타고났다. 중요한 타인과의 유대감에 대한 갈망은 인간의 목표와 욕구의 중요한 우선순위를 차지한다. 인간은 위협, 버림, 고통 혹은 불확실한 상황에 직면할 때, 유대를 향한 타고난 욕구를 가장 절실하게 인

식한다. 애착체계를 자극하는 위협은 사랑하는 사람의 거절에 대한 해석, 자신의 죽음에 대한 이미지 혹은 구체적 생각 등 외적 혹은 내적으로 올 수 있다(Mikulincer, Birnbaum, Woddis. & Nachmias, 2000; Mikulincer & Florian, 2000). 취약성은 우선적으로 유대감과 위안을 받고 싶은 욕구를 일으키고, 타인의 접근을 유발하기 때문에 관계에서 공유된 취약성은 결합을 형성한다.

2. 부모, 형제, 오랜 친구, 배우자 혹은 영적 대상과 같은 애착대상과의 상상의 신체적·정서적 유대는 신경계를 진정시키고, 확실한 위안과 위로를 주고, 정서균형을 회복하거나 강화시켜 주는 신체와 정신적 **안식처**(safe haven)의 느낌을 만들어 준다. 특별히 어린 시절의 타인의 반응은 위협에 신경계를 덜 예민하게 만들고, 비교적 안전하고 감당할 수 있는 세상을 기대하게 만든다.

3. 이러한 정서균형은 현실에 기반을 두고, 긍정적이고, 통합된 자아감을 강화시키고, 내적 경험을 일관된 전체로 조직하는 능력을 향상시킨다. 현실에 기반을 둔 자아감은 애착대상에게 욕구를 적절하게 표현하게 한다. 이러한 표현은 유대감을 쉽게 형성시켜 주고, 이후 다가와서 지지해 줄 가까운 사람에 대한 긍정적 모델을 지속적으로 만들어 간다.

4. 사랑하는 사람에게 의존할 수 있다는 느낌은 **안전기지**(secure base)를 만든다. 이는 바깥세상으로 나아갈 수 있는 발판이 되고, 탐색을 가능케 하고, 유능감과 자율성을 발달시킨다. 반면 애착욕구의 부인과 가짜 자기충족감은 골칫거리만 가중시키지만 **효과적 의존**(effective dependency)은 능력과 복원력의 원천이 된다. 믿을 수 있는 사람에게 접근하여 의존할 수 있고, 안전한 유대감이 내재화되면, 이는 인간이 생존하는 데 필수자원이 되고, 불확실한 세상을 헤쳐 나갈 수 있게 해 준다.

5. 애착결합의 질과 안정을 정의하는 핵심요소는 애착대상으로부터 지각된 **접근**(accessibility), **반응**(responsiveness), **정서 교감**(emotional engagement)이다. 이들 요소는 머리글자 A.R.E.로 나타낼 수 있다[임상에서 A.R.E.는 부부갈등 시 떠오르는 애착적 질문 "나를 위해서 내 곁에 있어 줄 수 있나요?(ARE you there for me?)"의 약칭이다].

6. 애착결합이 위협을 받거나 안전한 유대감이 상실될 때 분리고통(separation distress)이 발생한다. 공동 활동이나 존중에 기반을 둔 정서결합이 있는데, 이러한 것이 깨지면 개인이 고통을 겪는다. 하지만 이러한 고통은 단순히 애착결합에 대한 의문이 생겼을 때와는 강도 혹은 의미가 다르다. 애착대상과의 정서적·신체적 고립은 인간에게 타고난 외상이고, 취약성, 위험뿐 아니라 절망감 등 강한 감정을 불러일으킨다(Mikulincer, Shaver, & Prereg, 2003).

7. 안전한 유대감은 결합된 관계의 핵심 상호작용 기능이고, 개인이 정신모델 속의 상호작용하는 방식을 결정하거나 반응규칙을 만든다. 일반적인 애착 안정감은 고정되어 있지 않으며, 새로운 경험을 통하여 변화되고 애착의 인지적 작동모델과 정서조절 전략을 바꾼다(Davila, Karney, & Bradbury, 1999). 또한 어떤 관계에서는 불안정하더라도 다른 관계에서는 안정감을 형성할 수 있다. 작동모델은 일차적으로 타인을 신뢰할 만한 것인가와 자기수용, 즉 보살핌을 받을 자격이 있는가와 연관되어 있다. 이들은 두 가지를 묻는다. "내가 당신에게 기대해도 되나요?" 그리고 "내가 당신의 사랑을 받을 가치가 있나요?" 내적 작동모델은 기대, 정서를 자극하는 자동지각 성향, 일화 기억(episodic memory), 신념과 태도를 내포하고 있고, 친밀한 관계를 만드는 방식에 대한 절차적 인식을 의미하고 있다(Collins & Read, 1994). 이와 같은 아주 완고하고 자동적으로 움직이는 작동모델은 상호작용에 대한 인식을 왜곡해서 편협된 반응을 하게 만든다. 이들은 건설적인 방식보다는 '늘 익숙한 방식'을 현실로 경험하게 만든다.

8. 안정애착형은 친밀감과 자신의 타인에 대한 욕구를 편안하게 여긴다. 이들의 일차적 애착전략은 자신의 욕구를 인식하고 접촉을 만들거나 유지하기 위하여 (대체로 언어적·비언어적인 신호에 맞춰서) 애착대상에게 적절하게 접근하는 것이다. 애착대상이 반응하면, 이러한 반응은 신뢰받고 수용되어서 접근한 사람의 신경계가 진정된다. 이와 같은 효과적인 전략을 제공받으면 애착안정은 스트레스를 진정시키고, 전 생애에 걸쳐 긍정적인 대응방식을 강화시킨다.

9. 필요할 때 타인의 접근과 반응이 불가능하거나 오히려 위협적이라고 느껴지면

두 번째 모델과 전략이 작동한다. 이러한 이차적 불안정 모델은 타인에게 교감하고 애착정서를 조절할 때 경계, 과잉행동, 불안한 방식을 취하거나 혹은 회피, 철수, 비활성화 전략을 취한다. 첫 번째 전략인 불안애착은 소중한 사람의 부정적인 메시지에 예민해지고 거리감에 항의해서 '투쟁(fight)' 반응을 하여 애착대상의 관심을 받고, 위안이 되는 지지를 받으려 한다. 이에 반해서 두 번째 전략인 비활성 회피 반응은 적대적이고 위험하고 보살펴 주지 않은 사랑하는 사람으로부터 자신을 떨어뜨림으로 좌절과 고통을 줄이기 위한 '도피(flight)' 반응이다. 그러면 애착욕구는 축소되고, 강박적인 자기위안이 자리 잡는다. 자기취약성 혹은 인식된 타인의 취약성은 거리 두는 행동을 조장한다. 모든 사람은 관계에서 때로는 투쟁-도피 전략을 함께 쓴다. 이 자체가 역기능적이지 않다. 하지만 이런 전략이 보편적이고 습관적인 방식으로 굳어져서 결국 생각과 선택을 어렵게 만들고, 타인과의 건설적인 교감능력을 제한하게 된다.

두 번째 모델의 다른 하나는 애착대상에게 상처를 받았을 때 나타난다. 그러면 이들은 사랑하는 사람이 두려움의 원인과 해결이 동시에 되는 역설적 상황에 처하게 된다. 이런 상황에서 이들은 욕망과 두려움, 유대감 요구와 거리두기, 유대감이 생겼을 때 화내기 등의 혼란을 겪는다. 이런 반응은 아동에서는 혼돈애착(disorganized attachment)이라고 하고, 성인에서는 두려움 회피애착(fearful avoidant attachment)이라 한다(Bartholomew & Horowitz, 1991). 후자는 성인관계에서 아주 심한 갈등과 연관이 있다.

내적 양가감정, 갈등, 방어적 차단에 대한 정신역동적 개념은 앞서 언급한 두 번째 모델(그리고 불안정 전략)을 이해하는 데 중요하다. 유아대상 연구에서 회피적인 아동은 조용하고 자제심이 많아 보이지만 엄마와 분리되면 과각성된다. 비슷하게, 회피적 성인은 정서적 고통이나 타인에 대한 욕구를 덜 표현하지만 깊은 혹은 덜 의식적인 수준에서는 매우 강한 애착갈등을 겪는다(Shaver & Mikulincer, 2002). 회피형은 스트레스와 위협에 취약한 부분을 다루기 위한 훌륭한 자원, 즉 소중한 사람과의 안정적 유대감을 신뢰하거나 사용하지 못한다(Selchuk, Zayas, Gunaydin, Hazan, & Kross, 2012)

10. 아동-부모 애착과 비교해서 성인의 결합은 보다 더 호혜적(reciprocal)이고 신

체적 근접성에 덜 의존한다. 상상의 근접성을 만들기 위해서 애착대상에 대한 인지적 표상이 효과적으로 떠올려질 수 있다. Bowlby는 또한 친밀한 관계(특별히 성인의 관계)에서 애착 이외의 두 가지 다른 행동체계를 밝혔다. 그것은 보살핌(caretaking)과 성(sexuality)이다. 이들은 각각 분리된 체계이지만 애착과 함께 작동되고, 애착이 일차적인 체계로 생각되고, 즉 애착과정이 다른 두 가지 체계의 수준을 이끌고, 이들의 핵심 양상을 만든다. 안정애착과 안정감으로 생기는 정서균형은 다른 성인에게 집중하게 만들고, 반응이 풍성한 보살핌을 할 수 있게 해 준다. 이러한 안정은 연속성을 유지하지만 고정된 상태가 아니고 특정 관계와 상황에 따라 달라진다.

안정은 또한 관계의 각성, 친밀감, 기쁨의 수준 및 성적 만족도를 높인다(Birnbaum, 2007). 성, 즉 인간의 결합행위는 정서를 다루는 여러 애착 유형과 전략에 따라 달라지고, 이러한 유형에 수반되어 타인과의 교감에 따라 달라지는 정서신호이다. 회피적으로 애착된 사람은 성과 사랑을 분리시키며, 성 접촉의 감각과 행위에 집중한다. 반면 불안하게 애착된 사람은 감정에 집중하고, 성 자체를 사랑의 증거로 생각하고, 성의 에로틱한 면을 생각하지 않는다(Mikulincer & Shaver, 2016; Johnson, 2017a).

안정적 유대가 정신건강에 미치는 영향

체계적 연구 결과, 유형 혹은 관계 맺는 습관적 전략으로서의 안정애착은 거의 모든 정신건강의 긍정지수 및 사회과학에서 나타난 일반적 행복과 연관이 있다(Mikulincer & Shaver, 2016). 개인 수준에서는 이러한 지수는 스트레스 상황의 회복탄력성, 낙관론, 자존감 상승, 자신감, 호기심을 포함하며, 차이를 극복하고 소속감을 갖게 한다. 또한 자기개방과 주장을 하고, 불확실한 상황에서 인내하고, 힘든 정서를 조절하고, 반응적 메타인지에 개입하고, 다양한 관점을 파악하는 능력과 연관이 있다(Jurist & Meehan, 2009). 이런 상황의 핵심요소는 정서균형을 유지할 수 있는 능력, 효과적인 방식으로 감정을 조절하는 능력, 적절하게 통합된 전체로 정보를 처리하는 능력 및 결단을 지지하여 자기확신을 유지할 수 있는 능력이다. 9·11 테러와 같은 외상을 직면했을 때도 안정애착은 그러한 경험을 완화시킬 뿐 아니라 외상

후 성장을 도와준다(Fraley, Fazzari, Bonnano, & Dekel, 2006).

대인관계 수준에서는 이러한 지표에는 타인에게 민감한 조율, 공감적 반응, 연민, 자신과 다르다고 인식한 부분의 개방, 이타적 행동 성향 등이 포함된다. 연구에 의하면 정서균형을 유지할 수 있을 때, 우리는 타인의 지지를 구하는 신호와 욕구를 단순하고 예민하게 선택하여 그들이 이해하고 수용할 수 있도록 배려하는 반응을 한다. 우리가 안정될 때 집중력이 높아지고, 타인에게 도움이 되는 큰 자원이 된다. 반대로 불안애착형은 자신의 고통을 처리하는 데 정신이 팔리거나 타인의 욕구에 맞지 않는 도움을 준다. 회피형은 자신과 타인의 욕구를 부인하고 공감과 호혜적 지지를 적게 한다. 이들은 자신과 타인의 약점을 외면한다.

사랑하는 사람이 제공하는 안식처와 안전기지를 갖게 되면, 인간은 차이와 갈등을 훨씬 나은 방식으로 다룰 수 있다. 안전한 유대는 균형 잡히고 적응을 잘하게 해 주고, 사랑하는 사람과 관계를 맺게 하여 정신건강과 적응을 증진하고 타인과 관계하는 능력을 개선해 준다.

이 책의 목적을 위해서 정서조절, 사회적응 및 정신건강에 영향을 미치는 안정애착에 주목하는 것이 중요하다. 이는 Bowlby의 주된 관심사이다. 정신건강의 면에서, 애착불안은 치료과정에서 가장 흔히 접하는 두 가지 문제인 우울과 불안의 취약성을 증가시킨다. 정확히 말하자면, 이러한 문제가 발생하는 이유는 개인마다 다르지만 애착과학자들에 의하면 이는 일반적으로 정서조절 과정에 달려 있다. 안정적인 사람은 통제받거나 압도되는 두려움이 없이 고통스러운 정서에 집중하고 쉽게 머무를 수 있다. 이들은 이러한 정서를 바꾸고, 막거나 부인할 필요가 없고 자신에게 적절히 적응할 수 있게 사용하며, 자신의 욕구와 목적을 달성할 수 있다. 이들은 슬픔과 분노와 같은 부정적인 감정에서 빨리 회복된다(Sbarra, 2006). 나는 **반발적으로 정서를 강화하거나 억압하는 것이 아니고, 자기 삶의 방향을 정하는 데 사용할 수 있는 성서에 머무르고, 전서를 헤쳐 나가는 과정과 같이 효과적인 감정조절에 대해 생각하기를 좋아한다.**

이와 달리 애착 불안정(insecurity)은 부적응(maladjustment)의 확실한 위험요소이다. 불안과 회피 애착은 우울증 및 외상후 스트레스 장애, 강박증, 범불안장애 등의 다양한 스트레스와 불안장애에 취약하다(Ein-Dor & Doron, 2015). 백 가지 이상의 연구에서 우울 증상의 강도는 불안정 애착과 연관이 있다고 한다. 우울의 다양한 유형을 살펴본다면 불안애착은 상실감, 외로움, 버림받음, 절망과 같은 대인관계적 면과 연관되어 있는 반면 회피애착은 완벽, 자기비난, 강박적 자기의존과 같은 성취와 연관된 우울감과의 연계성이 높다(Mikulincer & Shaver, 2016, pp. 407-415의 연구표 참조). 애착 불안정은 다양한 성격장애와 연관되어 있다, 특히 경계선 성격장애는 심각한 불안애착과 관련이 있고 분열성 및 회피성 성격장애는 철수-회피애착과 연관이 있다. 불안정은 청소년 품행장애 및 반사회성 장애 같은 외향장애(externalizing disorder) 및 성인의 중독과 관련이 높다(Krueger & Markon, 2011; Landau-North, Johnson, & Dalgleish, 2011).

애착과정과 외상후 스트레스 장애(PTSD)와 연관된 문헌은 특히 흥미롭다. 심장 수술 후(Parmigiani et al., 2013), 이스라엘 참전용사와 전쟁 포로들(Dekel, Solomon, Ginzburg, & Neria, 2004; Mikulincer, Ein-Dor, Solomon, & Shaver, 2011), 그리고 아동기 성적 혹은 신체적 학대를 받아서 겪는 PTSD의 증상 강도는 높은 불안정 애착의 정도와 연관성이 있었다(Ortigo, Westen, DeFife, & Bradley, 2013). 최근의 전향적 연구에서 애착과정과 PTSD 발생 간에 명확한 연관성이 밝혀졌다(Mikulincer, Shaver, & Horesh,2006). 2003년 미국의 이라크 전쟁을 경험한 후 나타난 PTSD의 침범(intrusion)과 회피(avoidance) 증상의 강도는 적개심이 발생하기 전에 측정된 애착안정 수준에 의해서 좌우된다는 것이 밝혀졌다. 애착 불안정형은 침범 증상을 많이 보이고, 애착 회피형은 전쟁과 연관된 회피 증상을 더 많이 보였다. 애착지향 부부치료는 만족스러운 관계를 만들어 주어서(Dalton, Greenman, Claeesn, & Johnson, 2013) 아동기에 애착대상으로부터 학대를 받은 사람뿐 아니라 외상생존자를 도와주며, 이러한 접근법이 외상 증상을 줄여 준다는 것이 밝혀졌다(Naaman, 2008; MacIntosh & Johnson, 2008). 함께 직면한 적은 혼자 직면한 적과는 근본적으로 다르다.

John Bowlby(1969)와 Carl Rogers(1961)는 내담자의 건강하게 성장하려는 타고난 욕망을 믿었다. 애착과학으로부터 나온 건강에 대한 이미지는 심리치료 역사와 인간적 개입모델 발달의 핵심인물인 Rogers(1961)가 언급한 '실존의 삶', 즉 경험의 흐름과 매 순간의 삶에 대한 **개방성**(openness)과 특별히 부합된다. Rogers에 의하면 기능이 좋은 사람의 핵심 성향은 먼저 개인의 내적 경험이 갖는 타당성을 인정하고 긍정하며 그것을 행동의 지침으로 사용하는 **유기체에 대한 신뢰**(organismic trusting)이고, 행동의 다양한 과정을 적극적으로 선택하고 그 선택에 대해서 책임을 지는 **경**

험의 자유(experiential freedom)이며, 새로움을 수용하고 성장을 가능케 하는 유연하고 개방적인 창조성(creativity)이다. Rogers는 "'아주 기능적인 사람'은 특히 '삶을 직면하기 위한 신뢰할 만한 도구는 바로 자신이라는 깊은 확신'을 갖고 있기 때문에 삶을 깊고 폭넓고 풍성하게 경험한다."(p. 195)고 하였다. 이러한 확신은 타인과의 안전한 연결감이 주는 선물이다. 연결감이 주는 다양한 긍정 효과와 만성적 단절이 주는 위험성의 증거는 많이 있다.

그래서 나는 가족치료를 받은 애덤의 극적인 변화에 크게 놀라지 않았다. 세 번의 상담으로 애덤은 적대감, 회피, 청소년 비행의 본보기를 보여 주었다. 하지만 애덤은 자신의 상실감과 실패감에 열린 마음으로 다가가서 눈물을 보이는 아버지 스티브에게 말했다.

"맞아요, 저는 늘 화가 났어요. 나는 쓸모없고 불쌍한 패배자이며, 아버지도 그렇게 느꼈을 것 같아요. 그래서 어떤 것도 의미가 없었어요. 노력할 이유가 있나요? 하지만 우리가 이렇게 가까워지면서, 마침내 아빠가 나를 아들로 원하고 있다는 생각이 들기 시작했어요. 왜 그런지 모르겠지만 그것이 내 감정을 조절할 수 있게 해 주고, 압도되지도 않고 화가 나지 않게 했어요. 그것이 모든 것을 바꿔 놓았어요. 마치 내가 아버지에게 의미가 있는 것처럼 느껴졌어요. 어느 날 나는 일이 잘 풀릴 것 같다고 엄마에게 말했어요. 나는 내가 원했던 사람이 되는 것을 배울 수 있고, 그렇게 될 수 있을 것 같아요."

애착에 대한 흔한 오해

여러 세대를 거치면서 애착이론이 발전하고 지속적으로 개선되었고, 초기 연구가 엄마-아동 결합에 초점을 맞추었기 때문에 정신건강 분야의 전문가들이 성인애착에 주목할 때 흔히 생기는 오해가 있다. 이러한 오류는 네 가지 넓은 영역에 걸쳐서 나타난다.

의존: 건설적인가, 아니면 파괴적인가

오랫동안 발달심리는 성인이 되는 것을 타인에 대한 필요의 거절, 자신을 정의하고 독립적으로 행동할 수 있는 능력이라는 말로 묘사했다. 임상 영역에서 불행히도 의존이란 애착 두려움이 지속적으로 자극받으면서 생기는 불안애착의 심각한 유형으로 애착이론가들이 묘사했던 다수의 역기능적 행동과 연관이 된다. 속박(enmeshment), 상호의존(codependency), 개별화 부족(lack of individuation)이라는 꼬리표는 임상에서 행동을 묘사하는 데 여전히 사용되고 있다. 사실 애착이론에서는 자신은 타인과 함께 정의되지 타인과 동떨어져서 정의될 수 없고, 타인의 지지적인 유대감을 받고 싶은 욕구를 부인하는 것은 힘이 되기보다는 성장과 적응에 장애가 된다고 여긴다.

애착이론이 핵심적으로 기여한 것은 타인과의 안전기지가 강한 자아감(sense of self), 자기효능감(self-efficiency), 스트레스의 복원력을 강화시킨다는 개념이다. 안정적 유대감은 효과적이고 건설적인 의존을 높이고, 다른 사람이 긍정적이고 분명하고 적절한 자아감을 만드는 가치 있는 자원이 될 수 있다. 부모와 아동 및 성인 간 결합에 대한 많은 연구는 의존할 만한 사람과의 유대와 자기를 정의할 수 있는 능력은 서로 연관이 있다는 것을 밝히고 있다(예: Mikulincer, 1995). 불안과 회피 애착형은 모두 타인을 통제하려는 태도를 취한다. 불안형의 사람은 직접적으로 주장을 하지만 비난 혹은 불평을 심하게 하여 어려움을 겪는 반면, 회피형의 사람은 직접적으로 지배하려는 태도를 취한다(성인 연구에 대한 요약은 Mikulincer & Shaver, 2016, pp. 273-274 참조).

Mikulincer와 Shaver(2016, p. 143)는 성인의 애착에 대한 책에서 다음과 같이 언급했다.

한 사람이 고통받거나 걱정에 휩싸이면, 타인에게 위로를 구하는 것이 좋다. 고통이 사라지면 다른 활동에 참여할 수 있고, 중요한 일을 할 수 있다. 애착관계가 잘 기능할 때, 거리두기와 자율성이 타인과의 친밀 및 의존과 완전히 동일하다는 것을 배우게 된다.

여기서 요지는 자율성과 관계는 대립적이지 않다는 것이다.

안전한 유대감은 불확실성에 당당히 직면할 수 있는 능력을 높인다. 안전기지 모델은 '만약에 그러하면 그러하다(If this, then that)'라는 특정 기대를 갖게 하는 대본과 같다(Feeney, 2007). 나는 종종 이 점을 설명하기 위해서 나의 개인적 예를 사용한다. 영국을 떠나 아는 사람 하나 없이 어떻게 생존해야 할까라는 생각에 빠져 있었던 스물두 살의 젊은 숙녀가 대서양 너머 캐나다로 가기로 결정하는 데 아버지와의 안정애착이 어떤 도움을 주었을까? 첫 번째, 아버지의 접근과 반응은 타인을 신뢰할 가치가 있다는 지각과 필요할 때 타인에게 기댈 수 있어서 세상은 본래 안전하다는 믿음을 형성시켰다. 수년간의 아버지와의 유대와 아버지의 인정은 나의 유능감과 자신감을 강화시켜 주었다. 아버지는 지속적으로 나의 실수와 갈등을 수용해 주었고, 확신이 부족할 때 위안과 위로를 주었으며, 불확실한 상황과 실패에서도 생존할 수 있다고 가르쳐 주었다. 무엇보다도 북미의 삶이 아주 힘들 때, 언제든지 고향의 아버지에게 돌아올 수 있게 돈을 부쳐 주겠노라며 나를 위로했다. 아버지는 내게 위험은 감당할 수 있는 것이라고 가르쳤다.

보다 일반 수준에서 애착의 안전기지 기능을 주목하는 것은 애착이론이 부모-아동의 결합과 명확하게 연관되었던 전통 영역 이외의 부분과 결정적인 관련성을 제공한다. 어떤 치료사들은 애착을 축소시켜서 애착의 유일한 기능은 위협적인 상황에서 단순히 보호와 두려움을 관리하는 것이라고 했다. 그래서 이들은 애착이론이 성인에게는 적절하지 않다고 결론지었다. 안전기지 개념은 대체 불가능한 타인에게서 지속적으로 느끼는 안전감이 일생을 통하여 적절한 발달, 성장, 회복은 물론 정서균형을 유지하는 능력의 도약판을 제공한다는 것이다. 또한 삶 가운데 피할 수 없는 위기와 전환기(transition)가 주는 스트레스를 적절하게 다루는 방법도 알려 준다. 이렇게 지지받을 것이라는 확신이 있으면, 안정형은 계획된 위험을 감수하고 자아실현을 이루게 하는 도전을 수용할 수 있다. 이들은 또한 문자적으로 가까이에 자원을 많이 보유하게 되고, 보호와 방어 전략에 사용되어야 할 집중력과 에너지를 개인의 싱장을 위해 쏟을 수 있다.

모델: 고정되었는가, 아니면 유동적인가

애착이론에 대한 두 번째 명확하고 흔한 오해는 결정론적(deterministic)이고, 원가족과의 특별한 개인 과거사가 개인의 성격을 좌우하고, 그래서 미래를 예측하게 만든다는 것이다. Bowlby는 종종 분석적이고 대상관계 관점을 가지고 있으며, 어릴 때의 관계가 어떻게 내담자의 미래의 삶에 작용하는 무의식 모델을 만드는지를 강조하면서 접근했다. 하지만 그는 이러한 모델에 대해서 말할 때 '작동(working)'이라는 형용사를 사용하였고, 이는 유동적이기 때문에 모든 것은 특정 맥락에서 조정 될 수 있고, 적절한 때 변경될 수 있다고 제안했다. 수년 동안 이 모델은 초기 애착이론가가 제안했을 때보다 더 많이 유동적이고, 특히 새로운 경험으로 변화될 수 있다는 사실이 분명해졌다. 예를 들어, 하나의 연구에서 보면, 22%의 파트너가 결혼 전 3개월부터 결혼 후 18개월 사이에 애착 성향이 변화되었다(Crowell et al., 2002). 일반적으로 강한 애착 불안형이 가장 변하기 쉽다. 새로운 경험과 정보에 덜 개방적인 회피형은 변화가 쉽지 않다. 하지만 애착지향 부부치료의 새로운 연구(Burgess Moser et al., 2015)는 회피형의 파트너가 매 회기에 애착모델이 조금씩 변화된다고 밝혔다. 또한 애착 작동모델은 개인치료를 통하여 변화된다는 증거도 있다(Diamond, Stovall-McCloush, Clarkin, & Levy, 2003). 요약하면, 아동기 경험은 발달에 지대한 영향을 주지만 그 궤도는 바뀔 수 있는데, 다만 새로운 경험이 막히고 묵살되거나 사랑하는 사람과의 부정적 상호작용 패턴이 모델의 부정적 요소로 지속적으로 작동하여 모델이 경직되거나 배타적이지 않아야 한다.

과거 대인관계 경험이 현재를 정확히 어떻게 형성하는지는 중요하다. 애착과학은 초기 경험이 타인에게 반응하는 자신의 이야기를 만들 뿐 아니라 감정조절 전략 및 자신과 타인에 대한 모델을 조직한다. 이들은 발전하고 변화되거나 자기충족적인 예언처럼 행동될 수 있다. 애덤이 나에게 말했다. "선생님이 알고 있듯이 나는 사랑받을 것이라는 기대가 없어요. 내 자신이 사기꾼 같아요. 아내는 실수로 나와 결혼한 것 같아요. 그래서 나는 숨어 버렸고, 아내가 내게 다가오게 하지 않았어요. 그리고 결국 아내는 떠나 버렸어요!" 타인과의 단절이 지속되는 이유를 이해하는 간단한 방법은 사랑의 유대감에 대한 갈망은 자연스러운 것인데(이러한 갈망은 포유류의 뇌에 저장되어 있다), 실제 유대감을 보지 못했다면 무엇이 가능한지 알기 어렵고 궁정적 유대감 형성을 지속하기 어렵다. 애덤이 언급했다. "나는 사람들이 여기서 했던 방식으로 말하는지 전혀 몰랐어요. 사람들이 심한 분노감에서 회복되는 것도 몰랐어요. 감정표현이 도움이 되는지도 몰랐어요. 우리 가족 중에 아무도 그렇게 하지 않았으니까요. 하지만 나는 여기서 그것을 배우고 있어요."

성: 안정애착과 별개인가, 아니면 상반되는가

최근의 몇몇 작가는 애착이 현대사회에서 성인결합에 중요한 성적 사랑의 관계에 대한 해답을 줄 수 없다고 했다. 애착은 동반자적 사랑인 친근함에 주목하지만 사랑의 성적인 면을 주목하지 않는다고 주장한다. 사실 새로움과 모험이 만족스러운 성경험의 필수요건이기 때문에 안정애착은 적절한 성욕구의 충족에 방해가 된다고 주장한다.

이러한 성과 애착에 대한 관점은 부부치료에 대한 제6장에서 자세하게 다룰 것이다. 하지만 간단히 말해서 이를 반박할 수 있는 증거는 많다. 아동과 성인의 애정결합은 "핵심과정이 동일한 변종이다"(Mikulincer & Shaver, 2016, p. 18). 두 결합 사이의 유사점은 많다. 즉, 아동기와 성인기의 결합은 마주 보고, 껴안고, 접촉하고, 애무하고, 웃고, 우는 등의 동일한 행동 양상을 보인다. 두 경우 모두 강한 정서를 보이는데, 분리될 경우에는 고통과 두려움, 재결합될 경우에는 기쁨, 결합이 위협을 받거나 상실될 경우에는 분노가 따른다. 둘 다 접촉을 향한 갈망이 있고, 이것이 이뤄지면 위안을 얻는다. 부모-아동 그리고 성인 파트너 결합의 질은 연결을 시도할 때 보이는 상대방의 민감성, 접근성, 반응성에 달려 있다. 성공적으로 연결되면 신뢰, 안전감, 타인에게 관대하고 공감하는 반응이 나타난다. 유대감 상실은 불안, 분노, 항의적 행동을 낳고 결과적으로 우울과 분리로 이어진다. 불안한 매달림 혹은 방어적 거리두기는 성인과 아동 모두에게 나타나며, 습관적 현실 정의의 반응(reality defining response)이 될 수 있다.

애착 안전기지의 핵심기능이 이해된다면, 성인 사랑의 성과 안정애착 사이의 마찰은 사라진다. 연구 결과, 안정적인 연인은 성생활에 만족하고, 긴장을 풀고 성행위에 참여한다. 특히 회피애착에서 많이 나타나는 단절이 성에 부정적으로 영향을 끼친다. 회피형은 성관계 중에 성행위와 감각에 제한적으로 참여하고, 성관계 횟수와 만족도가 떨어진다고 보고했다(Johnson & Zuccarini, 2010). 열정이 성적 탐색과 행위와 연관된 애착갈망이라면, 안정적 유대감은 최적의 성경험을 위한 가장 긍정적인 요소가 될 것이다. 안정감은 위험감수, 놀이, 허용능력을 최대화시켜서 성적 만족의 경험에 빠져들게 된다. 안정적 유대감이 특히 성관계 상황에서 신체적으로 훨씬 취약한 여성에게 필요하다는 증거가 있으며, 그래서 자연스럽게 성행위 시 관계 맥락에 더 예민한 경향이 있다.

성이 애착과 오락성과는 구분될 수 있지만, 성은 관례적으로 유대감의 각본에 통합된다. 결국 많은 사람은 성관계를 '구애'라고 부른다. 이는 유대감을 위해서 노력하고 자녀를 양육하기 위해서 한 팀으로 일하는 짝을 이룬 포유류에게 성적 상호작용은 결합의 경험이 될 수 있다는 사실을 반영한다. 오르가슴은 결합 호르몬인 옥시토신을 분비시키며, 엄마와 유아 사이에 나타나는 현저한 동시적 신체조율(synchronous physical attunement)과 거울행동(mirroring behavior)이 성인의 성행위 동안 가장 확실하게 보인다.

애착: 근본적으로 분석적인가, 아니면 체계적인가

마지막으로, 특히 부부와 가족치료사가 갖는 또 다른 오해는 애착이론이 Fairbairn(1952)과 Winnicott(1965)과 같은 전문가에 의해서 만든 대상관계의 관점에서 나왔기 때문에 근본적으로 분석적 접근이라는 것이다. 예를 들어, 그것은 체계적이거나 상호작용적이지 못하다는 것이다. 사실 John Bowlby는 전통적 정신분석이론에 도전한 이단자로 그의 삶의 대부분이 외면당했다. 또한 현대의 분석적 관점과 애착이론 사이에 새로운 연관성이 있고, 성과 공격성을 다루는 정신분석의 고전적 역동이론 입장이 분명히 바뀌고 있다. 정신분석은 '관계 전환(relational turn)'(Mitchell, 2000)을 수용하였는데, 이는 '마음의 상호관통(interpenetration of minds)'(Stern, 2004)을 하는 치료사와 내담자 사이의 상호작용과 진정한 만남에 초점을 맞춘다. 분석이나 다른 접근법에 사용되는 '상호주체성(intersubjectivity)'이라는 용어는 애착적 관점에서 치료사와 내담자의 감정이 만나는 것이다(Hughes, 2007). 결국 정신분석의 특징은 상호작용하는 개인의 상태를 강조하는 반면 Bowlby는 "어릴 때나 나이가 들어서도…… 개인 생의 발달이 움직이는 중심"을 친밀한 관계로 보았다(1908, p. 44). 그는 사람 사이에 흐르는 행동 드라마에 매력을 느꼈고, Darwin과 같이 동물이 생존하기 위해서 최선을 다하는 부분, 특히 그들의 약점을 다루는 방식에 초점을 맞추었다.

이러한 것이 결국 Bowlby로 하여금 내적 인지와 정서처리 반응의 '내부 고리'는 물론, 행동이라는 '바깥 고리'라고 자신이 명명한 대인관계적 상호작용 패턴과 순환적 피드백 고리를 강조하는 체계접근을 통합하는 데 집중하게 했다(Bowlby, 1973; Johnson, 2011). 나와 여러 사람이 언급했듯이(Johnson & Best, 2003; Kobak, 1999) 그의 관점이 가진 강점 중에 하나는 그것의 범위, 즉 자기와 중요한 타인과 습관적인 반응에 의해서 작동되는 상호적 피드백 고리의 핵심 패턴을 밝혔다는 사실이다. 체계치료사는 무용수의 살아 있는 경험을 배제하고 친밀한 사람 사이의 서로를 제한하는 상호작용 패턴 고리 혹은 춤에 집중한다고 비판을 받아 왔다. 애착이론은 이 둘을 명쾌하게 바라본다. 상호작용 패턴과 그것의 정서적 결과는 무용수의 관계에 대한 주관적 이해와 관계 속의 자아감을 만들고 유지한다. 이러한 이해는 상호관계의 춤을 조직하는 상호작용 반응을 만든다. 그래서 앤드류가 부인 세라에게 보인 요구적인 태도는 그녀의 거절로 시작된 자신의 정서불안을 처리하는 습관적인 방식이다. 불행히도, 그의 과격한 요구는 세라의 습관적 위축을 일으킨다. 이렇게 발달된 요구-위축 패턴은 배우자를 강박적으로 추적하는 앤드류의 극도의 애착 두려움과 자기부적절감을 갖게 한다.

애착이론과 고전적 체계이론(Bertalaffy, 1968)에서는 공히 역기능을 개방과 융통성의 제한과 상실로 보는데, 결과적으로 새로운 신호에 반응하는 방식을 새롭게 하거나 수정할 수 없다. 경직되고 제한된 시각과 반응방식은 문제가 된다. 애착이론과 체계이론은 모두 과정(process), 즉 고정적이고 직선적인 인과모델(static, linear model of causality)보다는 사건의 전개방식에 관심을 두며, 탈병리적인(nonpatholizing) 태도를 취한다. 내담자들을 자신과 그들 사이에 결함이 있다기보다는 좁은 지사과 반응방식에 갇혀 있다고 본다. 애착이론은 내적 경험을 멀리하는 체계적 관점에 더하여 타인과의 상호작용에 갇힌 패턴을 조직하는 정서과정을 받아들인다.

연구 토대의 발전

지난 반세기 동안 일생의 부모, 자녀, 성인 파트너, 신과의 결합에 대해서 진행된 수백 개의 연구를 통해서 비로소 인간 본성의 기본요소를 인정하고 밝혀 주는 가장 방대하고 적절한 데이터베이스가 구축되었다. 지식의 실체를 구축하는 첫 단계는 낯선 환경에서 떨어졌다가 다시 결합하는 엄마와 유아를 발달심리학자가 관찰하면서 이러한 반응이 재발되는 패턴을 밝히면서 시작되었다. 쥐의 기본 조건화 연구(basic conditioning study)를 감안하더라도 낯선 환경은 지금까지 고안된 가장 의미 있는 심리학적 연구계획이 분명하다. 이러한 심리학자가 엄마-유아 결합연구에서 발견한 것은 육아방식뿐 아니라 아동의 특성에 대한 이해를 바꿔 놓았다. 두 번째 단계는 1980년대 말에 사회심리학자가 성인을 대상으로 사랑의 관계에 대한 설문을 하며 엄마-유아 연구에서 나타났던 분리와 재결합의 동일한 반응을 발견하면서 시작되었다. 발달과정에서 기본 애착대상이었던 부모가 점차 또래로 대치된다는 것이 밝혀졌다(Hazan & Zeifman, 1994; Allen & Land, 1999). 이후 연구자들은 관찰연구를 실시하였다. 그들은 성인 연인들 중 한 사람이 불안과 불확실한 상태에 처했을 때 서로에게 다가가서 위안을 주는 방식을 밝혀냈고(Simpson, Rholes, & Nelligan, 1992), 본래의 결합연구에서 발견된 안정, 불안, 회피라는 기본 세 가지 애착유형에 대한 명확한 증거를 발견했다. 그들은 또한 유아의 혼란애착(disorganized attachment)에 해당되는 심한 불안과 회피 전략 사이를 요동치는 성인의 두려움 회피애착(fearful avoidant attachment)이라는 유형을 명확하게 밝혔다(Bartholomew & Horowitz, 1991). 안정형은 자신의 불안을 분명히 드러내고, 파트너에게 다가가며, 위안을 받아서 자신을 진정시키고, 고통받는 파트너를 지지하고 위로할 수 있다. 반면 회피형은 불안이 올라오면 파트너를 밀어내고 타인의 위안과 보살핌의 욕구를 무시한다. 심리학자는 공항에서 헤어지는 파트너의 행동과 같은 분리행동을 관찰하고(Fraley & Shaver, 1998), 애착유형의 일반적인 영향을 연구하기 시작했다. 예를 들면 Mikulincer(1998)는 안정되면 될수록 논쟁 중에 공격적 적대감을 덜 보이고 파트너의 악의적 의도에 대한 귀인(attribution of malicious intent)을 덜하게 된다는 사실을 발견했다. 그는 또한 안정된 파트너들은 호기심이 많고, 새로운 정보를 공개하

고, 애매한 상황을 편안하게 받아들인다는 것을 밝혔다(1997). 최종적으로 애착이
론의 핵심에 있는 영향력을 밝히는 연구들이 성인을 대상으로 실시되었다. 예를 들
면, 애착유형은 전시 상황에서 빠른 회복력(Mikulincer, Florian, & Weller, 1993) 및 직
장에서 높은 자신감과 능숙도(Feeney, 2007)를 예측하게 한다.

　이러한 애착연구의 최종 흐름은 성인애착과 그것의 영향력에 대한 이해의 폭을
넓혀 주었다. 지난 10년간의 연구범위를 압축하기 어렵지만 가장 흥미 있었던 결과
들은 언급할 수 있다. 애착과 연관된 종단 연구들은 아동기의 행동과 성인의 관계의
질을 측정했다. 미네소타 대학의 종단 연구계획에서 Simpson과 동료들은(Simpson,
Collins, Tran, & Haydon, 2007) 낯선 상황에서 엄마에 대한 아동의 반응은 이 아동의
초등학교의 사회성, 10대 친구와의 친밀성, 25세 때의 연인관계의 질을 예측하는
강력한 인자임을 발견했다. 하지만 아동의 경험방식과 그것의 세대 간의 영향은 변
화될 수 있다는 오래된 연구들을 또한 기억해야 한다. 불안애착형의 어머니가 만약
반응이 풍성하여 안전한 유대감을 제공하는 남편을 만나면, 사랑으로 양육할 수 있
으며 결국 자녀는 어머니와 이별하고 재결합할 때 안정적인 반응을 보인다(Cohen,
Silver, Cowan, & Pearson, 1992).

　애착연구의 중요도는 현재 친밀한 관계 영역 밖으로 확대되었다. 나의 저서 『날
꼬옥 안아줘요(Hold Me Tight)』(2008a)에서 사랑하는 가족은 인간 사회의 기초가 된
다고 했다. 타인에 대한 반응은 인간 사회의 핵심이다. 안정애착은 공감, 이타적 성
향과 타인의 입장에서 행동하려는 마음을 강화시킨다. Mikulincer와 동료들의 다양
한 연구(Mikulincer & Shaver, 2016, 제11장에서 요약)는 이타심과 타인에 대한 공감 사
이의 연관성을 밝혔다. 예를 들면, 이러한 연구는 잠시 멈추어서 누군가가 당신을
보살펴 준 시간을 쉽게 회상하면서 애착체계를 준비시키면, 잠시나마 당신과 달랐
던 사람에 대한 적대감이 줄어든다는 것을 밝혔다. 돕는 것이 불편감을 유발하더라
도 적극적인 동정심과 타인을 돕는 마음은 안정애착과 연결되어 있다는 증거는 많
이 있다(Mikulincer, Shaver, Gillath, & Nitzberg, 2005). 이와 반대로 회피형은 공감에
대해 관심이 낮고 타인의 행복에 책임지려는 마음 혹은 타인을 도우려는 마음이 덜
했으며(Drach-Zahavy, 2004), 불안형은 공감을 느끼지만 타인의 욕구에 집중하기보
다는 자신의 고통에 사로잡힌다.

　안정애착은 신과의 관계와 같은 다양한 영역(Kirkpatrick, 2005; Granquist,

Mikulincer, Gewirtz, & Shaver, 2012)과 성에 대한 인식과 경험(Johnson & Zuccarini, 2010)으로 확대된다. 애착유형에 따라 기도방식도 다르다(Byrd & Bea, 2001). 안정형의 기독교인은 하나님에게 주목할 때 명상적 대화방식을 사용하는 반면, 불안형의 기독교인은 은혜를 요구하고 간청한다. 안정형의 연인은 성적으로 다양한 동기를 갖고 있지만 친밀감의 욕구를 강조한다. 이들은 성행위를 즐기며, 성적 욕구를 개방적으로 탐색하며 성에 대해 개방적으로 쉽게 소통할 수 있다.

심리치료에서 애착 변화

심리치료에서 애착 변화의 연구에 대해서 언급하는 것은 적절해 보인다. 정서와 정서를 다루는 방식, 사고 패턴과 기대, 특정 반응 등 많은 요소를 포함하는 애착 변화를 측정하고 연구하는 것이 무엇을 의미하는가? 성인애착을 측정하는 일반적이고 가장 인정받는 방법은 친밀한 관계경험척도 개정판(Experiences in Close Relationship Scale-Revised: ECR-R; Fraley, Waller, & Brennan, 2000)인데, 이 척도는 이 책의 부록 1에 실려 있다. 문항을 살펴보면 독자는 임상가와 연구자가 불안과 회피 애착에 접근할 때 사용하는 특정 질문을 이해할 수 있다. 이 척도에서 안정애착은 불안과 회피에서 공히 낮은 점수를 보였다. 문항은 "나는 다른 사람에게 부합되지 못할까 걱정이다." 혹은 "나는 사랑하는 파트너에게 의존하는 것이 어렵다."와 같은 서술도 포함되어 있다. 독자는 이러한 척도를 사용하여 애착 기록방식을 직접 평가할 수 있다. 연구자들은 안전기지 점수체계(Secure Base Scoring System; Crowell et al., 2002)와 같은 행동 척도로 기록되는 갈등협의(conflict discussion) 같은 상호작용에서 타인을 향한 특정 행동의 변화를 측정한다. 이 척도는 사람이 갈등에 대한 명확한 신호를 보낼 수 있는지와 제공된 위안을 받아들이고 진정되는지 뿐 아니라 타인의 고통을 인식하고 상황에 맞게 반응할 수 있는지를 기록한다. 우리는 또한 아동기의 애착과 최근의 상실에 대해서 면담하고, 성인애착면담(Adult Attachment Interview: AAI; Hesse, 2008)에 대한 반응을 기록함으로써 애착과 연관된 마음 상태의 변화와 애착정보의 처리방식에 접근할 수 있다. 면담자는 "당신의 어머니와의 관계를 설명하는 다섯 가지 형용사를 알려 줄 수 있겠어요?"라는 질문을 해야 한다. 안정애착에서 반응과 이야기는 유연하고 적절하게 조직되어 있고 면담자와 협력한다. 특별히 이 척도에서 안정성은 일반적으로 성격의 통합척도로 볼 수 있다. 불안정 이야기는 모호하고, 갈등적이거나 모순적인 반응 혹은 여담과 침묵하는 특성을 보인다. 그래서 샘은 면담자에게 "어머니는 대단했고 애정이 많았어요. 하지만 물론 어머니는 그곳에 있지 않았고 너무 바빴지만 (웃는다) 괜찮았어요. 나는 정말 선생님과 이것에 대해서는 말하고 싶지 않아요."라고 말했다. 이 면담에서 보인 반응은 이스라엘 군대의 기초훈련에서의 대처(Scharf, Mayseless, & Kivenson-Baron, 2004), 낭만적 관계에서의 부정적 기분 관리와 갈등전략(Creaseyy & Ladd, 2005), 그리고 우울 증상과 결핍된 청소년 엄마의 정서와 인식과 수용(DeOliveria, Moran, & Pederson, 2005) 등 다양한 행동을 예측하게 했다.

Dozier, Stovall-McClough와 Albus(2008)는 대부분의 심리치료 내담자는 치료 시작 당시에 불안정했다고 지적했는데, 특정 애착유형에 적합한 치료모델이 무엇인지에 대해서는 논의가 있다(Daniel, 2006). 안정형은 쉽게 긍정적인 치료동맹을 맺는 반면 불안형에게는 인지행동치료(CBT)와 같은 비활성치료(deactivating therapy)가 좋고, 정서를 부인하는 회피형은 정서적으로 과활성 정신역동치료(hyperactivating psychodynamic treatment)가 나을 것이라고 제안한다. 어떤 사람들은 반대로 회피적인 내담자에게는 그들의 유형을 반대하지 않은 치료가 유리하다고 제안한다(Simpson & Overall, 2014).

우리는 또한 치료사의 애착유형을 고려할 수 있다. 안정형의 치료사는 내담자에게 많은 반응과 융통성을 보일 수 있고, 내담자의 '유형'에 대해 동조와 도전을 모두 보일 수 있다(Slade, 2008). 개인 정신역동치료에서 안정형으로의 변화가 발견되었다(Diamond et al., 2003; Fonagy et al., 1995). 청소년의 '파괴된 관계'의 회복을 도와주는 데 초점을 맞추는 애착기반 가족치료(attachment-based family therapy: ABFT; Diamond, 2005)는 불안정한 관계와 연관된 우울, 불안, 가족갈등과 같은 변수를 줄여 주는 의미 있는 결과를 보였다. 정서중심 부부치료의 연구는 부부치료가 불안 및 회피 파트너 모두를 현저히 안정형으로 변화시켰고, 전기 충격에 의한 두려움과 고통에 대한 뇌 반응을 줄여 주는 것뿐 아니라 관계불화와 우울 등의 증상을 줄여 준다고 밝혔다(Burgess Moser et al., 2015; Johnson et al., 2013).

하지만 애착 주제와 치료적 변화의 창출은 사실 앞으로 소개될 제9장의 주제이기 때문에 우리가 다소 앞서가고 있다. 과거 수 세기에 걸쳐 애착이론이 성격, 정신병리학, 심리학적 건강, 심리치료의 개념화에 미친 영향은 가히 폭발적이었지만 (Magnavita & Anchin, 2014), 여전히 성장할 여지가 있다. John Bowlby는 삶이 끝날 즈음에 "임상가가 이론의 이용을 시험하는 속도가 느린 것에 실망했다."라고 말했다(1988, pp. ix-x). 나는 그가 여전히 실망하고 있을 것이라 생각한다!

우리는 다음 장에서 심리치료의 일반 실제에 대한 애착과학의 적용에 대해서 언급할 것이다.

_____ 마음에 새기기 _____

- 심리치료 모델과 특정 기법 및 심리학적 장애는 매일 확산되고 있다. 이러한 숲속에서 치료사가 분명하고 효과적인 길을 찾을 수 있는 가장 좋은 방법은 무엇인가? 보다 적절한 방법과 심리치료 분야를 정돈할 수 있는 방법은 무엇인가? 한 가지 방법은 뛰어난 기술자로서 치료 모델과 기법을 장애와 정확하게 맞추기 위해서 실증적인 연구와 시도를 우선시하는 것이다. 두 번째는 단순히 상담 중의 변화와 변화를 만드는 흔한 요인을 강조하는 것이다. 세 번째 접근은 특별히 내담자가 보여 준 문제에 대한 내적 과정 등의 평범한 것에 초점을 맞추어서 오래된 역기능의 낙인 목록을 없애는 것이다. 네 번째 접근은 우리는 누구이며 개인과 사회적 관계적 존재로서 어떻게 발달할 것이며, 생물학적으로 절박한 것이 무엇인지를 알게 해 주는 실증기반의 전체 골격을 발견하여 이러한 골격을 개입을 위한 지침으로 사용하는 것이다. 이 책에서 제시하는 최선의 방법은 장애에 대한 오래된 낙인 목록을 없애고 애착이론과 과학을 심리치료의 기초로 적용하는 것이다.
- 애착은 정신건강 및 행복을 정의하는 핵심특징으로써 정서조절의 역할과 타인과의 신뢰할 만한 유대감을 우선시하는 잘 입증된 성격발달이론이다. 이러한 관점의 큰 강점은 그것이 생물학과 상호작용, 메시지와 정신모델, 자기와 체계를 연결하고, 인간의 가장 기본적인 욕구와 두려움을 밝히는 것이다. 이는 '사랑이 무엇이고, 사랑이 왜 이토록 소중한 것일까?'라는 오래된 질문에 대해 답을 준다.
- 애착 안정은 긍정적 기능에 대한 모든 지표를 예측하게 하고, 애착 불안정은 역기능의 거의 모든 지표에 있어서 위험인자가 된다. 애착 안정은 수명을 다할 때까지 유지되는 자질이다. 우리는 우리 자신을 변화시키고 고치기 위해서 자신에 대해서 알아야 한다. 인간은 결합하는 사회적 포유동물이며, 정서의 공동조절(coregulation)과 타인과의 유대는 인간에게 가장 기본적인 생존성장 전략이다. 이것이야말로 안전, 정상, 건강하게 되는 것의 가장 좋은 지침이다.

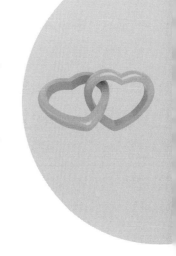

치료적 변화모델로서
애착이론과 과학

성인에게도 반응해 주는 애착대상의 존재는 개인 안정감의 원천이 된다. 우리 모두는 요람에서 무덤까지 애착대상이 제공하는 안전기지로부터 길고 짧은 여행을 하면서 살아갈 때 가장 행복하다.

– John Bowlby (1988, p. 62)

긍정적인 관계의 생물학적인 결과에 덧붙여서 우리의 마음은 타인의 마음과 연결될 때 쉽게 변화된다. 내 편이 있는 것은 거울신경(mirror neuron)과 정신회로이론(theory of mind circuitry)을 활성화시킴으로써 타인과 자신을 알게 해서 개인의 정체성을 강화시킨다.

– Louis Cozolino & Vanessa Davis (2017, p. 58)

Bowlby는 인간결합의 기본원칙과 친밀한 관계에서 최적의 성장과 균형을 만들거나 역기능을 유발하는 결합의 작동방식을 밝히는 데 대부분의 삶을 살았다. 그는 이 과제를 위해서 일생을 바쳤고, 자신의 업적을 체계이론의 기법으로 옮기는 데 시간이 부족하다는 것을 알았다. 하지만 치료가 성공적이라면 그가 명명한 내담자의 '자기와 타인에 대한 작동모델(working models of self and other)'이 분명해지고 일관성 있고 적응적으로 변하여 타인과의 긍정적 관계의 가능성을 강화시키는 **건설적**

의존(constructive dependency)을 경험하여 변화의 과정이 일어날 것이라고 확신했다. 이렇게 변화되면서 이 모델은 통합된 절차적 지도(integrated procedural map)의 기초, 개인의 내외적인 세계를 정서적 및 정신적으로 구성하여 긍정적으로 개방을 이끄는 자동조건행동안내(if-this-then-that guide: IFTTT), 진행 중인 경험에 대한 호기심 어린 개입, 유연한 반응 그리고 효과적인 결합을 만든다. Bowlby는 타인과 관계 맺고 친밀한 유대를 형성할 수 있는 능력은 건강과 긍정적 기능의 절대적 지표가 된다는 점을 강조했다. 그는 "보살핌을 주고받는 역할을 하는 타인과 친밀하게 결합할 수 있는 능력은 효과적인 성격기능과 정신건강의 주요한 양상이다."라고 말했다(1988, p. 121). 하지만 애착이론의 출발 당시에는 정신건강 전문가로 하여금 내담자의 고통과 조절장애를 '효과적으로 기능'하게 해 주고, 타인에게 개방하고 반응하는 능력을 갖도록 돕는 것이 아니었다.

Bowlby는 그의 마지막 저서에서 치료는 내담자가 자신의 역동적 절차지도(dynamic procedural map) 혹은 자기와 타인의 모델을 재평가하고 재구조화할 수 있게 돕는 것이라고 했다(1988, pp. 138-139). 그는 이러한 안건에 대한 다음 다섯 가지 과제를 치료사에게 제안했다. ① 내담자가 자신의 고통을 탐색하기 위해서 '보듬어 주는 환경(holding environment)', 즉 안전기지를 제공한다. ② 내담자에게 자신의 관계에 개입하는 태도가 스스로에게 고통이 되는 상황을 형성하는 방식을 생각할 수 있게 도와준다. ③ 내담자가 개입유형의 축소판인 치료사와의 관계를 살펴볼 수 있도록 도와준다. ④ 내담자의 과거에서 이러한 유형의 근원과 이러한 과정을 이끄는 '놀랍고 이질적이고 비수용적인' 정서를 탐색한다. ⑤ 과거 경험이 세상을 지각하게 만들고, 그래서 현재의 생각, 감정 및 행동하는 방식을 지배하고 반영할 수 있게 도와주어서 보다 나은 대체물을 발견할 수 있게 도와준다. 하지만 과제에 대한 이와 같은 간단한 요약은 Bowlby가 '과거 행동 패턴을 깨뜨릴 수 있는 정서의 뛰어난 힘과 교정적 정서경험(corrective emotional experience)에 분명하게 초점을 맞추라'는 그의 개념적 논평과 임상사례에 대한 언급을 놓치고 있다. 두 가지 가장 일반적인 애착과학의 임상적 적용은 먼저 내담자 정서를 사용하는 것이 변화를 일으키는 가장 강력한 방법이며[애착이론에서 모델이라는 말은 정서가 실려 있기 때문에 '뜨겁게(hot)' 될 의도가 있다], 변화는 타인과의 대화 중에 발생하는 정서적 메시지에 의해서 유발되기 때문에 상호작용적 성질을 갖는다.

EFT: 애착이 이끄는 심리치료

치료의 최종 목표인 애착이론에 근거한 건강한 적응(healthy adaptation)과정은 다음과 같이 기록될 것이다. (정신 수준에서 타인과 개입하는 정신모델 혹은 실제 긍정적인 상호작용을 통한) 타인과의 유대감은 정서 균형과 조절을 높여 준다. 이러한 균형은 적절하고 적응적인 내적 세계에 대한—자기와 타인의 긍정적인 모델에 대한—탐색과 생각을 강화시켜 준다. 자기, 타인, 환경에 대한 충분하고 개방적이고 유연한 개입이 표준이 된다. 반응은 삶의 과제를 처리하게 하고 이러한 과제를 다룰 수 있도록 적절한 자아감을 만들어 주는 타인과의 안전한 유대를 맺게 한다. 타인과의 정서조절과 개입은 일상의 상호작용에서 미시적으로 발생하는 것과 발달단계에서 거시적으로 일어나는 지속적인 순환과정의 핵심이다.

성인에 대한 애착과학은 개념적으로 Bowlby 모델과 연관이 없어 보이는 인지행동 방식 등의 치료적 접근에도 영향을 주고 있는 것으로 밝혀졌다(Cobb & Bradbury, 2003; Mcbride & Atkinson, 2009). 전통적으로 애착이론은 통찰지향 역동치료와 연관성이 있다(Holmes, 1996;Wallin, 2007). 하지만 사실 인본적 경험주의 치료모델들은 현대의 애착이론에 가장 부합된다. 이러한 모델들은 특별히 직접적인 정서의 사용에 초점을 맞춤으로써 변화에 대한 정신역동 모델을 발달시키고 개선했다. 특히 초기 부부와 가족을 위해서 개발되어 근본적으로 상호작용적 특성을 가진 정서중심 치료(EFT)는 Bowlby의 근본적 견해와 Shaver, Mikulincer와 동료들(Mikulincer & Shaver, 2016)과 같은 심리학자들이 서술한 현대의 애착과학이 발전시킨 내용을 공략한다. EFT의 개인, 부부 및 가족 실제의 최신판은 애착관점의 핵심과 그것의 구체적인 개입적용을 공략한다. 동시적인 EFT는 다음의 여섯 가지 방식으로 이러한 것을 실시한다.

• 먼저 그리고 가장 우선적으로, EFT의 실제는 지속적으로 활성화된 정서 처리와 조절에 초점을 맞춘다. 여기서 효과적인 조절은 점차 정서균형을 만들어 정서를 긍정적으로 상호 공동조절(coregulation)하게 하는데, 이 두 가지 모두 애착이론의 핵심이다. Bowlby(1979, p. 69)는 "대부분의 가장 강한 인간 정서는 정

서적 유대감을 위해서 감정적 결합을 형성하고, 유지하고, 파괴시키고, 개선하는 과정에서 발생한다. …… 상실의 위협은 불안과 상실로 인한 슬픔을 일으킨다. …… 이들은 공히 불안을 유발하고 …… 결합을 개선하고 …… 기쁨을 일으킨다."라고 말했다. 정서는 관계 문제에 의해서 가장 강하게 자극받고, 타인과의 공동조절은 가장 직관적이고 효과적으로 정서균형을 이루는 길이다. 균형은 정서가 부인되지 않고, 막히거나, 해체되지 않고, Bowlby가 명명하듯 '이질적(alien)'이 되지 않고, 정서에 충분히 개입되고 그것을 일관된 전체로 만듦으로써 달성된다. 타인이 정신적, 상상의 수준에서 함께하더라도 정서균형은 타인을 통해서 자연스럽게 획득된다. 자극, 초기 지각, 신체적 느낌, 부여된 의미, 행동화 경향 혹은 동기적 충동과 같은 정서요소를 체계적으로 밝히는 것(Arnold, 1960)은 특정 정서를 발견하고 인정하고 통합되게 한다. 더불어 이런 요소를 밝히고, 자신이 그 순간에 적극적으로 이런 경험을 만들었다는 것을 깨달으면서 정서경험에 의한 내담자의 관계는 변화된다. 효과적인 치료를 통해서 내담자는 정서에 개입하는 자신의 태도가 어떻게 이런 고통을 만드는지를 직접적이고 생생하고 명쾌한 방식으로 발견한다. 이후 새로운 정서의 개입과 조절방식은 보다 강하고 긍정적인 자아감으로 통합될 수 있다. 이것은 누군가의 '의미 있는 느낌(felt sense)'에 주의를 기울이면 나타나는 유기적인 상향과정(bottom-up process)이다. 정서를 통제하기 위해서 단순히 하향식 억제(top-down containment)와 대처기술(coping skill)을 가르치는 것으로는 충분하지 않다.

• 둘째, 상담 중의 정서적 안전이 중요하다. 치료는 내담자에게 안식처가 되어야 하고 새롭고 힘든 정서를 탐색하기 위해서 안전기지를 제공해야 한다. 정서안전은 치료사와의 특별한 개입, 특히 동맹을 통해서 만들어진다. 이러한 동맹은 내담자가 깊은 수준에서 수용과 이해를 받는다고 느끼는 것이다. 치료사는 안전을 제공하는 부모와 같이 접근, 반응, 교감이 가능한 대리 애착대상이다. Rogers(1961)가 제안했듯이 치료사는 진심으로 정서적으로 참여하고 자신을 드러낼 의지가 있어야 한다. 좋은 부모처럼 치료사는 존중, 동정심, 비판적이지 않은 관심을 자유롭게 보이고 내담자가 가진 모든 갈등을 정상적이라 여긴다. 이러한 치료적 교감은 많은 인정과 적절한 위험 감수, 내담자가 힘들 때

위로, 위안, 격려를 제공하여 자신감을 갖게 해 준다. 치료사는 강한 정서를 견딜 수 있어야 하고, 자기 스스로의 불확실한 상황과 내담자의 저항과 반대에 직면해도 호기심과 개방성을 유지해야 한다. Bowlby는 스스로 과부의 '비현실성(unrealism)'과 상실로 인한 그녀의 분노와 불공평감에 조율해서 공감한다고 말했다. 그는 그녀로 하여금 덜 화를 내라고 가르치거나 부족한 현실감을 교정하려 하지 않았다.

이러한 동맹으로 치료사는 내담자를 변화시키려 하지 않고 내담자에게 조율하여 그대로의 그들과 만난다. 치료사는 어떻게 최근의 딜레마가 정확하고 강렬한 감각을 만들었는지를 내담자와 **함께** 발견한다. Harry Stack Sullivan(1953)이 말했듯이, 대개 억압 혹은 억제하라고 했던 것의 대부분은 쉽게 '표현되지 않았다'. 치료사의 지속적인 정서조율은 내담자가 자신의 내적 세계를 탐색하고 표현하고 견디게 도와준다. 치료 초기에 언제나 집중해야 할 것은 역기능의 꼬리표 혹은 변화 과제가 아니라 내담자의 개성(personhood)을 발달시키는 것이다. 치료사의 중심 과제는 이러한 개성을 존중하고 확대시키는 방식으로 내담자와 연결되는 것이다. EFT 모델의 분명한 개요는 치료사의 정서균형을 유지하게 해 주며, 그래서 치료사가 강한 정서경험, 현재 딜레마, 열망, 도전을 보이는 내담자와의 개입을 유지할 수 있다.

• 셋째, EFT와 애착은 모두 내적인 면과 관계적인 면(within & between)을 동시에 집중한다. 이들은 자기와 체계, 내적 현실과 상호작용적 드라마, 맥락과 내담자를 통합해 주며, 삶의 매 순간순간이 다른 부분을 조직하는 방식을 파악하고 그에 다가간다. 체계적 상호작용 현실과 내적 정서, 정신적 현실은 지속적이고 호혜적으로 서로를 정의한다. 개인의 내적 정서조절 능력은 역동적으로 현재의 친밀한 관계의 질과 특성에 맞게 상호작용한다. 무용수와 춤, 자기와 체계는 전인적으로 상호 현실로 통합된다. 구체적으로 EFT와 애착의 관점에서 중요한 타인(치료사와 같은)이 보여 주는 반응과 수용은 개인의 경험을 적절한 의미로 인식되게 하고 만드는 데 매우 중요하다. 이후 이러한 의미는 적응적인 행동을 하게 한다.

애착과 EFT 등의 체계모델에서 인과관계는 하나의 원인이 하나의 결과를 낳는다는 직선적이기보다는 피드백 고리를 형성하여 서로 작용한다. 이러한 모델은 지속적으로 내적 · 외적 과정의 상호작용적인 면과 그것이 내담자의 현실을 정의하는 방식에 지속적으로 주의를 기울인다. Sullivan(1953)이 "성격은 사람이 살아가고 존재하는 복잡한 대인관계로부터 분리될 수 없다."(p. 10)라고 했고, 개인은 '대인관계를 인식'할 정도로 정신적으로 건강해진다. 애착이론과 EFT에서 자아(self)는 지속적으로 다듬어지는데, 이는 목표가 아닌 과정이며, 타인과의 상호작용을 통해서 정의된다고 본다. 여기서 정서경험과 표현이 중요하다. 정서는 내적 경험을 조각하여 개인을 움직인다. 또한 정서표현은 소중한 타인과의 핵심 상호작용의 일차적 조직자(organizer)이다. 건강한 자아는 융통성이 있고, 균형이 잡혀 있고, 자기와 타인을 수용하며, 지속적으로 처리된다. 이런 견해는 Bowlby의 자기 '작동'모델의 정의와 같고, 기능적일 때 의미 있는 새로운 경험을 통하여 작동모델은 개선이 된다. 이와 대조적으로 불안애착은 항상 타인에게 다가가려는 혼란된 자아감을 갖고, 회피애착은 경직되게 정의되지만 깨어지기 쉬운 자아감을 가져서 새로운 경험에 개방적이지 않게 된다.

Bowlby는 피부 속에 있는 개인은 물론, 관계에 쌓여 있는 개인을 볼 필요가 있다고 강조했다. 대체적으로 근대의 심리치료는 이러한 부분에 관심을 두지 않았다. 이들은 적응을 타인과의 상호 조절보다는 신체와 정서의 자기조절이라고 해석했다. 이들은 적응을 타인과의 건설적 의존보다는 다른 사람으로부터 독립하는 것이라고 이해했다. Bowlby(1970)는 인간을 서로 얽힌 피드백 고리에 빠져 있고, 혹은 내적 경험을 조직하고 상호작용을 형성하는 과정으로 보았다. 이러한 패턴은 자기지속적(self-sustaining)이다. 정서조절 회로와 인지모델은 지각과 반응에 영향을 끼친다. 지각과 반응은 타인과의 습관적 개입과 반응 방식을 자극한다. 이들의 반응은 이후 정서조절과 정신표상에 영향을 준다.

• 넷째, EFT와 같은 애착과 인본중심 치료는 건강과 역기능에 대한 일반적인 이해를 공유한다. 건강은 정서가 상실되거나 건설적으로 약점을 다룰 때 개인이 정서균형을 회복할 수 있게 하는 유연하고 적응적인 정서조절 전략들, 필요할 때 변경 가능하고 현실적이지만 건설적인 기대를 갖는 긍정적이고 적절한 자기와 타인의 모델, 그리고 타인과의 유대를 이끌고 타인의 욕구에 반응하는 행

동 목록으로 구성된다. 건강한 사람은 타인에게 자신의 욕구를 수용하고 주장할 수 있고 타인의 욕구에 공감적으로 반응한다. 역기능은 새로운 경험, 충분한 정서처리, 타인에 대한 조율 및 개입 등이 막힌 것으로 이해된다. 인간은 적절한 조건이 주어지면 유기체적 방식(organic manner)으로 성장하고 자기를 치료한다는 것이 Rogers 학파의 견해이다. 이와 유사하게, 애착과학은 풍성한 토양과 지지하에 개인이 자연스럽게 유대감을 향한 타고난 갈망을 품고 타인에게 접근한다고 주장한다. 이러한 접근으로 인정과 공감을 받으면, 긍정적인 효과가 연속적으로 일어난다. 치료사는 내담자에게 불화 증상을 줄이기 위해서 연주될 악보를 다시 써 주는 작곡가가 아니라 훌륭하고 활기찬 음악이 준비되었음을 알고 있는 지휘자이다. 그는 그것을 밝혀내기 위해서 내담자와 함께 이끌고 단순하게 움직인다. 안정애착은 단순히 위안을 제공하거나 균형을 잡아 주지 않는다. 안정애착이 제공하는 안전기지는 성장과 생존을 가능하게 해 준다.

Rogers 학파 관점(1961)에서 탄생한 (EFT와 같은) 경험주의 치료와 애착의 틀은 동정적이고 협력적이며, 이들은 내담자의 문제에 대해서 신중한 비병리적·성장지향적 태도를 취한다. 치료사는 자신의 현실과 이러한 현실에 대한 독특한 공식을 밝히기 위해서 내담자의 욕구를 이용하지 않는다. 치료는 내담자와 치료사에 의해서 발견되는 것이지 개선을 위해서 치료사가 이미 정한 작은 기준을 가르치는 것이 아니다. Bowlby(1988)는 "치료사의 역할은 엄마로부터 자녀에게 제공된 세상을 탐색하게 만드는 안전기지와 유사한 것"(p. 140)이라고 언급했다. 치료사는 정서적으로 조율하고 참여하여 정서조절의 원천을 제공하고 회기 중 지금 여기에서 지속적으로 성장을 위해서 도전할 수 있게 지지한다.

• 다섯째, EFT, 인본주의 치료와 애착과학은 특별히 위협에 대한 민감성의 발달 및 취약성을 다루거나 자기를 방어하는 학습된 특유의 태도 등 과거의 영향을 인정한다. 하지만 과거의 영향은 인정하지만 개입에 있어서 EFT는 현재과정(present process)에 머무르는 경향이 있다. 치료사는 상담 중에 일어나는 경험 혹은 상호작용에 귀 기울이며, 그 순간의 지각과 상호작용을 심화시켜 줌으로써 새로운 현실적 요소가 나타나게 한다. 예를 들면, 치료사가 불안을 언급할

때마다 내담자가 인지(cognition)를 끌어내기 위해서 얼마나 신경을 쓰는지를 반영하고, 이러한 불안으로 다시 돌아와서 지금 여기에서 두려움의 경험을 막고 있는 내재된 위협을 다룬다. 현대의 애착이론은 자기와 타인에 대한 작동모델 장치를 통하여 과거가 지속된다는 집착에서 벗어나 작동모델이 본래 생각한 것보다는 유동적이라는 생각으로 바뀌었다. 예를 들어, 행복한 결혼생활을 하는 많은 사례에서(Davila et al., 1999) 작동모델이 변화될 수도 있고 또 변화되기도 한다. 애착과학은 작동모델과 정서조절 전략을 안정적으로 만들고, 부정적인 불안정 모델에서 긍정적 변화에 필요한 새로운 경험을 막고 있는 현재 일상의 상호작용에 대한 지속적인 **확인과정**(process of confirmation)이라는 것을 강조했다. 치료 안팎에서 발생하는 정서가 실린 새로운(부인되었던) 상호작용은 이러한 모델과 전략을 변화시킨다.

현재에 초점을 맞추는 것은 자기와 타인의 모델이 가진 '작동'의 측면, 즉 이러한 모델의 인지적인 내용에 깊이 집중하기보다는 내재된 기억이 재현되는 방식과 순간순간의 변화를 수용할 것인가를 고민하는 과정에 집중하는 것이다. (내용을 과하게 강조하는 것은 통찰지향 변화과정으로 이끌고, 이런 방식은 경험주의 개입에서 의미 있는 변화를 끌어내기에는 충분하지 않다고 생각한다.) 예를 들면, 켄은 아내가 자신에게 주었던 상처에 대해 사과하고 자신에게 관심을 가지고 있다는 말을 할 때 그녀가 거짓말을 한다고 비난했다. 켄은 과거 경험을 통해서 타인은 기댈 수 없고 위험하다는 작동모델을 갖고 있었고, EFT 치료사는 다음과 같이 말하게 된다. "지금 당신은 아내가 당신에게 관심을 갖고 있다는 말을 받아들이기 힘드네요. 아내가 _____라고 하는 말을 들었을 때 어땠나요? 그 순간 무엇이 아내의 관심을 받아들이기 어렵게 했나요? 지금 당신이 아내의 관심을 수용한다면 무슨 일이 일어날 것 같은가요?"

• 여섯째, 애착과 인본주의 개입인 EFT가 경험론(empiricism)에 단단한 기반을 두고 있으며, 지속적으로 과정 관찰, 예측되는 행동방식 묘사, 그리고 이론수립 근거를 밝히는 것에 관심을 쏟는다. 애착이론을 세울 때 Bowlby는 사회조직을 생물학적으로 생각하는 동물행동의 과학, 즉 동물행동학(ethology)을 사용했다. 그는 처음 본 대상에 대한 새끼거위의 각인에 대한 Conrad Lorenz의

연구와 고립된 어린 영장류의 반응에 대한 Harry Harlow의 연구를 공부했다. EFT 개입은 성인 파트너 사이의 반복되는 부정적 정서와 상호작용 그리고 치료사의 구체적 개입으로 일어난 이러한 패턴의 변화과정을 깊이 관찰하면서 시작되었다. 특히 실제 모델이 단순한 생각 혹은 개인의 카리스마나 개인 진술의 바탕에서 전개되었을 때 이러한 과학방식의 토대는 학문적인 내용이 아니다. 임상적 개입(clinical intervention)은 내적 그리고 대인관계적 현실을 조직하는 자연발생적 전환점(pivotal moment)을 반복적으로 점검하고, 이러한 전환점을 이끈 핵심요소를 밝히면서 만들어진다. 이러한 전환점은 치료회기 중에 내담자의 경험방식과 타인과의 상호작용 방식에 특별한 변화를 일으키기 위해서 준비되고 안무될 수 있다.

　EFT 임상가들은 가급적이면 구체적으로 자기정의에 따르는 개인의 갈등, 정서 색채의 변화, 혹은 친밀한 관계에 반복되는 상호작용 패턴(대인관계 춤) 직전에 무엇이 있었는지에 조율하여 지속적으로 설명하는 경험주의자이다. 회기 중 의미 구성은 분명해지고, 내담자와 협력적으로 이뤄지며, 현재의 현실에 바탕을 둔다. 애착관점은 EFT 치료사가 강조하고 탐색하는 상처, 두려움, 갈망에 대한 간략한 현상학(phenomenology)과 이해를 제공한다. 거절, 외상으로 인한 고립, 걱정, 절망, 불안과 부적절감 등의 주제들, 그리고 차단하고 제한하거나 반발하고 강조하는 것과 같은 경험이 다뤄지는 방식을 실존의 맥락에 두고 설명한다. 애착 개념과 과학에 의해서 움직이는 EFT 치료사는 흔히 겪는 인간의 고통과 기본 동기에 대해 명확하고 경험에 근거한 지침을 갖고 있다.

　요약하면, EFT와 같이 자연스러운 애착과학과 임상관점의 통합은 임상가에게 내담자의 정서적 삶에 대한 핵심 지도, 변화를 일으키는 정서의 강력한 힘의 사용방법, 성장을 위한 관점으로서 분명하고 구체적인 치료동맹에 대한 개요, 관계과정으로서 자기에게 초점 맞추기, 치료 목표로서 건강을 구성하는 것에 대한 분명한 시각, 현실에 굳게 서기 위한 명확한 지침과 인간 본성의 핵심요소에 화합하고 긍정적인 변화를 이끄는 기본태도에 대한 지침을 제공한다.

특별한 변화: 변화사건

대부분의 치료모델은 기본단계에서 일어나는 변화과정에 대한 틀을 갖고 있는데, 부정적 정신내적 혹은 대인관계적 증상을 억제하는 첫 번째의 **평가와 안정화**(assessment and stabilization), 심리적 적응을 강화시키는 두 번째의 **적극적 재구조화**(active retructuring), 내담자가 상담을 끝내고 그들이 만든 변화를 유지하는 마지막의 **강화**(consolidation)이다. EFT에서 초기에 부부개입을 위해서 개발되어 개인과 가족에도 사용되는 이러한 기(stage)는 단계적 약화(de-escalation), 애착 재구조화(restructuring), 강화(consolidation)이다. 치료모델마다 원하는 변화 수준과 역동에 대한 이해 정도, 치료에서 의미 있는 변화를 만들기 위한 필요충분조건은 매우 다르다. 예를 들면, 인지행동치료(CBT) 모델은 내담자의 역기능적 생각을 수용하고, 새롭게 생각하도록 도전하고, 실제 행동이 변하는 순간을 강조한다.

심리치료에서 변화 유발요인을 밝히는 것은 어렵다. 인정받고 있는 치료모델조차 변화이론이 사실 실제적 핵심 변화 유발변수를 밝히지 못하고 있다. 예를 들면, 한 저명한 연구에서 CBT의 '역기능적 사고'를 변화시키려는 시도가 우울중 치료의 성공 여부를 예측하는 데 전혀 도움이 되지 못한다고 밝혔다. 오히려 그것은 부정적 결과와 연관이 있었다(Castonguay et al., 1996). 긍정적 동맹과 정서경험이 긍정적인 결과와 연관되었다. 하지만 애착과학과 EFT, 즉 인본적 경험치료에 존재하는 변화과정 사이에는 분명하고 경험적으로 증명된 교차점이 있었다.

애착관점에서 치료 중 변화사건(change event)으로의 전환은 정서의 발견, 추출, 개방과 연관이 있고, 이를 통해서 뛰어난 정서조절과 정서지능의 향상이 일어난다(Salovey, Hsee, & Mayer, 1993). 애착지향 치료에서 이질적이었던 정서는 친숙하고 소중해지고 자아에 통합된다. 이러한 사건은 내담자의 자기와 타인의 모델을 개선시키는 힘이 있다. 행동에 대한 새로운 평가가 나타나고 오래된 경직된 기대와 신념은 도전받는다. 새로운 행동이 탐색될 수 있고, 타인과의 유대 및 가치 있고 강한 자아감 등의 기본욕구와 연관해서 새롭게 위험을 감수할 수 있다. 내담자는 정서의 '작동거리(working distance)'(Gendlin, 1996)를 유지할 수 있고, 이를 적응반응을 이끌 나침반으로 사용한다. 예를 들면, 바버라는 자신을 화나게 만드는 어떤 사람과의 일을 용납하지 못했으며, 우리는 타인에 대한 그녀의 욕구와 보살핌을 받을 권리가 얼마나 자주 '깨지고 묵살되는지'를 탐색했다. 자신의 고통에 개입하면서 그녀의 '수용(acceptance)'이 고통을 견디게도 하지만 그녀를 '절망과 정적, 즉 침울하고 침체되게도' 한다는 것을 깨달았다. 그녀는 자신의 삶이 상실되고 낮아진 자기 자신에 대한 기대에 대해서 슬퍼하기 시작했다. 정서적으로 강하게 아버지와 남편과의 상상의 만남을 통해서 그녀는 자신의 상처와 욕구를 느끼고 표현했고, 새로운 갈망을 발견했으며, 손상된 자아와 묵살된 사랑에 대한 새로운 분노도 발견했다. 그녀는 자신의 분노를 자신의 욕구를 주장하고 개선하는 데 사용했고, 자기주장이 늘어난 그녀 자신을 발견했다.

정서중심 부부치료의 핵심 변화사건이 정확히 밝혀지고 기록된 9개 연구(Greenman & Johnson, 2013)에서 긍정적 결과와 추적관찰 소견이 연관이 있었으며, 지금까지 드러난 EFT의 여섯 가지 원칙을 밝혔다. 예상할 수 있듯이 미래에는 이러한 변화사건이 가족(정서중심 가족치료, EFFT)과 개인(정서중심 개인치료, EFIT) 치료에도 동일한 결과를 예측할 수 있는지에 대한 연구가 진행될 것이다.

이러한 회기 중 변화사건은 긍정적 동맹에 의해서 발생하며, 두 가지 핵심요소로 구성된다. 먼저 경험하는 자아(experiencing self)로서 경험을 정의하고 인내하고 신뢰할 수 있는 사람과 경험을 재구조화시키는 핵심 정서경험에 깊이 개입하는 것이고, 두 번째는 타인과 새롭고 개방적이고 진심으로 개입하는 것이다. 이러한 핵심요소가 분명해지고 개선되면 정서경험은 의미 있는 타인(EFT의 파트너, EFFT의 가족 일원, EFIT의 치료사와 상상의 타인)에게 적절하게 표현이 된다. 다양하게 기록된 EFT 회기에서 변화사건은 다음과 같은 단계와 세부요소(microelement)를 포함하고 있다.

- 기본 취약성과 욕구의 서술과 적극적 개입
- 적절하고 직접적으로 욕구를 주장하는 메시지 확립
- 지지적 타인의 위안과 인정받을 수 있는 능력 개발
- 타인에게 맞춰 지지할 수 있는 능력 개발

이러한 변화사건들은 자아의 적절한 경험과 통합을 이끄는 건설적 의존(constructive dependency)이 되는 순간에 일어난다. 이러한 순간에 내담자는 자신의 취약성을 수용하게 되고 더욱 강해지고 유연해진다.

정서의 본질

EFT에서 정서가 어떻게 접근되고 재처리되고 조절되고 심화되며, 내담자에게 동기가 생기도록 사용되는지를 살펴보기 전에 정서의 본질을 분명히 알아야 한다. 소위 '두뇌의 시대'에서 "뇌는…… 사회적 그리고 정서적 기관(organ)이다. 학습은 사회, 정서, 문화에 의해서 좌우된다."는 말을 기억하는 것이 중요하다(Immardino Yeng, 2016, p. 85). 본질적으로 정서는 비이성적 반응 혹은 생각에 따라오는 단순한 '감정'이 아니다. 그보다 정서는 환경의 피드백을 받아서 타고난 욕구와 목표 및 예측된 행동 결과의 인식을 통합하는 수준 높은 체계이다(Frijda, 1986). 정서는 생존에 초점을 둔 정보처리 체계이다. William James는 1894년에 정서를 "진화적으로 의미있는 상황에서 일어나는 적응적 행동 및 생리학적인 반응"으로 묘사했고, 현대과학이 이러한 견해를 지지한다(Suchy, 2011). 경험과 애착은 공히 정서가 본질적으로 적응적이고 설득력을 갖고 있고, 자아에 대한 핵심경험과 인지 그리고 타인의 반응을 조직한다는 견해를 갖는다. 이들은 또한 치료를 위해서 가져오는 경직된 반응의 내재된 이유가 정서조절 문제라고 생각한다.

Bowlby(1991)는 정서의 주요기능은 개인의 욕구, 동기, 자기와 타인의 선순위와 소통하는 것이라고 했다. 그는 정서경험을 무시하는 것은 나침반 없이 삶을 항해하는 것과 같다는 EFT 개념에 동조할 것이다. 정서기능은 다음과 같이 정리될 수 있다.

1. **정서는 방향을 설정하고 교류하게 한다.** Einstein은 "모든 지식은 경험이다. 그 외의 것은 정보에 불과하다."라고 했다. 무엇이 정보를 '경험' 수준까지 끌어올리게 되는가? 그 대답은 정서를 드러내고 정서 신호에 적극적으로 개입하는 것이다. 정서는 본능적 깨달음(visceral knowing)과 Bowlby가 언급한 일련의 사실에 대한 '의미있는 느낌(felt sense)'을 높여 준다. 특성상 **정서는 관심을 끌게 하고 지각을 이끈다.** 그것은 우리의 욕구와 소망에 적절한 것이 무엇인지 초점을 맞추게 하고, 가장 중요한 것을 알려 주고 몰입으로 집중하게 한다. 당신은 강의에 몰입할 수 있지만, 화재경

보음이 울리면 불안이 나타나고 즉각적으로 그것이 당신의 세계를 바꿔 버린다. 당신은 빌딩을 빠져나가야 하는 자신의 욕구를 분명하게 인식하게 된다.

2. **정서는 의미를 만든다.** 정서는 생각을 조종하는 키(rudder)라고 불린다(Immadino Yeng, 2016, p. 28). 뇌가 손상되어 정서에 접근하지 못하는 사람은 합리적 결정이나 선택을 할 수 없다(Damasio, 1994). 그들은 모든 선택 가능한 것에 빠져든다. 그들은 소중한 것을 알게 하는 느낌, 즉 자신이 원하고 필요한 것이 무엇인지에 대한 지향성이 없다. 경험적 치료와 애착이론은 공히 정서가 자기와 타인에 대한 내적 작동 및 신뢰와 기대에 수반되는 사항을 유발한다고 본다. 연구에 의하면 정서는 정신표상 안에 있는 정보를 묶어 주는 '접착제' 기능을 한다(Niedenthal, Halberstadt, & Setterlund, 1999). 안정애착과 긍정적 작동모델에 의해서 생기는 정서균형은 개인의 과거에 있었던 관계 세계에 대해서 적절한 이야기를 구성하고 설명하는 능력을 갖게 한다(Main, Kaplan, & Cassidy, 1985).

3. **정서는 동기를 부여한다.** 정서는 기본적으로 에너지를 공급하고 특정 행동을 유발시킨다. 정서의 emotion은 '나아가다'라는 의미를 가진 라틴어 emovere에서 유래되었다. 정서는 행동을 위한 프로그램이다. 예를 들면, 분노는 우리의 목표를 좌절시키거나 행복을 위협한다고 지각된 무언가를 향해서 움직이게 하고, 수치심은 숨거나 위축되게 한다.

4. **정서는 타인과 소통하게 하고 그들의 반응을 준비시킨다.** 정서는 타인의 반응을 예측하게 해 줄 뿐 아니라(과제를 조직하고 협력적으로 문제를 해결한다), 정서결합과 보살핌을 강화시킨다. 신경과학자 Marco Iacoboni의 유명한 책 『미러링 피플(Mirroring People)』(2008)에서 인간의 신경계는 얼굴표정과 목소리 톤과 같은 타인의 비언어적 정서 신호에 특별히 민감하게 반응하게 만들어졌다. 우리는 이러한 신호를 얼굴 근육으로 반영하거나 흉내내도록 프로그램되어 있는데, 예를 들면 사회성을 가진 뇌인 거울신경을 통하여 우리는 타인에게서 본 것을 신체에서 느끼게 된다. 정서표현 혹은 표현에 대한 상호작용 파트너의 지각방식은 그 파트너의 반영적 반응(reflexive reaction)과 보편적 반응 목록(general response repertoire)을 조직한

다. 정서는 관계라는 춤의 음악이다. 애착의 작동모델은 정서적 소통을 통하여 형성되고, 정교해지고, 유지되고, 치료사가 가장 중요하게 생각하는 변화가 일어난다(Davila et al., 1999).

정서의 기능이 더욱 분명해졌을 뿐 아니라 다양한 정서에 대해서 이론과 연구자들 사이의 동의, 즉 그들이 채택한 서식이 있다. 몇몇 이론가는 특이성(specificity)을 추가했고, 수치심은 죄책감과 역겨움으로 확대하는 등 몇 가지를 추가하기도 하지만(Frijta, 1986; Izard, 1992; Tomkins, 1986) 핵심 정서반응은 여섯 가지에서 여덟 가지이다(Ekman, 2003). Ekman(2003)은 이러한 핵심정서는 모든 문화와 대륙에서 동일한 의미를 인정하고 부여하는 구별된 정서표현을 보인다고 지적했다. 이러한 정서는 보편적이고 특정 신경내분비 패턴과 뇌 부위와 연관되어 있다(Panksepp, 1998). 정서는 '통제 우선'의 특성이 있고(Tronick, 1989), 가장 의존하는 사람과의 소중한 상호작용에서 보이는 신호와 행동을 우선시한다. 최소한의 핵심 정서반응은 다음과 같이 소개된다.

- 접근 정서
  - 기쁨, 여유 있는 개입과 개방성을 유발
  - 놀람, 호기심을 유발
  - 분노, 주장을 유발하고 목표를 향해서 움직임

- 회피 정서
  - 수치심, 위축과 숨기를 유발
  - 두려움, 도망 혹은 얼어버림을 유발
  - 슬픔, 위축 혹은 위안을 유발

분명히 이러한 정서는 더 많이 분화될 수 있는데, 예를 들어 어떤 이론가는 수치심이 특정 행동이나 사고에 있어서 역겨움과 죄책감을 포함한다고 보았다. 슬픔은 비탄(grief)과 보통 상처받은 감정(hurt feeling)을 포함한다. '상처'라는 정서 그 자체는 핵심정서라기 보다는 복합정서이다. 이는 그것은 분노(anger) 혹은 분개(resentment), 슬픔(sadness)과 상실(loss), 그리고 두려움과 연관된 취약한 감정(feeling of vulnerability) 혹은 무력감(helpless)(Feeney, 2005), 특히 소중한 타인에게 무가치하게 되는 것에 대한 두려움, 이로 인한 버림받고 거절받는 감정 등의 핵심 요소들로 풀어질 수 있다. 두려움이 위협감과 무력감을 유발하는 반면 단절되고 얼어붙거나 위험으로부터 도망치는 형태로 표현될 수 있다.

앞에서 우리는 정서, 정서가 제공하는 기능, 정서의 다양한 유형에 대해서 제시했는데 치료회기에서 강력하고 긍정적인 방식의 정서경험에 대해서 달리 말할 수 있다. 단순히 정서를 균형적이고 통합된 형태로 조절하려는 것이 아니고, 변화를 위해서 새로운 관점, 인지, 구체적 행동, 그리고 타인에게 조율된 반응을 만들기 위해서 정서를 활용하는 것이 목표이다.

정서 수준의 변화

치료를 통한 정서 수준의 변화에 대한 개념은 치료의 역사만큼 오래되었다. 하지만 변화를 이끌 방법과 회기 중에 최적의 혹은 가장 기능적인 정서개입이 무엇인지에 대한 관점은 치료모델에 따라 매우 다르다. 애착관점은 정서를 소중하게 여기는 반면 정서연구는 세분화되었고 치료형태별 정서의 역할은 애착이론이 처음 만들어졌을 때보다 훨씬 분명해졌다. 몇몇 애착이론가는 치료 중 일차적 변화장치로서 정서에 대한 조용하고 합리적인 통찰을 강조하는 반면(Holmes, 2001), 경험주의 EFT 치료사는 통찰보다는 새롭고 강력한 교정적 정서경험(corrective emotional experience)을 만들려고 한다(Johnson, 2009). 어떤 경험주의 치료사는 특별히 외상 경험에 근거해서 몇 가지 부적응 정서를 밝혔다(Paivio & Pascual-Leone, 2010). EFT에서 정서가 어떻게 생성되고 조절되며, 다른 것보다 유연하고 적응적인 조절방식이 어떤 것인지를 밝히는 데 초점을 둔다. 치료사는 내담자가 성장과 생존에 필요한 정서를 이용하기 위한 최상의 정서조절이 가능하도록 정서 현실에 적극적으로 개입할 수 있게 해 준다. 이러한 경험은 회기 중에 준비되고 환기되고 적극적으로 교류되어야 한다. 치료사는 회기 밖의 토의, 인지적 조작 혹은 행동실험으로는 변화를 일으킬 수 없다. 정서를 변화시키기 위해서는 당신이 먼저 그것을 느껴야 한다.

그런 다음 당신이 그것을 인내하고, 풀어헤치고, 핵심을 붙잡거나 그것을 정제하고, 궁극적으로 그것을 다시 다듬어야 할 필요가 있다. 정서심화(deepening affect)의 개념은 이러한 과정을 붙잡고, 분명하고 표면적인 혼란스러운 반응 혹은 무감각한 억압의 기저로 갈 수 있게 도와준다. 이것은 반응적이고 자동적으로 일어나는 정서반응이 깊고 기본 혹은 핵심 정서로 전환되는 것이다. 여기서 치료사가 습관적 분노 혹은 무감각에서 위협, 즉 표면반응에 의해 자극된 두려움을 내담자가 인식하게 도와주는 것이 가장 일반적인 예이다.

Bowlby와 Ainsworth(Ainsworth, Blehar, Waters, & Wall, 1978)가 낯선 상황에서 애착대상이 떠나서 취약해진 아동에게 무엇이 발생했는지에 초점을 맞추었던 것처럼, 치료사는 이러한 취약해진 실존 상황에서 내담자에게 어떻게 정서가 발생하고 내담자가 어떻게 정서를 다루는지를 추적했다. 이러한 정서적 취약성의 본질과 그것이 내담자의 두려움, 갈망, 고통에 어떻게 보이는지는 애착지향 치료사들이 잘 알고 있는 영역이기 때문에 확신을 가지고 내담자를 안내할 수 있다(제3장에서 이러한 과정에 사용되는 개입방법을 제시했다). 경험주의 치료모델(Yalom, 1980)은 깊은 불안을 일으키는 네 가지 보편적 삶과 죽음에 대한 관심을 명쾌하게 제시했다. 그것은 죽음, 삶의 유한성, 상실의 불가피성에 대한 관심, 일시적이지만 의미 있는 삶을 살 수 있는 방법에 대한 관심, 선택과 건설적인 삶에 대한 책임을 질 수 있는 방법에 대한 관심, 그리고 고립과 혼자됨에 대한 관심이다. 애착은 인간의 취약성에 대한 이러한 철학적 관점을 포함하고 있지만 무력감을 느끼게 하는 핵심인 정서 고립을 강조한다. 이러한 고립은 위험을 직감하게 만들고, 죽음에 대한 두려움과 연관이 있으며, 무의미감을 유발하고(결국 우리가 다른 사람에게 소중하지 않다면), 현실에 기반을 두고 분명한 선택을 할 능력을 약화시킨다. 이와 반대로 타인과의 안정된 연결감은 이러한 실존적 취약성을 효과적으로 다룰 수 있는 소중하고 가장 효율적인 방법이 된다.

대인관계: 변화사건의 재연 측면

특별히 두려움, 충족받지 못한 갈망, 슬픔과 상실, 수치심 혹은 자신에 대한 두려움과 같은 중요한 정서적 취약성에 대한 깊은 개입이 애착지향 경험치료의 첫 번째 핵심적인 변화과정 요소라면, 두 번째 요소는 내담자가 행동 혹은 재연을 통하여 새롭게 경험을 하는 것이다. 내담자들은 대인관계적인 맥락을 수용하고 표현한다. 이후 새로운 정서경험은 상호작용 사건이 된다. 정서는 치료사와 함께 발견되고 정제되어서 회기 중에 소중한 타인과의 대인관계 반응으로 재연된다. 이러한 타인은 대부분 애착대상(실제로 함께하거나 상상의)이지만 종종 대리 애착대상의 역할을 수행하는 치료사가 될 수 있다. 그래서 내담자인 레슬리가 자신의 적대적인 태도와 친밀감에 대한 경멸 속에 내재된 타인에게 드러나고 지명받는 것에 대한 깊은 두려움에 접근하여 탐색했지만, 치료사 또한 그녀를 배신하고 포기할 것이라는 두려움을 치료사의 얼굴을 보면서 나누라고 했을 때 비로소 이러한 두려움이 드러났고 진심으로 수용 받게 되었다.

이러한 대인관계 부분은 정서중심 부부치료에서 소개되고 증명된 변화사건의 절대적인 부분이고, 정서중심 개인치료(EFIT)와 정서중심 가족치료(EFFT)의 임상 실제에서 사용된다. 새로운 정서는 타인과의 새로운 상호작용 반응을 일으킨다. 회기 중에 이러한 상호작용 움직임은 취약성과 갈망을 건설적으로 다루게 하는 교정적 실존 드라마를 만든다. 대부분의 경우에 이러한 드라마는 내담자의 안정적 유대감을 만들거나 적어도 새로운 관계를 만들기 위해서 상실(loss)을 개방하게 해 준다. 이렇게 소중한 타인과 내적 현실을 재연하는 것은 부부치료, 가족치료와 마찬가지로 EFIT의 변화사건에서도 필요하다는 사실을 강조할 필요가 있다. 개인치료의 핵심이 정신내적인 자기조절 전략을 개선하는 것이라고 생각하는 치료사에게는 대인관계 수준의 작업이 불필요하게 보일 수 있다. 하지만 애착관점에서 작업할 때 인간의 기본 혹은 기초 현실로서 정서 공동조절(co-regulation)이 애착에서 중요하며, 이러한 과정을 통해서 성공적인 자기조절(self-regulation)이 가능함을 기억할 필요가 있다.

신경과학자 James Coan(2016)은 사회적 동물인 인간에게 개인적인 자기조절보다 공동조절이 기본적·정상적 및 가장 효율적인 전략이라고 했다. 두뇌는 지속적으로 자원을 축적하며, 신경 수준에서 단순히 지지관계를 자원으로 여긴다. 두뇌는 자기조절보다는 사회성에 우선순위를 두고 있다. 개인의 뇌가 전기충격의 위협과 고통을 지각하고 반응할 때, 손을 잡아 준 소중한 사람이 미치는 긍정적 효과에 대한 Coan의 뇌영상 연구(Coan, Schafer, & Davidson, 2006) 결과는 강력하고 긍정적인

'접촉 위안(contact comfort)'의 영향에 대한 Bowlby의 개념 및 안전기지의 관계가 안전한 세상을 지각하게 해 준다는 생각과 유사하다. 시각 지각에 대한 연구에서 친구와 함께 바라볼 때 보다 혼자 바라볼 때 동일한 언덕을 훨씬 더 높게 평가한다고 했다. 뇌는 기본 지각과정에서도 사회적 자원에 가까이 가려고 한다(Schnall, Harber, Stefanucci, & Proffitt, 2008; Gross & Proffitt, 2013). 부담과 스트레스는 함께 나누는 것이 좋다는 애착 개념은 감상적 말이 아닌 생리적 사실인 셈이다. 관계 중인 파트너를 포함한 애착대상은 생존, 위험 감소, 부하분담(load-sharing), 부정적 정서조절을 향상시키는 필수자원, 즉 자아의 신경적 표상(neural representation of self) 속에 통합되며, 그래서 다양한 실존적 의미를 전달한다. 흥미롭게 애착대상을 자기확장의 관점으로 볼 때, 뇌는 (이방인과 대조적으로) 친밀한 타인에 대한 위협을 자기 자신에 대한 직접적인 위협과 비슷하게 처리한다(Beckes, Coan, & Hasselmo, 2013). 이는 파트너의 상실이 즉각적이고 지속적인 자기개념 명료성(self-concept clarity)의 하락과 연관된다는 다른 결과들과 일치된다(Slotter, Gardner, & Finkel, 2010).

사회적 정서조절은 비교적으로 상향식 과정(bottom-up process)인 반면, 자기조절은 이미 자극받은 신체적 반응을 막기 위해서 많은 인지적이고 집중의 과정을 요하는 희생과 노력이 필요한 하향식 과정(top-down process)이라는 데 주목한다(Coan & Sbarra, 2015).

이 모든 연구는 치료와 직접 관련이 있다. 먼저, EFT 치료사는 자극 정서를 이해하고, 내담자가 이와 같은 정서를 현재 순간에서 끌어내도록 도와주기 위해서 상향식 과정에 매우 집중한다. 치료사는 또한 이러한 과정이 발생할 때 내담자와 조율하고 정서적으로 머무르며 그들의 경험을 함께 조절한다. 자원인 치료사와 함께할 때, 내담자가 올라야 할 '언덕'은 낮아 보인다.

두 번째, 대인관계 재연으로 치료사는 내담자가 효과적으로 정서조절을 할 수 있도록 애착대상을 불러오게 도와준다. 효과적인 공동조절이 정확히 일어났는지는 점차 분명해진다. 예를 들면, 엄마의 민감한 반응은 아동의 편도체를 비활성화시키고 전두엽을 활성화시킨다(Tottenham, 2004). 이렇게 되면, 스트레스 호르몬인 코르티솔을 분비하는 스트레스 체계, 즉 뇌하수체−시상하부−부신 축(HPA axis)은 균형 상태를 유지하려 하고, 덜 자극받고, 쉽게 차단시킬 수 있다(McEwen & Morrison, 2013).

우리는 지속적으로 타인과 마음의 대화를 하지만, 고통의 경험을 재평가하기 위해서 이러한 대화는 특별히 위협이 닥친 상황에서 더욱 필요하다는 평범한 지혜가 있다. 신뢰하는 사람 사이에서 효과적으로 공동조절을 하는 일상의 예는 보호적 애착대상인 신에게 기도할 때 나타난다(Luhrmann, Nusbaum, & Thisted, 2012).

EFT의 고전적 변화사건에 대한 다양한 연구에 의하면 새롭게 형성된 정서는 회피되거나 반발적으로 비난하거나 매달리지 않고, 핵심정서를 포착할 수 있는 교류되고 열린 방식으로 타인에게 표현된다. 이는 부인되었던 정서적 상처를 인정하는 형식을 취하며, 지금 자신이 알게 된 욕구를 충족시켜 줄 것을 요청하거나, 경청해 주고 관심을 가져 달라고 주장한다. 이런 나눔은 자기와 체계, 즉 핵심 관계 드라마에서 자기 태도와 관계의 본질을 다시 정의한다. 이러한 재연을 통해서 핵심도식이나 자기와 타인의 모델은 즉각적으로 접근 가능해지고 수정될 수 있다. 이런 변화과정은 EFIT와 EFFT에서도 분명히 나타난다. 예를 들면, 에이미는 나에게 이제 '지배적이고 동떨어진' 엄마에게 의지할 수 있게 되었고 적절하게 상처와 욕구를 표현할 수 있다고 말했다. 이렇게 하게 되면서 그녀는 다음과 같이 말했다. "지금 갑자기 내 자신이 견고해지고 침착하다고 느껴지고 엄마가 더 이상 위험하게 느껴지지 않아요. 어떻게 이런 일이 생겼지요! 너무 달라요. 사실 엄마가 부드럽게 느껴지기 시작했어요. 나는 그렇게 나쁜 아이는 아니었어요. 엄마는 단지 엄마가 되는 방법을 몰랐을 뿐이에요!"

EFT 15회기 중에 테리가 아내에게 말했다. "내가 불안해지고, 내가 알고 있던 당신의 결점에 대한 증거, 즉 내 무기를 내려놓았을 때 나는 정말 두려웠어. 나는 당신이 나의 이런 부드럽고 자신 없어 하는 부분을 원치 않는다고 이해했어. 아무도 이런 테리를 원치 않는다고 생각했어. 하지만 지금 나는 풍성해졌고, 당신의 위안을 많이 원해. 당신도 이를 원하고, 나와 함께 있어 주길 바라."

EFFT 회기에서 아내가 손을 잡고 있는 동안에 팀은 아들에게 말했다. "나는 좋은 아빠가 되고 싶었어. 나는 단지 어릴 때 가족으로부터 받은 머리 속에 있었던 모든 규칙들을 잃어버렸어. 미안해 아들! 나는 너를 실망시켰어. 말하기 어려웠어. 나는 너를 잃거나 네게 상처 주고 싶지 않아. 내가 친해지는 방법을 찾고 싶었어. 나는 이렇게 말하면서 이질감도 느끼지만 좋기도 해." 그가 이렇게 말하자 이전의 차갑고 반항적이고 회피적이던 아들이 눈물을 보였고, 아버지에게 팔을 뻗었다. 내적 그리고 대인관계적인 강한 변화가 일어난 것이다.

이런 변화사건에서 두려움은 직면되고, 욕구는 인정되고 표현되었으며, 이전의 자동적으로 해 왔던 정서조절 방식, 자기구성 방식과 타인지각 방식이 활성화되고 드러났다. 그들은 변화과정에 있다.

심리치료 문헌에서 종종 언급되던 교정적 정서경험이 갖는 힘은 애착 맥락에서 바라볼 때 구체화되고 분명해진다. 이러한 경험이 회기 중에 작동될 때, 개인은 정서적으로 충분히 개입되고, 이제 이러한 정서는 효율적으로 요구되고 정제되고 수용되며 타인에게 진심으로 표현된다. 상대방은 풍성하고 새로운 경험의 출현과 욕구와 두려움, 자기와 타인에 대한 조각을 함께 맞추어 가는 새로운 태도를 목격한다. 애착대리자(치료사) 혹은 실제 애착대상이 보여 주는 수용은 내담자의 취약성과 욕구는 물론, 새로운 이해로 경험을 재구성하는 것을 인정해 주는 강한 힘이 된다. 이러한 인정은 경험의 새로운 차원과 관계 패턴을 강화시켜 주고 그의 내적 세계를 정의하고 신뢰할 수 있는 보다 유능한 경험자(competent experiencer)로 만들어 준다.

다음 장에서 나는 이전에 언급한 바 있던, 체계적으로 변화 순간을 만들고, 교정적 경험으로의 **자연스러운 전개**(natural progression)를 이끄는 핵심 EFT 과정과 개입에 대해서 소개하려 한다. 자연스러운 전개라는 말은 여기서는 EFT 치료사에게 계획적으로 사용되었는데, 이는 확실히 **유기적 과정**(organic process)이며 안에서 밖으로 일어나는 것이다. 훌륭한 내과 의사가 신체를 회복시키는 방법을 알 듯이 애착과 정서 지향적 치료사는 변화를 위해서 자연스럽게 일어나는 과정이 갖는 힘을 사용한다.

_____ 마음에 새기기 _____

- 타인과의 친밀한 결합은 효과적인 기능과 정신건강의 기초가 된다. 우리는 내담자 자신이 타 인과 개입하는 방식과 이런 개입을 이끄는 정서를 이해하고, 그들의 습관적 반응에 대한 건설적 대안을 발견하도록 도와줄 수 있다. 이런 과정의 핵심은 내담자와 함께 정서를 이끌고 조절하고 정서균형을 찾을 수 있게 돕는 것이다.

- EFT와 같은 경험주의 개입은 애착과학의 **발견을** 가장 잘 반영하며, 애착원칙을 개입의 지침으로 바꾼다.

- 애착은 치료사로 하여금 정서의 조절과정과 정서적 안전형성을 우선시하여 이끌게 해 주며, 이를 위해서 치료사는 적극적으로 참여하고 조율하며 투명하면서 수용적이어야 한다. 치료사는 두 가지 자기 및 정서 현실의 구축, 그리고 현재의 소중한 타인과의 상호작용적 대인관계를 모두 다뤄야 한다. 건설적 의존은 정서의 효과적인 공동조절과 건강하고 적절한 자아감의 성장을 이끈다.

- 애착은 핵심정서, 상호작용의 자기와 체계를 정의하는 순간, 그리고 변화의 필요충분조건에 대한 지도를 제공한다.

- 안정, 애착 재구성, 강화는 세 가지 변화단계이다. 정서개입의 심화 및 타인과의 새로운 방식으로의 안무는 변화과정의 핵심이다. 정서는 우리를 올바른 방향으로 이끌고, 의미를 만들고, 동기를 갖게 하고, 의사소통을 하게 한다. 여섯 가지 기본정서(기쁨, 놀람, 분노, 수치심, 두려움, 슬픔)가 있다. 치료사는 정서를 사용하여 내담자가 방향을 전환하고, 새로운 의미를 만들고, 새로운 반응과 타인과의 새로운 연결을 할 수 있게 해 준다. 특히 효과적인 공동조절을 통한 교정적 정서경험은 EFT에서 자기와 체계를 재정의한다.

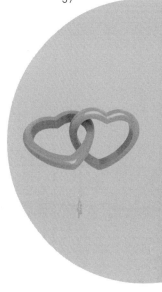

애착이론과 상담 | **제3장**

개입:
교정적 경험과 상호작용을 위한
정서 작업과 사용

인간의 감정은 역사적으로 생존과 번식을 높일 수 있는 가장 좋은 방향으로 행동을 전개시키는 의사결정 알고리즘이다.

– Maia Szalavitz (2017, p. 51)

뼈저리게 통찰했다고 느낄 때만 사람들은 그것을 인정한다. …… 치료에서 문제는 언제나 자기의 진실에 대한 효과 없는 인지적 이해에서 어떻게 정서경험으로 이동하냐는 것이다. 치료가 깊은 정서로 들어갈 때 비로소 강력한 변화가 일어난다.

– Irvin Yalom (1989, pp. 22–23)

Bowlby는 그의 마지막 저서에서 젊은 엄마의 자녀 학대 사례를 간단히 소개했다. 그녀의 과거를 알고 있던 치료사는 어린 시절에 그녀가 얼마나 두렵고 분노했고 무기력했으며, 안정적 유대감을 원했는지를 물어보았다. 젊은 엄마는 자신의 정서를 표현할 수 있었고 치료와 양육능력에서 진전을 보였다(1988. p. 155).

초보치료사는 단순히 통찰을 유도하면서 무엇이 일어났는지를 보여 주는 일반적 치료회기의 사례를 살펴볼 것이다. 사실 이러한 상황은 여러 가지 다양한 기법을 끌어들이는데, 특히 위기에 처한 아동과 같은 부담스러운 주제일 때 더욱 그렇다. 우리는 이 회기에서 이 젊은 여성에게 무슨 일이 일어났으며, 무엇이 변화되었는지에 대한 전체 그림을 단지 상상만 할 수 있다. 만일 치료가 보편적으로 경험적 애착지향 접근과 유사하다면 무엇이 발생했는지 우리는 아주 쉽게 추측할 수 있다.

- 젊은 엄마가 치료사를 안전하고, 지지받고, 인정받는다고 느낀다. 그녀는 평가를 받는다고 느끼지 않고, 좋은 엄마가 되기 위해서 '권위자'로부터 행동을 변화하는 방법을 코치받는 느낌이 없다.
- 치료사는 어머니를 내재된 두려움과 갈망, 자녀와의 경험에 의해 쉽게 자극받은 핵심감정으로 이끌어 간다.
- 어릴 때 그녀 자신의 경험을 탐색하고 상실과 갈망을 다룰 수 있게 되면서 그녀는 정서적으로 자녀에게 미친 자신의 반응을 이해하게 된다.
- 그녀는 자신의 경험을 인정하고 수용하고 이해하는 성인이라는 자신감을 더 느끼게 된다.
- 그녀는 애착대리자인 치료사로부터 진정 어린 지지적 관계를 경험함으로써 그녀 자신의 **유대감**에 대한 갈망을 충족받을 수 있는 관계를 찾을 수 있다.
- 그녀가 지속적으로 이러한 경험을 반영하고 통합한다면, 그녀는 다른 사람이 그녀를 항상 거절하거나 버리지 않는 것을 깨닫고 타인에 대한 모델이 확장되고, 자원이 되는 그들에게 의지할 가능성이 커진다.

이미 언급했듯이 경험적 심리치료의 아버지 Carl Rogers는 이 회기를 엄마의 자녀에 대한 느낌과 자신의 정서 목록을 확대하는 현재의 갈망과 상실에 대해서 협력적으로 탐색했다고 볼 것이다. 그것은 인지 자체의 변화 혹은 행동 변화의 코칭보다는 타인에게 행동을 유발하는 정서와 그것의 힘을 환기하는 것에 초점을 두었다. 접근된 정서는 또한 구체적이다. 두려움과 박탈에 숨어 있는 분노, 두려움, 갈망이다. 그리고 이들은 중요한 대인관계 드라마를 재조직하기 위해서 접근되었다. Bowlby는 그녀 자신의 경험에 비추어 볼 때, 자녀에게 공감이 부족했던 반응을 '완벽히 합당한' 반응으로 볼 것이고, Rogers는 내담자의 고통을 수용해 주고 공감해 주는 방식으로 시작하여 그녀가 어릴 때 한 번도 경험한 바 없는 적절한 반응을 제공할 것이다.

　　두 사람은 모두 연구자이고 임상가이지만 Rogers와 Bowlby는 오늘날 시행되는 성인애착, 정서와 정서조절, 그리고 치료상의 변화과정과 같은 다양한 연구에는 접근하지 못했다. 하지만 그들은 이 영역에서 최근에 발견된 내용에 동조하면서 내담자에게 여전히 반응하고 있다. 개인, 부부, 가족 등 누구를 치료하든 간에 우리는 Rogers 모델과 애착이론의 근본 내용을 반영하는 간단한 핵심기법을 알게 되었고, 또한 현대의 경험적 치료의 임상실제, 정서에 대한 최근의 연구 결과 그리고 이 모델의 변화를 반영한다. 언급된 세 가지 치료방식에서의 변화는 정서적 그리고 대인관계적 현상이다. 이후의 장에서 세 가지 다른 치료방식에 대해서 언급될 것이기 때문에 이 장에서는 기법에 주목하고 광범위하게 적절한 연구 결과를 가지고 정리하려 한다.

경험주의 치료에서 정서와 변화

　　경험주의 치료사는 변화과정에서 항상 내담자의 적극적인 역할을 조명하면서 변화가 정확히 어떻게 일어났는지에 특별히 관심을 집중한다. 내담자가 자기실현의 성향을 가지고 있다는 경험주의 치료의 전제에 동의한다면, 치료사의 전반적인 역할은 단순히 이러한 자연스러운 성장과정을 촉진시켜 주고, 내담자를 과거의 방해(past block)가 발생한 곳으로 이끌고 간다. 정서를 직접 다루는 것이야말로 이러한 촉진을 시켜 주는 큰 부분이 된다.

　　우리는 무엇을 이해했느냐에 따라서 적극적으로 조각할 수 있고, 이 장에서는 EFT에서 사용하는 기법과 구체적 기술에 대한 메타체계(metaframework)에 대해서 언급하기 전에 정서의 본질과 정서 수준에 대해서 먼저 밝히려 한다. 변화의 원천인 정서를 중시하며, 정서는 본래 적응적이라는 경험주의 관점에 주목하는 것이 중요하다. 경험주의 모델은 다른 모델에서 놓치고 있는 정서경험의 타당성과 가치를 신뢰한다. 경험주의 접근은 정서를 강하게 폭발할 수 있는 온천, 즉 카타르시스의 분출로 보거나 혹은 이성과 행동 코칭으로 억제되고 통제되어야 할 혼돈되고 무질서한 힘으로 봤던 지금까지의 치료 분야의 양극단을 지양한다.

　　사실 최근 들어 정서를 등한시했던 많은 임상모델이 정서를 긍정적으로 보고, 치료규약에 이를 다루려고 한다. 예를 들면, 소위 행동개입의 제3의 물결은 정서를 수용하는 것을 포함한다(Hayes, Levin, Plumb-Vilardaga, Villste, & Pistorello, 2013). 정서에 민감하게 집중하는 것은 이제 다양한 행동, 정신역동, 대인관계 치료모델에 적용되고 있다. 하지만 경험주의 관점과 비교할 때 이러한 모델에서 정서가 여전히 중심이 되지 못하고, 아주 다른 존재로 취급받고 있다. 예를 들면, 종종 생각이나 행동에 압도적으로 초점을 맞추면서 정서는 미미하게 취급받고 있다. 설사 다루어진다고 해도 정서는 자기위안 기술(self-soothing technique)을 통하여 조절과 억제되거나 통찰을 얻기 위한 다른 하나의 방법으로 사용되는 정도이다.

반면에 경험주의 치료에서 일차적으로 초점을 맞추는 대상은 정서이다. 정서가 변화의 목표이자(치료 중에 재처리되고 적응적으로 조절된다) 매개체이다(인지와 행동을 이끌고 다시 다듬어 준다). 정서경험의 처리는 모든 회기의 핵심이며, 새로운 의미의 틀로 만들고 새롭게 행동하게 하거나 타인에게 접근하고 반응하는 방법을 변화시키기 위해서 사용된다. EFT, 속성-경험적 역동 심리치료(accelerated experiential dynamic psychotherapy: AEDP), '정서중심치료(emotion focused therapy)'라고 불리는 집중 및 과정경험주의 심리치료(focusing & process experiential psychotherapy), (그리고 이 책에서 PE/EF라고 불리는 모델)과 같은 경험주의 접근은 정서가 변화를 이끄는 방법이 다르지만(Fosha, 200; Gendlin, 1996; Elliott, Greenberg, Watson, Timulak, & Friere, 2013) 모두가 정서를 체계적으로 추적하고 유도하고 적극적으로 다듬는다.

치료적 변화에 대한 다양한 실증적 연구들은 관점을 변화시키고, 자신과 타인에 대해 변화된 새로운 정보를 제공하는 정서의 힘을 인정한다. 정서는 우리의 세계와 관계를 조직한다. 예를 들면, 슬플 때 긍정적인 신호를 탐색하거나 반응하지 않으려 하고, 자신을 차단하고, 타인과의 거래를 중단한다. 우리는 다르게 이해하고, 다른 신호를 지각한다. 우리는 분노와 같은 정서가 발생했을 때와는 생리적으로 다르게 조직된다. 정서의 영향으로 우리는 정보를 처리하고 생리적 반응에 부합된 의미를 구성하고, 세상에서 달리 행동하고, 타인과 다르게 관계한다. 그래서 분노가 가득 차면 피는 손으로 쏠리고 심장박동은 빨라진다. 나는 받은 상처를 모두 인식하고 기억한다. 특히 경멸적인 당신의 입꼬리를 보게 되고, 당신에게 몸을 기울이고 목소리를 높이고 내 말을 들어 달라고 '압박한다'.

EFT 관점에서 일상과 치료 중에 변화를 만드는 확실한 경로는 새로운 정서경험을 조성해 주는 것이다. '조성해 주는 것(shaping)'은 특히 정서경험을 확대하고, 표면적 반응 너머에 있는 지각을 확대하고, 정서조절의 개선을 포함하며 이로 인하여 의미 만들기와 행동반응이 유연해지고 구체적으로 조정이 된다. EFT에서 **정서작업은 기술이 최소한으로 적용되어 정서 자체가 가진 타고난 힘으로 내담자가 다른 세계를 경험할 수 있게 해 주는 유기적인 과정이다.** 훌륭한 치료사는 근본적으로 주의 깊게 듣고, 이후 성장을 위한 내담자의 타고난 능력을 지지해 준다는 Rogers와 Bowlby의 믿음을 다시 언급할 가치가 있다. Bowlby는 다음과 같이 기록했다. "정통적인 외과의사와 같이 심리치료사의 일은 자기회복이 가장 잘 일어날 수 있는 조건을 제공하는 것이다."(1988, p. 152) 정서가 생물학에 기초한 타고난 생존지향 애착체계의 한 부분이라고 인정한다면, 우리는 EFT에서 생각하는 변화과정이 생물학적으로 준비된 학습이 무엇인가에 다가가는 것이라고 추측할 수 있다. 단지 하나의 역겨운 경험이 역겹게 만든 원천으로부터 영원히 멀어지게끔 우리를 진화시킨다. 이와 유사하게 한 번의 교정적 자기회복의 변화를 경험하면(경험주의 심리치료를 통해), 안정과 정서균형에 대한 느낌이 우리에게 남는다.

정서조절

EFT와 같은 애착지향치료에서 변화과정을 논하기 전에 정서조절(emotion regulation)에 대해서 정의하려 한다. 정서조절의 정확한 의미는 무엇인가? 조절은 **접근하고**(access), 다양한 정서에 참여하며(attend), 정서를 분명하게 **확인하고**(identify), 하나 자체와 다른 것을 축소 혹은 확대하여 **개선하며**(modify), 이후 의미를 알아내고 상황에 맞춰 우선순위에 적절한 생각과 행동을 이끌기 위해서 정서를 사용하는(use) 것이다. 회기 중에 EFT 치료사는 내담자가 정서를 조절하고, 위안 혹은 정서 상도와 개입할 수준을 책정하고, 흔히 순간적으로 유발되는 정서로부터 **작업거리**(working distance)를 유지하게 돕는다. 정서는 조절되고, 커지거나 작아지기도 하며, 그래서 내담자는 내성의 영역(window of tolerance) 안에 머무를 수 있고, 고통스러운 감정을 통하여 새로운 영역으로 옮겨지기도 한다.

정서 이해에 대한 새로운 개념과 방식은 정서를 효율적으로 다룰 수 있게 도와주었고, 이러한 새롭고 다양한 방식은 아주 적절한 EFT 개입을 제공했다. 정서 특이성

(emotion specificity)에 대한 Lisa Feldman Barrett의 연구, 혹은 그녀가 사용한 **세분성**(granularity)(2004)은 사람들이 정서를 각자 다르게 경험하고 지각하며 이해한다는 것을 보여 준다. Feldman Barrett은 정서를 단어로 말할 수 있고, 심한 갈등 상황에 처했을 때 수준 높은 정서경험의 특이성과 복합성(complexity)을 구성할 수 있으면, 공격, 자기손상, 과음 등의 부정적 자기조절 전략을 덜 사용한다고 제안했다. 이들은 또한 거절받는 상황에서 신경반응이 덜 일어났고, 대체적으로 불안과 우울증이 심하지 않았다. 한 연구에서는 일기를 쓰면서 힘든 상황을 다시 떠올리며 발생한 정서를 정확하게 묘사하면, 자신의 정서반응을 밝히거나 구별하지 못하는 사람에 비해서 스트레스가 약화되고 적절히 대처한다고 했다. 선택과 효과적인 문제 해결을 해야 할 때, 정서를 정교하게 표현하는 능력은 인간에게 긍정적인 도구를 제공하는 것으로 보인다(Kashdan, Feldman Barrett, & McKnight, 2015). 주요우울증과 사회불안장애를 진단받은 사람은 그들이 겪는 고통의 강도를 참고하더라도 다른 사람들보다 정서분화 수준이 유의미하게 낮았다. 자기 정서경험 기록이 정신건강에 미치는 긍정적 효과는 감정을 단어로 기록하는 것 자체로 조절기능이 있다는 생각을 보여 준다(Pennebaker, 1990b). 정서를 기록하는 것은 그것을 구체화시켜 주고, EFT 실제의 핵심요소인 내담자의 정서경험을 추적하고 반영하고 주문하는(ordering) 것과 유사하다. 사실 EFT 치료사는 이해하기 어렵고 애매한 정서적 암시와 속삭임을 지속적으로 구체적이고 특별한 경험으로 만들어 준다. 치료사는 **세분성 전문가**(granularity expert)이다!

앞서 언급했듯이 조절은 다분히 적응적일 수 있다. 현재 정서조절이 정신병리의 원인과 유지에 결정적인 역할을 한다고 받아들여 지고 있다. 억압, 반추, 회피는 불안과 우울과 같은 심리장애와 연관이 있는 반면, 보다 적응전략인 수용(경험적 회피를 줄여 주는)과 재평가(reappraisal)는 그렇지 않았다(Mennin & Farach, 2007; Aldao, Nolen Hoeksema & Schweiser, 2010).

예를 들면, 우울한 청소년은 그들 자신의 감정에서 분리되는 경향이 있고, 타인에게 거절받은 자신을 비난하며 반추하고 최악을 상상하고 거절, 자기부적절감, 실패에 대한 주제에 집중하는 경향이 있다(Stegge & Meerum Terwogt, 2007). 정서조절의 약화는 압도되는 타인과의 상호작용을 일으키고, 정서처리에 대한 효능감을 평가 절하하고, 모든 것을 우울로 이끌고, 아무것도 하지 못하게 만드는 몰입 상태

(absorbing state)로 몰아 간다.

우리는 정서조절 전략을 정서지능이라는 말로 이해할 수 있다. Salovey, Mayer, Golman, Turvey와 Palfai(1995)는 정서가 정보의 중요한 원천이며, 이러한 정보처리 능력은 사람마다 다양하다고 가정한다. 정보처리는 정서 참여능력을 높이고, 정서를 정확하게 이해하고 조절하게 한다. 예를 들면, 타인의 얼굴과 목소리에서 정서 신호를 추론하는 능력은 개인마다 현저히 다르며(Baum & Nowicki, 1998; Nowicki & Duke, 1994), 앞에서 언급했듯이 자신의 정서경험을 자동으로 인식하는 정확성(precision) 혹은 세분성(특이성과 복합성)은 사람마다 다르다.

정서조절에 대한 애착의 역할

일반적으로 애착안정, 타인과의 유대감은 긍정적 정서조절 전략과 처리를 향상시킨다(제2장의 논의 참조). 이러한 안정은 정서균형을 발전시킨다. 안정감이 높은 사람은 모든 정서경험 상태에서 균형을 잘 유지한다. 이들은 자극을 적게 받고, 사건을 긍정적인 용어로 해석하며, 애매한 상황을 잘 견딘다. 이들은 원치 않은 사건을 통제 가능하고, 적절하게 이해되고, 일시적인 사건으로 볼 수 있다. 이들은 일반적으로 갈등을 다룰 수 있다고 배웠다. 생리반응으로 볼 때, 불안에 의한 과각성을 경험하거나 그것에 빠지지 않으며, 습관적 정서의 무감각 혹은 차단에 빠져들지 않는다. 이들은 경험의 의미를 탐색하고 정서가 그들로 하여금 세상에 나아가고 영향을 주기 위해서 제공하는 정보를 신뢰하고 사용할 수 있다. 이들은 자신의 정서경험을 반영할 수 있고 주문할 수 있다. 이는 유아기 사랑의 애착대상과 경험한 결과로 발전되는 능력이다. 이러한 양육자는 유아의 정신경험을 반영하고, 그것을 유아에게 다음과 같이 대변해 준다. "행동언어를 유아가 이해할 수 있게 통역해 준다. 그래서 아기는 심리적 처리를 반영하는 과정이 자신의 정신적 경계 안에서 수행되는 것으로 착각하게 된다. 이것이야말로 단단하게 형성된 반영적 자아(reflective self)가 발전할 수 있는 토대가 된다."(Fonagy, Steele, Steele, Moran, & Higgit, 1991) 정서균형은 안정형으로 하여금 정서경험을 보다 적게 부인하게 해주고, 왜곡 및 과장을 적게 하게 만든다(Shaver & Mikulincer, 2007). 이들은 자신과 타인의 정서를 개방할 수 있고, 정서를 표현하고 소통하며 효과적인 행동을 이끌기 위해서 이를 사용한다.

이와 대조적으로 회피 혹은 불안 애착은 정서의 '방어적 차단(defensive exclusion)', 정서 억압(Bowlby, 1980) 혹은 정서 강화나 만성적 활성화를 일으킨다. 이미 언급했 듯이 억압은 반동효과(rebound effect)를 일으킨다. 이것은 강한 스트레스에서 깨어 지기 쉬운 취약한 전략이다. 만성적 활성은 정서의 거미줄에 갇혀서 진짜 혹은 강한 위협에서 반추하고 부정적인 경험을 일반화하는 불안형에서 보일 수 있고, 하나의 신호가 다른 것을 폭주하게 만들고 혼란과 모순에 빠지게 된다. 불안형의 배우자가 분노, 적대감, 공격성을 보이는 이유는 이해하기 쉽다. 이러한 행동은 불안형에게 흔히 나타나지만 자신의 취약성을 부인하려고 노력하는 회피형에게도 보인다. 불 안형은 실존의 실제 위협에 직면하여 죽음의 이미지와 생각에 빠지면서 두려움을 반추하고 강조하는 반면, 회피형은 죽음에 대한 신호에 강조된 숨겨진/무의식적 반 발을 보이지만 두려움을 억압한다. 두 가지 불안정형은 타인을 비판하고 처벌하는 경향이 있고, 이와는 대조적으로 안정형은 죽음에 대한 불안을 유산(legacy)으로 만 들어 상징적 영생(symbolic immortal)에 대한 생각으로 바꾸고, 타인과의 친밀한 유 대의 욕구를 증가시킨다.

정서에 대한 이해의 폭을 넓히면서 이제 애착지향 개입인 EFT의 변화과정을 살 펴보자.

∞
EFT의 경험주의 변화과정

성공적인 치료와 연관된 변화과정에 대한 연구들은 두 가지 주요인을 반복해 서 밝히고 있다. 그것은 깊은 정서개입과 애착대상과의 친밀한 상호작용 형성이다 (Greenman & Johnson, 2013). 이러한 결과는 EFT 모델의 공식 변화이론을 지지한다.

경험적 애착지향 치료사는 Bowlby의 정서의 힘에 대한 믿음을 전적으로 인정한 다. 모든 회기의 목표는 내담자의 정서경험에 대한 개입방식을 변화시키는 것이다. 치료사는 내담자가 자신의 정서가 가지고 있는 타당성에 다가가고, 삶의 방향을 찾 기 위해 정서를 사용하게 도와줌으로써 그들이 정서를 효과적으로 요청하거나 조 절할 수 있게 해주며, 욕구를 찾아내고, 적극적인 정서경험이 자아감과 타인과의 상호작용의 핵심 패턴을 만드는 구체적인 방식을 붙잡게 해 준다. 여기서는 이러한 목표를 달성하기 위해서 정서를 다루는 방식에 대해서 설명하려 한다.

치료사는 정서개입 수준을 분화시켜 주어서 내담자에게 일어나는 정서개입을 체계적으로 환기시켜 주고 인식할 수 있어야 한다. 연구에서 사용된 측정도구는 임상현상을 밝히는 데 도움을 준다. EFT 연구에서 경험척도(Experiencing Scale: EXP; Klein, Mathieu, Gendlin, & Kiesler, 1969)는 정서개입 수준에 대한 개념을 이해하기 위해서 사용되며, 깊은 개입이 어떤 것인지를 알려 준다. EXP는 전체 개입 7단계에서 내담자의 움직임을 측정한다. 초기 단계에서 낮은 수준으로 자신의 정서에 개입한다. 이들은 자신의 경험에 대해서 개인적이지 않은 표면적이고 추상적인 말을 두서없이 한다. 이후 단계에서 내담자는 신체감정을 분명하게 인식하고 탐색하며 드러낸다. 그리고 보다 발전된 단계에서 새롭고 강한 교정적 경험이 새로운 의미를 구성하고, 내담자는 새로운 영역으로 들어가기 위해서 정서를 적극적으로 사용한다. 이 단계에서 정서경험이 깊어지고 표현이 되면서 내담자와 치료사 간의 상호작용, 치료과정에서 불러온 상상의 애착대상, 그리고 (부부 및 가족 치료에서) 상담실에 있는 애착대상과의 대인관계적 유대가 보다 많이 드러나고 명확해진다.

우울을 호소했던 제임스는 첫 회기 중에 나에게 모든 사람은 자아도취자이며, 이것은 정치적·경제적 환경 탓이라고 말했다. 그는 이전에도 이렇게 말했고 그의 이야기는 이질적이고 거리감이 느껴졌다. 이러한 자신과 상관없는 대화는 1, 2단계에 지속되었다. 이후 제임스의 치료가 진행되면서 3단계로 들어가서 노쇠한 어머니와의 관계를 탐색했다. 성인이 되어서 어릴 때처럼 자신이 화나고 야단을 맞았던 구체적 사건에 대해서 말했고, 타인을 포기하고 긍정적인 의도를 믿지 않는 등 이러한 사건으로부터 오는 영향을 억제하기 위한 모든 행동을 나열했다. 치료가 진행되면서 제임스는 4, 5단계에 들어가서 그 사건에 대한 자신의 개인 이야기가 늘었고 자세한 개인적 진술 내용에 담긴 추측을 제시했다. 그는 이제 회기 중에 부드럽고 취약한 정서를 인식하고 집중했으며, 엄마 앞에서 '작아지는' 감정을 드러냈고, 노쇠해진 그녀 앞에서 무장하게 되고 '숨고' 싶다고 말했다. 결국 6, 7단계로 들어가면서 제임스는 어릴 때 사랑받지 못했던 것에 대한 자신의 현재 감정과 슬픔 그리고 그당시 느꼈던 절망감과 무력감을 적극적으로 탐색하고 발견했고, 이런 감정이 그의 삶에 미친 영향을 드러낼 수 있었다. 이제 정서경험은 생생하고 구체적으로 느껴졌고, 제임스는 나의 동정 어린 공감을 불러일으켰다. 이제 제임스는 견디면서 자신의 취약성에 대해서 균형을 유지했다. 그는 충분히 참여했다. 새로운 수준의 인식이 새로운 동기, 깨달음, 실존적 태도의 발판이 되었다. 제임스가 나에게 말했다. "저는 엄마를 슬프게 할 수 없어요. 엄마가 제 편인 적이 한 번도 없었거든요. (그가 운다.) 엄마는 저를 위해서 존재하지 않았어요. 그렇게 하지 않았다는 생각이 들어요. 저는 혼자 자랐고, 그런 저에게 문제가 있다고 생각했어요. 추웠고 세상에서 아주 작았던 어린 제임스가 무척 슬프게 다가와요. 그리고 저는 아직 숨고 있어요. 희망을 갖기 힘들어요. 지금 저 때문에 슬퍼하는 선생님을 보고 있어요. 그런 기분은 좋아요. 하지만 저는 잠시 울고 싶어요. 아마 저는 제가 갖지 못했던 것을 찾기 원하는 것 같아요." 제임스는 경험을 많이 개방하고, 정서균형을 찾고, 새롭게 드러난 경험을 미래의 행동을 이끌 안내자로 신뢰하였다. 애착적으로 이러한 그의 구성은 적절했다. 여기서의 표현은 포괄적이었고, 즉 내담자는 침체되거나 갇히지 않고 자유롭게 여행을 하고 있었다. 새로운 수준의 정서개입은 제임스의 관계에 대한 색깔을 바꾸었고, 타인과의 진정 어린 유대감을 가능하게 해 주었으며, 자신과 타인을 동정했고, 친밀한 관계에서 위험을 감수하여 접근하고 반응하는 힘이 생겼다.

정서조합과 심화개입(affect assembly & deepening intervention, 나중에 언급된다)을 통해서 제임스의 정서요소를 표현할 수 있게 되었고, 단정하고 적절한 태도로 정서경험을 함께 엮어 갔다. 그렇게 함으로써 제임스와 같은 내담자가 경험을 회피하거나 억압하지 않고 그것에 깊고 충분히 개입하도록 이끈다. 분노가 상실과 슬픔으로 인식되는 과정에서 내담자의 정서범위는 확대되었고, 새로운 요소가 나타났다(나중에 내담자의 새로운 수준의 정서경험을 그들의 대인관계 세계로 들어갈 수 있게 도와주는 재연이라는 기법에 대해서 언급된다). 적응적이고 유연해진 정서조절은 내담자의 자기와 타인에 대한 모델, 말하자면 성격을 변화시켰고, 보다 안정형으로 바뀌게 했다. 애착 연구가 Mikulincer와 Shaver는 다음과 같이 제안했다(2016, p. 189).

정서를 유발하는 사건을 다루고 혹은 그것을 긍정적으로 재평가하면서 안정형은 자신의 정서처리 과정을 바꾸거나 억압하지 않아도 된다. 그들은…… '위협에 대한 짧은 회로'를 만들어 정서의 방해와 역기능적 요소를 피하고, 반면에 기능적이고 적응적인 부분으로부터는 도움을 받는다. 그들은 정서를 개방하면서 타인에게 감정을 자유롭고 정확하게 표현하고 소통하며, 왜곡하지 않고 정서를 충분히 경험한다. 더불어 그들은 타인으로부터 긍정적 반응을 얻을 수 있는 정서표현을 기대한다.

EFT에서 새로운 정서음악은 새로운 춤동작과 타인과의 새로운 수준의 개입을 일으킨다. 이 장의 후반부에서 치료사는 어떤 신호가 의미와 행동을 변화시키고, 이후 상호작용 패턴이 긍정적으로 변할 수 있게 만드는 내담자의 정서적 느낌에 대한 점진적인 변화를 지속시키는 방법에 대해서 언급한다. 이러한 개입의 메타절차(meta-sequence)는 EFT 탱고라고 불린다. 탱고는 은유적 표현으로 정서적 음악에 대한 지속적이고 유동적이고 즉흥적인 춤을 말한다. 이러한 춤은 혼란을 초래하고 거리를 만들기도 하고, 조율이 어렵고 불화를 유발하기도 하지만, 신체적·심리적 조화와 동조를 유발하기도 한다. 이러한 즉흥성 때문에 탱고 춤의 질은 전적으로 무용수의 조율과 유대감에 달려 있다. 탱고에서 한 무용수가 상대와 전적으로 함께한다면, 춤추는 그 무용수를 구별하기 어렵다. 제임스는 상대와 새롭게 춤을 추면서 새로운 자아감을 만들었다.

치료적 정서개입 연구

결과와 변화과정에 대한 연구가 경험적 치료의 성공에 작용하는 정서적 개입에 대해서 무엇을 직접적으로 알려 주는가?

부부치료에 있어 아홉 개의 EFT 연구가 정서 깊이와 개방적으로 개입하고 반응하는 상호작용, 즉 사회행동 구조분석(Structural Analysis of Social Behavior: SASB; Benjamin, 1974)에서 보다 친화적이라고 기록될 때 성공이 예측된다고 밝혔다(Greenman & Johnson, 2013). EXP와 SASB에서의 점수로 정의되었듯이 EFT의 재구조화의 변화사건은 언제나 치료 종료와 추적관찰 시의 긍정적인 변화와 연관이 있었다. EFT의 부부치료 형식에서 후반기의 이러한 변화사건은 순화(softening)로 불리는데, 이러한 변화사건을 통해서 비난적인 배우자가 파트너에게 순화되어 두려움을 드러내고 애착욕구가 충족받을 수 있게끔 요청하기 때문이다. 위축자가 정서적으로 재개입하고 적극적으로 참여하고 반응하는 비슷한 과정에 있지 못하면, 비난자 순화는 회기 중에 시작할 수 없다. EFFT에서 이런 변화과정에 대한 연구가 지금까지 없었지만 수년간의 임상관찰로 성인 파트너 사이에서 있었던 것과 동일한 과정이 부모와 자녀 사이에도 발생했다는 것을 알았다.

물론 다른 변화사건도 있지만 이들은 언제나 깊은 정서개입을 포함시키고 있다. 예를 들면, 회기 중에 자극된 과거 사건의 기억을 새롭고 '치열한(hot)' 현재의 경험으로 가져올 때, 그 기억에 저항하기보다는 과거 이야기 속에 새로운 요소가 흡수됨으로써 기억이 변화한다(Schiller et al., 2010). Alexander와 French(1946)가 말했듯이 과거 고통의 재경험을 통하여 정신적 그리고 대인관계적 수준에서 만들어진 새로운 결말은 의미 있는 치료 변화의 비밀이 될 것이다.

개인치료에서 정서를 다루는 것이 가진 힘에 대한 연구가 이루어지고 있다. 경험적 이론이라는 뿌리는 같아 비슷하지만 체계와 애착지향적인 EFT와는 차이가 있는 과정경험/정서중심치료(PE/EF) 연구에서 불안과 우울증에 대한 CBT의 결과와 일반적으로 비슷했다. 이 연구는 Experiences in Close Relationship-Revised Questionnaire(ECR-R)로 측정된 회기 중 내담자의 깊은 경험이 긍정적 결과와 연관이 있었다. 경험 수준이 높으면 높을수록 결과는 좋았다(Elliott, Greenberg, & Lietaer, 2004). 최근에 열 가지 연구에 대한 메타분석 결과 경험 수준이 대인관계 혹은 CBT 모델보다 PE/EF에서 높았던 반면, 세 가지 모델 모두 높은 수준의 경험이 긍정적인 결과와 연관이 있는 것으로 나타났다(Pascual-Leone & Yeryomenko, 2016). 치료 초기부터 후반까지 내담자의 높은 경험 수준은 동맹보다 결과에 더 강한 예측인자가 되며, 높은 정서 각성(emotional arousal)과 더불어 각성에 대한 반영은 결과의 좋고 나쁨에 뚜렷한 차이를 만들었다. 이를 통해서 다음을 이해할 수 있다. 경험척도에서 깊은 경험은 단순히 각성 자체를 측정하기보다는 이러한 각성에 대한 개인의 이해력을 측정한다. 초기의 정서처리 능력(아마도 타고난 능력을 반영한다)은 결과에 영향을 주지 않았지만 치료 중에 정서적으로 깊어지는 것은 좋은 결과를 예측하게 했다. 빈 의자 기법에서 사용하는 PE/EF의 타인과 상상의 직면(EFIT와 PE/EF에서 사용하는 기초 기술)은 치료에 대한 내담자의 깊은 개입을 예측하게 하고 대인관계 문제를 줄여 주는 것에 도움이 된다.

무엇보다 치료사의 경험에 대한 깊은 집중도가 내담자의 경험을 깊어지게 하는 데 도움이 된다는 구체적인 증거가 있다. 치료사의 공감, 조율, 탐색은 내담자 경험의 깊이와 경험이 처리되는 복합성(complexity)에 영향을 준다(Gordon & Toukmanian, 2002; Elliott et al., 2013). 여기에 요약된 다양한 연구는 순간순간의 정서경험에 적극적으로 다가가서 처리하는 것이 갖는 힘에 대해서 증명하고 있다.

모든 경험적 치료에서 변화과정은 협력적이라는 사실에 주목해야 한다. NIMH의 우울증에 대한 자료를 사용한 연구에서(Coombs, Coleman, & Jones, 2002), 인지행동 및 대인관계 치료 공히 협력적 정서 탐색이 성공적 결과와 연관이 있었던 반면에 정서를 강조하지 않고 인지적 주제와 충고에 초점을 맞추는 코칭지향, 지시적 처리는 그렇지 못했다. 비슷한 결과가 Jones와 Pulos(1993)의 초기 연구에서도 나타났다.

성공적인 치료과정에 대한 연구는 변화과정에 대한 이해에 도움을 주었고, 그래서 회기 중의 감동이 되는 드라마가 가야 할 방향을 인도하는데 도움이 된다. 이와 같은 간단한 검토는 변화에 대한 정서의 역할에 초점을 맞추고 있고, 이는 EFT의 핵심 부분이다. 이는 일련의 변화과정이 유발되는 핵심 변화사건, 혹은 정서의 고조 순간을 주목할 때 도움이 된다. 치료사로 일하는 저자는 이러한 사건에 다가가서 신중하게 안무하고, 변화를 통합하여 내담자의 삶에 적용될 수 있게 도와준다.

단순히 특정 모델, 구체적 변화과정과 기술을 부적절하다며 무시하고, 치료적 동맹과 같은 일반적이거나 공통의 요소에 집중하는 심리치료의 움직임이 있다. 이러한 것에 특별히 관심이 있거나 혹은 효과적인 치료에 필요한 요소들에 대해서 요약한 내용을 읽어 보기 원하는 사람들은 그런 사항을 언급한 이 책의 부록 2를 보면 된다. 이 부록에서 취한 태도는 소위 일반적 요소가 그다지 일반적이지는 않으며 그것에 대해서 알고 다루는 것은 좋지만 효과적 개입에 필요한 방향을 제공하지는 못한다는 것이다.

FFT 개입의 핵심: 탱고

EFT의 단계와 치료대상과 상관없이 치료사가 반복해서 사용하는 기법에 대한 기본개요를 언급하고자 한다. 애착지향 심리치료의 개념은 회기 중에 자연스럽게 내담자와 함께 특정 과정을 우선적으로 처리하도록 이끌며, 이러한 과정을 완성하기 위해서 치료사 개입의 특별한 순차적 세트(particular sequenced set)가 필요하다. 경험주의 치료의 어떠한 개입 세트도 물론 다른 단계와 특정 회기에 따라 다른 속도와 강도로 상황에 맞게 즉석에서 처리되고 사용된다. 이러한 개입 및 내담자 변화과정과 연관된 세트를 EFT 탱고([그림 3-1] 참조)라고 부르고 가장 쉽게 묘사하기로는 다섯 가지 '움직임' 세트라고 한다.

1. 현재과정의 반영(mirroring present process): 치료사는 정서조절의 고리(예: 무감각이 분노로 변하고 결국 수치심과 숨김으로 끝났다)와 타인과의 상호작용의 고리(예: 내가 숨어 버리면 당신은 따지게 되고, 그러면 나는 당신을 다가오지 못하게 하고, 자극받은 당신의 분노가 증가하고, 이것이 반복되었다)에 동조하여 공감적으로 반영하고 이를 분명하게 밝힌다. 여기서 지금 내담자가 자신도 인식하지 못하고 어떻게 적극적으로 내적 정서와 대인관계적 상호작용의 현실을 자기영속적 고리(self-perpetuating cycle)로 구성해 가는지에 초점을 맞춘다.

2. 정서 조합 및 심화(affect assembly and deepening): 치료사는 내담자와 함께 정서 요소들을 발견하고 종합하고, 이들을 적절하고 '전체적으로' 만들어 주는 상호작용의 맥락에서 둘 수 있게 합류하여 정서의 깊은 요소들이나 정서의 수준으로 관심을 확대시켜 준다.

3. 교감적 만남을 안무하기(choreographing engaged encounters): 확장되고 심화된 내적 세계는 치료사가 이끄는 구조화된 상호작용으로 개방되고, 새로운 내적 과정은 실제 혹은 상상의 타인과 새롭게 상호작용하는 방식이 된다.

4. 만남의 처리(processing the encounter): 새로운 상호작용 반응은 탐색되고 통합되고 또한 현재 문제와 연결시킨다. 부부 및 가족 치료에서 다른 사람의 새로운 행동에 대해 보이는 교착되거나 부정적인 반응은 수용되거나 치료사와 함께 더욱 깊이 처리된다. 개인치료에서 부정적이고 비수용적인 반응은 자아의 다른 한 부분(another part of self)으로부터 나온다.

5. 통합 및 인정(integrating and validating): 유능감과 자신감을 만들기 위해서 새로운 발견과 긍정적인 상호작용 반응은 강조되고 반영되며 인정해 준다. 이 과정은 내적 경험과 그것의 자기강화 방식으로 상호작용 패턴을 만드는 방식의 두 가지 모두를 강조한다. 그리고 이러한 대인관계 유대감이 호혜적으로 내적 경험(inner experience)과 자아감(sense of self)을 만들어 가는 특성을 강조한다.

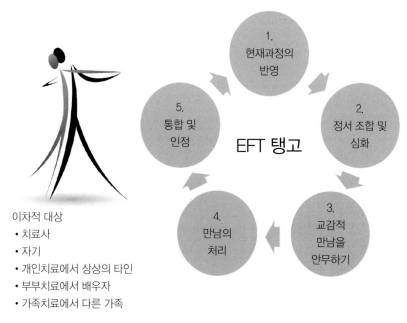

이차적 대상
• 치료사
• 자기
• 개인치료에서 상상의 타인
• 부부치료에서 배우자
• 가족치료에서 다른 가족

[그림 3-1] EFT 탱고

이러한 움직임을 보다 더 자세하게 살펴보자.

EFT 탱고 움직임 1: 현재과정의 반영

치료동맹이 강해지면서 일어나는 치료사의 첫 번째 움직임은 현재 내담자에게
일어나는 과정에 대해서 치료사가 적절하고 단순한 묘사(description)를 제공하는
것이다. 이렇게 하기 위해서는 내담자의 내면과 상담실에서 보이는 내담자와 치료
사, 진짜 혹은 상상의 타인 사이에서 일어나는 경험적이고 상호작용적인 과정을 추
적하여 함께 명명해야 한다. 이때 지각한 개인의 경험이나 상호작용 패턴의 내용을
지적으로 두서없거나 합리화시키는 형식이 아니라 서술적이고 정상화시키고 환기
적 태도(평가하는 말은 자제)로 드러내는 것이 핵심이다. 내담자의 정서표현 혹은 메
시지와 그것에 대한 생각, 감각, 행동, 상호작용 움직임과 태도는 표면(내담자가 밝히
는 것)에서 시작하여 함축적인 깊은 곳까지 조심스럽게 파고 들어가면서 추적되고
반영되어야 한다. 회기 중에 내담자의 상상에서 일어나거나 치료사와 작동되는 애
착대상과의 상호작용은 단순한 언어로 표현되고, 자신의 극적인 순간과 자기지속

적인 속성을 가진 것으로 구성되어야 한다. 각 내담자는 그것의 가장 단순하고 가장 핵심적인 요소가 숨어 있고 농축된 드라마의 작가이면서 또한 희생자이다. 치료사는 펼쳐진 드라마를 붙잡고 반영하고, 내담자가 한발 물러서서 바라보게 하고, 그것 자체가 생명력을 가지고 있다고 재구성해 준다.

치료의 안정화기의 개인치료 회기에서 탱고 움직임 1의 현재과정의 반영은 다음과 같다.

"샘, 당신이 상사에게 매우 흥분되고 화가 났다는 것을 이해할 수 있어요. 당신은 부당한 대접을 받았다고 느끼고, 깊은 우울의 안개 속으로 버려진 것처럼 보여요. 만일 내가 맞다면 당신은 그 공간에 갇혀서 더욱 화가 났고, 당신 삶을 집어삼킬 정도의 소용돌이에서 바닥으로 추락했어요. 당신은 나와 이것에 대해서 말하고 싶어 하지 않았어요. 그것은 어려운 일이에요. 모든 사람과 단절하는 것이 안전했어요, 맞나요?"(여기서는 대부분 내적 과정을 추적하는 것이 초점이지만 조용히 타인과의 연결과 단절의 영역으로 움직인다.)

안정화기의 가족 회기에서 탱고 움직임 1은 다음과 같다.

"샘(아버지), 잠깐 여기서 멈춰 볼까요? 지금 자기 입으로 뱉은 말은 반드시 지켜야 한다고 아들에게 말할 때 무슨 일이 일어났나요? 내가 보기에는 아들을 설득하려고 하는 당신이 힘들어 보여요. 아들이 당신 말을 듣지 않는다는 생각에 창밖을 쳐다봤어요. 그리고 메리(어머니), 당신도 남편의 말에 덧붙여서 아들이 얼마나 힘들고 가족에게 파괴적인지에 대해서 지적했어요. 팀(강한 분노와 협조를 거부하는 사춘기), 지금 자신의 두 손을 맞잡고 아빠의 제안을 거부했어요. '싫어요.'라고 말했어요. 맞나요? (팀은 고개를 끄덕인다.) 아빠가 아들을 설득하려 했지만 멀리 떨어져 있고, 엄마는 규칙을 강요하고 반복했어요. 그리고 아들은 분노에 차서 앉은 채 부모가 원하는 것을 거부했어요. 샘은 아빠들이 흔히 그러듯 아들에게 협조하기를 원했어요. 메리는 화가 나서 아들을 밀어붙였어요. 그러면 아들은 점점 분노에 찼어요. 그리고 이런 춤은 모든 가족을 장악해 버렸어요."

EFT 탱고 움직임 2: 정서 조합 및 심화

내담자들이 어느 정도 분명하고 의미 있는 정서경험을 알 수 있게 도와줄 방법은 무엇인가? 우리는 정서의 핵심요소들에 초점을 맞추면서 함께 모아야 한다. 즉, "그래 이거야, 이것이 내가 느끼는 것이고 이해가 돼."라는 경험처럼 완전한 감각(sense of completeness)을 만들어 주기 위해서 우리는 내담자와 함께 정서요소를 전체로 조합한다. 그런 다음 깊이 이해할 수 있는 문을 열어 주고 숨겨진 혹은 인식되지 못한 정서를 깨닫게 해 준다. 내담자의 정서조합은 비교적 단순한 개념이지만 임상 실제에서 엄청나게 유용하다는 것이 밝혀졌다. 정서에 효과적이고 체계적으로 주목하는 것, 정서를 강화시키거나 약화시키는 것, 혹은 혼란스러울 때는 정서를 정리하는 것은 너무나 엄청난 과제처럼 보인다. 이런 이유로 많은 치료모델에서 정서를 직접 다루기를 거부하고 부수적으로 취급할 것이다. 제2장에서 다루었듯이 분노, 수치, 슬픔, 두려움, 기쁨, 놀람의 여섯 가지 기본정서를 기억하는 것이 유용하다. 부드러운 정서, 슬픔, 두려움, 수치는 다른 정서와 달리 적게 다뤄진다. 내담자는 반발적인 분노 혹은 무감각하고 부족한 감정[이는 반복적인 지성화(intellectualization) 및 문제에 대한 피상적이고 분리된 언급을 한다]을 드러낸다.

제2장에서 짧게 언급했듯이 우리는 정서를 성분 혹은 핵심요소들의 구성체로 생각한다. 정서의 핵심요소들에 대한 가장 단순한 설명은 Magda Arnold(1960)가 제공했다. Arnold의 요소에 대한 개념은 치료사가 중요한 특성을 추출함으로써 정서반응을 세세하게 이해하고 묘사하고 밝혀낼 강력한 도구가 된다. 치료사의 역할은 내담자가 이러한 경험을 통일된 적절한 전체로 만들 수 있고, 그들의 삶에서 자신과 타인에게 개입하는 습관적인 방식과 연결시킬 수 있게 해 준다. 이러한 과정 자체가 지각을 높여 줄 뿐 아니라 정서균형을 향상시킨다. "우리가 이름을 붙일 수 있으면, 우리는 길들일 수 있다."라는 말이 있다. Arnold가 밝힌 정서요소들은 다음과 같다.

- 촉발요인 혹은 신호(trigger or cue)
- 초기 지각(initial perception)
- 신체반응(body response)
- 의미 창조(meaning creation)

• 행동화 경향(action tendency)

이 마지막 요소는 개인 동기의 영역뿐 아니라 상호작용의 영역으로 정서를 움직인다. 정서는 타인의 행동을 조직하고 정서 신호는 습관적인 상호작용 패턴 혹은 '춤(dance)'를 만들고 이후 피드백해서 각 댄서의 경험을 만든다. 각 정서는 인식가능한 행동화 경향과 결부되어 있다. 그래서 접근하게 만드는 정서인 분노는 욕구를 주장하게 만들고, 만족을 방해하는 장애물을 제거한다. 슬픔은 다른 사람의 지지를 끌어내고, 포기를 위해서 위축되게 한다. 수치심은 숨게 만든다. 놀람은 탐색과 개입을 이끈다. 기쁨은 개방과 개입을 유도한다. 두려움은 도망가고 얼어붙게 만들거나 싸우게 한다. 정서는 진정 사람들의 특별한 행동을 유도할 수 있다.

이러한 다섯 가지 핵심요소를 유도하고 밝히는 과정과 그런 다음 그것을 단순하고 분명한 전체로 조합하는 과정은 내재된 정서를 드러나게 해 주어서 인식하고, 밝히고, 더욱 깊이 탐색하고, 증가시키고, 깊어지게 한다. 먼저 각 요소를 생생하게 불러와서 구체화시킨 다음 다른 요소들과 연결시켜야 한다. 밝혀내는 과정은 어떤 한 요소와 시작할 수 있다. 하지만 종종 치료사가 명백하게 의미는 있지만 주의를 기울이지 않은 정서반응(예: 짧은 순간 빨리 나타나는 정서표현)을 인식하여 속도를 늦추고, 반영과 환기적 질문을 통하여 반응에 대한 촉발요인(핵심요소 1)을 정확히 찾아내면서 시작한다.

부부와 함께 하는 유도과정은 다음과 같다.

> **치료사**: 댄, 저를 도와주시겠어요? 마니가 상처를 받았다고 말할 때 방금 돌아서서 머리를 흔들었어요. 무슨 일이 있었나요? 무엇이 당신의 머리를 흔들게 했나요?
>
> **댄**: 그녀의 목소리예요.

그는 배우자로부터 습관적으로 위축되게 만드는 촉발요인(trigger)을 밝혔다. 이전에 치료사가 댄에게 단순히 그의 감정에 대해서 물었을 때, 그는 질문을 묵살하거나 아무것도 모른다고 답했다는 것을 알았다. 하지만 치료사가 특정 행동을 자극하게 만든 것이 무엇인지 보다 구체적으로 물었을 때, 댄은 답을 할 수 있었다. 그런 다음 치료사는 댄으로 하여금 그의 최근 경험의 다른 요소들에 대해서 경험 탐색

(experiential search)을 할 수 있게 했다. 그녀는 신체반응에 초점을 맞추었다.

> **치료사**: 저를 좀 도와주시겠어요. 당신이 외면할 때 신체에서는 무엇을 느꼈나요? 지금 어떤
> 느낌이 들었나요?
>
> **댄**: (멍한 표정으로) 나는 단지 차단을 했어요. 나는 아무 감정도 느끼지 않았어요. 아무것도요.

치료사는 그런 다음 흔히 모호하게 나타나는 초기의 일반적인 '의견(take)' 혹은
지각(perception)을 찾으려 했다.

> **치료사**: 네. 당신은 차단하기 원했어요. 아마 지금 좋지 않은 기분이었어요.
>
> **댄**: 그래요, 기분이 나빠요, 나빠요, 여기에서 나가라고 하는 것 같아요. 그래서 외면해 버렸어요.

댄은 지금 자신의 초기 지각과 도망을 가는 자신의 행동화 성향을 알려 주었다.

치료사는 앞서 언급된 요소들을 요약했고 그런 다음 의미(meaning)에 계속 초점
을 맞추었다.

> **치료사**: 그래서 당신은 그녀의 목소리 톤을 들었고, 그때 마치 나쁜 일이 벌어졌다고 느꼈어
> 요. 그녀의 목소리에서 무엇을 들었나요?
>
> **댄**: 그녀는 항상 '상처'를 받았다고 말했어요. 하지만 나에게는 "당신이 또 망쳐버렸어. 당신이
> 지금 망쳐 버렸다고, 반복해서."라고 들렸어요.

지금 치료사는 모든 요소를 알게 되었고, 현재 아내와의 애착관계와 관계에서의
자신의 감각 맥락에서 이러한 정서반응을 전체적으로 반영해 주면서 댄과 함께 세
부사항들을 종합했다. 치료사는 댄과 함께 그의 정서반응을 조직하여 특이성과 '민
감성, 세분성'을 강화시켰다. 댄은 이 과정에 몰입했고, 자신의 경험을 정리하면서
관용의 창이 넓어졌다. 그 이후 댄은 이러한 경험을 인정하고 통합할 수 있었다. 치
료사는 이렇게 하는 댄의 능력과 그가 했던 경험이 가진 '합리성(reasonableness)'을
지지해 주었다. 자신의 경험을 붙잡고 이해하고 신뢰할 수 있다는 것은 긍정적인 적응
태도의 바탕이 된다. 일단 댄이 이렇게 하게 되면서 그는 탱고의 다음 단계(탱고 움직

임 3 참조)에서 아내와 나누도록 요청을 받았다.

이러한 이해와 조합 과정은 정서를 끌어내고 정제할 뿐 아니라 동시에 조절한다. 이것이 일어나면 핵심 정서반응은 일관성을 갖고 자기와 체계로 통합된다. 일단 치료사가 어떤 정서를 꾸미는 핵심 세트와 요소들의 분명한 목록들을 갖게 되면, 복잡한 정서반응을 종합해 갈 수 있고, 이러한 경험이 일으키는 대인관계 애착 드라마의 맥락에서 볼 수 있다. 이렇게 하여 정서지각의 재처리와 확대는 비교적 단순하고 예측 가능한 과제가 된다. 이러한 새로운 정서 구성은 자신과 타인의 속성에 대해서 새롭고 적절한 정보를 제공하는 원천이 되고, 두려움을 억제하는 힘으로 사용될 뿐 아니라 자신의 욕구를 분명하게 설명할 수 있게 해 준다. 또한 이는 동기를 유발하며, 타인에게 신호를 보내는 방법을 알게 해 준다. 우리는 새로운 음악을 들었을 때와 같이 자연스럽게 다른 방식으로 춤추고 있는 자신을 발견한다.

하지만 조합은 전체 이야기는 아니다. 이는 탱고 움직임 2의 다음 단계—정서경험의 깊은 개입과 탐색을 위한 전주—이다. 일단 정서요소가 명명되고 이해되면, 치료사는 깊은 핵심정서를 더욱 개입시키는 데 집중한다. 치료사는 댄에게 아내가 그를 떠나겠다고 비난과 위협을 하고 '아무 말 없이' '무감각하게' 반응했던 순간에 나타난 자신의 신체반응에 집중하도록 지시했다. 댄은 자신의 심장이 요동치는 소리에 놀랐고, 숨이 막힌 느낌을 받고는 "아주 두려운 느낌을 받았어요."라고 말했다. 그런 다음 그는 "아마도 나는, 하지만 그것은 터무니없어요."라고 덧붙였다. 이러한 깊은 정서, 가장 흔히 나타나는 두려움과 그에 수반되는 무력감, 수치심 혹은 슬픔은 비교적 쉽게 접근하고 개입할 수도 있으나 강한 노력을 해야만 나올 수 있다. 이러한 '심화'의 속도와 깊이는 친숙하지 않고, 파괴되었고, 혹은 무서워하는 정서를 인식하고 견딜 수 있는 내담자의 개방성과 참여 정도에 달려 있다. 또한 치료의 단계와 치료동맹의 결속력에 달려 있다. 치료사는 '새롭고' 깊은 정서에 단순하게 접촉하거나 다가갈 수 있게 이끈다. 그런 다음 내담자를 이러한 정서의 본질을 정제하는 과정으로 인도한다(혹은 이러한 과정을 막는 장애물을 인식한다). 일단 이것을 이루고 나면 치료사는 내담자가 정서에 보다 깊은 수준으로 머무르고 탐색하도록 격려한다. 내담자가 문제와 딜레마를 구성하는 이야기 이면에 있는 두려움과 갈망의 엔진(engine)이 되는 정서 현실을 발견하고 명확하게 밝히는 것이 목표이다.

안정기의 부부치료에서 심화는 다음과 같이 나타난다.

치료사: 폴. 그래서 당신은 지금 '짜증이 났어요'. 맞나요? 마리에게 그녀가 언제나 너무 바빴다는 것을 설명하면서 당신은 점점 화가 났어요. 당신의 상황을 설명하다가 바닥을 쳐다보며 한숨을 쉬었어요. 한숨이 어떤 의미인지 저를 이해시켜 줄 수 있겠어요? 그것은 지난주 말했던 '아내에게 중요하지 않다는 무기력한 감정'의 반복되는 느낌인가요? 그것은 너무 아팠어요. 그것은 마치 당신이 할 수 있는 것이 아무것도 없는 것처럼 보이네요?

폴: (끄덕이며 눈물을 흘리며 외면한다.) 저는 지금 혼자예요. 다시. 상처가 돼요. 전 항상 혼자였어요. 저에게 아내가 있긴 한 건가요? 아내는 저를 저주했어요.

혹은 재구성기의 개인치료에서 다음과 같이 나타난다.

치료사: 캐럴. 엄마가 당신을 향해서 손가락을 까딱거리는 이미지에 잠깐 머무를 수 있겠어요? 지금 무슨 일이 일어났나요? '죽을 것 같다'고 말했던 그런 시간과 같은가요? 그것은 마치 엄마가 당신을 수용해 주지 않고 소중하게 여기지 않을 것 같았네요. 지금 이 순간 무슨 일이 일어났나요?

캐럴: 무서워요. 왜 그렇게 해야 하죠? (의자에 등을 숙인다.)

치료사: 그래요, 그것이 절망감을 유발했어요. 당신이 할 수 있는 것이 아무것도 없어요. 당신이 무엇을 하든, 어떤 노력을 하든 엄마는 당신이 바라는 그 사랑을 줄 수 없을 것 같았어요. 너는 이러한 사랑을 결코 느낄 수 없을 거야라고 자신에게 말하고 있어요.

캐럴: (눈물을 흘린다.) 그런 종류의 사랑은 나에게 없어요. 하지만 그것이 없이는 숨을 쉬기도 힘들어요.

EFT 탱고 움직임 3: 교감적 만남을 안무하기

이 단계에서 내담자의 내적 드라마는 대인관계 영역으로 다가가고, 내담자는 탱고 움직임 2에서 조합되고 농축된(때때로 심화된) 정서 현실을 소중한 사람과 나눌 수 있게 안내된다. 내담자가 정서경험을 소중한 목격자와 나누는 과정에서 새로운 혹은 확대된 정서 현실은 보다 분명하고 구체적이고 일관성을 갖게 되고, 내담자는 이를 인정하게 된다.

부부 및 가족 개입에서는 상대가 실제로 함께하지만 개인치료에서는 치료사 혹은 상상의 애착대상이 상대가 된다. 상대는 정서적으로 접근, 반응 및 교감이 가능할 수도 있고, 그다지 깊게 교감하지 못하거나 적대적일 수도 있다. 각 치료에 있어서 내담자의 상대와의 유대감은 치료사에 의해서 탐색되고 조정되고 지시된다. 긍정적이거나 부정적인 만남과 상관없이 새로운 정서적 음악은 내담자가 다른 차원의 유대로 타인과 새로운 춤을 추게 만든다. 소중한 사람과 새로운 방식으로 나누어진 취약성은 개인의 행동 목록을 확대시키고, 상대방의 새로운 긍정적 반응을 일으킨다. 거절반응을 보였던 상상의 부모와 취약성을 나눈 내담자는 자신의 욕구를 주장하고, 상실감을 수용하고, 내재화된 부모에게 새로운 태도를 취하게 만든다. 타인을 향한 정서 주장은 정서 교감을 심화시키고 통합되게 만든다. 이런 재연의 드라마에서 자기와 타인의 모델은 수정될 가능성을 열어 준다.

탱고 움직임 3은 노출치료(exposure therapy)의 한 형태로 볼 수 있다. 안전한 환경에서 전문가의 보호와 지시에 따라 내담자는 과거에 상처를 주었고 위협적이었던 대인관계 만남에 도전하기 시작하며, 이러한 영역에 이전과 다르게 협상하고 결과를 만든다. 정규적 노출치료처럼 치료사는 내담자가 취하는 위험의 정도를 파악하고 암시를 주면서 '위험을 세밀하게 살핀다'. 예를 들면, "아마도 이것은 너무 힘들어요. 그렇다면 '나는 ……에 대해서 말하는 것이 너무 어려워. 지금 당장 할 수 없어.'라고 말할 수 있겠어요."라고 제안한다. 이런 만남은 교정적 정서경험의 핵심 재료가 되고, 중요한 인생 드라마를 되살리고 바꾼다.

개인치료의 재구성기에서 EFT 탱고 움직임 3은 다음과 같다.

캐럴: (우울해하고 눈을 감고 있다.)

치료사: 그래서 캐럴, 엄마를 바라볼 수 있겠어요? 엄마에게 지금의 절망을 말할 수 있겠어요? (그녀는 감정으로 깊이 있게 표현한다.) 단순히 지금 이것이 힘들고, 당신이 말했듯이 산소가 없는 공간에 버려져서 숨쉬기 위해서 항상 투쟁하거나 무감각하게 감정을 느끼지 않는 방법을 찾고 있다고 말할 수 있겠어요? (캐럴은 자신의 '무감각'과 '외로움'을 탐색한다.) 무감각한 부분에 대해서 엄마에게 무엇을 말하고 싶은가요?

캐롤: (치료사에게) 상처가 너무 크고 나에게 무언가 문제가 있다고 생각되니까 나는 차단할 수밖에 없었다고 말하고 싶어요. 하지만 차단하면 나 자신의 삶을 살 수는 없어요!

치료사: 그래서 눈을 감았어요. 그리고 엄마를 볼 수 있을 때 말해 보세요. 그것에 대해서 엄마

에게 말해 주세요.

초기 안정화기 혹은 단계적 약화의 가족회기에서 개입은 다음과 같다.

"제이콥, 당신은 항상 화가 나고 미칠 것 같다고 말하고 있어요. 이것이 당신 가족이 보게 되는 것이에요. 미칠 것 같은 내면에는 아빠가 당신을 원치 않았고, 원하는 아들이 아니어서 너무 슬프고 외롭고 두려웠네요. 그것에 대해서 아빠가 어떻게 도와주면 좋겠어요? 그것에 대해서 아빠에게 말할 수 있겠어요, 슬프고 두렵다고?

EFT 탱고 움직임 4: 만남의 처리

탱고 움직임 4에서 치료사는 상호작용 과정을 반영하고 요약한다. 즉, 교감하면서 직접 나누어진 새롭게 접근된 정서로부터 발생한 교류 드라마를 반영하고 요약한다. 내담자와 함께 치료사는 정서를 재연한 것이 어떤지, 그리고 상대의 반응(치료사, 배우자, 가족원, 상상의 애착대상 혹은 인정하지 않았던 자기 중 누구든지)이 어떻게 들렸고 통합되었는지 탐색한다. 상대의 경험이나 반응을 듣기 힘들게 하는 장애물도 탐색되어야 한다. 그래서 부부치료에서 한 배우자가 개방적이고 취약한 배우자가 제공한 메시지를 무시한다면, 치료사는 개입해야 하고 '총알받이(catch the bullet)'(제6장 참조)를 해야 한다. 즉, 상대의 친숙하지 않은 메시지를 받아들이고 수용하거나 반응하기 힘든 것을 다루어 주어야 한다. 새로운 정서경험은 새로운 상호작용 드라마가 되고, 지금의 드라마는 반영되고 탐색되고, 의미를 밝히고 자기, 타인 그리고 관계의 모델로 통합되어야 한다. 치료사로부터 제공된 안전, 구조, 반영은 가속도를 높이고 내담자가 이러한 드라마에서 위험을 더욱 감수하게 하고, 새로운 정보와 경험을 효과적으로 처리하게 한다.

안정화기의 가족회기에서 탱고 움직임 4는 다음과 같다.

치료사: 아빠에게 손을 내밀고 다가가서 "나는 아빠를 원해요, 아빠가 가까이 다가와 주기 원해요."라고 말할 때 어떠했나요? 그것은 아주 용감했어요. (제이콥은 이렇게 말하는 것이 좋게 느껴졌다고 말한다.) 지금 이 말을 들으니 어떤 기분이 드시나요, 샘?

샘: 감동이 됩니다. 제이콥이 나를 감동시키네요. 하지만 안에서는 불안감이 있어요. 어떻게 해야 할지는 모르겠어요. 어떻게 아빠가 되는지 몰라서 마음이 힘들어요. 나는 너에게 도움을 주지 못하고 있어. 나 역시 슬프고 무서워. 나는 너의 아빠가 되고 싶어.

치료사는 샘에게 다시 말해 보라고 요청했고, 계속 이러한 내용을 좇아갔고, 아들에게 반응하는 것을 막고 있는 샘의 무능력감에 대해서 자세하게 설명했다.

재구성기의 부부회기에서 탱고 움직임 4는 다음과 같다.

치료사: 폴, 마리에게 "나는 미칠 것 같아. 당신이 옳아. 나는 지금 외롭고 내가 할 수 있는 것이 아무것도 없어."라고 말할 때 어떠했나요?

폴: 좋아요. 믿음직해요. 땅에 단단히 선 느낌이에요. 맞아요. 나도 혼자이길 원하지 않아요. 아내가 그것을 이해할 수 있게 해 주고 싶어요.

치료사는 마리에게 지금 이 얘기를 듣고 어떤지 물어보았다.

마리: 약간 혼란스러워요. 폴이 취약할 때를 본 적이 없어요. 나는 이해할 수 없어요. 내가 그의 분노를 자극할까 두려워요. 내 침묵도 그럴 수 있어요! 누가 알겠어요?

재구성기의 개인회기에서 탱고 움직임 4는 다음과 같다.

치료사: (방금 상상의 엄마를 만난 캐럴에게) 엄마에게 "더 이상 굽실거리지 않고 사랑을 구걸하지 않을 거예요. 그것이 필요 했어요. 당신이 줄 수 없었어요. 그것은 나와는 상관이 없었어요."라고 말하니까, 어떤가요?

캐럴: (웃는다.) 새로워요. 다이너마이트 같아요. 바로 그것이에요.

EFT 탱고 움직임 5: 통합 및 인정

자신의 경험 및 소중한 타인과 새롭고 깊은 개입과정의 마지막 움직임에서 치료사는 각 내담자의 강점과 용기를 인정해 주고 중요한 핵심순간과 반응을 강조하면서, 이전의 네 가지 움직임 전체의 처리과정을 반영한다. 이 개입을 통해서 내담자가 받는 메시지는 그들이 정서를 경험하고 다루는 방식과 자신과 타인을 이해하는 방식을 변화시킬 수 있고, 자신의 삶을 규정했던 중요한 관계 춤을 추기 시작했다는 점이다. 탱고 움직임 5에서 치료사는 전체 탱고과정에 대한 일관된 내용과 드러난 것을 가져오는데, 그것이 치료의 긍정적이고 지속적인 발전을 위한 계기가 된다. 치료사는 또한 이 움직임에서 이미지를 강조하고 발견하여 자주 표현된 긍정적 정서를 확장시켜 간다. 긍정적 정서는 관심과 개념의 폭을 넓혀 주고, 창조성을 높이고, 경계심을 완화시켜 주며, 그래서 접근하려는 동기를 높이고 행동을 탐색할 수 있게 해 준다(Frederickson & Branigan, 2005). 탱고의 연속성은 이상적으로 긍정적인 균형과 성취(balance and accomplishment)의 순간으로 끝이 난다. 사실 Jaak Panksepp(2009)은 경험주의 치료를 감정균형치료(affective balance therapy)라고 언급했다. 각 순간의 탱고과정이 전개되면, 변화의 가속도가 생기고, 내담자의 성취감과 확신이 늘어나서 그들의 내면의 삶과 관계를 이해하게 되고, 내면과 관계가 서로를 다듬고 변화를 시킬 수 있게 된다.

안정화기의 개인치료에서 탱고 움직임 5는 다음과 같다.

"정말 놀라워요 캐럴, 당신이 말한 자신의 모든 '약점'을 받아들였어요. 당신의 모든 고통까지…… 그리고 직면해서 정확하게 엄마에게 말했어요. 그리고 지금 나를 향해서 활짝 웃고 있어요. 이제 당신이 이것을 다룰 수 있는 것처럼 보여요. 지금 필요로 했던 산소를 찾았네요."

강화기의 가족치료에서 탱고 움직임 5는 다음과 같다.

"와우, 이것은 놀라워요. 제이콥, 당신은 과거 분노에서 벗어나서 당신에게 필요한 것을 아버지에게 말했어요. 그리고 아버지는 잘 견뎌 내면서 제이콥에게 무엇을 해야 할지 모르겠다고 말했어요. 하지만 다시 아들에게 다가갔어요. 환상적이에요. 뼛속까지 당신은 아빠가 되는 방법을 알고 있어요! 그리로 어머니는, 지금 조용히 지켜보면서 친절한 말로 남편을 지지했고 이 모든 것이 일어날 수 있도록 도와주었어요. 모두 과거 춤에서 벗어나 오늘 새로운 스텝을 밟기 시작했어요."

이와 같은 EFT 탱고과정은 치료사를 위한 것이다. 치료사 스스로 길을 잃거나 혼란스러워하면, 메타체계(metaframework), 즉 기초개입의 기본 세트인 이러한 핵심과정으로 가볍게 돌아올 수 있고, 다시 그 방향으로 나아가기 시작한다. 회기 중에 다섯 가지 탱고 모든 움직임은 항상 작동되지 않는다는 것을 기억해야 한다. 치료의 가장 강력한 재구성 회기에서 각 움직임이 회기의 많은 부분을 차지할 수 있다. 부부 및 가족 치료의 연구에서 평가된 순화의 변화사건에서 새로운 수준의 접근과 반응을 만들기 위해서 탱고 움직임 2, 3, 4는 강조되고 수차례 반복되었다. 정서심화의 이와 같은 반복, 타인과의 재연 그리고 만남의 처리는 새롭고 안전한 결합 시나리오를 안무하게 된다(순화 변화사건은 특별히 집중할 가치가 있고, 나중에 조금 더 다룰 것이다).

EFT 변화과정의 이러한 움직임의 기본적 과정을 익혔다면 치료사는 창조적으로 어떤 것도 처리할 수 있다. 정서조합과 과정심화로 정서를 모으고 작업할 수 있는 방법을 알고, 감정이 높아진 만남에서 상호작용 패턴을 변경하고, 새롭고 건설적 애착경험을 만드는 방법을 아는 것은 치료사에게 힘을 실어 주고, 회기에 진정성 있게 머무를 수 있게 한다. 사실 치료사는 연주할 수 있다! 이 모든 과정에서 치료사와 내담자는 정서음악을 듣고 조절하고, 새로운 대인관계 움직임을 만들고, 자신과 체계의 적응적인 변화를 유발하는 안전한 유대감의 특별한 춤을 안무할 수 있다.

EFT 탱고에서 치료사의 태도

치료사에게 개입을 위한 다섯 가지 탱고 움직임 틀은 여러 다른 수준으로 전개된다. 효과적인 치료를 제공하기 위해서 도전이 되는 것은 온전히 함께하고, 개인 수준까지 진심으로 교감하는 것으로, 이때 또한 개입의 구조와 방향에 대한 전문적 인식을 다른 수준으로 유지해야 한다. 치료사와 각 내담자 사이의 관계에 대한 내재된 메시지, 즉 관계 맥락은 전체 EFT 변화과정의 기초가 되는 발판이다. 첫 번째, 치료사는 회기의 정서적 음악에 조율하고 공명해야 하고, 내담자와 그들의 딜레마에 공감하기 위해서 자신의 정서를 사용하여 피드백을 해 준다. 치료사는 함께 해야 하고 진심으로 각 내담자와 교감한다.

두 번째, 치료사는 자신과 내담자 간의 동맹의 안전을 지속적으로 평가하고 적극적으로 유지해야 한다. 예를 들면, 치료사는 아주 예민한 내담자의 문제행동에 대하여 특별히 부드럽고 수용적인 태도로 반영해 주어야 하고, 이후 바로 인정하는 말을 덧붙여야 한다. 치료사는 신중하게 위험을 측정하고 공감을 계속해 주면서 회기를 안전기지로 정의하는 관계 메시지를 제공한다(이러한 태도는 삶의 풍랑을 만났을 때, 안전과 위안을 제공하는 애정 어린 부모의 역할과 같다). 치료사는 각 내담자와 접근(Accessible), 반응(Responsive) 그리고 교감(Engaged)해야(A.R.E., 이것이 제1장에서 언급한 안전한 결합의 세 가지 주요소임을 기억하라) 하고 이러한 안전한 유대감을 느끼지 못하면, 치료사는 잠시 멈추고 이러한 균열을 먼저 복구한다.

세 번째, 치료사는 내담자의 세계에 대해서 호기심을 가진 탐험가, 내담자와 함께 있는 과정 자문가이며, 깨지고 부인되고 회피되어 왔던 경험요소들을 발견하여 순간순간 내담자의 경험에 접촉하여 조직한다. 안전한 동맹은 내담자가 드러난 경험에 새로운 수준으로 교감할 수 있게 해 준다. **그래서 경험이 발생하면 뇌에 암호로 저장된다.** 신경과학은 깊은 교감이 도전을 받은 신경회로를 최적의 상태로 조직 및 재조직한다고 밝혔다[J. A. Coan, Personal communication(개인의 대화기술), 2008. 6. 18].

네 번째, 치료사는 규칙적으로 회기 전체 과정을 반영하고 단계와 치료과정 및 내담자의 치료 목표와 연결시킨다. 치료사는 치료회기 중 내담자의 안전지대의 선봉에 서서 도전하게 함으로써 안전기지가 된다. 예를 들면, 내담자는 힘들거나 외상이 되었던 사건 속으로 깊이 들어가거나 기본적인 실존적 취약성을 드러내어 애착대상과 교감하도록 요청받게 된다.

다섯 번째, 치료사와 내담자는 종종 인간의 딜레마에 대해서 전문가와 제자 관계가 아니라 살아가는 방법을 배우려고 투쟁하는 두 인간으로 나아가면서 협력적으로 탐색한다. 그래서 치료사는 전문적 역할은 내려놓고, 내담자의 역경이 보편적이며, 분명한 답을 얻기 어렵다는 그림을 그릴 수 있다. 치료사는 개입의 한 부분으로 제한된 자기개방을 사용할 수 있다.

간단히 말하면, EFT 변화과정은 치료사가 정서를 가진 사람으로서 함께하는 특별한 종류의 치료적 동맹을 필요로 하고, 이러한 참여는 완전한 변화의 틀을 제공한다.

일반적인 경험주의 기법

인간으로서 흔히 겪는 역경과 핵심 변화과정에 대한 폭넓은 시각을 가지려면 우리는 EFT에서 사용하는 특별한 기법을 알아야 한다. 다음에 제시한 각각의 기법이 유용하지만, 마치 여러 재료가 합해져서 새로운 빵을 구워내듯이 이러한 기술들이 서로 조합될 때 이들은 상호작용하고 맞물려 새로운 기법을 만들어 낸다. 예를 들면, 반영은 공감과 위안이 되고, 일관성을 갖게 해 주는 요약도구가 되거나 내담자가 받아들이기 원치 않는 드러난 행동을 직면시킬 수 있다. 다음에 언급된 특정 기술은 특정 혹은 모든 탱고 움직임에 사용되지만 특정 움직임에 적절히 사용되기도 한다. 예를 들면, EFT 치료사는 내담자와 첫 만남에서는 반영과 인정을 사용한다. 환기적 질문은 모델의 한 부분으로 일반적으로 사용되지만 EFT 탱고의 정서 조합과 심화 과정에서 유용하다.

개인지향 기법

- 정서과정의 **반영**(reflection): 목표는 내적 경험에 초점을 맞추어 이를 드러내고, 구체화시키고, 보여 주고, 생생하게 만들기 위해서 사용한다. Bowlby는 소중한 내적 경험, 즉 '의미 있는 느낌(felt sense)'에 대해서 항상 언급했고, 이는 인지 혹은 정보처리에 집중하기보다는 구체적 경험에 초점을 맞추는 것이다.

> **예**
> "가장 친한 친구를 어떻게 잃게 되었는지 말하면서 괜찮다고 말할 때 당신이 조용히 앉아서 의자를 아주 세게 붙잡고 있는 것을 볼 수 있었어요."

- 습관적 정서조절 전략과 시각, 교착지점, 애착갈망과 두려움의 **인정**(validation): 목표는 갈등, 방어 태도, 성장의 시도 속에 있는 내담자를 인정해 주고 이를 정상으로 여기고, 지속적으로 안전한 치료회기를 제공하고, 내담자의 문제들과 연관되어 심신을 약하게 만드는 외로움 혹은 수치심을 줄여 주는 것이다.

> **예**
>
> "이것은 분명 당신에게 힘든 일이에요, 팀. 말했듯이 지금 당신은 낯선 영역에 있어요. 당신은 자기 감정에 머물러 있을 수도 없었고 그것을 이해할 수도 없었어요. 혹은 과거 자신을 위한 일들에 집중이 되지 않고 흥미조차 없었어요. 그래서 물론 그것부터 먼저 해결해야 했어요."

- 경험을 구성하는 방식, 즉 내재된 정서와 생각을 끌어내기 위한 **환기적 질문과 반응**(evocative questions and responses): 핵심순간은 재현되고, 자기와 체계를 만드는 핵심경험은 감각, 지각, 정서라는 경험의 가장 기본요소들로, 즉 추상적인 하향식 인지적 관점보다는 세부적인 상향식 인지적 관점으로 묘사된다.

> **예**
>
> "제가 ……라고 말할 때, 무엇이 일어났나요?" "살아오면서 이렇게 가라앉고 절망적이라고 느낄 때가 언제였나요?" "어떻게 '제발 그만해.'라고 말할 수 있었나요?" "신체의 어떤 부위에서 그것을 느꼈나요?" "지금 당신이 느낀 이러한 감정에 대해서 배우자가 어떻게 도움을 줄 수 있나요?"

- 그 순간이나 반응의 중요성을 강조하고, 반응을 묘사하여 **내적 경험의 교류 심화**(deepening engagement): 여기서는 반복과 환기적 이미지가 특히 유용하다. 정서를 억제시키기 위해 사용되는 힘은 줄이고, 새롭고 낯선 것이 점차 친숙해질 수 있게 능숙한 반복을 생각하는 것이 좋다. 이러한 심화기술이 탱고 움직임 2의 핵심이지만 경험주의의 보편적 기법이다. 예를 들면, 치료사는 분위기를 유지하고, 드라마를 재연(탱고 움직임 3)하기 위해서 특별히 강력한 환기적 이미지를 사용해야 한다.

> **예**
>
> "이해해요. 숨고 싶고 모든 사람을 멀리하고 싶은 감정은 아주 강력해요. 응급상황이죠. 일부에서는 '이것은 목숨이 달린 문제야.'라고 말해요. 삶과 죽음이요. 누군가 당신을 바라보면 끔찍한 일이 벌어질 것 같았네요, 맞아요? 그런 위험을 감당할 수 없었어요. 아주 공포스럽고 압도되는 느낌이었어요. 나를 보여 주면, 생존이 보장된다고 확신할 수 없어요. 그리고 위험하죠? 맞아요, 위험해요. 오직 유일한 방법이 투명인간이 되는 것이에요. 나를 보여 주지 않는 것이 안전했어요. 그것이 보호책이었네요. 하지만 감옥이 되어 버린 보호책이었어요."

- 내담자 경험의 핵심 **해석**(interpretation): 여기서 치료사는 내담자 표현을 확장시켜 나간다. 이러한 추측은 시험적이어야 한다. 강도를 높이고 교감을 심화시킬 목적이 있다면 이러한 해석은 대리 목소리(proxy voice)를 사용하는데, 내담자 스스로가 말하는 것처럼 구성된다.

> **예**
> "짐, 나를 도와주시겠어요? 아들이 다가왔을 때 당신은 얼어 버렸어요. 맞나요? 바로 지금 그랬어요. 당신은 굳어 버렸고 말을 하지 못했어요. 아마 무슨 반응을 해야 할지 몰랐겠지요? 당신이 알고 있던 관계방식이 아니었어요. 당신이 자랄 때 사람들과 이렇게 호소하고 다른 사람이 반응하는 식으로 소통하지 못했어요. 아마 스스로에게 이렇게 말했을 것 같아요. '내가 움직이면 뭔가 나쁜 일이 생길 수 있어. 내가 아들에게 일격을 가하면 아내와 모든 사람이 나에게 분노할 것이 뻔해. 내가 다시 실패했다는 말을 들을 거야. 가장 좋은 것은 침묵하는 거야. 조용히 지나가기를 원해.' 그렇지 않나요?"

상호작용 지향 개입

- 친한 사람들과의 회기, 내담자의 이야기, 혹은 상상의 만남 중에 일어나는 상호작용 드라마와 상호작용의 **추적과 반영**(tracking and reflecting interaction): 목표는 불화에서 전형적으로 보이는 의미 있는 반응과 패턴으로 굳어진 춤이나 이러한 상호작용의 교착지점을 밝히고 보여 주며, 상호작용이 가진 자기발생적 고리(self-generating cycle)의 특성을 깊이 완화시켜 주기 위함이다.

> **예**
> "그래서 이런 일이 자주 일어났어요. 당신은 얘기를 들어 달라고 주장하며 그녀를 밀어붙였어요. 반응을 원했던 거예요. 하지만 그녀는 설득을 '거부했고' 당신을 '멀리했어요'. 그리고 그녀가 강하게 당신을 거절하면 할수록, 당신은 완전히 탈진될 때까지 강하게 몰아붙이고 요구했어요."

- 상호작용 반응이나 고리가 가진 의미의 틀을 바꾸기 위한 **재구성**(reframing): 이는 무력감에서 활력으로, 부정적이고 위험한 것에서 긍정적인 것으로, 비난과 적대적인 것에서 간절히 원하는 것으로 변하기를 바란다. 재구성은 부정적 상

호작용 고리를 다룰 때 정서가 강렬하게 나타나는 순간에 사용된다. 목표는 문제 강화적 사고방식(problem-reinforcing mindset)에서 내재된 애착 취약성에 대한 지각과 이해를 확대하는 곳으로 내담자의 관점을 변경하는 것이다.

> **예**
> "아버지는 '점차 흥분'할 것이고, 이 상황에서 당신을 단지 나쁜 아이라고 말할 거예요. 그리고 당신은 할 수 있는 것이 전혀 없었어요. 이러한 아버지에 대한 모습을 남편인 빌에게 느끼게 되었고, 당신은 그때와 비슷한 비난을 들었어요. (그녀가 동의하면서 고개를 끄덕인다.) 하지만 빌은 당신이 지금 필요해서 전화를 걸어왔어요. 그는 당신이 실수를 해서가 아니라 당신의 도움이 아주 필요했고 소중하기 때문에 소리를 질렀어요. 그는 당신의 도움을 청하고 있어요. 그것을 이해할 수 있나요?"

- **상호작용과 반응을 위한 안무지시**(direct choreographing of interactions and responses): 이는 세 가지 방식으로 사용될 수 있다. 먼저(예 1) 문제의 변화를 막는 상호작용 반응의 재발을 정확하게 찾아내기 위해서이다. 이 기술은 그러한 반응을 조명해 주기 때문에 그것이 분명해지고 쉽게 개선된다. 두 번째, 치료사는 새로운 반응을 묘사하고 보여 주기 위해서 안무지시를 사용한다. 결국 다른 사람에게 자백을 하게 되면 실재하는 현실이 된다. 세 번째, 이 기술은 새로운 정서경험을 다른 사람에 대한 새로운 신호로 바꾸기 위해서 자주(특히 탱고 움직임 3에서) 사용되고, 결국 강한 새로운 반응을 일으키고 새로운 교정적 상호작용을 만든다.

> **예 1**
> "당신이 말했듯이 지금 그에게 그저 화가 났어요. 이것이 그에게 상처가 된다고 말은 했지만, 당신은 그의 실수에 대해 말을 할 수밖에 없었네요. 지금 그에게 간단히 '지금 당신의 상처를 들을 수 없어. 나는 아주 화가 났어. 당신을 무너뜨리고 싶었어. 당신에게 상처를 주고 싶었어. 내가 상처를 입힐 수 있다는 것을 당신에게 알려 주고 싶었어. 그래서 당신을 몰아세웠어.'라고 말할 수 있겠어요?"

예 2
"당신은 이러한 위협 상황에 들어가기 전에 작아지는 느낌이 든다고 말했어요. 지금 엄마에게 간단히 '나는 엄마를 위협했어요. 하지만 흥분되고 위협 상황이 되기 전에 나는 아주 작아지는 느낌이 들어요.'라고 말할 수 있겠어요?"

예 3
"그래서 의자를 돌려서 남편의 얼굴을 보면서 '나는 내가 가진 무기를 보여 주었고, 내가 품었던 의구심에 대해서 말했어. 하지만 내 맘속에는 위험을 감수하고, 당신의 사랑을 요청하는 것이 무서워.'라고 아주 놀랍고 분명히 언급했던 것을 표현할 수 있겠어요?"

이 모든 개입의 정확한 특성과 질은 그것이 사용된 특정 맥락에 달려 있다. 어떤 개입을 사용하든, 어떤 식으로 작용하는지가 중요하다.

말투: 기술 사용방법

어떤 기법이든 치료사와 내담자 사이의 안전한 유대감 형성에 도움이 되지만 치료사의 비언어적 의사소통, 표현방식은 결정적으로 중요하다. 내담자가 자신의 내적 경험이나 타인과 새로운 수준으로 교감하기 위해 위험을 감수하는 정서적으로 취약한 순간에 치료사는 내담자와 RISSSC를 염두에 두고 상호작용해야 한다. 약어 RISSSC는 다음을 의미한다.

1. 반복(Repeat)
2. 이미지(Imagery)
3. 단순한 언어(Simple words)
4. 느린 속도(Slow pace)
5. 부드러운 목소리(Soft voice)
6. 내담자 언어(Client's words)

매우 심각한 불화를 겪은 개인, 커플, 가족과 오랫동안 작업을 통해 얻은 임상 지식은 이러한 특정 방식이 치료에 영향을 준다는 사실을 반복적으로 알려 주었다. 예를 들면, 치료사가 너무 빠르게 진행하고, 추상적이고 지적인 단어를 많이 사용하거나 고조되고, 인간미가 없는 피상적인 목소리 톤으로 말하면, 내담자들은 종종 자신의 취약성에 깊이 교감하거나 새로운 영역을 알아 가는 데 필요한 시간을 갖는 위험을 감수하지 못한다. EFT를 훈련받을 때, 초보치료사에게 주문처럼 '부드럽고, 느리고, 단순하게'라고 중얼거리라는 상투적 말이 있다. 우리는 이러한 모델을 이해하려면, 불안한 아이와 상호작용하면서 안전우선을 추구하는 엄마(security priming mother)를 떠올릴 수 있다. 부모는 긍정적으로 말한다. 하지만 자녀의 신경계를 진정시키지 못하거나 속도를 줄이지 못하고 억양이 매끄럽지 못하면, 긍정성은 사라지고 자녀의 반응은 예측하기 어려워진다.

앞서 언급했듯이 반복은 기술적이기보다는 진정 어린 경청을 위해서 제공된다. 예를 들면, James Gross(1998a, 1988b)는 정서를 억제하기 위한 노력을 지적하면서, 반영과 해석을 하는 치료사는 가급적이면 현명하게 환기적으로 하고 반복을 많이 하라고 했다. 5회 내지 6회의 환기적 반복(예: 내담자의 열등감을 인정하기 꺼리는 마음을 조용히 반복해서 언급)은 내담자들의 예상과 달리 그들에게 재앙을 불러오지 않고, 그들의 두려웠던 저항을 줄여 주었다. 그러면서 억제는 단순하게 끝난다. 반복은 내담자로 하여금 이상하고 낯선 정보에 적응하고, 그것을 수용하게 해 주기 위해서 매우 필요하다. 이미지는 복잡한 현실을 단순하고 강하게 붙잡아 주고, 정서적으로 움직이고 받아들일 수 있게 만든다. 이 장은 개입(탱고 움직임)의 메타구조 작업 과정의 개요를 제시하고 변화과정과 EFT 모델의 일반적 미세기술(microtechnique)들과 결부시키고자 한다. 이어지는 여섯 장에서 개인, 부부 및 가족 치료의 변화과정을 보다 자세하게 제시할 것이다. 그러한 논의를 통하여 이 장에서 설명한 EFT 탱고와 일반 기법에 대해서 다시 다룰 것이다.

_____ 마음에 새기기 _____

- 애착은 인간이 기능하고 변화하는 데 있어서 정서가 가진 의미를 높인다. 애착과 애착기법은 정서조절(emotional regulation) 및 정서균형(emotional balance)을 이루는 데 중요하다. 우리는 내담자의 정서조절 방법의 변화를 도와주고, 또한 사람을 움직이게 하고, 새로운 행동을 일으키고 만들기 위해서 정서를 사용한다. 이러한 움직임은 타고나며 유기체와 생물학적으로 준비된 과정이다.

- 정서를 발견하고 정리하며 세분성(granularity)을 더하고 되풀이되는 핵심정서에 대한 감각을 갖는 것은 변화과정의 핵심부분이다. 건설적 정서조절은 타인에 대한 건설적 의존 및 자기성장을 만든다.

- 정서를 효과적으로 다루려면, 우리는 소중한 타인과 함께 내적 · 관계적 변화에 늘 관여하는 정서처리 수준을 구별하는 능력과 핵심 교정적 정서경험을 형성하는 방법을 이해하는 능력을 확대해야 한다. 변화는 내부(within) 및 관계(between)에서 일어난다.

- 경험주의 애착중심 치료에서 변화과정은 EFT 탱고로 알려진 기법과 변화과정을 위한 메타체계(metaframework) 속에 녹아 있다. 치료사의 명확하고 지속적인 공감반응은 다섯 가지 탱고 움직임의 기초가 된다. 다섯 가지 움직임은 내적 및 대인관계적 현실을 만드는 현재의 처리과정을 반영하여 보여 주고, 정서를 조합하고 심화시키며, (상상 혹은 실제의) 소중한 사람과 새롭게 교류한 만남을 안무하고, 새로운 경험을 인정하고, 관계체계와 자아감의 통합을 이루는 것이다.

- 치료사는 EFT 탱고과정과 치료 회기 전반에 환기적 질문과 새로운 상호작용 안무와 같은 일반적 Rogers 학파 체계기술을 사용한다. 핵심은 지속적인 안전감 제공이다. 내담자가 새로운 내적 · 외적 현실을 재조직할 때, 위험은 치료사의 목소리 톤, 위안이 되는 참여와 조화로운 접촉으로 조절되어야 한다.

- EFT 치료사는 애착관점의 안전기지, 변화과정의 핵심 부분인 정서의 속성과 영향력에 대한 명확한 감각, 그리고 체계와 대인관계를 경험의 현실로 통합시켜 줄 기법들을 찾는다. 치료사는 지금 처한 위치를 알고, 변화를 위해서 내담자의 신경계가 인식한 중요하고 강렬한 정서와 가장 소중한 사람과의 새롭고 건설적인 교류방법을 정확하게 사용할 수 있어야 한다.

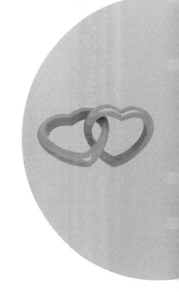

애착관점의 정서중심 개인치료: 자아감의 확대

인간은 자신을 구성하고 유지하기 위해서 타인의 시각이 필요하다.

– Daniel N. Stern (2004, p. 107)

나는 대리석 속에 있는 천사를 보았고, 그가 드러날 때까지 조각했다.

– Michelangelo

타인과의 안정적 유대감과 삶의 어려움에 직면한 사람에게 힘이 되는 적절하고 통합된 자아감은 동전의 양면과 같다. 자아의 형성은 삶을 가꾸는 친밀한 대인관계망 속에서 일어나는 과정이다. 애착관점에서 보면, 성격이 발달할 때, 특히 위협 혹은 불확실한 조건과 관련된 습관적 정서조절 전략이나 유형을 만드는 등의 일련의 핵심과정을 밟는다. 그것은 정서적으로 부하가 걸린 기대와 인과귀인(causal attribution)과 같은 일련의 '강한' 실존적 의미 틀을 형성하고 타인과 교감하기 위해 습관적으로 행동하는 목록과 특별한 지침을 만드는 과정이다. 이러한 발달과정은 매우 상호작용적이며, 언제나 타인으로부터 느끼는 유대감에 의해서 채색된다.

애착과학이 제공한 건강의 이미지는 개인심리치료의 명확한 목표를 치료사에게 제시한다. 특히 이상적인 애착기반치료의 결과는 개인이 정서적으로 균형이 있고,

정신적으로 개방적이며, 행동에 융통성이 있고, 깊게 교감하고, 생동감이 있으며, 무엇보다 배우고, 성장하게 되는 것이다. Bowlby는 자신의 경험에 비추어 지속적인 수정과 변화를 가능케 하는 건강한 자기와 타인의 작동모델에 대해 묘사한다. 긍정적인 내적·관계적 애착 변동성을 안정성과 연결하는 연구가 광범위하게 이뤄졌다(제2장 참조). 여기에서 개인치료에 적용된 연구에 대해서 간단히 살펴볼 것이다.

친밀한 결합의 맥락에서 본 개인

타인과의 안정적 유대감의 결여가 인간을 제한하고 통제한다는 생각을 지지하는 증거가 매우 많다. 긍정적 감정과 여유로운 탐색을 도와주더라도 창조적인 문제해결을 제한하는 인지적 종결(cognitive closure)은 불안정한 사람들에게서 볼 수 있다(Mikulincer & Sheffi, 2000). 회피애착형은 인지적 통제를 유지하기 위해서 안전신호를 묵살해 버리고, 불안형은 안전신호를 신뢰하지 못해서 행복한 기억을 되살리는 긍정적 신호에 창조적으로 반응하지 못한다. 자기의 모델에 있어서 회피형은 과제 참여 시 자기강조(self-enhancement)에 우선순위를 두고, 실수를 인정하지 못하고, 결정이나 계획 수정을 힘들어한다. 불안형의 자기패배적 신념에 대한 갈등과 거절에 대한 염려는 목적지향적 행동에 온전히 참여하기 어렵게 만든다(Mikulincer & Shaver, 2016). 이러한 자료들은 마음이나 성격을 포착하고, 정의하고, 형성하게 도와주기 위해서 사회적 결합이라는 상호작용 현실과는 별개로 단일 독립체인 개인에 초점을 맞추어도 충분하다는 오래된 생각을 반박한다.

정서중심 개인치료(EFIT)의 목표는 내담자가 자신의 경험, 타인, 삶의 실존 딜레마와 새로운 교류방식을 탐색하는 통합적인 교정적 정서경험을 만드는 것으로 이는 정서중심 부부치료 및 가족치료와 동일하다. 이들 모두 현재의 반응은 과거의 제한된 생존 및 정서조절 선택의 결과라는 연민의 시선으로 바라볼 때 가능해진다. EFIT 치료사는 인간은 힘든 시간을 겪으면서 익힌 방식으로 행동하고, 역설적으로 이러한 제한된 전략과 냉정한 관점으로 인하여 교착상태에 빠진다는 입장을 취한다.

개인치료에서 애착

애착이론과 과학이 개인의 개입에 적합할 수 있을까? 애착관점은 EFIT의 임상 실제와 경험주의 역동심리치료에서 개인치료 개입의 이론적이고 실용적인 기초로 점차 사용되기 시작했고(accelerated experiential dynamic psychotherapy: AEDP; Fosha, 2000), 대인관계치료(interpersonal therapy: IPT; Weissman, Markovitz, & Klerman, 2007)와 과정경험/정서중심치료(process experiential/emotion-focused therapy: PE/EF; Elliott, Watson, Goldman, and Greenberg, 2004) 접근에 대한 이론의 전반적 배경의 한 부분이 되었다. 이들 접근은 모두 정신역동이나 인본적 경험주의라고 분류될 수 있다. 하지만 치료사의 역할, 사용된 기술, 순환적 인과에 초점을 맞추는 체계이론 접근이 모델에 통합되었는지 여부(EFT에는 확실히 들어 있다), 내담자와 치료사 간 유대감의 강도와 사용 정도, 서술과 개입의 절제와 명료성 그리고 치료에서 애착과학의 중요도, 마지막으로 실증적인 타당도 수준과 같은 여러 요소에서 차이가 있다. 예를 들면, Fosha(2000)가 제시한 AEDP 모델의 실제에서 EFIT보다 긍정적인 정서와 역기능을 서술하는 데 있어 분석적인 접근을 강조한다. 이 모든 접근방식은 특히 안전과 지지를 제공해 줄 애착대상으로부터 받은 개인의 과거 외상경험은 현재 경험을 성장 혹은 역기능으로 이끌게 하거나 통합하는 방식에 영향을 준다는 것을 염두에 두고 있다. 이들은 또한 인간이 기능하는 데 있어서 정서가 가진 핵심역할을 인정한다. (독자들이 여기에서 소개하는 EFIT 모델과 투명성을 비교하고, 개입방법이 연구 결과로 검증이 되었기 때문에 선택한 정신역동적 IPT 및 경험주의 PE/EF 사이의 유사성과 차이점을 보기 원한다면 부록 3의 비교내용을 참조하라.)

물론 애착과 연관된 다른 훌륭한 공로자들과 심리치료 실제가 있다. Peter Costello (2013)는 인간이 누구이며 애착 맥락을 발전시켜 줄 대상이 누구인지를 선택하는 기본방법에 대해서 감동적으로 기술했다. 그는 인간은 무엇을 보고, 이름을 붙이며, 외롭고 두려울 때 무엇이 일어나며, 자신의 취약성에 대해서 목소리를 낼지 억압할지, 타인의 가장 좋은 반응을 받을지 여부를 양육자와 함께 결정한다고 말했다. 이러한 시나리오는 우리의 신경세포와 신경망에 기록되고 자동적으로 반응한다. 간단히 말해서, 우리 자신이 바로 그 누구인 것이다!

우울과 불안에 대한 애착 지향성

애착불안은 일반적으로 정신건강 문제와 특히 우울과 불안 장애의 발달에 대한 취약성과 연관이 있다. 특정 장애가 유발되는 기전을 정확히 밝히는 것은 거의 불가능하다. 다중귀결설(multifinality)의 원칙(즉, 목적지로 향하는 길은 여러 갈래이다)은 특정 애착력과 불안 혹은 회피 성향의 개인은 하나의 증상군을 발현하고, 다른 성향을 가진 개인은 다른 증상군을 발현한다는 것을 말해 준다. 부모와의 분리 등의 원위 위험요인(distal risk factor), 정서조절 패턴과 같은 근위 위험요인(proximal risk factor), 그리고 현재 관계 및 겪고 있는 스트레스와 같은 조정자(moderator), 이 모든 것이 함께 작용해서 역기능의 방향을 결정한다(Nolen-Hoeksema & Watkins, 2011). 애착이론가들은 회피애착은 약물남용과 반사회성 장애와 같은 외현화 장애(externalizing disorder)와 연관성이 높고, 갈등과 두려움이 애착불안 및 우울, 불안장애, PTSD와 같은 내재화 장애(internalizing disorder)와 명확하게 연관된다고 언급했다(Ein-Dor & Doron, 2015).

Bowlby는 일반적으로 "임상 상태는 건강한 반응이 무엇인가에 대한 장애판(disordered version)으로 이해될 수 있다."라고 밝혔다(1980, p. 245). 위축과 억누름은 취약성에 압도된 매우 난감하거나 위험한 상황에 대한 기능적인 반응, 즉 위험하고 예측 불가능한 애착대상에게 의지하는 방법을 찾는 반응이 될 수 있다(Porges, 2011). 누군가가 거부되거나 버려졌을 때 보이는 자극받은 분노와 높은 경계심 역시 한편으로는 기능적이다. 이러한 반응이 일반적이고 보편적이며 개선되지 못하면 장애가 된다.

우울에 있어서 Bowlby는 상실로 인한 '혼란(disorganization)'에 대해서 언급했고, 언제, 어떻게 그것이 무력감과 동반되는지에 주목했는데, 이때 우울반응이 유발되는 것으로 보인다. 그의 견해에서 가장 훌륭한 보호요인(protective factor)은 "유능감과 자기가치감"이라고 했다(1980, p. 246). 그는 더불어 우울한 사람은 자신을 외롭고(lonely), 사랑스럽지 못하고(unlovable), 원치 않고(unwanted), 무기력한(helpless)이라는 네 가지 형용사로 흔히 묘사한다. 이들은 자신을 실패자로 보고, 종종 기대를 충족받지 못해서 타인으로부터 자신의 가치를 경험하지 못했던 친밀한 관계사를 말한다. 그래서 자신이 진심으로 동정과 보호를 받을 가치가 있다는 느낌이 없다. 내담자 젠은 말한다. "나는 절대로 아버지를 만족시킬 수 없었어요. 내가 무엇을 하든 부족했어요. 나는 그런 취급을 받을 만한 사람이고 실제 그런 취급을 당했어요. 지금 나 스스로도 자신을 그렇게 대하고 있어요. 내 자신의 모든 부분을 내가 비난하고 있어요." 상실, 실패와 자기비난은 의기소침하고 우울하게 만든다. 그것을 유발하는 요인이 무엇이든 상관없이 내적 정신반응과 대인관계적 역기능이 서로 자극하고, 유지하고, 강화시킨다는 면에서 애착관점은 Hammen(1995)이 제안한 우울모델과 유사하다. 개인의 과거력, 스트레스, 혹은 자기와 타인의 부정적 모델에 의해서 촉발되는 우울증의 민감성은 관계를 약화시키고 우울반응을 가중시키는 부적응적 대인관계 행동을 만든다.

이러한 주제는 불안에서도 마찬가지이나 불안장애는 우울에서 보이는 긍정적 정서의 상실은 없으며, 억누름(immobilization)은 동요나 위협에 대한 극도의 불안으로 대체된다(Mineka & Vrshek-Schallhorn, 2014). 극도의 불안은 경직되고 움직이거나 행동할 수 없게 만들기도 한다. 불안애착에 동반되는 거절에 대한 민감도와 관계 스트레스는 우울을 예측하게 한다(Chango, McElhaney, Allen, Schad, & Marston, 2012). 불안은 닥칠 위협에 대한 경고기능이 있고, 보호기제를 촉발한다. 그래서 불안은 매우 유용하고 수행을 강화시킬 수 있다. 하지만 경보 신호가 너무 크고 지속적으로 울린다면, 자기영속적이고 자기패배적이 되고 그 자체가 문제가 된다.

네 가지 역기능적 불안의 핵심요소는 다음과 같다(Barlow et al., 2014; Barlow, 2002).

1. 흔하고 강하게 발생하는 부정적 정서와 이러한 정서의 명료성과 수용의 부족
2. 각성된 정보처리와 불확실에 대한 과민성 혹은 양가감정(우울에서도 보인다)
3. 정서를 다루기 위한 회피전략과 부정적 정서가 발생할 때의 억압: 이러한 정서는 통제가 어렵고 참을 수 없다고 여겨진다. 불행히도 억압은 반동효과(rebound effect)를 불러와서 부정적 정서와 신체 각성을 증가시키거나 유지시킨다(Hoffmann, Heering, Sawyer, & Ashaani, 2009). 회피는 교정적 경험을 막기 때문에 모든 정신건강장애의 약점(kryptonite, 수퍼맨의 약점)이 되고, 역설적으로 회피하는 것이 무엇이든 간에 다시 민감하게 만든다. 범불안장애에서 걱정 혹은 강박행동은 불안과 우울 증상으로 인한 고통을 피하는 방편인데, 만성

적으로 교류하는 것을 회피하면서 유지되는 것으로 보인다(Manos, Kanter, & Busch, 2010).

4. 두려움에 대한 두려움(특히 공황장애에서 나타나는), 즉 두려움 자체의 경험에 대한 부정적 반발의 일반화: 부정적 경험에 대한 해석은 그것의 강도, 기간, 결과에 영향을 준다. 위협 혹은 위험에 대한 강한 느낌과 심한 귀인(attribution)으로 발생하는 불안의 강도는 우울과 불안 장애의 발생을 예측하게 한다(Schmidt, Keogh, Timpano, & Richey, 2008).

일반적으로 경험처리 방식이 중요하다. 개인의 단순한 부정적 정서의 발생 빈도보다는 불안 혹은 우울의 감정에 대한 사고방식이 중요하다. 부정적 정서의 해석과 반응방식은 역설적이게도 불안과 우울 장애의 부정적 정서를 증가시키거나 유지시키는 작용을 한다. 갈등을 바라보고 처리하는 부정적인 방식은 자기영속적 고리를 만들고 더욱 심한 갈등을 야기한다.

분명히 여러 가지 불안 문제와 기분장애는 많은 데서 비슷한 양상을 공유하고 있다. 이런 공유되는 양상, 특히 두 가지 장애에서 흔한 정서조절의 문제와 상호작용 처리의 다양성은 정서장애의 통일된 계획서(unified protocol: UP)라는 Barlow의 모델에 정리되어 있다. 이 모델은 불안과 우울의 기본구조를 묘사했고(Barlow et al., 2011), 두 문제가 부정적 정서장애(negative emotional disorder)라는 하나의 공동범주로 결합되는 것을 제시했다. UP 모델은 애착이론과 애착지향 개입에 초점을 맞추는 EFT와 잘 어울린다. 두 접근법은 통제 불능감(sense of uncontrollability)과 지각된 위험(perceived danger)을 불안과 우울의 핵심요소로 본다. 이러한 통제 불능감은 문제를 강화시키는 억압과 같은 비효과적 정서조절 전략에 의해서 증폭된다. UP 모델과 EFT는 공히 두려움이 유발되는 경험 혹은 고통스러운 경험이 느껴지거나 새로운 방식으로 처리되는 단계적 노출에 초점을 맞추며, 정서조절을 위한 새로운 경로를 만들고, 내담자의 사회적 지지 활용을 높이는 데 집중한다.

구체적으로 말하면 UP와 EFT를 사용하는 치료사는 다음과 같이 한다.

• 정서에 대해 물어보고 전형적인 대응전략뿐 아니라 정서와 연관된 행동화 경향을 살핀다.

- 압도되는 것을 주목하고 줄여 줌으로써 위협의 지각과 대응 능력의 변화를 도 와주는 데 집중한다.
- 일반적으로 정서수용을 잘할 수 있도록 지지한다.

UP 모델은 우울과 불안 장애의 공병률이 높고(Brown, Campbell, Lehman, Grisham, & Mancill, 2001), 한 장애가 다른 장애의 위험요인으로 작용한다는 현실을 반영한다. 한 장애의 치료는 다른 장애의 현저한 개선을 일으킬 수 있다고 본다. 다양한 정서장 애는 병리생리학적으로 공유되는 부분이 있어서 항우울제에 반응한다. 애착에 대한 연구와 유사하게, Barlow는 강한 예측 및 통제 불능감은 어릴 때 부정적 경험에 의 해 형성된 뇌기능과 연관되거나 학습이 될 수 있다고 했는데, 다른 종류의 불안 혹은 우울로 이끄는 다른 경로로 나타난다(Barlow et al., 2014). 이러한 문제는 부정적 정 서장애와 같은 광범위한 증후군의 비교적 사소한 범주로 보인다. 이러한 부정적 정 서장애의 일반 개념에 대한 설명은 애착과학과 경험적 치료인 EFT의 인색하고 비병 리적인 태도와 조화를 이룬다. 이는 내담자의 고통을 DSM과 ICD의 전형적인 진단 체계로 적용하지 않고, 그들의 문제를 밝히고 조절할 수 있게 한다.

UP 접근의 이론적 뼈대는 애착과학과 적절히 부합되지는 않지만 이러한 장애를 결정하는 일반적인 요인은 기질과 특성 신경증(trait neuroticism)에 있다는 Barlow 의 제안과 조화를 이룬다. 나는 애착이론과 과학은 확실한 설명의 토대를 제공한다 고 말하고 싶다. UP에서 치료방식은 EFT와는 다르고 UP는 EFT보다 코칭과 인지지 향적이고 행동적 근거에서 많은 숙제와 실습이 주어진다. (UP 모델은 두 가지 '전통적 CBT'와 치료 지침에서는 '정서중심'이라고 불린다. EFT의 관점에서 보면 UP가 행동모델보 다는 정서에 많이 집중하며, 여기서 사용되는 개입을 위한 일반적 명칭은 명료하게 해 주기 보다는 혼란을 가중시킨다.)

정서장애의 사례개념화

이 책에서 개입의 초점은 '정서장애'라고 불리는 우울과 불안이다. 애착지향 치 료사는 이런 장애에 대해 어떤 견해를 갖고 있을까? 사례개념화를 통한 EFT 접근을 언급하면서 그 답을 찾고자 한다.

치료방식으로서의 EFT에서 사례개념화 과정을 밝히는 데 두 가지 원칙이 있다. 먼저 경험주의 치료의 핵심은 내담자가 치료 초기에 가져오는 증상에 대해서 즉각적으로 해결해 주는 것이 아니다. 정서중심치료의 기본교재에서 언급되었듯이 (Johnson, 2004), 치료사는 잘못된 추정(assumption)을 교정하거나 기술을 가르치는 코치나 병식을 갖게 하는 지혜자가 아니다. 이로 비추어 볼 때 EFT 치료사는 (격언을 빌리자면 '유일한 탈출구는 관통하는 것이다'와 같이) 내담자와 함께 고통의 경험에 접근하고 동행하는 과정 자문가(process consultant)이며, 이러한 경험을 충분하게 처리할 수 있도록 협력적으로 참여하는 것이다. Rogers(1961)가 제안했듯이 치료과정은 치료사와 내담자가 "경험과정의 발견을 즐기는 것"이다(p. 24). 과거 역사와 사는 동안 피할 수 없었던 갈등으로 인한 약점에 의해 생긴 부족한 건설적 경험처리 능력을 정상으로 보는 것은 인본적 경험 혹은 개인중심 접근의 핵심이다.

이러한 접근은 여러 면에서 DSM과 같은 다양하게 중첩된 공식 진단체계로 정신건강 주제와 문제를 정의하고 계통화시키려는 시도와는 상충된다. 이러한 체계에서 사용된 서술적 묘사는 치료사에게 유익할 수 있다. 또한 DSM과 같은 진단체계와 우울과 불안 척도와 같은 다른 체계(Beck, Steer, & Brown, 1996; Beck & Steer, 1993)와 연관된 간단한 공식 설문지는 보조적이고 내담자와 과정을 발견하기 위한 방법으로 사용될 수 있다. 부부치료에서 부부적응척도(Dyadic Adjustment Scales: DAS; Spanier, 1974)는 치료 초기에 실시될 수 있지만 새로운 척도인 부부만족지수 (Couples Satisfaction Index: CSI; Funk & Rogge, 2007) 역시 유용하다. 하지만 일반적으로 평가는 치료의 한 부분이며, 내담자에게 가슴 아픈 진짜 문제는 치료과정에서 드러난다.

두 번째로, 평가는 단순히 내용이 아닌 과정에 초점을 맞춘다. EFT의 1회기는 치료사가 열린 태도로 참여하여 안전한 환경을 제공하고 협력적 동맹을 형성하는 것으로 구성된다. 치료사는 내담자의 이야기와 치료할 내용을 끌어낸다. 애착과학에서 제안했듯이(Main et al., 1985), 내담자가 회기 중의 치료사나 다른 사람에게 자신의 이야기를 말하고 타인과 개입하는 방식은 나눈 내용만큼 가치가 있다. 치료사는 비언어적 요소, 표현된 정서와 그것이 조절되는 방식, 내담자의 이야기가 갖는 의미의 적절성, 자신과 타인에 대해서 표현된 용어에 주의를 기울인다. 안정애착형은 구체적이고 적절하게 말할 뿐 아니라 자기 경험의 의미를 반영적으로 말한다. 불안형은 정서에 쉽게 압도되고 극단적이고 단편적인 이야기를 하는 반면 회피형은 경험의 표면을 스쳐 지나가고 주제를 바꾸고 질문을 피하고 분리하여 매우 고통스러운 사건에 반영 및 교감을 하지 않고 말한다. 경험을 표현하고 드러내는 방식인 어떻게(how)가 내담자가 내놓는 사실적 정보인 무엇(what)보다 훨씬 많은 것을 알게 해 준다. 지난 장에서 언급 했듯이 경험의 깊이와 표현된 정서 세분성(granularity)은 치료사로 하여금 내담자의 습관적인 처리방식에 동조하게 해 준다.

초기의 교류과정은 치료사와 내담자를 이해하기 위한 진정 어린 행위이다[제2, 3장에서 언급했듯이 발견은 EFT 세 가지 'D' 중 하나로 발견(Discover), 정제(Distill), 개방(Disclose)이다]. 치료사가 진단이라는 경직된 인지적 틀에 갇혀 있거나 확고한 이론적 원칙을 갖고 경험의 요소를 발견하려 한다면, 호기심과 열린 이해과정은 줄어들 것이다. 진부한 표현을 빌리자면, 망치만 가진 사람에게는 모든 것이 못으로 보일 것이다. 이러한 이유로 경험주의 치료사는 드러난 문제에 사로잡히지 않고 '내담자 중심'을 열망하고, 내담자 개인과 참만남을 가지려고 한다. 이러한 이해과정은 문화적 또는 경제적 수준, 종족, 성적 배경에 차이가 많은 내담자를 만났을 때 매우 중요하다. 예를 들면, 한 일본인 부부는 나에게 명예의 개념이 그 나라에서 어떤 것인지 알려 주었고, 명예가 배우자에게 전달되는 메시지에 어떤 영향을 주는지 가르쳐 주었다. 강간 생존자는 트라우마가 여성인 자신에게 무슨 일이 일어나며, 이러한 사건으로 어떤 의미를 부여하는지를 알게 해 주었다. 이렇듯 다양한 면이 표현되더라도 정서와 애착의 보편성은 현저한 문화 차이를 직면했을 때 공통의 배경을 갖게 해 준다. EFT 치료사는 기본적으로 인간적인 것이 무엇인가에 대해서 알아 가는 학생(permanent student)의 과제를 수행한다. 내담자는 자신의 경험을 가장 잘 아는 전문가이고, EFT 치료사는 그런 경험에 예민하게 동조하여 이를 붙잡고 포착하는 것이 중요하다.

이미 언급했듯이 정서중심 개인치료(EFIT)는 상호관계 유대감과 부정적 관계와 연관된 것을 포함한 외상경험의 후유증과 그러한 경험으로 겪는 실존의 문제, 우울증과 불안을 다루는 데 가장 적합하다. 치료 적응과 비적응 범위와 연관하여 말한다면, 안전한 환경을 제공하는 치료사의 능력이 결정적 요소이다. EFT의 접근은 단기 치료법이고, 어떤 부분에 집중하고 교류할 수 있는 치료사의 능력을 요구한다. 정신병 혹은 반사회성 성격장애는 이러한 교류를 어렵게 만든다. 만성 중독행동, 심각한 만성 우울증, 혹은 높은 자살위험과 같은 위험요소가 현저한 상황에서 EFIT 치료사와 함께 다른 전문가의 특별한 개입을 병행하는 것이 좋다. 중독 문제에 대해서 특별한 치료를 받고 있는 내담자에게 EFIT를 실시하기로 한다면, 치료사는 이전 치료사와 연락을 하는 것이 좋다(물론 내담자의 허락을 받아야 한다). 치료사는 내담자가 EFT 과정에 대한 참여를 안전하게 참아 내고 치료사는 내담자의 내성의 영역 (window of tolerance)에 대한 개입의 강도와 속도에 적응할 수 있다는 확신을 가져야 한다.

드러난 모든 문제에 주목하기 위해서 치료사는 내담자의 발달 이야기와 자기와 타인에 대한 작동모델이 형성되는 방식에 관심을 가져야 한다. 사례개념화와 EFIT을 실시하기 위해서는 다음의 내용을 강조해야 한다.

- 정서조절 도전 및 높은 반발성 혹은 무감각과 해리의 고리
- 순간적인 해리 혹은 신체적 통증과 불편 등의 신체 문제
- 자기와 타인에 대한 매개체와 긍정적인 모델을 지지해 주는 효과적이고 적절한 의미 생산의 방해물
- 예를 들면 마비와 침체를 일으키는 양가감정 혹은 갈등 그리고 정서가 억압되고 해체되거나 부인으로 인한 적응적 행동의 방해물
- 자기를 무가치하고 보호받을 권리가 없다고 여기고 실패했고 무능하거나 형편없으며, 때로는 인간 유대감에서 벗어나서 타인에게 수용받을 자격이 없다는 자기에 대한 부정적 모델
- 타인이 위험하거나 적어도 기댈 수 없고 예측할 수 없으며, 버림과 거절의 대상으로 여기는 타인에 대한 부정적 모델

자기와 타인의 모델이 현저히 부정적이면, 신뢰하는 것이 매우 위험하기 때문에 정서적 유대감에 대한 갈망과 고립에 의한 고통이 가장 중요한 위치가 될 때만 위험을 감수한다. 물론 '강하고(hot)' 부정적인 모델이 절대적이지 않고 연속해서 나타나지만, 만일 그것이 심하게 부정적이면 지속적으로 경계가 필요하고, 정서조절이 과대각성과 과소각성 사이를 오가는 세계에 개인을 빠뜨리게 된다. 이러한 진동에

빠지면 성장과 융통성은 방해받고, 잠재적인 작동모델의 개선과정은 약화된다. 또한 선택과 조직은 불가능해지고, 유발된 자극에 대한 반발은 내담자의 삶을 지배하며, 경험과 관계를 반영할 능력과 그것을 개조하기 위해서 선택할 능력이 사라진다. EFIT 회기에서 변화에 필수적인 교정적 정서경험은 정서와 의미가 분명해지고, 정리되고, 자연스럽게 내담자의 삶을 구성하는 내재된 선택과 새로운 방향을 이끌어 줄 새롭게 선택할 요점을 깊게 깨닫게 해 준다.

설명된 내용과 분명한 역기능이 무엇이며, 진단의 내용 혹은 횟수에 상관없이 치료사는 항상 내담자의 장점을 적극적으로 찾는다. 어떤 사례에서 그저 살아 있고 투쟁하며 도움을 찾는 것 자체가 용기라는 확실한 증거가 된다. 치료사의 비병리적 태도는 내담자가 자신을 수용하고 자기 세계를 만든 방식을 진심으로 탐색하게 만드는 첫 단계가 된다. 내담자가 언급한 틀 속으로 들어감으로써 자연스럽게 중요한 것이 무엇이며(Rice, 1974), 소중한 자기에 대한 관심, 타인과의 관계, 실존적 난관을 명확하게 알고 초점을 맞출 수 있게 도와준다.

치료적으로 주목할 핵심문제를 밝히는 것은 내담자에게만 맡기지 말고 협력적으로 함께 해야 하며, 이는 치료적 동맹을 형성하는 한 부분이 된다. 한 배우자는 단순하게 자기 삶에 대해 정신건강 전문가에게 말을 해 보고 싶어서 오는 반면, 상대 배우자는 심신을 약화시키는 불안에 굴복하지 않고 생의 전환기를 뛰어넘기 위한 매우 심각한 주제를 가지고 온다. 내담자는 때때로 치료사와 함께 의문을 품고 변경을 요하는 부적절한 목표를 드러내기도 한다. 일부 내담자는 부정적 관계 혹은 가망 없는 배우자에 대한 인식이 맞는지 알고 싶어서 개인치료를 시작한다. 치료 목표의 표현은 명확하고 구체적이고 현실적일수록 좋다. 내담자의 목표가 명확하면 치료사는 내담자가 언급한 목표를 달성할 수 있다는 자신의 능력에 진심으로 반응할 수 있다. 만일 EFT의 목표와는 맞지 않아서 그것이 불가능하다면, 치료사는 그에 대해서 밝혀야 한다. 예를 들면, EFT 부부치료사는 참전 용사와 그의 아내에게 남편이 정신건강의학과 의사에게 약물 처방을 받고 EFIT 회기를 하는 것을 수용할 수 있게 제안했다. 이러한 개인치료는 용사가 외상적 전쟁경험에 대한 플래시백(flashback)를 통제하는 데 초점을 맞추고, 이는 다른 치료사와 EFT 부부치료를 시작하기 위해서 준비시킨다.

사례개념화의 전 과정에서 EFT 치료사는 현재과정(present process)에 집중한다.

치료사는 성격적 특성을 밝혀내거나 꼬리표를 붙여 내담자를 분류하기보다는 내담자가 지금 이 순간에 개방적이고 호기심을 갖고 교류할 수 있게 해 준다. 목표는 자기의 경험을 처리하고, 타인과 관계하는 자기만의 패턴에 빠지게 된 과정을 탐색하는 것이다. Rogers와 Bowlby가 이끄는 애착지향 경험주의 치료사는 내담자가 성장을 향한 본성이 있고, 자기 욕구를 충족받을 방법을 찾는다는 사실을 믿는다. 애정어리고 생존중심의 애착시각으로 보면, 내담자의 행동은 언제나 '타당하게' 여겨진다. 이러한 사고방식으로 치료하면, 치료사는 자연스럽게 내담자의 고통을 따라가서 분명하게 드러내고, 내담자가 원치 않았지만 자신을 압도하는 긍정적인 기능을 방해하는 요소를 밝혀낸다.

개입의 단계

이미 언급했듯이 EFT 모델은 3기로 진행되는데 안정화[(stabilization), 이는 EFT 부부치료의 단계적 약화(de-escalation)로 부정적 고리의 단계적 약화가 있어야 안정감을 만들 수 있다], 재구조화(restructuring), 강화(consolidation)이다. 안정화기는 강한 동맹을 형성하고 새로운 수준의 정서균형을 찾고, 익숙하지 않고 고통스러운 경험을 깊이 탐색하고 교류할 수 있는 안전기지를 만든다. 재구조화기에서는 치료의 개입이 깊어지고, 교정적 경험이 자기와 타인의 모델을 변경시키고, 적절하게 정서를 처리하게 해 주고, 건설적으로 의존을 하는 새로운 상호작용을 형성한다. 강화기에는 치료과정에 대한 메타관점을 갖게 되고, 내담자의 삶과 실존적 선택을 분명하게 해주는 자기와 체계의 변화를 통합하고, 재발을 막아 줄 복원력을 만든다.

우리는 지금 이러한 치료단계와 전형적 EFIT 개입을 자세하게 살펴볼 것이다. 기본 EFIT 개입은 3장에서 밝힌 것과 같다. 그런 다음 EFIT 치료과정에 있어 모든 단계에서 시행하는 EFT 탱고(제3장의 pp. 72-73 참조)의 반복적인 핵심과정에 대해서 간단히 언급할 것이다.

1기: 안정화

EFIT 1기인 안정화기의 핵심요소는 다음과 같다.

- 치료 내용과 목표의 개념화를 위해서 내담자와 합류하고, 내담자 삶의 이야기, 관계 역사, 치료사와의 교류방식을 통하여 발달과정을 이해하고 내담자의 장점과 약점을 알아 간다. 이러한 내용들은 항상 정서조절, 대인관계 유대감, 자기와 타인의 부정적 모델을 반영하고 있다고 추정한다.

> **전형적 개입**
> "그래요, 언급하고 직면하기 힘든데도 지금 당신의 삶에 대해서 살펴보았고 중요한 문제를 보게 되었어요. 당신이 원하는 것은 우리가 당신이 다른 사람을 만날 때 생기는 불안감을 줄이고 자신감을 높이고 사람들과 편안하게 지내는 방법을 찾는 거예요. 내 생각이 맞나요?"

- 안정된 안식처와 안전기지를 형성하고(치료동맹을 통하여), 내담자가 이때 갖는 양가감정을 이해한다.

> **전형적 개입**
> "이 회기에서 당신이 안전하게 느낄 수 있게 제가 어떻게 도움을 줄 수 있나요? 당신이 이전의 치료사가 '강의'를 한다는 느낌을 받았다고 들었고, 그런 것이 도움이 되지 않는다고 했어요. 나한테 그렇게 느끼지 않기를 원해요. 만일 내가 강의를 한다고 느끼면, 언제든지 말해 줄 수 있겠지요? 지금 목표는 당신이 바른 길을 찾고 올바른 방향으로 가는 방법을 찾는 겁니다."

- 먼저, 정서세계를 만드는 반복된 패턴을 추적하고 살펴보면서 내담자가 어떻게 우울과 불안을 인식하고 유지하는지를 찾는다. 치료사는 정서조절의 과정을 밝히고(단순하게 내담자가 정서를 증폭시키고, 축소시키거나 차단하는지를 본다), 이러한 과정에서 생기는 의미 만들기(meaning making)를 분명히 이해한다. 두 번째로, 치료사는 내담자와 함께 정서에 의해서 움직이는 행동화 경향으로 생긴 상호작용 관계의 습관적인 교류 패턴을 밝힌다(단순하게 내담자가 어떻게 타인에게 가고, 멀어지거나 저항하는지를 본다). 치료사는 내담자의 삶에서 전해

지는 내용과 이야기를 경청하지만 지속적으로 과정, 즉 정서처리 속의 내적 소
리와 대인관계 반응에 있는 외적 소리가 내는 패턴에 귀 기울여야 한다.

전형적 개입

"그래서 잠재적 친구가 전화를 걸어서 만나자고 했을 때 어땠나요? 그때 혹은 지금 얘기하면서 어떤 느낌이 들었고 무슨 행동을 했나요? '불안정'해졌고 얼어 버린 느낌을 받은 것 같아요. 말했듯이 무감각해지고 친구를 거절했어요, 맞나요? 너무 위험하다고 느껴졌나요? 우리는 갑자기 간절히 원하는 것이 나타났을 때 자연스럽게 망설이게 되고 의심이 생겨요. 그리고 그것을 스스로 취하기 어렵다는 것을 발견하게 되지요. 하지만 그때 혼자가 되고 말지요, 맞나요? 그리고 잠시 편안함을 느껴요. 그래서 이럴 때 위험을 감수하지 않은 것이 좋고, 타인이 너무 위험하다는 확신이 생겨요."(정서적 음악과 타인과의 춤에 의한 자기유지적 피드백 고리가 만들어진다.)

- 정서는 보다 세분성(granular)을 갖게 하고, 모호하거나 인정하지 않았던 반응을 분명하고 구체적이고 사실적으로 만든다. 이는 어떤 내담자에게는 집중된 반영과 환기적 반응의 단순한 과정이나 다른 내담자에게는 정교하고 구조화된 정서조합이 수반될 수 있다. 우리는 이런 과정에 대해서 정서(emotion)의 E라는 약어를 생각할 수 있다. 우리는 환기하고(Evoke), 탐색하고(Explore), 확장하고(Expand), 설명하고(Elucidate), 적극적으로 정서와 만난다(Encounter).

전형적 개입

"여기서 나를 좀 도와주시겠어요? 이런 상황에서 당신은 자신의 감정에 관심이 없다고 말했어요. 그저 문제만을 해결하기를 원했어요. 하지만 이것을 말하면서 무릎을 아주 빨리 흔들면서 마루를 응시했어요. 당신의 아내가 당신에게 화가 난다고 말하기 시작할 때 당신의 몸이 이렇게 반응했어요. 내가 생각하기에 당신은 다음과 같이 말하고 있는 것 같아요. '그녀가 어리둥절해할 것이 분명해', 그 순간 아내의 느낌이 틀렸다는 것을 '증명하기' 바로 전에 아내 얼굴에서 무엇을 보게 되었나요?"(치료사는 다른 사람에게 문제반응을 보이기 전에 발생한 자극과 신체반응을 밝힌다.)

- 정서가 발전하기 시작하면, 새로운 행동 경향과 새로운 의미가 나타나고 치료사는 이를 인정하고 강조하며 내담자의 삶에 중요한 인물과의 상상의 참만남을 통하여 재연반응으로 이끈다. 이러한 대상을 찾기는 어렵지 않다. Irvin Yalom(1989)이 지적했듯이 치료사는 "내담자의 마음속에 있는 인물을 숙지하

고 있어야 한다."

- 내담자는 보통 그들의 정서적 삶을 이해하게되고, 소중한 사람이 진심으로 들어 준 감정에 의해 엄청난 위안을 얻고, 정서반응, 의미 만들기, 대인관계 반응을 전체로 통합함으로써 효능감을 경험한다. 치료사는 이러한 모든 과정을 안전기지―성장을 위한 방향감각―로 통합할 수 있게 도와준다. 상호관계 반응, 패턴, 이야기와 정서조절 과정은 모두 내담자에게 새로운 지각과 회기 밖에서의 행동을 해석할 수 있게 해 주는 균형감과 통제감을 제공한다.

전형적 개입

"그래서 내가 잘 이해했는지 잠깐 살펴볼까요? '먹구름'이 당신을 덮쳤을 때 자신이 '가치가 없고' 타인에게 '항상 이방인'이라는 목소리가 들려올 것을 명확하게 이해하고 예측할 수 있다는 것을 알았어요. 하지만 지금 당신은 타인을 피하거나 포기하지 않고, 낙심하고 있는 자신을 위로하기 시작했고, 자신에게 '모든 사람이 때때로 이렇게 생각하고 있어'라고 말했고, 친구에게 연락도 했어요. 맞나요? 힘이 많이 생긴 것 같아요. 지금 눈을 감고 이것에 대해서 친구에게 말해 보겠어요?"

안정화기가 끝날 때 내담자는 다음과 같은 모습을 보인다.

- 정서균형을 찾아서 반발이 줄고, 무감각해지지 않고, 자신의 정서, 특히 두려움, 약점, 갈망을 인식하고 수용하며, 적극적으로 정서를 반영한다.
- 그들의 내적 경험과 대인관계 만남을 찾고 개방적이 되며, 치료사가 경험과 만남의 중심에 들어갈 수 있게 허용한다.
- (치료사를 포함한) 소중한 타인과의 중요한 만남에서 보이는 패턴에 초점을 맞추고 밝혀내고 드러난 정서 이야기 혹은 타인과의 상상의 만남 속으로 들어간다.
- 정서, 자기와 타인에 대한 반응을 내담자가 치료하기 원했던 증상과 연결되고 적절한 의미를 가진 이야기와 자기와 타인을 정의하는 방식으로 통합한다.

치료적 동맹을 강화하면서 발생하는 모든 변화는 결국 내담자가 새로운 희망, 효능감, 방향감각을 경험하게 해 준다.

"나는 조금 차분해졌어요. 계속 놀라지도 않아요. 시험당한다고 느끼지 않고 지금 여기서 좋은 기분을 느껴요. 어젯밤에 친구는 내가 덜 예민하다고 말해 줘서 좋았어요. 나 자신도 우울감을 적게 느껴요. 그리고 많은 사람이 나와 같이 한꺼번에 직업과 여자 친구를 잃게 되면 기분이 처지고 불안해질 수 있다는 것을 알게 되었어요. 제가 그렇게 이상한 사람이 아닌 거죠. 지난 상담 때 그녀가 나를 떠난다는 말을 하고…… 그녀의 역겨운 목소리를 들었다고 상상했을 때, 나는 아주 심한 불안 상태에 빠지는 기분을 느꼈어요. 그녀에게 '너는 나를 정말 몰라.'라고 말한 것이 좋았어요. 그 생각이 일주일 동안 떠나지 않았어요. 이것이 그동안 타인으로부터 내 자신에 대해서 들었던 말이었어요. 나는 패턴에 갇혔어요. 그럴 필요가 없었는데, 결국 교착상태에 빠져 있었어요."

2기: 재구조화

EFIT의 재구조화기의 핵심요소는 다음과 같다.

• 지금 심화된 핵심 주제와 자극에 대한 정서 탐색 그리고 내적 정서와 타인에 대한 표상과의 접촉은 강렬해지고, 실존적으로 변한다. 치료사는 이미 밝혀지고 조합되고, 실제 개입된 정서과정에 오래 머무르고, 많은 추측을 사용하고, (대리 목소리를 통해서) 내담자의 목소리로 말하면서 추측을 강화시킬 뿐 아니라 내담자가 자기와 타인 간의 상상의 만남에 대한 위험을 감수하라고 요청한다. 내담자는 지금 익숙하지 않은 영역에 들어가서 자신의 과거와 현재 삶에서 겪은 고통스러운 정서경험에 접근한다. 치료사는 전형적으로 반복과 이미지를 사용하고, 내담자가 경험을 붙잡게 해 주기 위해서 정서 핸들(emotional handle)이라고 이름 붙인 이미 나눈 정서적 핵심문구를 떠올려 준다. 조율된 EFIT 치료사는 경험을 조심스럽게 구조화함으로써 내담자가 압도되거나 내성의 영역밖으로 나가지 않으면서 도전을 하도록 해 준다. 정서는 취약한 느낌을 교류하고 조절하는 내담자의 능력에 따라서 차츰 깊어지고 억제된다. 이때 전형적으로 애착 갈망, 버림, 거절감이라는 깊은 감정이 고립에 대한 두려움과 허무감과 함께 올라온다.

애착관점에서 보면 모든 정서는 정상이다. "이러한 것은 우리의 뇌/신경계가 만드는 방식이며, 사람은 본래 그렇고 모든 사람이 겪습니다."라는 단순한 말로 전하는 치료사의 위안은 언제나 강력하다. **우리의 약점은 자산이 된다.** 이 회기에서 자기와 타인에 대한 핵심정의가 가능해지고 개선되고 슬픔, 상실, 수치, 두려움의 경험은 충분하게 교감이 된다.

전형적 개입

"우주 공간에 추락하는 감정에 머물러 볼까요. 추락하는 느낌, 통제할 수 없고 무력한 감정을 느낄 수 있나요? 당신 머리 속에 '너는 중요하지 않아. 너의 고통은 상관할 바 아니야.'라는 목소리가 들릴 때 그렇게 느꼈어요. 사랑하는 사람에게 당신의 감정을 이해받거나 수용받지 못했어요. 아주 끔찍했어요. (내담자는 고개를 끄덕이고 받아들였으며 표면적이지만 이전에 언급한 적이 있다.) 이는 '내 내면은 죽어 버렸어.'라고 말할 때였어요. (치료사는 내담자가 말하는 것처럼 가짜 목소리를 사용한다.) 지금 할 수 있는 유일한 것은 '무의 상태에 들어가서 포기해 버리는 것'이라고 말할 때였어요. (내담자가 울고 '외롭고, 외롭고 외로워요.'라고 말한다.) 맞아요. 그리고 몇 년간 표면적으로 뭔가를 성취했지만 내면은 외로웠어요. 지금 이런 부분에 대해서 언급하고 큰 소리로 말하니까 어떤가요?" (내담자는 눈물을 흘리면서도 웃으면서 "이상해요, 상처가 떠오르지만 뭔가를 깨달은 것 같아서 느낌이 좋기도 해요."라고 말한다.)

• 자기와 타인에 대한 새로운 요소에 조율하는 과정이 진행되면서 치료사는 확대된 정서를 자기, 치료사, 소중한 사람의 표상과 깊은 만남으로 이어 간다. 이러한 참만남은 내담자의 다른 감정을 일으키고, 생각과 반응의 새로운 패턴을 유발하는 새로운 영역으로 이끈다. 자기에 대한 새로운 차원의 발견과 타인과의 새로운 만남은 서로 영향을 주어서 내담자와 치료사에 의해서 처리방식이 발전시키고 적절하고 건설적인 전체로 통합시켜 간다. 상상의 타인과의 신선한 만남은 다른 자아감을 형성시키고 그 반대 역시 마찬가지이다. 애착 욕구와 두려움은 지금 감정적으로 만날 수 있게 드러나고 인정된다. 어기에서 재연된 대인관계 드라마는 내담자의 삶에서 거절했거나 회피했던 인물과 만나고, 그래서 부부가 인내하고 다른 방식으로 반응할 때까지 다른 수준의 교류를 여러 차례 반복할 필요가 있다. 아주 중요한 사건과 외상(trauma)는 재현이 되지만 절망적이지 않고 효과적으로 경험된다.

> **전형적 개입**
>
> (부드럽고 느린 목소리로) "지금 누구 목소리를 들었나요? 눈을 감으면, 켈시(내담자) 혹은 아빠, 아니면…… 누구인가요? (켈시는 '아니, 엄마예요.'라고 말한다.) 그래요, 다시 판사네요, 맞나요? 가끔 당신의 괴로운 부분이 나타났고, 때로는 능력 있는 변호사가 되어 당신을 증명해 주기 원했던 아버지 목소리가 들렸어요. 하지만 잘 들어보면 대부분 어머니 목소리였어요. 아마 시험에 떨어졌다고 말했을 때 들었던 목소리 맞지요? (그녀가 운다.) 지금 나와 함께 있는 것이 괜찮은가요? (치료사는 내담자의 무릎을 가볍게 만진다.) 지금 나와 함께 숨을 들이마시고 바닥을 지탱하고 있는 발을 느껴 보시고, 의자 뒤로 몸을 기대 보세요. (내담자를 '붙잡고' 정서를 담아 준다. 오랜 시간 침묵이 흐른다.) 눈물이 나네요, 맞나요? 눈을 감고, 어머니를 떠올리고…… 그녀에게 무슨 말을 하고 싶은가요? (내담자는 '모르겠어요.'라고 말하고 더욱 심하게 운다.) 그녀에게 '나는 상처가 되었어요, 시험에 떨어졌을 때, 웃으면서 분수를 모른다며, 마치 가족의 일원이 아닌 것처럼 나에게 허세 부린다고 했어요.' (내담자가 자신의 언어로 말하고는 운다.) 이것은 아주 어려워요, 말하기 어려워요. 하지만 용기를 내어 무엇이 진심인지 말했어요. 어머니는 어떤 반응을 보이나요? (내담자는 '어머니가 웃지만 인색해요. 마치 내 말을 듣지 못했고 내가 그곳에 없는 것처럼 차갑고 말이 없어요.'라고 말한다.) 어머니가 당신을 보지 않고, 당신은 상처를 받았네요. 아무 관심이 없는 것처럼 느껴졌네요? (내담자가 울면서 동의한다.) 지금까지 숨기고 노력을 했지만 이 상처로 외로웠어요. 상처는 당신에게 정말 중요한 일이었어요. 그랬어요. (내담자가 공감적으로 동의한다.) 어머니에게 말할 수 있겠어요? 지금. (내담자가 어깨를 뒤로 젖히고 분명하고 조리 있게 어머니에게 말한다.) 와우, 분명하게 말했어요. 힘차게 들렸어요. 지금 발을 땅에 단단히 딛고 서 있는 느낌이에요. 어머니에게 다시 한번 말해 보겠어요?"

- 강한 정서경험과 재연을 통한 애착대상과의 만남, 그리고 종종 자기의 경멸스러운 부분과의 만남은 흐름의 질(quality of flow)을 변화시킨다(Csikszentmihalyi, 1990) 흐름이란 개인이 자신이 하는 일에 완전히 집중하여 **몰입되는**(absorbed) 경험으로 정의된다. 이는 근본적으로 공연하는 사람이 음악이나 춤에 사로잡혀서 과정(process)이 무용수(dancer)를 장악하고 이끌어 가는 것처럼 엄청난 노력이나 도전이 있음에도 불구하고 긍정적이고 생동감 넘치는 경험으로 정의된다. 여기서 내담자는 충분히 교감하고 치료사와 함께 강력한 교정적 정서경험을 하게 된다. 이 경험을 통해서 내담자의 감정이 전체성과 균형을 갖고 있으며, 역설적으로 강력한 면이 있다는 식으로 취약성은 수용되고 인정된다. 치료사의 역할은 무관한 기억이나 이성적 토론 등으로 우회하려는 내담자를 다시 집중시

키고, 그가 효과적으로 새롭게 경험하고 통합할 수 있게 도와주면서 과정을 연출할 뿐 아니라 경험에 의해 발생한 새로운 자기와 타인에 대한 느낌을 요약해 준다. 내담자는 자신의 경험을 정의하고 애착대상과의 상상의 상호작용을 하면서 자신감을 갖게 된다.

전형적 개입

"지금 아픈 부분을 말하면서 무슨 일이 있었나요? 그것을 '감당할 수 있고 압도되지 않는다'고 말했어요. 맞나요? 그래요, 눈을 감고 아주 작아지고 절망에 빠진 데이비드가 어떻게 느끼는지 말할 수 있겠어요. …… 데이비드! 아주 진실되고 강하고 대단했어요. 당신은 이제 더 이상 두려워할 필요가 없다고 그에게 말했어요. …… 그의 두려움은 당연하지만 지금 자신이 강해진 것을 느끼고 그를 위로하는 방법을 알았어요. …… 그가 원하는 것을 알게 되었어요. …… 그에게 괜찮다는 것을 증명해 주고 말해 줄 수 있겠어요? …… 그렇게 말할 때 당신은 가슴을 펴고 앉았고 목소리에서 깊이가 느껴졌어요. 이는 데이비드의 '어른스러운' 부분이고 취약한 부분을 잠잠하게 만들었어요. 이렇게 할 수 있게 되면서, 이렇게 하면서 어떻게 느껴지나요?"

2기가 끝날 때 어떻게 될까? 앞에서 1기의 마지막에 불안과 우울에 대해서 다루었던 게리의 2기 종결 부분은 다음과 같다.

"모든 것이 다르게 느껴져요. 회기가 끝나고 집에 가서 잠들기 전에 내 자신뿐 아니라 모든 사람이 존경하는 형에게 다시 말을 하고 있었어요. 선생님과 상담을 할 때처럼 매우 슬펐어요. 그래서 나는 그의 특별한 친구가 되기 원했죠. 그것이 또한 아팠어요. '게리, 넌 지금 그것을 절대로 할 수 없어. 바보 같은 꼬마 녀석아, 너는 남자로서 매력이 없어. 그냥 조용히 꺼져. 뒤에 조용히 있어.'라는 말이 그에게서 들려왔어요. 하지만 나는 동요되지는 않았지만 그런 나의 꿈—갈망 때문에 가슴 깊은 곳에서 큰 슬픔을 느꼈어요. 형처럼 되고 싶었어요. 형과 함께…… 그래서 형에게 인성을 받고 싶었어요! 그리고 나는 형이 아니고, 전혀 매력이 없고, 빛나지 않고, 인기가 없다는 슬픔에 빠져들었어요. 하지만 그때 나는 선생님의 목소리를 들었고 나의 일부에서는 말하고 있었어요. '그래, 게리는 꼭 빛나고 매력 있는 소년이 될 필요는 없어. 나는 언제나 위대한 형처럼 살지 못한다고 두려움을 가질 필요가 없어. 나는 형에게 말할 수 있어, 나는 달라. 숨을 필요 없어. 나는 단지 다를 뿐

이야.' 그때 눈물이 났어요. (웃는다.) 엄마는 항상 내가 부드러운 아이라고 말했고, 난 그런 나를 부정적으로 생각했어요. 하지만 그렇지 않아요, 정말. 이번 상담에서 나의 부드러운 면을 좋아하는 것을 배웠고, 다음 주에 엄마를 만나서 엄마가 얼마나 나를 지지하려 했는지에 대해서 이해하게 되었다고 말할 거예요."

게리는 지금 단순히 불안과 슬픔이 줄어든 것을 넘어서 균형을 찾았고 자기주장을 했고 자신의 약점과 욕구를 이해하였다. 그는 강해졌다.

3기: 강화

EFIT의 3기인 강화기의 핵심요소는 다음과 같다.

- 치료사는 치료과정에서 발견한 내용을 내담자가 일상의 실제 문제와 관계에 대해 새로운 태도로 해석할 수 있게 도와준다. 개선된 작동모델을 통해서, 그리고 욕구와 선호도를 설명해 주는 나침반인 정서를 사용할 수 있는 새로운 능력을 통해서 새로운 해결책은 자연스럽게 나온다. 확신에 차서 의미 있는 결정을 할 수 있게 되고, 새로운 해결책이 만들어진다. 치료사의 주된 역할은 새로운 내담자의 확신과 주체의식(sense of agency)을 인정하는 것이다.

> **전형적 개입**
> "이전에는 당신이 상사에게 간단히 동의해 주고, 자신의 감정을 숨겼어요. 하지만 지금 뭔가 새로운 것이 일어났어요. 당신은 두려움을 이전과 다르게 조정할 수 있어요. …… 그에게 아니라고 말을 했어요! 거절했어요! 그런 다음 당신은…… 원하는 것을 제시했어요. 이것은 완전 다른 식의 접근이에요. 만일 당신이 이렇게 할 수 있다면 문제는 변하기 시작할 거예요, 맞나요?"

- 내담자와 함께 치료사는 내담자의 치료 여정에 대한 개요와 1회기에 가져왔던 임상적 문제에 대한 현재의 현실을 협력적으로 만든다. 이러한 개요는 내담자에게 직접적이고 적절한 환기적 이야기로 간단히 구성한다. 그것은 특히 내담자의 강점과 고통에 대한 새로운 개입방식을 묘사하고 강조하며, 내담자가 겪

었던 갈등을 실존적 현실과 보편적 딜레마로 정상화시켜 준다(Yalom, 1980). 정
서조절, 인지적 의미 틀, 회피 등의 행동반응 그리고 대인관계 개입의 수준과
형식의 변화가 모두 드러나고 생생해졌다. 치료사는 내담자가 미래의 비전을
갖게 하여 이러한 문제가 효과적으로 다뤄져서 재발 가능성이 줄어들고 새롭
게 성장할 수 있는 길이 보장되도록 돕는다. 치료사는 내담자가 과거의 경험하
고 관계했던 자기강화적 패턴을 끝낼 수 있는 노력을 축하해 주고, 치료사를 내
려놓을 수 있지만 마음에 있는 지지적인 애착대리자라고 정신적으로 묘사하는
내담자의 능력을 지지한다.

전형적 개입

"제임스, 여기까지 왔네요. 당신이 말했듯이 '불치의 겁쟁이'로부터 모든 두려움을 직면하고 자신
감 넘치게 변했어요. 지난 마지막 몇 주간, 당신은…… (네 가지 구체적인 변화와 타인과 개입하는
새로운 방식에 대한 목록을 제시한다.) 제임스라는 인물이 겪은 과거 이야기와 맞섰고 그것을 바
꿔 버렸어요. 그렇게 하는 것은 힘든 일이에요. 그래서 많은 사람이 전 생애에 걸쳐서 이와 투쟁
합니다. 그리고 당신은 당신의 여인에게 다가가서 지지해 달라는 요청을 하고 미래에 그녀와 함
께 있고 싶다고 말할 수 있어요. 과거의 제임스에게는 절대 불가능한 일이지요! 특별히 '겁쟁이'
가 드러났을 때 앞으로 제임스가 어떻게 되었으면 좋겠나요? 그가 무엇을 하는지 보이나요?"

게리에게 3기가 끝날 때 어떻게 보일까? 그가 내게 말했다.

"나는 나의 직업 신청서를 철회했어요. 그것이 나에게 맞지 않아요. 그것은 형처
럼 되려고 하는 것이에요. 나는 게리의 감정에 어울리는 직장을 찾기 원해요. 나는
그가 그렇게 하길 원해요. 그런 느낌은 아주 좋아요. 나는 물론 데이트를 하러 가서
덜 불안해하는 것을 알았어요. 너무 잘 보이려는 것에 압박받지 않았어요. 이 이야
기의 제목은 불안한 게리와 그의 연구라고 생각했는데, 그가 아주 어릴 때 잃어버
린 아버지에 대한 연구와 그가 형을 어떻게 왕위에 올려놓았는지에 대한 연구예요.
나는 이 이야기를 어머니와 나누었고, 어머니는 나를 꼭 안아 줬어요."

∞
EFIT의 탱고 움직임

단계와 개입은 모든 치료양식의 표준이 같고, 만일 (치료양식에 상관없이) EFT의 모든 회기에서 반복적으로 일어나는 중요한 변화과정을 생각하면, 이러한 과정 또한 유사하다는 것에 주목한다. 탱고의 움직임은 현재과정의 반영, 정서 조합 및 심화, 교감적 만남을 안무하기, 만남의 처리, 통합 및 강화이다. 여기서는 EFIT의 네 가지 탱고 움직임이 어떤지에 대해서 살펴볼 것이다.

탱고 움직임 1: 현재과정의 반영

범불안장애(GAD)로 세 번이나 입원했던 데이브는 차를 사거나 아내의 새로운 방석을 구입하는 것조차 결정할 수 없다고 말했다. 그는 아내가 떠나기 전에 해결되기 원한다고 말했다. 나는 곁에 앉아서 그가 결정하려고 생각할 때 일어나는 개인의 내적·외적 과정을 추적했다. 그는 예측하기 힘들고 폭력으로 위험한 아버지와 우울증에 빠진 어머니에 대한 성장배경을 말하면서, 자신이 받은 학대가 데이브라는 남자보다 '다니엘라'라는 여자애 같았기 때문이라는 말을 주로 들었다고 했다. 이에 대해서 말하면서 우리는 그의 아내 프랭키가 방석을 사서 집에 왔고, 영수증을 본 그가 폭발했던 당시를 추적하기 시작했다. 아내는 그가 결혼하면 안 되는 사람이라며 집을 나가라고 말했다. 나는 이때 주로 "이렇게 말하면서 어떤 기분이 드시나요?" 혹은 "지금 잠깐 멈춰서 영수증을 봤을 때 받은 느낌을 이해할 수 있게 도와주시겠어요?" 혹은 "이런 일이 자주 일어났네요. 당신은 마치 좋지 않은 일이 생길 거라고 생각했고, 그렇게 되면 분노가 치밀어 올라오네요, 맞나요?"와 같이 반영과 질문을 한다. 데이브는 차분하게 '자신이 모든 것을 망쳤고, 아버지는 옳고 자신은 겁쟁이와 실패자'라는 결론에 도달했고, 그러면 며칠간 위축되어 지하실에 숨어 지냈다고 말했다. 결정하는 것에 대한 과거의 긴 이야기 속으로 들어가던 데이브에게 갑자기 반전이 일어났고, 우리는 '위험한' 세계에 대한 경계심을 보이는 그의 내적 드라마와 통제하기 힘든 자극 이후에 나타나는 통제하고 싶은 절실한 욕구 그리고 무감각과 회피하게 만든 분노를 밝혔다. 그가 모든 것을 통제해야 한다고 걱정하면 할

수록 더 예민해지고 위험을 더 잘 인식하였다. 그가 더 많이 폭발하고 통제를 위해 경직되면 결정하기 위해 필요한 확신과 도움을 줄 타인에 대한 신뢰는 줄어들고 근심은 커졌다. 자기를 보호하려는 시도는 감옥이 된다.

우리는 몇 주간 차를 고르기 위해서 세세하게 점검한 이후에 전개되는 드라마를 추적했고, 그는 구매서류에 동의를 했으나 갑자기 경보가 울리며 차에 문제가 생긴 것을 알았고 영업소를 향해서 분노를 폭발했다. 우리는 단계적으로 아내와의 반복적이고 비슷한 패턴을 그에게 보여 주었다. 그는 그들의 접촉을 살펴보았고, 함께 TV 쇼를 보려 했던 아내가 조금 늦게 나타나면, 그는 팔짝 뛰면서 아내를 질책했다. 그녀는 위축되었고, 그는 해명을 요구하며 아내를 추적하고 비난했다. 그녀가 폭발하며 남편이 가능성이 없는 사람이고, 그와 결혼하지 말았어야 했다며 며칠간 다락방에 머물면서 그를 무시했다. 그는 결국 자신이 무가치하게 느껴졌고 아내에게 잘 보이려 했지만 이런 일은 다시 반복되었다. 그가 많은 시간을 갖자고 요구하면 할수록 그녀는 더욱 위축되었고, 그녀가 위축되면 될수록 그의 분노와 요구가 늘었고 스스로 부적절한 배우자라고 느꼈다. 우리는 이러한 '위험과 파멸의 춤'이 관계를 지배해 버렸고, 그 결과 그는 아내가 언제든지 떠날 것이라고 걱정해서 지속적으로 유대감을 점검해야만 했다. 나는 데이브와의 동맹은 좋았고, 너무 지치고 슬퍼 보인다고 말해 주었다. 그는 단지 자신의 마음, 그의 세계와 관계에서 통제감과 안전감을 느끼려고 노력했고, 이는 지속적으로 위험한 환경에서 성장하면 자연스럽게 발생한다. 그는 동의했다. 우리는 매 회기에 치료 중 이러한 분명한 표현으로 되돌아왔고, 데이브는 자신이 자기강화적 파멸의 춤에 갇혔다는 사실을 많이 수용했다.

EFT 탱고 움직임 2: 정서 조합 및 심화

데이브가 여전히 결정력 부족, 미래에 대한 끝없는 염려, 위험감수와 선택 능력 부족으로 돌아오면서 나는 단순하게 그의 정서에 머물렀다. 그는 자신이 느끼는 감정이 분노라고 했다. 나는 그를 가라앉히면서 '분노' 직전의 순간에 머물러 달라고 요청했다. 차를 구입하려고 서명하기 위해 손을 내밀면서 무슨 일이 일어났는가? 나는 정서의 다섯 가지 요소에 대해서 질문했다. 다음과 같은 질문에 대한 답을 들었다.

수: 지금 이 순간 신체적으로 무엇을 느꼈나요?

데이브: 심장이 요동쳤고 숨이 멎었어요.

수: 정서와 함께 어떤 의미/생각이 들었고, 자신에게는 어떤 말을 하고 있었나요?

데이브: 나는 "너는 지금 실패했어. 이게 옳다고 생각해? 이것은 실수야. 너는 확실치 않아. 너는 망쳐 버릴 거고 그것은 끔찍할 거야."라는 목소리를 들었어요. 그리고 결정을 할 수 없었어요. 나는 나아질 수 없어요.

수: 무슨 행동을 하게 되고 신체는 무엇을 원하고 있었나요?

데이브: 나는 대체할 수 있는 것이 무엇인지 계속해서 생각했어요. 하지만 그런 것은 효과가 없었어요. 나는 도망치고 싶었어요. 하지만 나는 겁쟁이고 한심해요. 나는 범불안장애를 앓고 있는 사람이에요.

수: 지금 자신에게 발생할 최악의 상황은 무엇인가요? (이는 감춰진 지각에 주목하고 의미의 틀을 추가해 준다.)

데이브: 나는 돈을 잃고 실패하고 다시 실패할 거예요. 나는 절망에 빠질 거예요.

나는 이 대화를 요약해 주었고, 그가 통제력을 갖고 강해 보이고 싶거나 모든 것이 불가능하다는 것을 보여 주기 위해 분노해서 좌절과 긴장을 한다고 말해 주었다. 데이브는 "단지 나는 화를 적게 내는 방법을 전부, 아니 대부분은 알아요. 잠시 강해진 것처럼 느껴졌어요."라고 말했다. "나는 망쳐 버릴 거고 실수했고 도망치고 싶었어요."라는 그의 말에 집중했다. 내가 이러한 요소들을 반복하고 한꺼번에 다시 보여 주자 그는 아주 차분해졌다. 그런 다음 "저는 두려웠던 것 같아요. 다시는 만회할 수 없을 것 같아서 두려웠어요, 그렇지 않나요?"라고 말했다. 내가 지금 이렇게 말할 때 어떤 기분이 드는지 묻자 "마비되는 느낌. 그래서 나는 얼어 버리고 그 상황을 떠나 버렸어요."라고 말했다. 우리는 이러한 음악이 아내와의 관계에서 그리고 결정할 때 어떻게 작동되는지 살펴보았다. 우리는 함께 데이브가 공황에 빠지기 직전에 무엇을 경험하는지를 밝혔다. 그는 통제를 위한 분노와 도망 혹은 얼어 버리는 반응 사이를 오갔다. 그는 자신을 결코 믿지 못했고, 수치스럽게 여겼으며, 실수에 대한 공포를 '나약함'이라 비판했다. 그는 나에게 "이것은 이상해요. 이와 같이 모두를 함께 두는 것이 낯설어요. 그것은 마치 낯선 것이 갑자기 현실이 되고, 이해가 되면서…… 친숙해졌어요."라고 말했다.

EFT 탱고 움직임 3: 교감적 만남을 안무하기

나는 앞서와 같이 말하는 느낌이 어떤지 데이브에게 물었다. 그는 눈길을 돌렸다. 그는 자신이 괴물처럼 느껴지는지 물었다. 나는 그를 믿고 있고 그가 실수할 수 있으며 사랑한다는 말을 해 주는 사람이 없는 환경에서 그가 성장했고, 나는 이 모든 것을 직면하여 나에게 말해 준 그가 얼마나 용감한 것인지를 인정해 주었다. 그는 울었다. 나는 그의 애착상처와 어린 시절에 가슴 아프게 겪은 거절에 대한 영향이 정상이라고 말했다. 나는 그가 결정을 못하고, 실패자 혹은 겁쟁이라고 판단한 사람이 누구인지를 물어보았다. 먼저 그는 아버지가 자신에게 모욕을 주었다고 말했지만 아내에 대해 언급하는 순간에 그의 얼굴 표정과 목소리가 변했다. 우리는 그것에 머무르며 프랭키가 오지 않았을 때, 그가 그녀를 질책하자 그녀가 나가라고 말하면서 TV만 보고 있었을 때 그에게 어떤 일이 일어났는지 살펴보았다. 우리는 그가 느낀 무력감과 '통제 불능, 두려움'을 탐색했다. 아내는 그가 신뢰했던 유일한 사람이었다. 우리는 지금 교류의 만남을 만들어 주는 단계로 들어가기 시작했다. 이는 내담자의 핵심정서를 몰입 상태가 되는 구체적인 '느낌'으로 강화시켜 주고, 경험한 것을 소중한 사람에게 받은 간단하고 설득력 있는 메시지로 만들고, 이러한 만남을 내담자에게 지시하고 필요하면 다시 집중시키고 방향을 지시한다. 이러한 과제는 내담자의 정서를 조절하여 깊이 교류할 수 있도록 이끈다.

나는 데이브와 상담하면서 그가 사용한 이미지를 반복하고, 핵심의미를 정제하고, 그를 '붙잡고', 낮고 느린 목소리와 조율적으로 경험을 추적하여 안전감을 제공해 줌으로써 그의 정서개입을 강조했다. 그런 다음 나는 그에게 눈을 감고 자신의 두려움과 절망감을 프랭키와 나누도록 요청했다. 내가 구체적이고 단순하며 적절한 언어로 메시지를 구성할 수 있게 도와주었고, 그는 아내에게 "나는 내 자신에 대한 확신이 없어. 당신이 나를 사랑한다는 확신, 나의 분노와 불안이 적절하다는 확신이 전혀 없어. 그래서 나는 당신에게 반응하라고 밀어붙였어. 나는 당신이 내게 확신을 주기를 원했어. 하지만 당신이 나를 멀리했을 때 나는 통제력을 잃어버렸고, 두렵고, 공포스러웠어."라고 말했다. 데이브가 울었다. 그는 이러한 만남에 깊이 빠져들었다. 나는 애착용어로 그의 두려움을 인정하고 정상화시켰다. 나는 그의 이러한 개방에 대해서 프랭키가 어떤 반응을 보일 것 같은지 물어보았고, 그는 웃으면서 위안이 되었고 '겁쟁이일지라도 결국 자신을 사랑하는' 그녀를 보았다고 말했다. 눈물을 흘리면서 그는 웃고 있었다. (이후의 회기에서 폭력적이고 모욕적이었던 아버지와 자신을 보호해 주지 않았던 어머니와 항상 그에게 멍청하고 실패자이며 버려질 것을 증명시켜 주는 그의 세심하지만 공황에 빠지는 자기와의 만남을 시행했다.)

EFT 탱고 움직임 4: 만남의 처리

나는 프랭키와의 만남을 반영해 주면서 상상의 만남으로 받은 위안에 대한 데이브의 반응을 탐색했다. 그는 개방하고 위험을 감수할 정도로 기분 좋고, 자신이 화내거나 밀어붙이지 않고 부드러워질 때 그녀가 '순해지는' 것을 알게 되었다고 말했다. 자신의 부드러운 면을 직접 말할 때의 느낌과 여전히 치료사가 그를 '괴물'로 볼 것이라는 염려가 있는지 물었다. 그가 웃으면서 "약간은요, 하지만 선생님과 함께 있는 것이 좋아요. 안전해요. 이해받는다고 느껴지고 좋아요."라고 말했다. 나는 데이브의 약점에 반응해 주고 싶어 했던 아내의 생각을 반복해서 언급했고, 어릴 때 위안받은 경험이 전혀 없었기 때문에 위험이 닥쳤을 때 그의 뇌가 반응하지 않는 것이 자연스러울 수 있음을 인정해 주었다. 나는 그가 위안을 받을 수 있다는 확신을 주고 싶었고, 나의 도움을 받으면서 눈을 감고 다시 한번 그녀의 위안의 말을 들었고, 그녀의 얼굴에서 보게 된 것과 신체 느낌을 나에게 말해 주었다. 나는 그가 불안이 엄습할 때 이러한 경험에 접근할 수 있기를 원했다.

EFT 탱고 움직임 5: 통합 및 인정

나는 이 움직임을 '매듭짓기'라고 부르는데 여기서 종결을 하게 된다. 우리는 드러난 정서에 초점을 맞추면서 지금 발생한 과정, 위험을 감수하여 새로운 영역을 탐색하면서 데이브가 어떻게 다른 방식으로 정서를 처리했고 어떻게 구성한 의미를 정확하게 알게 되었는지를 요약해 주었다. 나는 어린 시절부터 오랫동안 그가 자신을 신뢰하기 어렵고, 닥쳐올 불행을 대비하고 감시할 것을 배웠기 때문에 실수할 위험을 감수하기 어렵다는 것을 인정해 주었다. 또한 나는 무가치감에 대한 두려움과 분노 밑의 상처를 볼 수 있는 그의 장점을 인정해 주었다. 데이브는 "맞아요, 내가 무기를 들고 날뛰기 전에 그것을 알 수 있다면 아마 나는 밀어붙이지 않고 아내를 멀리 쫓아 버리지 않고, 부드럽게 아내에게 도움을 요청할 수 있을 것 같아요."라고 말했다. 나는 "데이브, 당신은 현명한 사람이에요. 정서적인 새로운 음악이 우리를 새로운 행동으로 이끌었어요. 새로운 춤을 추게 만들었어요."

　최상의 EFT 결과는 정서장애 증상의 완화나 부족하게 기능하는 사람에게 충격을 주는 것이 아니라 치료의 교정적 경험을 통하여 안정적이고 일관되고 회복력을 가진 자아감과 반응적 애착대상인 타인에 대한 안정감을 형성하는 것이다. 목표는 이러한 안정과 연관된 수많은 고민을 이길 힘과 융통성을 지닌 회복의 문을 열어 주는 것이다. 애착과학은 요람에서 무덤까지 성장할 수 있는 청사진을 제공해 준다. 그것은 또한 자기와 타인의 건강한 유대감을 형성시키는 정서적 안전(emotional safety)으로 안내한다. 마음과 실제 만남에서 유지되는 개인의 정서적 삶과 타인과의 안전하고 건강한 유대감은 평생 동안 지속적으로 성장과 확장을 가능케 하는 바탕이 되고, 그래서 내담자는 완전하고 건강하게 살 수 있다.

연습

개인적으로

이 연습은 네 가지 부분으로 나뉜다.

　첫째, 가장 가까운 사람 그리고/혹은 당신이 가장 긍정적인 유대감을 경험했던 사람, 즉 특별한 사람이 있는가? 과거 혹은 현재 관계의 사람일 수 있다. 신앙으로 믿는 영적 대상일 수도 있다. 지금 일상에서 친한 사람을 선택한다.

　둘째, 생생하고 속상했던 기억을 떠올려 보고, 그 기억을 자극하는 것이 무엇인지 정확하게 집어낼 수 있는가? 예를 들면, 나는 어린 시절 길을 잃었을 때의 낯선 도시의 장면이 떠오르고, 응급수술을 받기 위해 멀어지는 아이를 바라본 텅 빈 병원에 서 있었던 기억이 떠오른다. 첫 번째는 갑자기 가슴이 조여 오면서 내가 어디 있는지 모르고 집에 가는 길을 잃었다는 생각이 그 기억을 자극했다. 두 번째 기억을 자극한 것은 그 당시의 병원 건물의 이미지였다.

　셋째, 조용히 앉아서 눈을 감고 속상했던 기억을 떠올릴 수 있는가? 지금 당신에게 위안이 되는 사람을 생각해 보라. 이 생각이 당신에게 얼마나 위안이 될지 1~10 중에 점수를 매겨 보라. 지금 다시 기억을 떠올려 보고 소중한 사람이 위안해 준다 고 상상해 본다. 이때 위안이 되는 정도를 1~10중의 점수로 기록한다.

넷째, 위안을 주는 소중한 사람에 대한 기억을 유지하면서 이야기를 전개해 보 라. 소중한 사람이 어떤 말과 행동을 했는가? 당신의 신체는 어떻게 반응했고 생각 은 어떻게 진행되었나? 무엇을 하고 어떻게 반응할지에 대한 감각이 변화되었나?

소중한 사람에게 들은 핵심 메시지는 무엇인가? 지금 당신에게 일어난 불안한 상 황에서 이러한 메시지를 이용하여 위안을 받을 수 있는지 상상할 수 있는가?

많은 방식에서 이러한 연습은 EFIT 과정과 동일하고 Selchuk과 동료들(2012)의 애착연구와 유사하다.

전문가로서

우울한 내담자 마틴이 다음과 같이 당신에게 말한다.

> "당신은 아마도 이전에도 이런 일이 벌어졌다고 말할 거예요. 맞아요. 하지만 토요 일 저녁 파티에서 만난 여자에 의해서 다시 나빠졌어요. 그래서 나는 다시 기가 죽었고 다음 날 여자에게 실패한 이유를 곱씹으면서 하루를 보냈어요. 나는 절망에 빠졌어요. 나는 여성이 원하는 사람이 아닌 거예요. 절대 나는 성공할 수 없어요. 가끔 친절한 여 성이 있을 수 있어요, 내 생각에, 하지만…… 그중 한 명에게 야한 말 한두 마디로 추파 를 던지기도 했어요. 그것이 재앙으로 다가왔어요. 그녀는 주제를 바꿔 버렸어요. 나 는 병이 든 바보같이 느껴졌어요. 그래서 불쑥 일어나서 파티에서 빠져나와 버렸어요. 요점은 바로! 결국 나는 그렇게 생겨먹은 걸요. 더 이상 참을 수 없어요. 결국 나는 폭 발해 버리겠지요."(웃지만 곧 눈을 감는다.)

마틴이 이야기를 이해할 수 있게(즉, 어떻게 파티에서 불안을 다루고 파티에서 빠 져나온 이후 어떻게 그의 심각한 두려움을 확인하고 유지하는지) 도와주기 위해 아주 단순한 용어로 반영하고(탱고 움직임 1) 고통의 감정과 결론을 인정해 줄 수 있을까?

마틴의 주치의가 내린 진단은 우울증이었지만 우리는 또한 쇠약으로 인한 불안 의 핵심요소, 위협에 대한 강한 정서와 경계심, 문제를 악화시키는 대처기제와 귀인, 내적 감정과 대인관계적 상황과 연관된 대처전략을 볼 수 있다.

　다음으로 자극요소, 초기 지각, 신체반응, 의미형성, 행동화 경향 등을 사용하여 체계적으로 그의 정서를 조합할(탱고 움직임 2) 수 있게 도와줄 수 있는 방법이 무엇일까?

　당신이 하고 싶은 말을 기록하라. (여기서 틀린 답은 없다!)

_____ 마음에 새기기 _____

- 애착은 임상가에게 최근의 우울과 불안에 대한 연구와 부합되는 정서장애를 이해할 수 있는 명확한 방법을 제공한다(Barlow의 UP 모델 설명 참조).
- 애착지향적·경험적 치료사는 내담자가 정서 현실과 애착대상과의 상호작용을 조직하는 방식을 통하여 개인의 현실을 찾는다. 회기 중에 전개되는 현재과정에 초점을 맞춘다. 세심한 조율에 기초한 공감적 반응은 이 과정의 핵심이다.
- 치료사는 대리적 애착대상으로서 회기 중 안식처와 안전기지를 제공하고 내담자의 장점을 끌어내고, 내적 과정과 상호작용의 교착된 패턴이 갖는 타당성을 발견한 다음 점진적으로 내담자가 정서를 구성하고, 자기와 타인에 대한 모델을 구조화하고, 소중한 타인과 상호작용을 새롭게 할 수 있도록 이끈다.
- EFIT은 안정화기, 애착 재구조화기, 강화기로 전개된다.
- 일반적인 EFT 탱고의 과정은 개인치료에 쉽게 적용된다. 정서 조합 및 심화와 같은 대부분의 과정은 다른 치료양식과 같다. 하지만 삶 속에 있는 애착대상을 회기 중에 초대하지 않고, 재연을 통해서 상호작용 패턴을 변경시키는 탱고 움직임 3은 회기 중 살아 있는 애착대상의 표상 혹은 치료사와의 만남으로 진행한다.

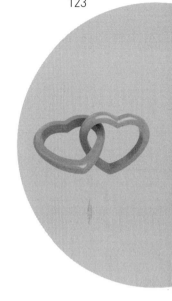

정서중심 개인치료의 실제

이 사례는 개인치료를 위해서 치료사로부터 의뢰된 것이다. 여성 내담자는 이전 치료사와 함께 부부치료를 시작했고, 극도로 예민한 반응을 보여서 교착상태에 빠졌고, 치료사나 남편과 나눔과 교류를 할 수 없었다. 부부치료는 매우 어려웠지만 치료사는 그녀의 행복에 관심을 가지고 있었다. 내담자는 나와의 상담과 녹화 및 기록에 동의했으며 다음에 그 내용을 발췌해 제시한다.

펀: 배경 이야기

펀은 밝았지만 경직된 웃음을 지으며 상담소에 방문해서 13년 전에 급하게 결혼해서 6년간 별거하던 중에 남편 댄과 부부치료를 시작했다고 말했다. 그녀는 부부치료가 그녀에게 효과가 없을 것을 알았다고 하면서 다음과 같이 말했다. "나는 무언가를 얘기하는 것이 너무 힘들어요. 내가 누군가에게 말하지 않고서는 극복할 수 없는 문제들이 있어요." 펀은 46세로 은행에서 감독관으로 일하고 있고 장성한 아들과 강아지와 살고 있으며, 보편적으로 주말이 되어야 남편을 본다고 말했다. 벡우울척도(Beck Depression Scale)에서 22점, 벡 불안척도(Beck Anxiety Scale)에서는 35점으로 중등도(중등도 우울은 22~28점, 불안은 22~35점) 수준이었다. 하지만 펀은 첫 회기부터 매우 심한 불안을 보였다.

소개가 끝나고 대화를 시작하자 펀은 표면적으로 세세하게 말하다가 아주 심하게 울었지만 동시에 자신이 재방문을 원하는지 혹은 자신의 마음에 있는 '아픈 문제'를 나누기 원하는지 확신이 없다고 나에게 말했다. 그녀는 남편에게 항상 거리감을 느끼고, 그와 살면서 자주 "당신이 나를 원하고 사랑하는지를 보여줘."라고 애원했고, 댄이 "나는 당신과 지금 말하고 싶지 않아."라고 대답했다고 말했다. 그녀는 첫 번째 결혼에서 많은 시간 함께 살았던 10대 세 아들에게 느낀 거부감에 대해서 말했다. 그들은 스페인어로 아버지에게 말했고, 아버지는 스페인어로 대답했으며, 이는 펀에게 '나는 함께라는 느낌이 없다'는 기분을 느끼게 만들었다. 7년간 갈등이 증가하였고, 그녀는 조용히 자신이 자동차 중개인에게 '속고 속인 적'이 있다고 말했다. 그녀는 그 남자가 그의 아내와 이별했다고 믿었고, 그와 6개월간 외도하면서 댄을 떠났다. 그의 아내가 외도를 알게 되자 그는 즉각적으로 펀과 완전히 단절해 버렸고 어떤 말도 거절했다. 그녀는 울면서 말했다. "극복할 수 없을 거예요." "수치스러워서 아무에게도 말할 수 없어요. 내가 어리석었어요." 그녀는 나에게 자기 가족과 댄의 외도를 공개적이고 매섭게 비판하고 비난했고, 결국 자신은 그들과 접촉을 할 수 없게 되었다고 말했다. 그녀는 "나는 통제받는다고 느꼈어요."라고 말했다. "나는 직장에서 인정받고 잘나가고 있었지만…… 잠을 이루지 못했어요. 운전 중에 자동차 대리점을 지나갈 때 그곳을 볼 수가 없었어요. 이 생각을 하게 되면 숨을 쉴 수가 없었고 강박증을 겪었어요. 언제나 그것만 생각하고 있었어요. 일상이 무너지고 내 가치관과는 다른 생활을 하고 있었어요. 하지만 지금은 그것이 끝났어요. 이젠 극복할 수 있을 것 같아요! 더 이상 그런 일은 없을 거예요."

나는 가족과의 애착력을 알아보기 위해서 누구에게 위안을 받았고 안전한 느낌을 받았으며, 자랄 때 기댈 수 있었던 사람이 누구였는지 물었다. 가족이 친밀하고 안정되게 느껴질 때가 언제였는지도 알아보았다. 그녀는 대답을 하지 못하고 나를 멍하게 쳐다보았다. 그런 다음 그녀는 아주 급히 음악에 관심이 많았던 가족 중에 그녀가 재능이 가장 뛰어났지만 "여동생의 음악 공연을 좋아했던 아버지를 나는 절대 만족시킬 수 없었어요. 그는 나를 경쟁이 심한 대회에 참석시켰죠. 나는 점점 향상해야만 했어요. 하지만 내가 우승해도 칭찬은 받지 못했어요!"라고 말했다. 펀은 말하고 싶지 않다고 항변하면서도 곧장 정서적 혼란에 직접 다가갔다. 그녀는 나와 쉽게 연결되고 조율되었다. 나는 나와 말하는 것에 대한 그녀의 불안뿐 아니라 누군가와 고통을 나누고 싶어하는 압박감을 동시에 느낄 수 있었고, 그녀의 비언어적 표현은 쉽게 읽혔다. 그녀 또한 나의 동정과 위안의 말에 즉각적으로 반응하였다. 첫 번째 회기 초반부터 나는 그녀가 원가족에게 받지 못했던 안전과 소속감에 대한 굶주림과 갈증이 있다고 생각했다. 정서용어로 그녀에게 직접 물었을 때, 그녀는 처음부터 기계적이고 쌀쌀맞은 태도로 내게 정서 목록을 말했다. 그녀는 자신에 대한 분노, '죄'와 극복할 수 없다는 무능에 대한 수치심, 외도와 파탄에 대한 슬픔 등의 복합적인 목록을 나열했다. 나는 그녀의 상실감과 무력감, 부적절감, 자기비난에 끌렸는데, 이 모든 것이 필연적으로 그녀의 불안과 우울을 유발하고 유지시키고 있었다. 하지만 나는 무엇보다도 그녀의 불안에 관심이 갔다. 나는 그녀가 감정을 무시할 수 있는 에너지가 고갈된 것을 알았다. 나는 편이 끌고 가는 대로 좇아갔고 회기 중에 보여 주는 수준에 머물렀다.

지금 편과 내가 전형적 EFIT 경로를 밟았던 7회기 상담과정의 요약에 초점(피상적인 내용을 생략하면서)을 맞추어 살펴보려 한다. 초기 안정화기(EFIT의 단계는 4장 참조)에서 나는 그녀의 현실의 핵심요소들을 반영하면서 안식처를 만들었고 애착관점에서 그녀의 고통을 인정하고 정상화시켜 주었다. 나는 접근하고 반응하고 교감을 시도했다.

1회기

1회기의 주요 관심은 동맹을 형성하고, 편의 고통과 그것과 관계하는 방식에 공감적으로 반영하는 것이다. 사실 이 회기에서 강조되는 것은 현재과정을 반영하고 정서 조합 및 심화라는 EFT 탱고 움직임 1, 2이다.

수: 그래요, 내가 잘 이해하고 있는지 도와주시겠어요? 당신은 지금 자신에게 '이것에 신경을 끊을 수 있다'고 말했어요. 당신은 상처받는 자신을 비난하고 있어요. 당신은 끊임없이 스스로에게 상처받고 좌절하고 있네요? (편이 고개를 끄덕인다.) 당신은 지난 몇 년간 스스로에게 죄책감, 고통, 실망을 느꼈지만 그것을 숨기고 다른 사람에게 '부담'을 주면 안 된다

고 다짐하며 살았어요. 타인의 위안을 받지 않았고 이 모든 것을 혼자 감당하면서 외로웠어요, 맞나요? [정서적 및 대인관계적인 현재과정을 반영하고 애착관점으로 둔다.]

편: 맞아요, 잘 이해하고 있네요. 나는 친구와 나눈 적이 있어요, 하지만…… 나는 사람들이 이 사실을 알기 원치 않아요.

수: 사실에 대해서요! [애착은 내게 그녀가 묘사한 혼란스러운 사실, 욕구, 두려움보다 훨씬 명확한 지도를 제공해 주고, 그래서 그녀와 조율할 수 있다.] 음, 내 생각에 당신은 남편과 함께 지낼 때 관심과 인정에 굶주렸고 특별한 사람에게 이해와 사랑을 받고 싶었다는 것이 사실이라고 들리네요. 당신이 이것을 아버지, 남편 혹은 어떤 가족에게서도 느끼지 못했고, 갑자기 누군가가 나타나서 그런 감정을 주었고 그것의 유혹은 매우 강렬했어요. 그것은 마치 어둠 속에 비춰진 한줄기 빛 같았어요. 거부할 수 없었어요. 그래서 당신은 손을 내밀었네요. 하지만 그것은 거짓이었고 겨우 갖게 된 희미한 유대감조차 날아가 버렸어요. 그래서 자신을 비난했네요. 몇 년간 자신을 벌주었고, 여러 해 동안 굶주림에 시달렸어요, 맞나요?

편: (눈물을 흘리며) 맞아요, 맞아요. 그 남자는 나를 채워 주었어요! 그는 내가 아름답다고 말했어요! 그런데 모든 것이 속임수였어요. [그녀는 속임에 대한 자세한 내용과 그것을 통해서 이해한 것, 남편이 어떻게 그 사실을 알고 가족이 얼마나 많은 비판을 했는지에 대해서 말한다. 나는 경청하고 요약하고, 그 남자에게 접근하고 싶었던 욕구로 돌아온다.]

수: 당신은 이것이 간절했어요. 특별한 감정을 느끼고, 붙잡고, 이해받고 싶은 마음이 간절했어요. 그런데 속임수였어요. 거짓이었군요. 그것이 정말 상처였어요!

편: (빠른 속도로 말하면서 불안해하며) 그는 나를 멀리하며 대화를 거절했어요. 어떠한 설명도 없었어요! 나는 왜 이런 일을 겪어야 하나요? 이 일로 너무나 곤란했어요.

수: 음 (편이 흥분했기 때문에 부드럽고 느린 속도로) 당신은 여기 와서 열린 마음으로 나와 나눌 정도로 강하고 위험을 감수했고 나에게 비판을 받을까 지금 곤란할 것 같아요. (편이 고개를 끄덕인다.) 당신은 지금 지속적으로 상처를 주는 고리에 갇혀 있어요. 당신은 간절히 원했던 유대감에 다가갔고, 스스로 외롭다고 느꼈고, 이후 이런 일을 당한 자신을 비난했어요. 그런 다음에는 다시 회복할 수 없었어요. 자신을 비판했고, 다른 사람으로부터 비판받는다고 느꼈어요! 그래서 힘들어요, 그것 때문에 흥분되었고 더욱 외로웠고, 태연한 척하려고 애썼어요. 이런 고통과 자기의심으로 인한 외로움은 상처가 되었어요. (편은 운다.) [우리는 유동적으로 현재과정의 반영인 탱고 움직임 1과 정서 조합 및 심화의 움직임 2 사

이를 오가고, 안정화기에서 흔히 하는 내재된 정서에 다가가려 한다.]

편: (부드럽게) 나는 사람에게 말하지 않아요. 댄에게 말할 수 없어요. 가족과도 멀리 떨어져 있어요.

수: 이러한 것을 말하면서 어떤가요? 내가 비난할까 걱정이 되나요? 내 얼굴을 보면서 어떤 느낌이 드시나요? (탱고 움직임 3: 교감적 만남을 안무하기)

편: (망설이며) 이해받는 느낌이에요! 당신은 안전하게 느껴져요. 하지만 나는 받아들이기 아직 힘들어요. 나는 늘 그럴 수 없었어요…….

수: 맞아요, 늘 그랬어요. 비난과 비판을 받았고, 스스로를 비난했어요. 지금 이 모든 것을 말하는 것과 이해받는 느낌이 낯설고 위험할 수 있어요. 받아들이기 힘들 수 있죠. (탱고 움직임 4: 만남의 처리)

편: (다시 운다.) 지금 이때까지 누군가에게 말한 것보다 당신에게 더 많은 말을 했어요! 내가 왜 이리도 멍청하지요!! 가끔 차 안에서 비명도 질렀어요. 그럴 때 기억이 살아나고 차를 보면 다시 생각이 나요. …… 마음을 가라앉히려 해도…… 사실 쉽지 않았어요.

수: (나는 다시 요약한다. 탱고 움직임 5: 통합 및 인정) 이것은 지속적으로 자극되어요. 그렇지 않나요! 이것은 오래전에 벌어진 일만은 아니에요. 지금도 발생하고 있고, 그러면 이런 자극은 자신을 비난하게 되고, 그것이 다시 다른 상처가 되었어요. 나는 방금 당신을 만났고 이야기를 들었어요, 하지만 우리는 사랑과 인정에 굶주리고 누군가에게 소중하다는 것을 알고 싶은 욕구가 있고, 우리가 수용받고, 수용받을 가치가 있다고 느끼면 그것이 주어졌을 때 그곳으로 향하게 되고, 마치 식물이 태양을 향하듯이 모든 사람은 그것에 저항하기 힘들어요. 이것은 자연스러운 거예요. 당신의 삶에 갑자기 간절했던 것이 주어졌고, 그래서 그것에 다가간 것으로 보여요. 당신이 갖고 있던 규칙을 깨버릴 정도로 그 남자를 믿고 싶었어요. 그런 다음 스스로를 비난했어요. 그것은 가족에게 배웠어야 해요. 그래서 당신은 이런 고통과 수치심을 6년간 스스로 유지하고 있었어요. 와우! 그것은 정말 힘들었어요. 너무 힘들었지요. 우리는 자신의 상처를 스스로 처리할 수 없고, 참을 수 없어요. 당신은 상처를 받았고, 그게 아주 쓰라렸고, 그런 다음 포기되고 버려지고 속았어요. 그리고 당신은 자신이 그것을 당해도 싸다고 생각하고 숨어 버렸어요. 그리고 계속 반복되고 있어요. 상처를 받았고 좋은 아내가 그리고 좋은 인간이 되지 못하는 자신을 용서할 수 없었어요. 어찌 되었건 일상을 살지 못하는 자신도 용서할 수 없었어요. 그래서 당신은 스스로를 괴롭혔고 상처는 깊어졌어요. 지금 내 말이 맞나요?

편: 맞아요. 나는 지금 실패했어요. 나는 간통했고 남편을 배신했어요. 그것이 여동생이 했던 말이에요. (오랜 침묵) 하지만 나는 이제 더 이상 이런 기분을 느끼고 싶지 않아요. 내가 좋아질 수 있을까요? 그것은 말도 안 되는 일이에요.

수: 좋아요, 우리 함께 살펴보고 변화시킬 수 있어요. 그래서 당신은 수퍼우먼, 성자 같고 판사 같은 완전한 사람이 되어야 한다고 느끼지 않아도 돼요. 약간은 자신을 이해하고 용서할 수 있을 거예요. 당신 이야기는 말도 안 된다기보다는 나에게는 슬픔을 느끼게 해요. …… 아주 슬퍼요. 우리는 공감과 수용을 받지 못한 경험을 스스로 처리하기 힘들어요. 제가 이렇게 하는 말은 괜찮은가요? 편에게 적절한 말인가요?

편: 선생님은 나를 잘 이해했다고 느껴요. 우리가 회복할 수 있다고 느껴져요. (웃는다. 그녀는 처음 회기가 진행될 때보다 눈에 띄게 차분해진다.)

만일 우리가 지금 EFT 탱고의 메타과정과 경험주의 미세개입 관점으로 본다면 이후 집중되고 조율적인 정서과정과 상호작용 패턴의 반영, 인정과 환기적 질문, 단순하고 이미지와 반복을 통한 깊은 교감, 내담자가 느낀 경험에 머무르는 추측, (치료사와 함께 하는) 새로운 재연/상호작용의 형성, 상호작용의 재구성을 이해할 수 있다.

⊚

2 · 3회기

다음 두 회기 동안 우리는 '간통, 가족과 남편에게 준 상처, 그리고 자신에 대한 배신'과 같은 '범죄'를 다루었다. 우리는 특히 현재과정을 반영하고(탱고 움직임 1), 그녀의 마음속 대화 및 슬픔과 수치의 정서 춤을 설명하고, 마음과 실제 타인과의 대화가 어떻게 해석되는지에 초점을 맞추었다. 그녀 자신에 대한 기대치가 얼마나 높은지와 자기 자신에게 엄했던 것처럼 다른 사람에게 엄했다는 사실을 생각하지 못했던 이유를 밝혔다. 우리는 아버지를 닮아서 생겨난, 그녀 머리에서 들려 온 가혹한 비난의 목소리에 대해서 말했다. Bowlby는 인간은 지금까지 해 왔던 방식대로 지금도 하게 된다고 했다. 그녀는 지금 가족과 모든 결혼과정뿐 아니라 음악적으로도 실패했다고 자신을 비난했다. 우리는 "과거에도 너의 아픔은 문제가 아니었고, 지금도 마찬가지야. 넌 상처를 받을 수밖에 없었어."라며 비난으로 인한 부정적 생각을 외현화해 주었다.

우리는 가끔 그녀의 '범죄'와 그녀를 향한 비난의 구체적 내용의 주변에 있는 정서를 조합하고 심화했다(탱고 움직임 2). 그녀의 연인에게 사로잡혀서, 그녀가 남편과 그의 가족에게 상처를 주면서 보지 못했던 내용에 대해서도 그렇게 했다. EFIT의 환기적 반응을 사용하여 "이것에 대해서 저에게 말하면서 어떤가요? 지금 어떤 감정을 느끼나요?"라고 물었다. 그녀는 표면적이고 자신을 향한 반발적 분노로 반응하기 시작했지만 내가 한 "지금 신체에서는 무엇이 발생했나요?"라는 질문에 자신의 가슴에서 느끼는 '통증'을 인식하기 시작했다. 이후 발전하여 감각을 느꼈고, "지금 이렇게 말하면서 어떤 생각이 떠오르나요?"라고 묻자 그녀는 자신에게 "이것은 너 책임이야. 너가 잘못한 거야."라는 마음속 목소리가 들린다고 말했다. 이 목소리는 자신으로 하여금 도망가서 숨어 버리고 싶은 마음을 강화시킨다고 했다. 지금 조합과정이 심화과정으로 이어지는 것을 살펴보자.

수: (나는 대화를 요약하고 구체적으로 질문한다.) 다시 조금만 이전으로 돌아가 볼까요? 가슴에서 느끼는 '통증'과 그때 보였던 '흐느낌'에 머물러 볼까요? 고통이 지금 느껴지네요, 맞나요? 당신의 일부에서는 지속적으로 다른 사람에게서 멀어지고 상처를 주고 있는 자신을 꾸짖고, 다른 일부에서는 고통으로 눈물이 터지고 있네요? 내가 잘 이해하고 있나요? (편이 동의한다.)

편: (갑자기 차분해지면서 이성적으로 말한다.) 나는 나쁜 사람이 아니에요. 내가 어떻게 이런 일을 했지요? 이것은 미스터리예요! 내가 어떻게 이런 일을 일으키게 되었나요? (심화에서 벗어났지만 이는 적절한 반응이며 나는 그녀를 따라간다. 나는 나중에 다시 돌아올 것이다.)

수: 나는 당신을 믿어요. 기본적으로 당신은 분명 진지하고 책임감 있고 배려가 깊은 사람이에요. 한번 다른 사람을 괴롭혔던 일로 오랫동안 자신을 고문하고 있어요. (긍정적 애착대상인 내가 동정 어리고 수용적인 단어로 편의 자아감을 구성한다.) 하지만 당신은 이것이 어떻게 일어났는지 진심으로 이해하지 못해요. 당신의 일부에서는 당신 자신이 결함이 있고 결점이 있다고 생각하고 있네요. 맞나요?

편: 정확히 맞아요. 나는 나 자신을 나쁘고 멍청한 사람으로 평가하고 있어요. 그리고 내 가족은 특히 아빠와 큰언니가 그렇게 생각하고 있고, 엄마와 오빠는 침묵하고 있어요. (심각하

게 외롭고 또한 나쁘고 무가치하다고 느끼고, 그렇기 때문에 고립될 수밖에 없다고 느끼는 것은 자아형성에 가장 독이 되는 지점이다.)

수: 그리고 당신이 취약할 때 비판받고 거절을 느끼면, 그것은 상처예요. 또한 당신의 일부에서는 그들이 옳다고 말하고 상처가 심하다고 말하는 것에 동의하네요.

편: 맞아요, 두 명의 내 친구는 지지적이었어요 하지만…… 내 생각에 자신에 대해서 기대치가 너무 높은 것 같아요. 하지만 나를 비난하는 언니에게 화가 엄청 났어요.

수: (어디로 가야 할까? 내 마음속에서 들리는 소리는 '미스터리'와 '아픔'이다. 그래서 나는 내 자신의 정서를 사용하여 이렇게 들리는 음성을 좇아간다.) 음, 만일 자신에 대해서 끔찍한 것이라면, 무엇이 발생하고 그 의미가 무엇인지에 대해서 고민하고 집착했던 것의 일부는 당신의 행동이 아직 당신에게 '미스터리'라는 것이지요?

편: (그녀는 자신의 삶이 얼마나 통제를 받았으며 그것을 통하여 얻은 교훈이 무엇인지에 대해서 오랫동안 지엽적인 얘기를 한다. 나는 그것을 들으면서도 초점을 잃지 않고 정서 채널로 돌아갈 기회를 기다린다.) 하지만 이해가 되지 않는데도 나는 발생했던 것에 대해서 스스로를 비판하고 있었어요. 나는 실패했어요. 나는 모든 시간에 그것을 이해하려는 시도를 했지만…… 그것은 집착이었어요. 실패감에서 벗어날 수 있는 길이 없었어요.

수: 맞아요, 나는 당신이 이해하기 어려웠으리라 느껴요. 하지만 마음 깊은 곳에서 무엇이 일어났다는 것을 알았어요. 이것이 자신에게 낯선 것임에도 불구하고 남편에게 물러나서 누군가에게 접근했어요. 여기에 당신 스스로 중요하지 않은 느낌 속에는 무언가 기대했던 것이 있었네요. 당신은 남편과의 관계는 '바위 같고' 그 남자와의 관계는 '매력적'이었다고 말했어요.

편: (순간 눈물을 보이다가 초조해진다.) 댄과의 관계에서 나는 투명인간이었어요. 집에서 그의 아이들에게도 투명인간 취급을 받았어요. …… 하지만 나는 그것을 개선할 수 없었어요. 하지만…….

수: 음 (그녀를 진정시켜 주고 그녀로 하여금 초점을 유지시키기 위해서 그녀의 팔을 쓰다듬어 준다.) 투명인간. 당신은 남편이 전 부인의 외도로 버림을 받았고, 당신과의 관계에서 항상 외축되어 지냈고, 그의 마음을 열어 보려고 많은 시간을 보냈다고 말했어요. 나는 당신이 외롭고 제외된 것처럼 들려요. 그것이 사람들을 미치게 만들고 참을 수 없게 하죠. 사람들은 관계 속에 있고, 사랑하는 사람의 존재감이 갈망을 움직이게 하는데, 하지만 반응이 없었어요! 이 사람이 자신을 보여 주지 않아요! 그리고 갑자기 누군가가 그곳에 나타났어요.

당신을 원하고 있어요! 당신은 회의적으로 보였어요. 제가 맞혀 볼까요. 마음속에서 판사가 '용서받지 못할 방어'라고 말했네요.

편: (웃는다.) 정확해요. (조용히 침묵한다.) 하지만 그것은 내 책임처럼 느껴졌어요. 댄은 그것이 자기 실수라고 했어요. 하지만…… (그녀는 자신의 고통을 묵살하나 나는 그것을 강조하려 한다.)

수: (나는 재생 버튼을 누르고 재집중하기로 한다.) 우리 당신의 감정으로 돌아가 볼까요? "나는 투명인간으로 외로워."라고 말할 때 어땠나요? (편이 운다.) 내 생각에는 당신에겐 아무 말이 없었던 것처럼 들려요. 댄과 그의 아이들은 식사하면서 외국어로 말을 했고, 당신은 이해할 수 없었어요. 그리고 댄은 물러났고, 당신의 욕구가 무시되는 것처럼 느껴졌어요. 그것은 아주 쓸모없다고 말하고 있네요. 맞나요? 마치 남편이 그곳에 없고 정서적으로 분리된 느낌이네요. 당신의 남편이 없었네요.

편: (운다.) 그것은 당신이 사랑하는 사람에게 했던 방식이 아니었어. (더 심하게 운다. 나는 그녀가 어떤 기분인지 묻는다.) 슬프고, 슬프고, 아주 슬퍼요. 나는 집에서 네 사람과 함께 살았지만 아주 외로웠어요! 나는 좋은 아내와 엄마가 되기 위해 노력했어요. (나는 조용하고 느린 목소리로 그녀의 말을 반영하고 반복한다.) 그것은 마치 나를 버리고…… 내가 아무것도 아닌 것처럼 느껴졌어요. 마치 나는 사랑받을 어떤 자격도 없는 사람 같아요. (의자에 몸을 숙이고 흐느낀다.) 숨쉬기가 힘들어요.

수: (그녀에게 다가가서 무릎을 부드럽게 만지며 부드럽고 느린 목소리로) 맞아요. 너무 고통스러웠어요. 이해받을 자격이 없다고 느끼고, 굶주리고, 이해받고 싶은 마음이 간절했고, 안아 주기를 원했어요. 당신의 아버지에게 그랬듯이 열심히 했지만 반응이 없고, 인정해 주지 않았어요. 그것은 매우 힘들었어요. 맞나요? 아무도 편을 보호하지 않은 것 같았네요? 이런 일이 생길 때 편! 당신은 무엇을 했나요? 몸에서 어떤 반응이 일어났나요?

편: 아프기 시작했고, 이렇게 심장에서 고통이 시작되었어요. 그러면 나는 일어나서 그 자리를 떠났어요. 방을 나왔고 아무도 나를 따라오지 않았어요. 아무도 신경 쓰지 않았어요. 나는 정말 그곳에서 필요한 사람이 아니었어요. 나는 아주 열심히 노력했어요.

수: 맞아요. 너무 상처가 되었네요. 그래서 그 자리를 도망치듯 떠났네요. 안전한 곳을 찾고 고통으로부터 멀어지려 했어요. 지금도 그 고통을 느끼고 있네요. (편은 동의한다.) 심장이 아팠어요. 투명인간…… 혼자였어요. 그래서 자리를 떠났어요. 편, 나를 한번 보시겠어요? (편이 바라본다.) 당신은 떠나야 했어요, 맞나요? 이런 심장의 아픔이 여러 해 동안 있었고 노

력했지만 아무도 인식하지 못했어요. 사람은 이러한 고통을 당하면 혼란스럽고, 절망감과 죽을 것 같은 느낌을 갖게 됩니다. 당신은 떠나야 했어요, 굶주렸어요. 하지만 힘을 내고…… 힘을 내어서…… 열심히 노력했고…… 누군가가 당신에게 관심을 가질 때까지, 그리고 당신은 식물이 빛을 향해서 방향을 틀 듯이 그렇게 했어요, 맞나요?

편: (목소리가 달라지며 보다 인지적이고 평서문으로) 하지만 그것은 이유가 될 수 없잖아요?

수: (웃으며 편의 팔을 터치한다.) 내 생각에 판사가 나타났어요! 그 이유! 당신이 그 고통에서 떠날 수 있는 이유가 필요했네요? 당신 뇌 속의 모든 신경세포는 이러한 고통을 참을 수 없다고 당신에게 말하고 있어요. 내가 부르는데 아무도 대답이 없을 때 절망에 빠지고 공황 상태가 됩니다. 모든 신경세포가 노래하기 시작했어요. "누군가가 나를 바라보며 내가 소중한 것처럼 행동해요, 내가 존재하는 것처럼" (나는 애착이론이 알려 주는 그녀의 고통과 두려움에 대한 분명한 이해의 바탕에서 인정해 준다.)

편: 맞아요, 저는 절망적이었어요. 마치 영원히 혼자로 살아갈 것 같았어요. (조용히) 나는 그런 대접을 받아야 된다고 생각하지 않아요. (이는 우리는 항상 혼자가 될 것이다. 고립은 끝나지 않을 것이고 압도되는 실존에 대한 핵심적 위협이다.)

수: 맞아요. 눈을 감고, 저녁식사 자리에 거부당해 혼자 앉아서 댄에게 자신을 개방하려고 했던 편을 한번 그려 보시겠어요. 아주 외로워요. 지금 그녀를 볼 수 있나요? 그녀의 고통이 보이나요? (편이 동의한다.) 눈을 감고 그녀에게 "너는 심하게 상처를 받았어. 넌 그렇게 상처를 받을 이유는 없어."라고 말해 보겠어요? (탱고 움직임 3: 편의 취약하고 버려졌던 자기에게 교감적 만남을 안무한다)

편: (상상의 만남으로 매끄럽게 다가간다. 그녀는 눈을 감고 있다.) 그것은 너에게 아주 외로웠어. 필사적이었어. 오랫동안 노력했어. 농담도 하고 포옹도 하고 설명했고 제정신이 아니었어. 너는…… 그렇게 취급받지 않아야 했어. 그곳에 서 있을 수 없었고…… 너는 …… 존재감이 없었어.

수: (부드럽게) 맞아요. 어떤 것으로도 고통을 없앨 수 없었어요. (편이 고개를 흔든다.) 당신이 아무것도 아니라는 두려움 …… 항상 혼자이고 …… 당신은 마치 존재하지 않는 사람 같았어요. (나는 그녀의 실존적 불안을 요약한다.) 그 사람이 나타나기 전까지 그랬어요, 그 사람이 편에게 웃음을 짓기 전까지 그랬지요.

편: 그는 내가 원하는 말을 했어요. 따뜻했어요. 그리고 나를 칭찬해 주었어요. 내 존재 자체를 칭찬했어요. 그것이 너무 좋았고 정말 근사했어요!

수: 마치 햇살이 비친 것 같았네요. 그런 칭찬을 원했어요. 오랫동안 그런 인정이 필요했어요. (편이 동의한다.) 당신은 누군가에게 갑자기 특별한 사람이 되었어요. 소중한 사람이 되었어요. 그는 당신을 보기 원했어요. 당신을 이해했어요! 편, 지금 어떤 느낌이 드시나요?

편: 심장이 마구 뛰고 있어요. 진정이 되었어요.

수: 어떻게 진정시켰나요, 편? 아무도 그럴 수 없어요. 굶주렸고 갑자기 희망을 갖게 되었어요. 당신이 그토록 간절히 바랐던 것이죠. 당신이 손을 뻗었고…… 인간에게…… 아주 자연스럽게…… 그가 말했어요. "나에게 왜!" 그리고 당신은 그를 향했어요. (편이 눈물과 웃음을 동시에 보인다.) 내가 지금 이 말을 할 때 무슨 일이 벌어졌어요? 그 판사가 이러한 고통과 욕구를 고려할 수 있나요? '인간다운'. 이러한 상황을 참작하고 있나요? 그는 지금 이 모든 장면을 보고 있나요? 어떻게 반응하지 않을 수 있겠어요? (나는 동정심을 끌어내고 편이 자신의 깊은 고통과 자기연민을 유발하는 그것의 의미에 개입할 수 있게 해 준다.)

편: (웃는다.) 맞아요, 맞아요. 그것을 누군가가 불타고 있는데, 불타는 빌딩에서 빠져나오지 못한다고 그들을 비난하면 안 돼요. 나는 그것을 이해할 수 있어요. (그녀는 간략한 아름다운 이미지를 제공한다. 그런 다음 나의 도움으로 대화를 이어 간다. 충분한 개입과 과거의 흔한 생각과 반응 경로에 새로운 틀을 만들기 위해서는 반복이 필요하다.)

수: 그래서 지금 다시 눈을 감고, 외롭고 고통을 겪고 있는 편을 보시겠어요? 그녀에게 '미스터리'에 대해서, 그리고 이 남자에게 접근한 그녀에게 당신이 배운 것에 대해서 어떤 말을 해 주고 싶은가요?

편: (운다.) 너는 상처를 많이 받았어. 너는 죽어 가고 있었어. 필사적이었어. 어떻게 반응을 하지 않을 수 있겠어? 그는 너와 놀아 주었어. 그는 네가 얼마나 사랑을 원하는지 알았어. 너는 단지 그것에 다가갔고 희망을 가지고 갔어. (우리의 대화를 요약한다. 그녀 마음속에 있는 판사는 그 순간 조용해진 것처럼 보인다. 편은 집에 가서 모든 과정을 묘사하는 이야기를 써 보겠다고 한다. 나는 모든 회기에서 그녀가 그렇게 할 수 있게 격려해 준다.)

4회기

우리는 이제 안정화기(1기)에서 재구조화기(2기)로 넘어가고 있다. 편은 나에게 "내가 외도를 했을 때 단지 위안을 받기 원했어요, 그것은 간절했고 크게 보상이 되었고 나에게 '저항할 수 없는' 일이었어요."라고 지난 2회기에 대한 이야기의 반영을 기록했다고 말했다. 그녀는 나에게 마음속 판사는 부드러워졌고, 덜 '비판한다'고 말했다. 그녀는 지금 더 이상 폭발하지 않고 다른 사람을 '괴물처럼' 괴롭히지 않는 것을 알았고, "내가 내 자신을 용서할 수 있을지…… 나를 너무 힘들게 하지는 마."라는 식으로 그녀를 6년간 괴롭혔던 '머리 속의 갈등'에 다가갔다. 비록 그녀가 '성실해야 한다는 규칙'을 깨기는 했지만 우리는 그녀가 '자신의 고통과 외로움'을 생각하기 시작했다는 데 동의했다. 사실 자신에게 일어난 일을 받아들이기 시작하는 '상식적인 편'이 되었고, 그로 인하여 '위안을 받고 짐이 덜어진 것 같았다'. 하지만 편은 댄이 가족모임의 참석을 고집해서 4회기에 흥분한 채 나타났다. 그녀는 "이것은 내가 혼자 사자 소굴에 들어가라는 뜻이에요. 그는 나에게 조용히 앉아서 가족에게 아무 말도 하지 않기를 원해요. 그래서 나는 혼자라고 느끼게 될 게 뻔해요. 나는 지금 교착상태에 빠져 있어요. 나는 그들을 직면할 수 없어요."라고 말했다. 이러한 문제에 대한 EFT 탱고가 어떤지를 압축해서 보려 한다. 즉, 나는 그녀의 말을 반영하고, 묘사하고, 다듬었고, 자극과 정서경험, 애착의 의미에 집중했다.

EFT 탱고 움직임 1: 현재과정의 반영

수: (대리 목소리를 사용하여 편이 직접 말하듯이) 그래서 지금 나를 좀 도와줄 수 있겠어요? 당신은 지금 자신에게 "나는 여기서 너무 '노출'되고 말 거야. 서른 명의 사람이 나를 '성실하지 못한' 사람, 고약한 아내, 즉 '실패자'로 판단할 거야."라고 말하는 것처럼 들려요. 이것을 내게 말하면서 당신에게 무슨 일이 일어났나요?

편: 모르겠어요. …… 오래된 판단이에요. (그녀는 댄의 가족에 대한 긴 이야기를 하고 그들 중 몇몇이 외도와 이혼을 했다고 말하지만 그녀의 행동에 대한 자신의 느낌을 포함하지는 않는다.)

EFT 탱고 움직임 2: 정서 조합 및 심화

수: (느리고 부드럽게 – 재초점) 다시 이전으로 돌아가서 감정에 잠깐 머물러 볼까요? 이것이 타인의 비난을 받는다고 느끼는 당신의 원상처이고, 당신 머리 속에서 판단을 하게 만들었

어요. 비판을 받는 것은 무서웠고, 절대로 수용받지 못할 것에 대한 두려움이 있었어요. 이 것이 가장 힘든 부분이었나요? 지금 당신의 몸은 무슨 말을 하고 있나요? (나는 여기서 정서를 자극하는 요소를 드러내고, 자극과 함께 일어나는 신체감각으로 옮겨 간다.)

펀: 이것에 대해 말만 해도 아파요. 나는 취약하다고 느껴져요. 댄 말이 맞아요. 나는 그 당시 조용히 앉아 있지 않았고, 가능하면 빨리 그곳을 떠났어요. 내가 태연한 척했지만 나는 아프고 어지러웠어요. 마치 아무것도 할 수 없고…… 생각들을 한데 모으기가 힘들어요.

수: 이런 감정에 머물러 있는 것이 무서웠네요? 당신의 몸이 "이것은 위험해."라고 말하고 있네요? 당신 스스로에게 "그들은 나를 비판하고 있고, 나는 입을 닫고 도망가고 싶어."라고 말했네요? (펀이 공감적으로 고개를 끄덕이고 운다.) 가장 위험한 것은 무엇인가요? 댄이 당신 옆에 없었네요. 맞아요? (나는 그녀의 정서반응의 행동화 경향요소를 들려주고, 펀이 의미를 만든 메시지를 여기에서 다룬다. 애착은 우리에게 혼자 맞게 되는 위험과 취약성은 견디기 힘들고 혼란스러워 "현기증을 유발한다."는 점을 가르쳐 주고 있다.)

펀: 맞아요, 최악은 남편이 나보다 자기 가족을 항상 우선시하는 것이고, 내가 혼자 되는 것이었어요. 이것은 아빠가 늘 언니를 선택한 것과 같아요. 아빠는 내가 아무리 아빠를 즐겁게 해 주려고 해도 그렇게 했어요. 나는 결코 즐겁게 해 주지 못했어요. 나는 얼어 버렸어요.

수: (나는 정서 핸들을 반복하고, 부드럽고 느린 목소리로 이미지를 사용해서 심화를 해 간다.) 고독은 여기서 견디기 힘들고 압도해 버려요. 당신에게 자신의 비판의 목소리와 일치하고 펀이 실패할 것이라는 두려움과도 일치하는 반감(disapproval)의 해일이 몰아쳤네요. 이 것을 접하면 항상 너무나 외로웠어요. 아팠네요. 현기증을 느꼈고 고통이었어요. 투명인간이 되었고, 그것은 마치 존재하지 않은 것 같았어요. 당신이 노출되었을 때 아무도 곁에 없었네요. 당신의 일부분에서는 이렇게 되는 것이 당연하다고 말하였지만 다른 면에서는 이해하기 어려웠네요? 그것은 아주 힘들었어요. (나는 펀의 외상에 의한 고립을 자기에 대한 부정적인 모델과 연결한다.)

펀: 나는 엄청 충격을 받았어요. 아무도 그것을 이해하지 못했어요. 나는 항상 버림받는 것처럼 느껴졌어요. 전혀 소중하지 않은 사람이요. 그래서 지금 댄이 "사랑해."라고 말하지만 그것은 내 눈치를 살펴서 그런 것 같아요. (이것은 불안애착형의 끔찍한 역설을 말하고 있다. 사랑이 제공될 때, 신뢰하지 못하고 받아들일 수 없다. '충격'이라는 펀의 말은 상처와 상처를 건설적으로 드러낸 절망의 경험을 완벽하게 표현하는 것처럼 느껴지고, 그것은 부드럽게 그녀가 '경로를 바꾸어' 회기 중 정서 영역에 들어갈 수 있게 도와주는 정서 핸들이 된다.)

EFT 탱고 움직임 3: 교감적 만남을 안무하기

수: 맞아요. 눈을 감고 댄을 보시겠어요. 가족모임에서 조용히 앉아 있고, 열심히 노력하라는 말을 하는 그의 얼굴을 볼 수 있나요? …… 지금 그에게 하고 싶은 말이 무엇인가요?

편: (눈을 감고 운다.) 하지만 나는 상처를 받았어. 나는 두려워. 당신은 나를 지지하기 위해서 내 옆에 오지 않았어. 마치 내가 중요하지 않은 것 같고. 항상 그랬어. 내가 노력해도 소용이 없었어. 나를 지지하겠다고 말했지만…….

수: (부드럽고 느리게, 나는 그녀 무릎을 만지며 내 손을 그곳에 내려놓는다.) 맞아요. 당신이 사랑하고 의지하던 사람과 경험했던 것은 바로 당신이 필요할 때 아무도 당신의 고통을 보지 않았고 아무도 함께하지 않은 것이었어요. 아무도 곁에 있지 않았어요. 그래서 댄이 당신을 지지하겠다고 했을 때, "나는 당신을 믿을 수 없어. 당신은 내가 고통을 겪고 두려울 때 도움을 주지 않았어."라고 말하고 싶었어요. 그렇게 그에게 말할 수 있겠어요?

편: (눈을 감고) 당신은 나를 홀로 두었어. 반감, 나에 대한 반감의 쓰나미와 마주해야 했어. 그것이 두려웠어. 하지만 그것은 아주 슬프기도 했어. (운다.) 내가 할 수 있는 것이 없었어.

수: 쓰나미. 압도되었네요. 공포스러웠어요. 하지만 당신은 이런 상처를 차단하려고 노력하며, '태연'한 척했어요. 그리고 결국 당신은 자신을 비난했어요. 그에게 원하는 것이 무엇인가요? 이러한 감정에 대해서 그가 도와줄 수 있는 것이 무엇인가요? 그에게 말해 보시겠어요?

편: (아주 골똘히 인상을 쓰면서 부드러운 목소리로) 당신은 그곳에 있겠다고 말했어. 하지만 나는 그렇게 느껴지지 않아. 나는 당신이 내 곁에 있어 주기 원해. 내 손을 잡고 곁에 있어 주면 좋겠어. 내가 소중하다는 것을 보여 줘. 그러면 나는 그렇게 슬퍼하지 않을 거야.

우리는 그에게 말할 때의 그녀의 느낌을 처리했고(탱고 움직임 4: 만남의 처리) 그녀가 새롭게 시도한 것을 축하해 주었다(탱고 움직임 5: 통합 및 인정). 그녀는 차단하지 않고 정면을 바라보거나 자신을 비난하기도 했다. 그녀는 스스로 고통의 위험을 감수하고 주장했고, 그녀가 원하는 것을 주장했다. 나는 편이 지금 건설적 의존을 가능케 하는 자신의 욕구를 적극적이고 확실하게 진술하게 된 것을 인정해 주었다. 우리는 또한 아주 짧게 댄이 그녀를 보살피지 않았다기보다는 지지하는 방법을 모르고 있다는 말도 했다. 그녀의 욕구를 드러내고 취약성을 표현하는 것이 댄이 반응하도록 도와주는 최선의 방법이다. 역설적으로 댄이 그녀의 욕구에 반응하지 않을 때, 지금 경험한 중심을 잃지 않고 통제된 그녀의 자아감과 정서균형은 그녀에게 가장 최고의 자원이 된다.

5회기

5회기의 핵심내용은 펀이 어머니 병문안을 가서 언니를 만났고, '모든 것이 예의바르고 가식이었는지'에 대한 것이었다. 그녀는 댄에게 이러한 부분을 말하고 싶었지만 표현하지 않았다고 했다. 우리는 그녀와 함께 태연한 표정을 짓는 행동에 신물이 난 것을 어떻게 알게 되었는지에 대해서 탐색했다. 그녀는 언니에게 '책망' 받거나 무시당할 때 어머니가 '방어'나 지지를 하지 않았다는 것을 깨달았다. 이후 그녀는 '그것이 상처였다'고 말할 수 있는 용기가 생겼다. 나는 그녀의 결혼과 삶이 다 허물어졌을 때 아무도 그녀를 도와주지 않았고, 여러 해 동안 찾아오는 사람이 없었고, 그녀의 실수에 대해 비판받아서 생긴 고통을 아무도 보지 않았다는 사실에 대해서 말했다. 펀이 질문할 때 핵심순간이 일어났다.

펀: 그런데요. 만일 상처가 거부된다면 내가 무엇을 할 수 있나요? 내가 상처받게 된 것이나 실수한 것을 사과하나요? (나는 그녀에게 지금 이 말을 하면서 기분이 어떤지 묻는다. 그녀에게 상처를 준 사람에게 사과하는 것이 옳다고 생각하는가? 그녀가 상처받고 거부받을 만한 실수를 했다는 것에 동의하는가? 그녀는 잠시 침묵하다가 나를 바라본다.) 아마도 저는 끔찍한 사람이 분명해요. 수용받을 가치가 없는 사람인 것 같아요.

수: 음. 상처가 당신을 힘들게 했네요. 그것이 당신의 실수라고 생각하는 것이 자연스러웠네요. 그리고 당신은 열심히 노력했고 그것을 변화시키려 했군요. 단지 고통, 슬픔, 상실감, 절망과 고독감보다는 노력하는 것이 감당하기 훨씬 쉬웠네요. 차단하고 거절하고, 즉, 투명인간이 됨으로써 그것을 통제할 수 있었네요! (Bowlby는 아동은 압도되는 두려움과 버림받는 슬픔을 다루기보다는 통제감을 유지하기 위해서 자연스럽게 자신이 나쁜 아이라고 생각하는데, 이것이 적어도 단기간은 기능할 수 있다고 했다. 펀의 반응은 이해 가능하고, 나는 그녀의 대처방식을 인정한다. 하지만 그로 인하여 그녀는 자기와 타인에 대한 편협적이고 부정적인 틀에 갇히고, 행동 선택의 제한을 받게 된다.) 당신 삶이 무너졌을 때, 아무

도 함께 있지 않네요. 그것은 슬펐고 무서웠어요. (나는 의구심이 생길 때, 고통에 초점을 맞추려 한다. 내담자가 자신의 고통을 나눌 정도로 치료사에게 안전감을 느끼면 자기연민과 자신의 욕구를 표현하고 옹호할 수 있는 능력이 자연스럽게 생긴다.)

편: 그것은 압도적이었어요. 나는 누군가가 나와 함께 있기를 바랐어요. 나는 상처를 주었던 댄에게 요청할 수 없었어요. 그래서 나는 입을 막고 내가 문제이고, 내 실수이며, 나는 그럴 자격이 없다고 생각했어요. 만일 내가 항상 투명인간 취급받고, 비판받고 혼자 된다면, 그러면…….

수: 견디기 힘들어요. 당신은 슬픔과 고독에 직면할 수 있을 정도로 아주 강해요, 편. 지금 당신과 함께 상담할 수 있어서 영광이에요. 지금 바로 당신은 다른 길을 찾았어요. 당신은 나에게 개방했고, 나누었고, 자신의 두려움과 상처에 직면했으며, 댄과 부부치료를 시작했어요. 당신은 대단해요. (진정 어린 인정, 개인적이고 진심 어린 태도는 내담자의 자아감을 지지할 수 있는 치료사의 가장 강력한 반응이다. 회기 중에 효능감을 높이기 위해서 사용되는 새로운 반응에 대한 정확한 묘사는 '탱고 움직임 5: 통합 및 인정'의 중요한 부분이다. 성공은 치료를 마치는 미래에 일어나는 것이 아니고 지금 일어나야 하고, 내담자가 만들어야 한다.)

6회기

이 회기는 아버지와의 상상의 만남과 이에 대한 편의 반응을 처리하는 데 대부분을 할애했다. 그런 다음 회기의 초점이 탱고 움직임 3, 4로 가서 소중한 타인과의 만남을 안무하고 처리했다. 2기인 재구조화기의 이러한 만남에서 나는 지속적으로 추적하고 대화를 준비하며 신호와 이미지를 반복하고, 정서를 인정하고 심화시키며, 향상된 대화를 통하여 편이 새로운 자아감과 반응을 만들 수 있게 도와준다. 이러한 대화는 새롭게 구성되고 적절한 정서적 음악에 의해서 강화된다. 여기서 이 회기의 일부만 간략하게 언급한다.

흥분한 채 상담을 시작한 편이 댄에게 '그가 자신의 편이 아니고 자신과 연락을 자주 하지 않고 자신을 지원해 주지 않는다면' 가족모임에 가지 않겠다는 말을 했다며, 그가 그녀의 말을 들어 주고 위로해 주었다고 언급했다. 그녀는 또한 그에게 "친밀하지 않고, 경청받지 못하면서 나는 가치가 없다는 두려움을 가진 강박 성향을 갖게 되었고, 그래서 당신의 도움이 지금 필요해!"라고 말했다. 우리는 함께 이 것을 기념했다. [애착적으로 보면, 지속적으로 자기조절(self regulation)과 자기위안(self-soothing)을 시도하기보다는 이런 식으로 자기의 취약성을 인식하고 자신이 욕구를 요청하는 것은 분명 긍정적인 잠재력과 성장의 신호이다. 펀에게 자기 욕구의 주장은 치료 중에 교육받은 '기술(skill)'보다는 새로운 정서경험에 기초한 유기적 과정에서 발생한다.]

펀: 나는 더 이상 아첨하고 가장하지 않을 거예요. 나는 내 감정에 귀 기울일 겁니다. 나는 엄마에게 "나는 보살핌을 받지 못했고, 매일 그렇게 모든 것에서 상처를 받았어."라고 말했어요. 엄마는 충격을 받았어요. 나 또한 내가 그 말을 하면서 조금 충격을 받았어요.

수: (나는 지금 감동을 받았고 기쁘다.) 와우, 그것은 대단하고 놀라워요. 당신은 자신의 상처를 밀쳐내고, 다른 사람의 기대에 맞추며 살아왔어요. 그래서 그렇게 하는 것은 부담이 되었지만 새로운 시도였네요. 어떤 게 느껴졌나요?

펀: 불편했어요! (우리는 함께 웃는다.) 내 가족은 나와 연관된 모든 것을 비판했어요. 그래서…… 드러냈고…… 체면을 내려놓았고…….

수: 맞아요. 그리고 당신은 그런 비판을 받아들여서 자신을 비판했을 뿐 아니라 상처를 숨기고, 인정받고 싶은 굶주림을 자기 탓으로 돌렸네요. 그래서 댄에게 지지해 달라고 요청하는 것과 어머니에게 "난 상처받았어."라고 말하는 것은 새로운 시도예요. 즉, "나는 지지받을 자격이 있어!"라고 말하는 것은 새로워요. 하지만 여기에서 핵심인물은 아버지예요, 맞나요?

펀: 맞아요. 어릴 때부터 아빠를 즐겁게 해 주려고 엄청 노력했어요. 아빠가 관심을 크게 갖고 있던 학교와 음악에서 뛰어난 결과를 냈어요. 하지만 나는 아빠의 기준에 미달했어요, 명백히 언니와 오빠와 함께 아빠는 나를 싫어했어요. 그리고 엄마는 그때 침묵했어요. 아빠가 그런 분위기를 만들었어요.

수: 그래서 그것이 기준이 되어 버렸지요. 성적을 내고 즐겁게 해 주려다가 스스로 나가 떨어져 버렸어요. 하지만 결국 당신은 수용이나 인정을 받지 못한다는 결론에 도달했어요. 기쁘게 하는 방법을 찾는 것이 당신의 책임이 되었고, 만일 그렇게 할 수 없었으면 분명 당신에게 무언가 잘못이 돌아왔어요!

펀: (웃음) 선생님은 언제나 정곡을 찔러요. 나는 항상 '아빠가 기뻐하지 않으면 내 문제가 무엇이지?'라는 생각을 했어요. 10대 후반에 나는 물어봤고 아빠는 항상 내가 더 잘할 수 있을 거라고 생각했다고 말했어요. 그 당시 나는 항상 그 생각을 했어요. 하지만 그것이 나를

괴롭히지 않게 만들려고 노력했어요. 그것은 이제 과거니까요.

수: 그런가요? 정말이요? 나는 지금 당신 얼굴에서 상처와 당황하는 모습을 볼 수 있어요. 당신은 여전히 "아빠가 어떻게 나를 그렇게 힘들게 하고 비판할 수 있지?"라고 묻고 있어요. 그에게 물어봐요. 그런 대화를 지금 해 봅시다. 눈을 감아 보시겠어요? 그를 항상 기쁘게 해 주고, 비난받은 고통을 숨기려 노력했던 10대로 돌아가서 그 당시의 아빠를 그려 볼 수 있나요? 그에게 하고 싶은 말이 무엇인가요?

편: (눈을 감고는 진지하고, 부드럽게) 내가 왜 충분하지 못했나요? 나는 노력을 엄청 했어요. 그것이 상처였어요. …… (나를 향해서) 하지만 지금 아빠는 나아졌어요. 아빠는 나이가 들었고 요구도 줄었어요. 나는 아빠에게 상처주고 싶지 않아요.

수: 음, 아마 이런 상상만으로도 자신이 나쁜 딸이 되는 것 같네요? (편이 천천히 고개를 끄덕인다.) 그리고 당신은 항상 좋아지려고 노력했네요? (편이 다시 고개를 끄덕인다.) 지금 그에게 당신을 위해서 "나는 아빠에게 화내고 싶지 않아요, 하지만 나는 많은 시간 동안 상처를 받았고 아빠가 나에게 상처를 주었다고 말하고 싶었어요. 나는 결점에 대한 두려움을 숨기고 괜찮은 척 가장하고 살아왔어요."라고 말해 보시겠어요?

편: (눈을 감고 오래 침묵한다.) 나는 항상 생각했어요, 아니에요, 분명 내 잘못이 있다는 것을 나는 알아요. 아빠는 결코 그것을 몰랐어요. 하지만 나는 그것에 대한 강박이 있었어요. 내가 그것을 알게 된다면, 나는 고칠 수 있었을 거예요, 아마도. 그것은 상처였어요. (큰 소리로 말한다.)

수: (편이 말한 내용을 반영하고 반복한다.) 이렇게 말하니까 지금 기분이 어떤가요?

편: 도움이 되네요. 부담이 줄어들었어요. 하지만 또한 두려움이 있어요. 무서워요.

수: 맞아요. 그와의 친숙했던 춤에서 벗어나고 있어요, 맞나요? 그를 항상 기쁘게 해주고 있었어요, 실패할까 걱정이 많았고 가면 뒤에 숨었어요. 지금 무엇이 일어날 것 같은가요? 무엇이 두려워요? 아빠가 무엇을 할 것 같아요?

편: 어릴 때처럼 나에게 화를 낼 것 같아요. 아빠는 "그것은 정확치 않아. 나는 너를 항상 사랑했어. 너는 내 딸이야."라고 말할 거예요. 그리고 나는 더 실망하게 되겠지요. (나는 그녀에게 상처를 부인하는 말을 들을 때 어떤 기분이었는지 묻고, 그녀는 운다. 그녀는 자연스럽게 다시 눈을 감고 그에게 말한다.) 하지만 나는 언제나 그렇게 느꼈어요. 아빠는 나를 그렇게 느끼도록 만들었어요. 항상 내게 전진하고, 전진하고, 전진하라고 했어요. 당신은 그것이 맞다고 생각했어요! 나는 결코 당신을 기쁘게 하는 방법을 알 수 없었어요. 저도 이제

마흔 살이 넘었고, 그동안 내게 무슨 잘못이 있는지 알기 위한 고통으로 살았어요. (펀은 지금 아버지로부터 거절받은 고통, 그리고 그것이 그녀의 자아감을 어떻게 형성했는지에 대한 핵심을 표현한다. 그녀는 자신의 경험을 개방하고, 아주 미묘한 차이에 반응하고, 적절하고 분명하게 경험에 충분히 개입한다. 애착관점에서 보면, 이는 안정형에서 전형적으로 나타나는 고통과 두려움에 대한 절제된 탐색이다. EFT의 관점에서 보면 이런 마음을 털어놓는 것은 두려움과 욕구가 절제된 방식으로 표현되어 건설적인 행동을 이끄는 부부개입의 '순화(softening)'사건과 동일하다. 또한 이러한 순화는 EFT의 부부치료에서 성공적인 결과와 추적관찰을 예측하게 한다.)

수: 펀, 아빠에게 무엇을 원하나요? 무엇이 지금 도움이 될까요? 아빠에게 말해 보세요.

펀: (입을 굳게 다물고) 나는 아빠에게 미안하다는 말을 듣고 싶어요.

수: 오랫동안 겪은 고통에 관심을 가져 주고 고통에 신경을 쓰고, 즉 당신이 소중하다는 말을 듣고 싶었네요. 당신은 비판보다는 관심을 받고 싶었어요. 그에게 말해 보시겠어요.

펀: (눈을 감고 조용하지만 단호한 목소리로) 내게 어떻게 그럴 수 있었어요? 나는 아빠의 인정을 받고 싶었어요. 나와 함께 기뻐하길 원했어요. 하지만 그렇게 하지 않았어요. 아빠는 나를 끝까지 비판했어요. 아빠는 나를 굶주리게 했어요. 나는 배제되었고…… 모든 사람은 단점조차 수용받기 원해요. 언니와 오빠가 내 인생을 망쳐 놓을 때도 아빠는 아무 말도 하지 않았어요. 나는 우리 가족에게 어울리는 사람이라고 느껴 본 적이 없었어요.

수: (부드럽게, 정서심화를 위해서 대리 목소리를 사용하며) 좋아요. "저는 수용받지 못했어요. 아빠는 나를 비판했고 굶주리게 했어요. 그래서 나는 나를 항상 의심했어요. 모두 내 문제라고 생각했어요. 나는 망가졌고, 수용받을 가치가 없다고 생각했어요. 그리고 댄과 그 일이 벌어졌을 때 나는 다시 얼어 버렸고, 필사적으로 인정을 받으려고 엄청난 노력을 했고, 공허했고 기분이 언짢았어요. (이는 지난 회기에 그녀가 했던 말이다.) 굶주렸고 무가치하다는 느낌이었어요. 내 삶이 무너질 때까지 나는 태연한 척했어요. 그리고 나는 내가 흠이 있고, 그것에 대한 책임이 나에게 있다고 생각했어요. 그래서 나는 오랫동안 반복해서 이것으로 나를 고문했어요. 하지만 그것의 시작은 바로 당신이었어요, 아빠. 아빠는 내가 사랑과 보살핌에 굶주리게 만들었어요." (펀은 이 말을 듣는 동안 고개를 끄덕이고 울고 있다.) 펀, 내가 이 말을 하는 동안 어떤 기분이었나요?

펀: (울면서) 슬프고, 슬프고, 아주 슬펐어요. 몇 년간 이것을 밝히려고 시간을 낭비했어요. (다시 눈을 감고 아버지에게 말한다.) 모든 사람은 아빠를 훌륭한 남자라고 말했지만 나에게

는 쩨쩨하게 보였어요. 나에게는 인색했어요. 사실 나는 아빠에게 화가 났어요. 그래서 아마도 나는 무미건조한 아버지날 감사카드를 구입할 때 고통의 시간이 되었어요. 나는 지금 아빠를 흉보고 싶지 않지만…… 아빠는 나에게 훌륭한 아버지는 아니었어요. 아빠는 그런 아버지는 아니었어요. (눈을 뜨고 나를 바라보며) 이렇게 말하는 것은 힘들어요! 이렇게 말하면 나는 나쁜 딸이 되는 것 같아요.

수: (몸을 앞으로 기울이며 부드러운 목소리로 가끔 그녀의 팔 위에 내 손을 가져가면서) 맞아요, 당신은 그를 기쁘게 하려고 늘 주의를 기울였고 그가 원하는 사람이 되려고 노력했으며 그의 비난을 받고 싶지 않았어요. 아빠가 당신을 망쳤다고 말하는 것이 힘드네요. 서로 사랑의 희망을 버리지 않고, 그의 관심을 받는 유일한 길은 당신의 고통을 혼자 삼키고 항의하지 않는 것이었네요. 그래서 당신은 "어쨌든 나는 나쁜 사람이야."라는 친숙한 모습으로 돌아갔네요. 당신은 그에게 화를 낼 권리가 있다고 느끼기는 힘이 드네요? (편이 끄덕인다.) "내가 원하는 것과 좋은 아빠가 줄 수 있는 것을 아빠는 주지 않았어요. 아빠는 나를 기쁘하지 않았고, 내가 가치 있다는 것을 보여 주지 않았어요."라고 말하는 것이 힘들었어요.

편: (침울하게 카펫을 바라보면서) 맞아요. 맞지만 아빠는 내가 배은망덕하고 자기중심적이라고 나를 말로 밀어붙일 거예요. (나는 그녀에게 그의 목소리를 사용해서 편에게 대답해 보라고 요청했다.) 아빠는 "너는 과장하고 있어. 그래도 괜찮아."라고 말해요.

수: 그래서 묵살되었던…… 당신의 고통에 무관심했던 것에 대해서 어떻게 느끼는지 아빠에게 말해 보시겠어요? 그것은 혼자이고 배재되었고 절망적이지 않았나요? (편이 공감적으로 끄덕인다.)

편: (그녀는 눈을 감고 부드럽게 말한다.) 아빠, 제발, 제발 나를 묵살하지 마세요. 이것이 무서워요. 하지만 아빠가 화를 내거나 침묵하든 안 하든, 나는 이것을 말하고 싶어요. 나는 나쁜 감정의 가면 뒤에 숨는 삶을 살고 싶지 않아요. 내 말 좀 들어 주세요! (나는 그녀에게 다시 한번 그에게 얘기해 보라고 하고, 그녀는 그렇게 한다. 여기서 편은 자연스럽고 적극적으로 자신이 느낀 욕구를 말하게 된다.)

수: 지금 이렇게 말한 기분이 어떤가요? "나는 아빠에게 화를 낼 권리가 있어요. 내 말을 들어 달라고 요구할 수 있어요. 나는 아빠의 수용이 필요했어요. 아빠의 인정을 간절히 원했어요."라고 말하니까 어떤가요?

편: (차분하고 분명하게) 맞아요. 나는 그럴 권리가 있어요. 지금 기분이 좋아졌어요. 하지만 아빠는 나에게 반응하지 않을 것을 알아요. 아마 침묵할 거예요. 아빠는 정말 모르고 있을 거

예요. 재미있어요. 나는 지금 패턴을 볼 수 있어요. 나는 내 자신을 비판하는 데 익숙해요! 아빠에게서 전수받은 거예요.

수: (웃음) 맞아요. 맞네요. 정말. 당신은 아버지에게 기쁨을 주고 싶었던 좋은 딸이 되기를 원했어요. 당신은 교훈을 잘 받아들였어요. 아마 아버지는 그 태도에서 벗어나지 않을 수도 있어요. 하지만 당신은 할 수 있고, 그렇게 하고 있어요. 당신은 여기서 패턴을 바꾸고 있어요. 통제권을 갖고 당신의 현실이 어떤 것이며 자신을 강하게 느낄 수 있게 처리하는 방법을 알았어요. (펀은 그녀의 양어깨를 으쓱하면서 밝게 웃는다.)

7회기(축약)

펀이 회기 전에 불안해하며 이메일을 보내왔다. 그녀는 길을 가다가 이전에 헤어진 연인을 만났고, 두려워하며 눈물을 흘리고 있던 자신에게 충격을 받았다. 하지만 흔히 있었던 수치심의 수렁에 빠지기보다는 신뢰를 발판 삼아서 댄에게 전화해서 도움을 청했다. 그가 위안을 했을 때 그녀는 그것을 받아들일 수 있었다. 이후 그녀는 약점을 철저히 이용한 그 남자에게 '희생'을 당했기 때문에 두려움이 이해가 된다고 말해 준 가장 친한 친구에게 전화했다. 펀은 이러한 반응에 인정받는 느낌을 받았고 "나는 이 이야기의 악당이다."라는 과거의 오래된 태도와는 대조가 되는 반응이었다. 하지만 그녀는 어떻게 자신이 바보같이 이 남자를 받아들였는지에 대한 의문에 다시 빠져들었다. 그녀는 나에게 "그가 나를 이용했지만 나는 아니라고 거절하지 못했어요."라고 말했다. 나는 좌절되었고, 그녀는 자신의 엄한 비판에 익숙하게 학습되었고, 그녀가 선택했지만 어느 누구도 인정, 수용, 소속감이 없이 영원히 살 수 없다는 것을 기계적으로 말해 주었다. 인간은 이런 아픔을 갖고 있다. 우리는 사랑의 유대감을 향하도록 설정되어 있다. 그럴 때 나는 나의 목소리를 듣고, 나를 다시 중심에 두고, 나의 공감을 재점화하여, 외롭고 아파하는 펀을 상상해 보라고 요청했다. 의구심이 들거나 균형을 잃으면 내담자의 고통으로 돌아오라. 이것이 좋은 격언이다. 그녀가 이것을 할 수 있을 때, 나는 그녀의 이런 면이 어떻게 속삭이고 있는지에 대해서 펀에게 말하라고 했다. 그녀가 아주 강해지고 그녀의 외롭고 아픈 마음을 무시하라는 말을 한다고 했다. 이전의 연인의 얼굴에서 봤던 사랑의 약속을 단순히 무시하고 굶주려 보라고 했다. 그녀는 시작했지만 나를 보면서 웃음을 터트렸다. 우리는 이러한 명확하고 충격적인 요구에 대해서 서로 웃었다. 그녀는 나에게 이 방법이 어렵고 그녀가 자신에게 이것을 할 수 없다는 것을 깨달았다고 말했다. 하지만 이후 그녀는 심각하게 이러한 배경에는 나이가 많고 신앙심이 강한 언니 메이의 목소리가 깔려 있다고 말했다.

우리는 언니에 대한 그녀의 감정을 다듬었고, 회기 중 언니와의 만남을 준비했다. 펀은 그녀에게 "이기적이고, 이기적이고, 이기적이야!"라고 외치는 메이를 상상했다. 우리는 그녀가 순식간에 완전히 '녹초가 되는' 느낌을 주었을 때 펀의 반응을 살펴보았다. 우리는 함께 언니의 기대를 충족시키려다가 그녀가 지쳐 버렸다고(그녀 뒤편에 아버지, 남편의 가족, 스스로의 판사가 합창단으로 서 있다고) 말했다. 조용한 목소리로 펀은 메이에게 "제발 나를 내버려 둬."라고 말했다. 나는 "나를 내버려 둬. 나는 그렇게 나쁜 사람이 아니야. 단지 사랑과 안정감과 소속감이 필요했던 좋은 사람이야."라고 확대시켜 주었다. 펀은 그녀의 방식으로 이것을 말했고, 놀랍게도 언니가 '희미해져 갔다'. 이는 큰 위안이 되었고, 메이와 그녀의 판사는 과거처럼 강하지 않았다. 펀은 그녀가 체면을 벗어던지고 취약성을 인정하면 이것이 새롭고 무서울 것이고, 메이가 이를 보지 않기를 원한다고 했다. 나는 그녀의 허울이 보호장비가 되었다고 인정해 주었고, 그것이 그녀를 한 면에서는 안전하게 해 주었지만 다른 면에서는 외롭게 만들었다. 지금 그녀는 누구를 신뢰하고 누구에게 위험을 감수할지 선택할 수 있다. 펀은 메이에게 그녀가 자신의 약점을 알게 되어 자신에게 상처 줄 수 있는 힘을 갖게 될까 봐 두렵다고 말하는 상상을 했다. 그녀는 이러한 상상 속의 메이에게 말했고, 그녀가 결코 자신을 진심으로 수용하지 않을 것임을 알고 있었다. 자신이 개방하거나 메이가 그녀의 고통을 보살펴 주지 않는 사실을 받아들이면, '심한 상처'가 된다는 것을 알고 있었다. 언니는 다른 사람에게 완벽을 요구한다. 나는 펀의 비판적인 부분이 언니의 그 부분과 비슷한지 물었다.

> 펀: 아니요, 아니에요. 나의 비판적인 부분은 지금보다 부드럽고 동정심이 많아요. 나는 단지 정체를 드러낸 내 자신, 그리고 그녀에게 거절받을 약한 부분을 보여 주고 싶지 않아요.
>
> 수: 그래서 그녀로부터 당신을 보호할 필요가 있네요. 하지만 당신은 더 이상 완벽을 요구하지 않았네요. (펀이 끄덕인다.) 그래서 당신은 안전하게 느껴지고, 멀리해야 할 사람을 선택할

수 있어요. 당신은 더 이상 언니의 '완벽하라'는 요구에 귀 기울일 필요가 없네요. 당신 자신의 인간적인 면을 조금 용서할 수 있었네요. 만일 당신이 자신을 수용할 수 있다면, 결국 언니의 인정은 크게 소중하지 않게 되네요.

편: (껄껄 웃으며) 나는 그것을 이해했어요. 좋아요, 나는 그것을 좋아해요. 놀랍지 않나요? 그것은 아주 단순해요. 그렇게 폭발할 순간이 아니에요. 나는 내 자신을 더 많이 용서하고 있어요. 그래서…… 만일 그녀가 그것을 주지 않는다면…… 좋아요. …… (웃는다.) 이것이 위안이 되네요. 아주 위안이 됩니다.

수: 내 생각에 잘 극복할 수 있을 것 같아요. 당신은 아주 많이 그리고 빨리 배우고 있어요. 당신은 강하고 용기가 있어요. 그리고 당신은 남편과 새로운 방식으로 춤추고 있고, 자신을 부드럽게 대하는 방법을 배우고 있는 것 같고, 그래서…… 아마도 메이는 당신이 원하는 방식으로 반응할 수 없네요. 아마 메이는 자신의 판단을 고수할 필요가 있어요. 묻고 싶은 게 있는데, 아직도 자신이 '불구자처럼' 느껴지나요? 이 말은 다른 사람의 비판이 당신에게 어떤 영향을 주었는지를 묘사할 때 자주 사용했는데 기억하나요?

편: 아니요, 아니에요. 나는 기억 못해요. 아주 오래된 두려움이에요. 아마 그녀는 자신이 옳음을 고수할 거예요.

수: 눈을 감고 그녀에게 "언니가 나를 수용하든 않든 내 고통은 나에게 소중해. 그리고 나는 내가 교착상태에 빠진 장소와 고통에서 벗어나려 했던 순간을, 그리고 후회스러운 일을 했던 때를 받아들일 수 있어."라고 말할 수 있겠어요?

편: (흥분하여) 네, 맞아요, 그래요. 선생님, 그것이 내 가슴을 울리고 있어요. 내 고통은 나에게 소중하고 내 자신을 비판하면서 시간을 낭비하지 않을 거야, 언니가 그렇게 말하면 안 되었어…… 음……

수: 아마, 그것은 마치 "언니가 내가 누구이며 내가 나쁜지 그렇지 않은지에 대해서 말하면 안 되었어."라고 말하고 있네요.

편: 맞아요. 이렇게 말하니까 기분이 정말 좋아요.

지금 나는 이 모든 것에 대해서 눈을 감고 그녀의 방식으로 언니에게 말할 것을 요청했고 그녀는 유창하게 말했다. 이후 나는 재차 말해 볼 수 있는지 물었고, 그녀가 그렇게 말을 했고, 나는 그녀가 아주 깊이 느끼고 있다고 알려 주었다. 그녀는 이것을 했다. 나는 그녀가 이곳에 도달할 수 있었고, 그녀가 원하면 언제든지 이러한 메시지를 들을 수 있다고 말했다.

이후 우리는 회기를 요약하고 위험을 감수한 부분과 발견한 것을 묘사했다(탱고 움직임 5: 통합 및 인정). 편이 댄과의 부부치료에 집중하기 시작했고, 현재로는 다음 이 마지막 회기가 되는 것에 동의했다.

⚭
마지막 회기(8회기)

우리는 편의 부부치료에 대한 두려움과 그녀가 댄의 인정을 믿고 수용하기 얼마 나 힘든지에 대해서 언급했다. 나는 이것을 반감에 대한 경계심이라고 인정해 주 었고, 여전히 수용이 그녀에게 아주 '이상한' '새로운' 것임을 인정해 주었다. 우리 는 두뇌가 '반감의 쓰나미(tsunami of disapproval)'를 처리하는 것에만 훈련을 받았다 면, 누군가의 사랑을 수용하고 누리는 것의 어려움을 안다. 그녀는 내가 사용한 이 미지를 좋아했고, 그것을 기억하겠다고 말했다. [그녀가 환기적 이미지가 인지적 통찰 지향적 진술(cognitive insight-oriented statement)보다 효과적이라고 아주 많이 언급했다 는 사실에 주목하라.] 그녀는 '아주 큰 위험'을 감수했다고 고백했고, 댄에게 다시 돌 아가기를 원했고, 그가 긍정적으로 반응했다고 말했지만 두 사람은 여전히 아주 '조 심스러워 했다'. 그녀는 내적으로 여전히 자신의 수용을 받을 자격에 대해서 갈등하 고 있다고 언급했다. 일반적으로 댄과의 관계에서 많은 희망을 느꼈고, 어머니와 유 대감이 늘어났고, 댄 가족과의 모임에 많이 참석하려 하고, 언니를 만날 때 많이 진 정되었고, 많이 노쇠해지고 지금은 다정해진 아버지와 직면할 필요가 없다는 것을 인식한다고 했다. 그녀는 전반적으로 우울과 불안도 줄었다. 크게 웃으면서 그녀가 내게 "제가 아주 대단히 잘하고 있다고 느껴요. 이전보다 내 자신에 대해서 좋은 느 낌을 가지게 되었어요."라고 말했다.

나는 편에게 "'반감의 쓰나미'는 어떻게 되었나요?"라고 물었다. 그녀는 웃으면서 말했다. "그것이 전면이나 중심에 있지 않아요. 멀어진 느낌이고, 이제 헤엄도 칠 수 있을 것 같아요!" 그리고 계속해서 "오래된 음악이 시작되면, 나는 상담을 떠올리고 '내 고통은 소중해.'라는 생각을 해요. 선생님, 당신은 내 고통을 항상 소중하게 다 뤘어요. 내가 언니를 만날 때 이것이 도움이 되었어요. 우리 가족은 경쟁이 심했고,

그녀는 비판했지만 내가 그것에 굴복할 필요가 없어요. 그리고 아시다시피 내가 좋은 동생이 되지 못하면 손해 보는 사람은 언니예요."라고 말했다. 만일 다른 사람이 그녀의 의도와 정서 현실을 무시하면, 나는 이제 그것을 수용할 필요가 없다고 말해 주었다. 그녀는 동의했다.

나는 편의 마음속 판사가 어떤지 물었고, 그녀는 "지금 그 목소리는 크지 않아요. 내가 숨을 쉬는 정도로 가볍게 느껴져요. 그동안 숨 막혔어요. 내 자신에게도 관대해졌어요. 그리고 선생님의 목소리를 가끔 떠올려요. 그것이 도움이 됩니다."라고 말했다. 그녀는 '굶주림'의 이미지로 돌아가서 그녀의 외도에 대해서 자신을 용서한 것이 진심으로 도움이 되었다고 말했다. 나는 그녀가 이끈 모든 변화와 용기와 열린 마음을 인정해 주었다. 우리는 함께 상담 이야기를 점검하였고, 편이 어떻게 '헤엄'을 배웠고, 자신에게 관대해졌는지에 대한 일관된 이야기를 만들었다.

수: 그래서 처음 치료사를 찾아왔을 때 잠 못 자고 혼자라고 느끼며 절망에 빠져 있던 편을 볼 수 있나요? 지금 그녀에게 무슨 말을 해 주고 싶은가요?

편: (눈을 감고) 나는 그녀에게 말할 수 있어요. "외도로 남은 생을 허비하지 않아도 돼. 그것에 대해 충분히 치렀어. 지금 충분히 고통을 받았어. 언니 같은 사람들이 너를 규정지을 수 없어."

수: 아하. 맞아요. 이렇게 말하면서 기분이 어떤가요? 그녀에게 다시 말해 보시겠어요? (그녀가 끄덕인다.)

편: 평온하고 아주 자유로워요. (나를 보고 크게 웃는다.)

수: 그래요. 그녀는 사랑받을 자격이 있네요. 그녀는 자신이 원하는 것을 요청할 수 있고, 상처를 말할 수 있으며, 상처를 가리거나 숨기지 않을 수 있네요. (그녀가 끄덕이고 내가 고통받은 자신을 그녀에게 말해 보라고 요청하자 그렇게 한다.) 나는 당신이 자신의 취약한 부분에 대해 여기서 했던 부분을 자랑스러워한다고 느껴지네요. 맞나요? (편이 동의한다.) 그녀에게 말해 주시겠어요?

편: 음. 갈등이 약간 되지만 해 보겠어요. (눈을 감고) 너는 몸부림 쳤고 마침내 극복했어. 너를 자랑스럽게 생각해. (나를 보고) 이것에 대해서 연습이 필요할 것 같아요. (키득거린다.)

수: (앞으로 기울여 편의 무릎을 만지며) 좋아요. 편, 당신이 자랑스러워요. 엄청난 일과 여정을 지나왔어요. (편이 운다.) 여기에 왔던 목적을 이룬 것처럼 느껴지네요.

편: 맞아요, 엄청나게 변화되었고, 달라졌다고 느껴져요. 있잖아요, 나에게 무엇이 일어났는지 볼 수 있게 나를 도와주고, 내 머리속을 이해할 수 있는 선생님을 만났어요.

수: 오, 저는 그렇게 생각하지 않아요. 편, 당신이 해냈어요. 그것을 받아들이면 좋겠어요. 초기 상담 중에 계속해서 울었어요, 지금 당신을 보세요!

편: 맞아요, 우리는 고통스러운 많은 일을 다루었어요. 하지만 저는 이제 많은 것을 다루는 방법을 터득했어요. 감사해요.

수: 저 또한 감사해요. 믿어 주셔서 고마워요.

이 회기 끝에 편은 벡 불안척도에서 4점과 벡 우울척도에서 5점을 기록했다. 이는 놀라운 변화이다. 나는 내 자신에게 지금 처리해야 할 사항이 무엇인지 물었다. 아마도 그녀가 나를 기쁘게 만들거나 감사해하는, 좋은 내담자가 되려고 하는 부분이다. 하지만 돌이켜 생각해 보면 척도 점수의 감소는 그녀가 회기에 열심히 참석한 것과 그녀가 이끈 변화를 반영하고 있는 것으로 보인다. 특히 초기 상담 시 불안정하고 심하게 울 때 볼 수 있던 '휘청거리는' '떨리는' 느낌과 같은 그녀의 신체 증상에 현저한 차이가 나타났다. '중등도'로 표시(검사 시 '아주 불쾌해서 참을 수 없음'으로 언급)했다가 '전혀 없음'으로 표시한 '최악의 상황이 생길 것 같은 두려움'과 같은 내용 또한 회기 중 그녀의 말을 반영하고 있다. 마지막 두 회기에 그녀는 때때로 흥분하기도 했지만 빠른 회복력을 보였고, 압도되지 않고 중심을 잡고 평온하고 적절하게 참여했다. 이러한 모습과 평가척도는 덜 부정적이고 자기비판적인 자아감과 타인에 대한 느낌, 즉 대인관계의 변화를 반영한다.

편은 초기에 다소 불안정하고 혼란스러워했지만 자신의 정서에 접근할 수 있어서 비교적 상담하기 쉬웠다. 회기 중 나의 환기적 이미지의 반응에 주목하는 것이 흥미로웠다. 그녀는 그것을 개선해서 적극적으로 활용했다. 그러한 반응은 내담자가 나의 개입에 반응을 잘하고 있고, 빠르게 진전이 된다는 신호가 된다. 만일 편이 자신의 정서에 덜 접촉한다면, 과정은 비슷하겠지만 더딜 것이고, 나는 재초점/재지시적인 개입을 많이 해야 하며, 정서 조합 및 심화 개입을 더 많이 사용해야 한다. 이러한 회기 후에도 편은 훌륭하게 잘했고, 남편과의 부부치료에 충분하게 개입했고, 집을 팔고 남편과 이사했을 뿐 아니라 남편 및 자신의 가족과 재결합을 했고, 언니와의 화해방법을 찾았다.

연습

1. 앞의 상담 기록 중에 다른 방식으로 접근할 수 있다고 생각하는 곳을 두 군데 찾아보라. 무엇을 하고 싶은가? 그렇게 하는 이유를 설명하라.

2. 제3장에서 제시된 내용과 부합되는 개입을 했거나 혹은 효과적인 변화원칙을 설명하는 세 부분을 찾아보라.

3. 만일 당신이 이 부부를 의뢰받았다면 그녀와 상담하면서 가장 힘들다고 느끼는 부분은 무엇이겠는가?

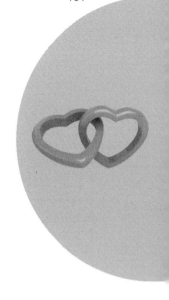

정서중심 부부치료의 안전과 건강 회복

부부가 상대와의 일상적인 대화, 도와 달라는 요청에 대해 반응하는 방식은 그들이 의견 차이를 조정하는 방식보다 더 중요하다.

— K. T. Sullivan, L. A. Pasch, M. D. Johnson, & T. N. Bradbury (2010, p. 640)

사랑이란 바위처럼 가만히 있는 것이 아니라, 빵처럼 항상 다시 새롭게 만들어지는 것이다.

— Ursula K. Le Guin

오래 지속된 부부관계(pair bond)는 인생에서 가장 중요한 목표 중 하나로 여겨진다(Roberts & Robins, 2000). 관계불화가 심리치료를 찾는 가장 흔한 이유 중 하나이며, 북미의 치료사 중 2/3 정도가 부부치료를 한다는 것은 이제 놀랍지 않은 일이나. 하지민 치료사들은 종종 부부치료의 과정이 『뉴욕타임즈(New York Times)』 기사(April 3, 2012)에서 '토네이도 속에서 헬리콥터를 운행하는 것'으로 비유될 정도로 감당하기 힘든 작업임을 깨닫게 된다. 애정관계는 어디서나 쉽게 볼 수 있지만 동시에 누구도 완전히 숙달될 수 없는 복잡한 드라마다. 부부치료사들에게는 이 복잡성을 파악하고 다룰 수 있는 분명한 방법이 필요하다. 부부치료 분야는 치료사들에게 친밀한 관계의 핵심적 속성과 결정적 요소에 대해 다양한 견해를 제시해 왔다.

우리는 친밀한 관계를 협상기술이 가장 중요한 계약으로 볼 수도 있고, 부모와의 관계의 무의식적이고 불가피한 반복으로 볼 수도 있으며, 존중에 기반한 동반자적 우정으로 볼 수도 있다. 관계 역시 넓은 의미에서 단순한 사회적 구성으로 볼 수도 있고, 생물학 및 생물학적 필수요소에 기반한 것으로 볼 수도 있다. 이 책에서 우리는 성인애착에 관한 실재적이며 통합적인 과학의 관점에서 친밀한 관계를 바라본다 (Johnson, 2004, 2013). 그래서 낭만적 사랑을 애착결합, 즉 중요한 타인을 가까이 두고 보호와 지지를 요청할 수 있도록 설계된 핵심적 생존전략으로 이해한다. 그래야 우리는 삶의 불확실성과 위협을 처리하는 과업을 분담할 수 있고, 개방적이고 탐구적인 태도로 세상을 접하면서도 비교적 안전하게 살아남아 성장할 수 있다. Mozart가 말했듯, "사랑은 심연으로부터 마음을 지킨다."

부부대상 애착지향 정서중심치료에 대한 연구

관계 회복에 대한 정서중심치료(EFT)의 접근방식과 애착관점은 관계불화의 근본적 속성과 관련된 최근의 모든 중요한 경험적 발견을 반영하고 있다(Gottman, Coan, Carrere, & Swanson, 1998). 양쪽 모두 다음의 사항을 강조한다.

- 부정적 정서의 영향력: 일례로, 얼굴표정에서 드러나는 부정적 정서는 관계의 장기적 안정성과 만족을 예측하게 한다.
- (다툼의 횟수나 내용보다) 과정의 중요성, 또는 정서적 교류의 특성과 배우자들 간 의사소통 방식
- 요구-회피의 부정적 고리와 담쌓기(stonewalling)의 유해성
- 관계 안정성을 위한 상호적 위안의 고리의 필요성
- 긍정적 정서의 영향력: 행동주의 문헌에서는 이를 긍정적 정서의 압도(positive-sentiment override)라 칭하지만, EFT 분야에서는 좀 더 안전한 연결을 가리킨다.

EFT는 이 모든 요소를 애착의 맥락 내에 두고 애착용어로 설명한다. 예를 들어,

담쌓기가 성인의 친밀한 관계에 왜 유해한지에 대해 애착은 설득력 있게 해설 할 수 있다. 정서적 반응성의 결핍은 안전한 연결에 대한 기대를 무너뜨리고 압도적인 분리불안을 유발하기 때문이다. 애착은 또한 행복하고 건강한 관계를 맺고 있는 남편들이 애착적 불평과 항의를 받아들일 때 어떻게 인지된 비판에 대해서 덜 반응할 수 있는지, 어떻게 그런 행동에 내재된 연결의 시도에 대해 개방적인 태도를 취할 수 있는지도 설명할 수 있다(Johnson, 2003b).

EFT는 결과와 변화 과정의 연구 측면에서 미국심리학회(American Psychological Association)의 부부 및 가족치료 분과에서 제시한 경험적 검증의 기준을 다른 어떤 치료법보다 높고 이상적인 수준으로 실증한다(Sexton et al., 2011). 이 기준에서 요구한 대로, EFT는 다수의 무작위 통제시험에서 검증되었으며, 큰 효과크기(effect size)로 일관적이며 긍정적인 결과를 보여주었다. 다른 개입기법(전통적 행동주의적 부부치료)과도 직접 비교 연구되었고 장기간 추적관찰에서도 안정적 결과를 보여 주었으며, (현재까지 9단계 변화과정 연구에서) 모델의 확립된 변화기제 측면에서도 검증되었다. 그리고 서로 다른 모집단의 각종 문제들, 불화관계 내의 다양한 문제를 해결하는 데 성공적으로 사용되어 왔다. 이 연구에서 유일하게 유의미한 공백은 다양한 문화집단을 망라했을 때의 결과 면에서 아직 체계적으로 검증되지 않았다는 것이다. 비록 임상실제에서는 EFT가 전통적/비전통적 부부, 동성애자/이성애자 부부, 이슬람교/기독교 부부, 동유럽/캘리포니아 부부, 군인/민간인 부부, 일부일처제 부부와 다자 간 연애 커플, 그리고 낮은/높은 사회경제적 지위의 부부에서 성공적으로 적용되고 사용되었음에도 그러하다(연구 요약은 Johnson, Lafontaine, & Dalgleish, 2015 참조; 연구 및 고찰 문헌의 전체 목록은 www.iceeft.com 참조).

관계불화는 다른 정신건강 장애를 촉발시키며 그 반대의 경우도 마찬가지이다. 따라서 EFT가 우울장애와 외상후 스트레스 장애(PTSD)와 같은 문제를 맞닥뜨린 부부들에게도 쉽고 효과적으로 적용된다는 점은 특히 중요하다(Dalton et al., 2013; Denton, Wittenborn, & Golden, 2012). 부부불화는 기분장애, 불안장애 및 물질남용장애와 폭넓은 관련이 있다(Bhatia & Davila, 2017). 이미 언급했듯이 관계불화는 시간이 지남에 따라 우울, 불안 증상을 증가시킨다. 그리고 증상이 발생함에 따라 만족도는 감소한다(Whisman & Baucom, 2012). 높은 수준의 불안형 애착에서 부부불화와 우울장애의 관련성은 증가하고(Scott & Cordova, 2002), 불륜처럼 특히 배신이나 굴욕과 관련된 부정적 관계사건들로 우울 삽화를 예측할 수 있다(Cano & O'Leary, 2000). 배우자로부터의 지지가 없는 것만으로도 우울 삽화의 위험은 증가한다(Wade & Kendler, 2000). 가장 중요한 것은 배우자로부터의 지각된 비난이 수많은 질환의 재발을 예측한다는 것이다(개관은 Hooley, 2007 참조). 이 결과는 배우자로부터의 비난이 가하는 고통에 대해 분명하게 알려 주며, 이는 애착과학의 원리를 고려할 때 지극히 논리적이다.

변화과정 연구

개인치료, 즉 장기 정신역동치료의 결과로 애착 모델과 유형이 약간 변화한다는 것은 확인되었으나(Diamond et al., 2003; Fonagy et al., 1995), 부부 및 가족 치료에서 애착 안정성의 변화를 조사한 연구는 거의 없다. 이 분야야말로 애착대상과의 주요 상호작용에 가장 접근하기 수월하고, 애착반응의 패턴들이 생생하게 드러나고, 잠재력 있는 조정에 대해 개방적임에도 불구하고 그렇다. 본 연구소가 최근 수행한 연구에서 20회기의 EFT는 불안한 파트너와 회피적인 파트너 모두에게서 애착 안정성을 높일 수 있었으며, 이 효과는 2년간의 추적관찰에서도 지속적으로 유지되었다(Burgess Moser et al., 2015; Wiebe et al., 2016). 이 연구는 여성 파트너들의 뇌가 EFT 회기 후에는 배우자의 손을 잡은 상태에서 안전신호를 더 잘 이용할 수 있어서 전기충격의 위협에 대한 인식을 변화시킬 수 있었다는 뇌영상 연구(Johnson et al., 2013)에 의해 확장되었다. 이러한 결과들은 애착이론의 기본전제들을 뒷받침하고, EFT의 분명한 영향력을 생리학적 차원에서 확증한다. 전반적인 애착과학, 그중에서도 특히 EFT는 부부관계와 관련된 신경과학적 과정에 대한 연구와 연관성이 있고 그에 의해 뒷받침된다(Greenman, Wiebe, & Johnson, 2017).

정서적 단절을 줄이고 안전한 결합사건을 만드는 것을 지향하는 치료사, 더 구체적으로는 EFT 치료사인 나에게 이 많은 연구는 무엇을 알려 주는가? 첫째, 일단 내가 EFT 수련을 받고 애착원리를 이해하게 된다면, 내가 만나는 부부 중 70~73%가 8~20회기의 치료가 끝날 때 더 이상 불화를 겪지 않을 것이며, 앞으로도 지속될 변화를 이룰 것이라 예상할 수 있다는 것이다. 또한 약 86%의 불화 부부는 치료 중단을 결정한 시점에서 비록 그들이 원하는 만큼은 아니더라도 상당한 관계 개선이 있다고 보고할 것이다. 많은 연구 결과를 볼 때, 나는 부부들이 정신건강 문제, 특히 외상 경험에서 비롯된 우울, 불안과 씨름하고 있다고 해도 관계적 맥락에서 그 문제를 다룰 수 있고, 관계의 성격과 기분장애의 증상을 변화시킬 수 있다는 자신감을 갖게 된다. 연구 결과들은 내가 두 파트너들과 진정으로 협력적인 동맹을 맺고, 점진적으로 정서를 심화시키고, 더욱 개방적이고 참여적이며 친화적인 상호작용을 만들어 내는 작업을 할 수 있도록 지지해 준다. 특히 EFT 변화사건 내에서 일어나는 서로 반응적인 상호작용은 **위축자 재개입** 혹은 **비난자 순화**라 불리며, EFT의 관계교육 문헌에서는 이를 '날 꼬옥 안아줘요.(Hold Me Tight)' 대화라고 한다. 연구는 내가 딛고 선 견고한 안전 기반이다. 부부들이 내게 치료를 받으러 올 때, 연구 결과들은 나에게 희망과 방향을 제시해 준다.

부부치료에서 문제의 길잡이이자 해결책인 애착

　불화관계에서 본질적 문제는 무엇일까? 후보들은 많다. 갈등 그 자체, 서로 다른 기대와 왜곡된 의사소통, 제약을 가하는 자동적이고 패턴화된 반응들, 기질, 목표, 정신건강, 헌신의 수준 차이 등등. Bowlby라면 우리에게 해로운 의견 충돌은 지나치고, **결핍**—조율된 반응성의 상실 혹은 부재—을 실마리로 삼도록 제안할 것이다. 가장 힘든 시기에 있는 팀과 사라를 관찰해보자.

팀: 나는 이 이야기를 하고 싶지 않아. 왜냐하면 당신이 늘 과장하고, 그래서 내가 항상 잘못된 사람이 되니까. 당신은 실제보다 상황이 더 심각한 것처럼 만들어.

사라: 당신이 내 이야기를 절대 안 믿는 것이 확실하네! 당신에게 나는 사실을 이야기하지만, 당신은 그걸 헛소리라고 무시해. 당신은 내 이야기를 전혀 듣지 않아.

팀: 계속되는 불평에 질렸어. 의미가 없어. 당신은 항상 내가 뭘 잘못하는지에만 집중하니까. 사실 내가 제대로 하는 일이 없는 거겠지. 어제 당신에게 꽃다발을 사 줬지만, 그런 건 중요하지 않잖아, 그렇지?

사라: 내가 아팠을 때는 어땠는데? 당신은 관심도 없었어. 날 무시했지. 일정에 없었으니까.

내가 부비동 수술을 받을 때 당신은 병원에 왔지만 고작 10분 머물렀던 것이 다였어. 게다가 내 아이스크림도 먹었지! 내가 일어났을 때는 당신도 없고, 간호사가 내게 가져다준 아이스크림도 없었어!

팀: 당신이 먹어도 된다고 했어. 나는 이 얘기는 하고 싶지 않아. (무표정한 얼굴로 외면한다.)

사라: 당신은 정말 매정해. 내가 퇴원할 때 날 그냥 차에 밀어 넣었다가 집 앞에 떨궈 주었던 것처럼 말이야.

팀: (침묵하고 한숨을 쉰다.) 이건 정말 의미가 없어. 답답하네. 다른 모든 이야기들처럼 이 이야기도 말을 바꿔서 수명이 연장되기 시작했군. 내가 잘못 생각했어. 어쨌든 난 할 이야기가 없어. 나는 일하러 돌아가야겠어.

애착지향적인 EFT 치료사는 이것을 정서적 단절과 충족되지 않은 애착욕구의 드라마로 이해한다. 이것들은 각 배우자들에게 특히 가장 의지하는 사람으로부터 거절당하고 버림받는 것에 대한 깊은 두려움을 촉발하고 경고음을 울린다. 이 공포에 대처하기 위해 한쪽은 침묵하며 상대 배우자를 차단하고, 다른 한쪽은 배우자의 반응성 결여에 대해 비난하고 항의한다. 양쪽 모두 상대의 취약성을 자극하고 불화와 고립을 유지하거나 강화하는 방식으로 스스로의 취약성에 대처한다. 지금 사라는 팀에게 자신이 중요하지 않다는 무서운 생각에 대해 팀이 반응하게 하려고 노력하면서 분노와 울화를 표현하고 있다. 팀은 사라를 무시하고 방어적으로 대하면서 실패와 거절의 느낌으로부터 도망치려 노력하고 있다. **양쪽은 상대에게 최악의 애착 두려움을 끊임없이 확인시켜 주고 있다.** 나중에 사라가 어느 정도 정서적 균형을 되찾게 되자, 그녀는 '채널을 변경'할 수 있었고, 팀에게 다가가 "팀, 내 고통이 당신에게 중요하지 않은 것처럼 느껴져. 내가 불러도 주위에 아무도 없고 누구도 와 주지 않아. 난 혼자야. 그게 고통스러워."라고 이야기할 수 있었다. 하지만 팀은 여전히 무력감과 실패감에 사로잡혀 있었고, 그녀의 취약성에 조응하는 대신 "난 정말 노력했는데 아무것도 되는 게 없어. 그러니 나는 당신을 도울 수 있는 사람이 아닌 것 같아."라고 말했다. 그러자 고리는 다시 시작되었다.

여기서 보이는 정서들, 그중에서 특히 줄거리의 핵심 맥락인 위협은 강렬한 정도를 넘어 파괴적이다. 간절히 바라던 안전한 피난처가 정반대로 불확실성, 위험 그리고 고통의 근원이 된다. 두려움은 인지체계가 편협해지게 하고 선택 가능한 반응을 제한한다. 파트너들이 춤을 제어할 수 없게 되면 무력감이 발생한다. 이 과정은 양쪽 파트너 모두가 우울, 불안 같은 정신건강 문제에 이환되기 쉽게 한다. 애착관점에서 볼 때, 정서적 음악을 상당한 정도로 변화시키지 못하고 애착 위협을 직접 다루지 못하는 개입은 기껏해야 매우 제한적인 시간 동안 최소한의 효과만 보일 것이다. Zajonc가 기술했듯이(1980, p. 152), "정서는 사회적 상호작용을 지배하며, 사회적 상호작용을 매개하는 주요 수단이다." 그러나 최근까지 그랬던 것처럼 정서를 환기와 카타르시스에 관한 것으로 이해한다면, 이는 부부치료의 치료적 변화 측면에서 그다지 유용한 초점은 아닐 것이다. 실제로 EFT 출현 전까지 정서에 대한 이러한 관점은 기피되었다. 반면 EFT에서는 정서야말로 변화의 주요 대상이자 주체적 요소로 여겨진다. 정서는 배우자 간 결합의 가장 강력한 조직화 요인인 배우자들 사이의 정서적 반응성에서 핵심변화를 일으킬 수 있다. EFT 문헌에서 자주 언급되듯이, 정서는 상호작용의 가장 중요한 관리자이자 파트너들이 추는 춤의 음악이다. 음악을 바꾸지 않고 춤을 바꾸는 것은 거의 불가능하다.

이제 관계 문제는 부부에게 그들이 어떻게 함께 춤추는지, 그리고 어떻게 그들의 정서적 신호가 서로 평정을 잃게 하고 고통스러운 고립에 이르도록 하는지에 대한 것으로 구조화된다. 고립감은 배우자들의 신경계에 위험신호이다. 고립감은 배우자들의 반응 레퍼토리를 제한하고 부부의 부정적 춤을 유지시키는 경향이 있다. 또한 안전한 연결의 결핍은 불화 중 채널을 변경할 수 있는 능력, 서로에게 효과적으로 다가갈 수 있는 능력을 마비시킨다. 이 문제에 대한 첫번째 해결책은 배우자들이 그들의 관계를 애착의 춤으로 이해하도록, 그들이 서로에 대한 영향력을 인식하고 부정적인 춤과 그로 인한 불안정을 줄이기 위해 함께하도록 돕는 것이다. 두 번째로, 배우자들이 안전한 연결에 대한 서로의 애착욕구에 다가가고 반응하는 긍정적 춤으로 나아가도록 돕는 것이 필요하다. EFT의 변화사건에 대한 연구들과 애착과학에서 제시된 안전한 결합의 핵심요소들은 이 긍정적 결합의 춤의 가장 핵심적인 부분이 앞서 언급한 날 꼭 안아줘요 대화라고 설명한다. 그 상호작용 안에서 양쪽 배우자들은 그들의 부드럽고 취약한 정서를 견디고 이름을 붙이고 공유할 수 있게 된다. 다시 말해, 그들은 정서적으로 접근 가능하고 반응적이고 서로에게 관여할 수 있게 된다. 이것은 중요한 교정적 정서경험이다. 이러한 때에 애착공포는 진정되며, 자신과 타인에 대한 작동모델이 변화하고 상호 행동의 레퍼토리가 확장된다. 변화사건들은 EFT 종료 시점 및 추적관찰에서 성공적 결과를 일관되게 예측한다(Greenman & Johnson, 2013). 또한 변화사건들은 애착의 변화, 특히 불안형 애착의 변화와 애착 손상의 용서와 같은 주요 관계요인들의 변화를 예측한다(Makinen & Johnson, 2006). 이제 양쪽 파트너들에게 관계는 사용할 수 있는 안전한 피난처이자 출발점이 되는 안정기반으로 재정의된다.

팀과 사라에게 날 꼬옥 안아줘요 대화는 어떻게 이루어졌을까? EFT의 1기인 안정화(부부치료 문헌에서는 단계적 약화로 불림)에서 치료사는 부부가 부정적 고리를 확인하도록 도왔고, 부부는 이를 '아이스크림 춤'이라고 부르기로 결정했다. 여기서 사라는 버림받고 무시당한다고 느낀다. 그래서 '남편에게 맞서 반대의견을 주장함으로써' 남편에게 다가가려 노력한다. 팀은 그녀의 고발을 들어도 늘 '재판받는 중'이라 여기기 때문에 외면한다. EFT 회기를 통해 그들은 어떻게 서로 상대의 비상벨을 울리는지, 어떻게 자기보호에 돌입하는지 파악하기 시작했다. 고리의 빈도, 속도, 가속도는 줄어들기 시작했다. 예를 들어, 팀은 이제 "이런 것이 내가 무관심하고, 당신을 고립무원의 상태로 내버려 둔다고 느끼는 순간들 중 하나야? 나는 당신이 그렇게 느끼길 바라지 않아."라고 물어볼 수 있게 되었다. 그가 물어본다는 사실 자체가 사라를 진정시켰고, 다른 종류의 대화로 향하는 문을 열어 주었다. 2기(재구조화)에서 날 꼬옥 안아줘요 대화를 통해 양쪽 파트너들은 의사소통의 채널과 수준을 변화시켰다. 팀은 "내가 정말 외면하긴 했어. 달리 어떻게 해야 할지 모르겠어. 완전히 망쳤다는 끔찍한 기분에 사로잡혀서 난 도망치는 거야. 하지만 더 이상 이러고 싶지 않아. 나는 당신을 사랑하고 있고, 당신이 그걸 믿을 수 있기를 바라. 당신이 날 도와줄 필요가 있는 것 같아. 내가 가끔 실수를 해도 여전히 괜찮을 수 있을까?"라고 말할 수 있었다. 사라는 그를 안심시킨 다음, 팀과 타인에게 자신이 전혀 중요한 존재가 아니라는 그녀 자신의 두려움에 다가갔다. 이는 과거 그녀의 우울증과 관련된 문제들을 악화시켰다. 그녀는 솔직하고 환기적인 애착적 분위기 속에서 그에게 말했다. "나는 다른 사람이 내 상처나 두려움에 관심을 가질 것이라고 정말로 확신한 적이 없어. 내가 그걸 바랄 권리가 있는지조차 모르겠어. 내가 그런 요청을 해도 되는지, 그리고 당신이 내 곁에 있기 위해 최선을 다할 것인지 알고 싶어. 그래도 될까?" 두려움과 욕구에 대한 분명하고 정제된 메시지는 사람 내면의 배려와 공감을 자연스럽게 불러일으킨다. 두려움을 조절하고 분노를 해결하는 것처

럼 진이 빠지는 정서조절 업무로 방해받지 않는다면 말이다. 이런 종류의 변화사건
들은 우리의 사회지향적이고 애착지향적인 두뇌에 엄청나게 중요한 것으로 등록되
어 있는, 안전한 결합의 춤으로 부부를 인도한다. 이 사건들은 파트너들이 자신과
상대를 바라보는 방식을 바꾸고, 그리하여 파트너들의 내적 작동모델도 변화한다.
또한 관계에 대한 유능감과 자신감을 상승시키고, 관계에서 장기적 행복과 연결되
어 있는 솔직한 반응성을 새롭게 일깨운다(Huston, Caughlin, Houts, Smith, & George,
2001). 애착 문헌들은 안정된 성인은 이런 변화사건들에서처럼 자신의 욕구를 잘
인식하고, 좀 더 효과적으로 도움을 주고받을 수 있으며, 다툴 때 언어적으로 공격
적이거나 철수할 가능성이 적다는 것을 분명히 밝힌다(Simpson, Rholes, & Phillips,
1996; Senchak & Leonard, 1992).

∞
사례개념화와 평가

커플을 위한 EFT의 평가는 이전 문헌(Johnson, 2004; Johnson et al., 2005)에 기술되
어 있으나, 여기에서도 간략하게 요약할 것이다. 대부분의 EFT 연구가 관계 만족도
에 대한 자가보고 설문지로 DAS(Spanier, 1976)를 사용해 왔지만 최근에는 CSI(Funk
& Rogge, 2007)가 활용되고 있다. 이 책의 부록 1에 기술된 애착 설문지와 벡 우울 및
불안 척도(Beck et al., 1996; Beck & Steer, 1993)와 같은 다른 설문지들은 치료사의 재
량에 따라 사용될 수 있다. 치료사들은 배우자들이 어떻게 애착 두려움과 욕구에 대
처하는지에 대해 전반적 인상을 파악하는 신속한 방법으로『날 꼬옥 안아줘요(Hold
Me Tight)』(Johnson, 2008a, p. 57)의 A.R.E. 설문지 또한 사용하고 있다.

치료 시작하기: 첫 회기의 과정

어떤 치료든 치료의 첫 번째 과제는 치료적 동맹 안에서 안전을 만드는 것이다.
부부치료의 분명한 난관은, 서로 다르고 자주 충돌하는 각자의 경험세계 속에서 지
내는 내담자들과 안전을 만들고 유지해야 한다는 것이다. 게다가 그것도 내담자들
이 서로를 지켜보는 와중에 동시에 이루어져야 한다는 것이다. 안전의 형성은 부부

를 알아 가는 과정, 개방적이고 솔직하고 탐색적인 분위기를 조성하는 과정에서 결정적인 부분이다. 한편 치료사는 첫 번째 회기에서 파트너들과 그들의 관계를 평가하고, 효과적인 개입을 위해 필수적인 치료 중의 정서적 안전을 훼손시키는 EFT의 금기가 있는지도 확인한다. 파트너들 사이에 현재 진행 중인 심각한 폭력, 파트너에 대한 애착과 경쟁하고 있으며 치료받지 않는 상태로 진행 중인 중독, 부부관계에서 신뢰의 재형성을 방해하게 될 현재의 불륜 등이 금기에 포함된다. 치료사는 또한 자신이 내담자의 치료 목표에 협력할 수 있는지, 파트너들이 적합한 목표를 가지고 있는지에 대해서 확인할 필요가 있다. 내담자인 메리의 유일한 치료 목표가 조용하고 우울한 남편의 '결함이 있는 성격'을 개선하는 것으로 보이고, 스스로에 대해 탐색할 의도는 없는 것 같다는 내 설명을 메리가 인정했을 때, 나는 이는 부부치료사가 동의할 수 없는 목표이고 게다가 실제로 달성할 수도 없는 목표라고 설명했다. 어쨌든 그녀의 남편 역시 이런 목표에 조금도 동의하지 않을 테니까! 그 후 치료사는 각 내담자의 상황을 공감적으로 반영하되 부부치료에서 무엇이 가능한지, 치료사가 진정으로 협력할 수 있는 작업이 무엇인지를 명료화한다.

평가과정은 EFT 문헌(Johnson, 2004; Johnson et al., 2005)에 기술되어 있다. 평가과정은 두 번의 공동 회기와 각 파트너와의 한 번의 개별적 개인회기로 구성된다. 개인회기는 기밀이다. 그러나 만약 치료를 시행하기 위해 공동회기에서 다루어질 필요가 있는 문제들이 드러난다면, 치료사는 내담자에게 그들의 관계 목표를 지향하는 방식으로 그 문제들을 공유할 수 있도록 돕겠다고 설명한다. 치료사가 파악하지 못한 비밀이나 드러나지 않은 문제들에 의해 치료가 훼손되지 않으려면 이런 회기들이 필요하다. 이 개인회기에서는 내담자가 아이일 때 누구에게 의지했는지, 신뢰형성을 어렵게 하는 어린 시절 폭력, 배신 혹은 유기의 이력이 있는지를 포함하여 관계와 관련된 개인력의 탐색이 이루어진다. 또한 관계 내에서 현재 존재하는 위협이나 폭력에 대한 탐색도 가능하다(커플 내 폭력에 대한 EFT의 입장과 유사하며 명료한 요약 논문으로는 Bograd & Mederos, 1999 참조). 개인회기에서 치료사는 내담자가 대체로 파트너를 어떻게 경험하는지 뿐만 아니라 파트너에게 알리기 어려운 다른 경쟁적 애착, 이를테면 불륜이나 강박적인 포르노 사용과 같은 성적인 문제가 있는지도 탐색할 수 있다.

임상적 경험상 EFT에 숙련된 치료사들은 개인회기에서 드러난 비밀스러운 고백을 상대적으로 수월하게 그리고 건설적으로 관리한다. 어쨌든 기만은 오랫동안 유지되기 어렵고, 향후의 안전한 연결에도 확실히 해롭다. 이 지점에서 평가와 치료는 함께 이루어진다. 예를 들어, 회기 중 나타나는 부부의 부정적 상호작용 고리를 설명하는 것을 EFT 치료지침에서는 의례적으로 2단계로 지칭하지만, 이는 종종 첫 번째 회기에서도 시작된다. 평가에 설문지 사용을 포함할 수 있지만, 이는 이후의 EFT 회기와 같은 태도로 수행한다. 절차는 각 내담자의 경험, 관계의 과정 및 패턴을 명료화하고 일관성 있게 이해하는 것에 중점을 두면서도 예의 바르고 협력적으로 이루어져야 한다. 선진국과 개발도상국 모두에서 관계에 대한 교육이 전적으로 부족하다는 점을 고려해서 치료를 시작할 때부터 모든 파트너의 가장 기본적인 욕구에 관심을 가지고 그들의 이야기가 이해된다고 안심시켜야 한다. 그들과 그들의 파트너들이 나쁘거나 이상한 것이 아니고, 우리는 이 관계를 이해할 수 있고 노력하여 바꿀 수 있다고, 다시 말해 희망이 있다고 안심시켜야 한다. EFT 치료사에게는 이러한 확신을 주는 관점과 역량, 연구 기반이 있다.

평가는 보통 다음의 열두 가지 질문을 다룬다.

1. 부부는 어떻게 치료를 받기로 결정했는가? 촉매는 무엇이었는가? 각 파트너는 치료에 오는 것에 대해 어떻게 느끼는가?

2. 각 파트너의 목표는 무엇이며, 만약 치료가 성공한다면 어떤 변화가 일어날까?

3. 두 사람은 어떻게 만났고 (만약 그들이 현재 그렇다면) 관계에 헌신하게 된 것인가? 그리고 초반의 관계는 어떠했는가?

4. 어떻게 상황이 악화되기 시작했는가? 각 파트너들은 불화의 핵심요인이 무엇이라고 생각하는가?

5. 가 파트너들은 어떻게 상대에게 상처를 주고 화나게 했는가? 간절히 필요로 했던 때의 유기나 불륜, 배신과 같은 특정한 손상이 있는가?

6. 갈등 또는 냉담한 기간은 어떻게 시작되고 유지되고 끝나는가?

7. 만약 파트너들이 서로에게 기대지 않고 정서적으로 서로 돌보지 않는다면, 그들은 정서를 어떻게 조절하는가?

8. 각 개인의 관점에서 볼 때 관계의 강점은 무엇인가? 그들은 여전히 즐거움을

느끼고, 일상을 공유하고, 애정을 표시하고, 사랑을 나눌 수 있는가?

9. 그들의 결합이 분명하며 '지각되는' 순간들이 있는가? 언제 그들은 서로의 곁에서 함께할 수 있는가? 혹은 과거부터 의지해 온 관계의 좋은 점이 있는가?

10. 그들 모두 여전히 관계를 위해 노력하는 것에 헌신적인가? 만약 그렇지 않다면 그들의 양가감정을 촉발하는 주요 원인은 무엇인가?

11. 그들은 평범한 하루 속에서 함께하는 일정이나 시간, 상호작용에 대해 당신에게 표현할 수 있는가?

12. 일상에서 커플이 고군분투하는 문제—양육 문제, 직업 문제, 건강 문제, 우울, 불안, 중독의 문제 혹은 다른 정신 건강 문제—는 무엇인가? 그리고 이러한 문제들은 그들의 일상적 상호작용에 어떻게 영향을 미치는가?

치료사는 부부들의 반응을 현실적이고 구체적인 방법으로 탐색한다. 이를 통해 치료사와 부부는 부부가 상호작용하는 과정, 갈등이나 소원함에 사로잡히는 과정, 관계 문제를 해결하려 노력하는 과정, 그리고 주요 순간에 각자의 정서를 조절하는 방식에 대해 이해할 수 있게 된다. 치료사가 부부에 대한 정보를 해설하고 통합하는 방법 자체에 애착체계가 내재되어 있다. 치료사는 "누구나 그들의 관계의 춤 안에 갇혀 있어요. 우리 모두는 배우자의 부정적 반응에 매우 예민해요. 왜냐면 배우자들이 우리에게 너무나 중요하고, 우리는 그들에게 의지하고 있기 때문이죠."라든가 "우리 모두는 가끔 배우자들의 신호를 그리워합니다. 관계 속에서 외롭다고 느끼는 건 너무 힘든 일이에요. 그건 모두를 아프게 해요, 우리 중 가장 강한 사람조차도요. 왜냐면 단지 사람이 그렇게 만들어졌기 때문입니다."라는 식으로 인정하고 정상화하는 이야기를 할 수 있다.

평가단계 동안 치료사는 배우자들에게 상호작용하도록 요청해서 배우자들이 드러내는 상호작용의 패턴을 직접 볼 수도 있다. 나는 "당신의 배우자가 당신이 얼마나 힘들어하는지, 얼마나 화가 났는지 정말로 알고 있다고 생각하나요? 당신은 그에게 이야기할 수 있겠어요? 그가 이해할 수 있도록 도와주세요."라고 요청하기도 한다. 일반적으로 치료사는 분리 고통과 그것에 내재된 위협이 정서적이고 상호작용적인 혼란을 일으킨다고 생각한다. 배우자들은 그들 자신의 버거운 정서를 감당하고 그들이 갇혀 있는 승산 없는 딜레마를 해결하는 데 몰두하기 때문에 각자 서로에게 어느 정도로 부정적 영향을 미치는지 전혀 모른다. 둘 중 어느 쪽도 상대에게 진정으로 다가가 자신의 욕구와 두려움에 대해 조리 있게 이야기할 수 없다. 만약 이런 일이 일어나기 시작한다고 해도, 그 어느 쪽도 신뢰와 확실한 공감을 이용하여 긍정적인 반응을 보이지 못한다. 앞서 언급했듯이, 자기보호는 감옥이 된다. 정말로 그것은 독방에 감금된 것과 같다!

연구에 따르면 EFT 개입은 동맹 구축에 효과적이며, 부부 분야의 핵심 쟁점인 치료 중단은 대체로 문제가 되지 않는다. EFT의 결과 예측변인에 대한 연구에서 치료적 동맹은 결과에 20% 영향을 미치는 것으로 밝혀졌다. 이것은 개인치료에서 동맹이 미치는 영향의 2배에 해당된다. 흥미롭게도 만약 동맹이 세 가지 요소—치료사와의 유대관계, 목표에 대한 합의 그리고 치료사가 설정한 과제의 지각된 관련성—에 의해 구성된다고 본다면, EFT의 결과에 가장 큰 영향을 미치는 것은 과제요소이다. 이는 EFT 치료사들이 내담자들과 공유하는 일관적인 피드백과 일치한다. 폴은 5회기를 마치면서 나에게 다음과 같이 말했다.

"당신이 어떻게 이런 걸 아는지 모르지만, 당신이 일하는 방식은 우리에게 딱 맞아요. 이건 우리 관계와 우리의 모든 다툼을 너무나 잘 포착하는 것 같아요. 당신이 상황의 핵심을 짚으면 모든 것이 분명해져요. 제가 초반에 상당히 비협조적이었다는 걸 알아요. 저는 아내에게 정서적인 이야기를 하는 위험을 감수하는 걸 원하지 않았지만 그렇게 했죠. 왜냐면 당신이 정말 중요한 문제에 우리가 관심을 가지도록 한다는 걸 속으로는 알고 있었기 때문이에요. 그래서 우리는 조금도 개의치 않고 이것저것을 논의할 수 있었어요. 이건 정말 나를 움직여요. 난 이것이야말로 우리가 가야 할 길이라는 걸 알아요."

경험적 기법과 애착의 통합이 EFT에서 치료적 동맹을 만들어 낸다. 이 사실은 우리가 일단 내담자의 정서적 현실에 조응하고 그들의 고통, 특히 상대에게 보이지 않고 받아들여지지 않는 고통에 진정으로 귀 기울인다면 내담자가 하는 모든 행동이 아무리 자기파괴적이더라도 이해 가능하다는 것을 의미한다. 사람들이 자신의 감정을 조합하는 방법, 다른 사람과 관계를 맺는 방법에는 깊이 있는 본질적인 논리가 있다. 우리 모두는 스스로를 보호하면서도 타인과 함께 하는 방법을 배웠지만,

우리가 배운 방법의 예상치 못한 결과로 인해 인생의 어느 시점에서 어려움을 겪는다. 우리가 치료사로서 경청할 때 그 어려움에 대해 보일 수 있는 유일한 반응은 자비(compassion)이다. EFT에서 안정적이며 회복탄력적인 동맹을 구축하기 위해 사용하는 중요한 개입기법은 치료사가 내담자의 내적·외적 현실을 비판단적으로 반영하고 지속적으로 인정하며 정상화하는 것이다. 치료사는 그 자신이 다가가기 쉽고 반응적이고 참여적인 존재가 되도록 의도적으로 노력하여 안전한 애착의 모델이 된다. 또한 치료사는 치료과정 자체 그리고 내담자가 이 과정에서 보일 수 있는 그 어떠한 반응도 개방적으로 논의한다. 예를 들어, 나는 다음과 같이 이야기한다. "준, 지금 나를 도와줄 수 있나요? 내가 당신에게 조금만 더 당신의 감정을 유지하면서 경험해 보도록 요청할 때마다 당신은 다른 주제에 대해 이야기하기 시작하고 나를 불편해하는 것처럼 보여요. 혹시 당신은 익숙하지 않은 무언가를 하는 것이 어려운 걸까요? 혹시 내가 당신을 좀 더 도와줘야 할까요? 아니면 당신은 나에게 그만 요청하라고 말하고 싶은가요?" 치료사는 대리 애착대상이다. 치료사는 귀 기울이는 부모처럼 내담자의 연약한 부분에 조율하고 취약성과 그것이 보여 주는 딜레마를 직접 다룬다.

요즘은 치료를 시작한 부부에게 『날 꼬옥 안아줘요』(Johnson, 2008a)라는 책을 읽거나 오디오북으로 듣도록 요청하는 것이 일반적인 관행이다. 이 책은 애착과정을 설명하고 정상화하며, 단절과 불안정에 갇힌 커플들이 안전한 결합에 도달하는 과정에 대한 많은 이야기와 이미지를 담고 있다.

EFT 탱고 움직임은 이미 제3장과 제4장에서 검토되었다. 부부를 위한 EFT의 전반적 과정은 부부치료 문헌[www.iceeft.com 목록에 등재된 출판물들 및 EFT의 기초 서적(예: Johnson, 2004)]에서 여러 차례 기술되었다. 그래서 이제 우리는 탱고의 핵심적인 메타개입 기법과 이를 특히 부부에게 적용했을 때의 변화과정을 살펴보고, 치료의 각 단계에 대한 설명과 통합할 것이다. 탱고를 적용하는 방법은 서로 다른 치료방식에 따라 약간의 차이를 보인다. 예를 들어, 탱고 움직임 1, '현재과정의 반영'을 실행할 때, 부부치료사는 특히 부부의 부정적 상호작용 고리에서 가장 핵심적인 요소와 애착적 의미를 기술하는 것에 초점을 맞춘다. 치료사는 춤을 구체적인 방식으로 설명하여 파트너들이 춤을 만들어 내는 과정을 이해하도록 하고, 뿐만 아니라 춤이 파트너들의 관계를 점령해도 함께 통제할 수 있는 과정으로서 인식하게끔 한다.

1기: 안정화-과정과 개입기법

　　부부개입의 첫 번째 단계에는 부정적 고리 혹은 춤의 단계적 약화가 포함된다. 대개 불평과 비난에 이어 거리두기와 담쌓기가 나타나고, 이는 부부의 관계를 장악하고, 지속적으로 불안과 불화를 일으킨다. 목표는 새로운 희망과 주인의식(sense of agency)으로 관계를 안정시키는 것이다. 1기의 주요 과제는 부부의 관계 속 부정적 고리를 설명하고 배우자들이 함께 이를 줄여 나가도록 돕는 것이다. 그리고 치료사는 좀 더 나은 정서조절 전략, 참여전략이 될 수 있는 방법으로 배우자들이 연약한 정서를 처리하도록 돕는다. 일단 배우자들이 메타관점에 도달하여 부정적 춤을 그들 공동의 적으로 보게 된다면, 그들은 파트너를 더 잘 받아들이기 시작하고 관계도 더 나아진다. 안절부절못하며 비난하던 배우자는 "내 아내는 너무 냉정해요. 그녀는 내 반쪽이 아니에요. 사실 그녀는 같이 살 수 없는 사람이고, 그녀 가족도 다 똑같아요."라는 태도를 보이다가 "나는 그녀를 더 필요로 한다는 내 메시지에 그녀가 얼마나 예민하게 반응하는지 전혀 몰랐어요. 때로 내가 상당히 비판적으로 이야기했나 봐요. 지난 밤에 그녀가 '여보, 진정해. 지금 당신은 차단되는 느낌이야? 나한테는 그 압박감, 실패한다는 기분이 시작되는 것이 느껴져. 우리의 그 소용돌이 춤이 시작된 거야. 우리 서로 놀라게 하지 말자. 우린 그럴 필요 없잖아.'라고 했어요. 그런 건 좀 다른 거 잖아요?"라는 태도로 옮겨 갈 수 있게 된다. 이제 부부는 그들의 춤을 이해하고 공동조절로 나아가 평형을 이루고 건설적인 공동행동을 하도록 서로 돕는다. 만약 우울증이나 불안과 같은 공존질환이 문제 상황의 한 부분이라면, 이를 고리에 대한 설명에 포함시킨다. 부정적 상호작용에 의해 공존질환이 촉발되는 과정, 유지되는 방식을 간략하게 설명한다. 부정적 관계사건은 우울 등의 증상을 유발하고, 우울은 상대 배우자에 대한 사회적 지지가 감소되는 결과를 가져온다. 지지가 줄어드는 것으로 인해 다시 관계불화가 촉발되며, 종종 양쪽 파트너 모두에게서 증상이 유발된다(Bhatia & Davila, 2017). 애착 손상이라 불리는 과거의 외상적 관계사건, 즉 중요한 필요의 순간에 버림받거나 배신당하여 애착기대가 무너진 사건도 이렇게 설명에 포함시킨다.

EFT 1기의 탱고

이제 EFT의 치료단계에 대한 설명과 EFT 탱고에서 제시하는 반복적인 과정 및 개입기법을 통합한다.

EFT 탱고 움직임 1: 현재과정의 반영-고통스러운 춤에 대해 설명하기

친밀한 상호작용을 특징짓고 부부의 애착 성격을 결정하는 핵심적인 반복적 패턴들은 한정적이다. 불화관계에서는 네 가지 부정적 고리를 확인할 수 있다 (Johnson, 2008).

1. 상대적으로 짧고 급변하는 **공격-공격 고리**: 공격성과 비판적 비난이 고조되는 것이 특징적이다. EFT 치료사는 이를 '**나쁜 사람 찾기**(Find The Bad Guy)'라 부르는데, 항상 관계불화에 대해 누가 더 비난받아야 하는지 혹은 두 파트너 중 누가 더 사랑받을 수 없는 사람인지에 관해 싸우기 때문이다. 상대의 잘못을 밝히려는 행동은 부부관계를 집어삼키고 있는 불화의 격랑을 통제하고 있다고 순간적으로 착각하게 한다.

2. **비판-철수 고리**: 가장 흔하고 끝없이 반복된다. 이 특정 고리는 관계의 파경을 예측하는 것으로 밝혀졌다(Johnson, 2008). EFT 치료사는 종종 이를 '**항의하기**(Protest Polka)'라고 부른다. 왜냐하면 한 배우자가 노골적으로 단절에 대해 항의하기 때문이다. 비록 자신의 분리 고통을 감추는 공격적인 방법이긴 하지만 말이다.

3. **냉담과 회피**(Freeze and Flee) 고리: 소진되고 좌절한 두 배우자가 퇴각하여 서로를 의도적으로 피한다. 이전에 추적하던 파트너에게 이것은 흔히 관계를 애도하고 분리로 나아가는 시작점이기도 하다.

4. **혼란과 양가감정**(Chaos and Ambivalence) 고리: 한 파트너가 친밀함을 요구한다. 하지만 정작 친밀함이 주어졌을 때는 원했던 대상에게 취약해지는 것에 내재되어 있는 위험이 반응적 방어와 거리두기를 유발한다. 그리고 이는 상대가 좌절해서 철수하도록 만든다. 이 고리는 보통 겁에 질린 회피적 애착유형을 반영한다. 이 유형에서는 대부분 적극적인 파트너가 연결에 초조하게 매달

리다가 회피적인 태도로 바뀌어 철수한다.

　이 양가적 반응은 아동기의 외상적이었던 애착의 과거력과 관련되어 있다. 그 애
착에서는 갈망했던 친밀함에 항상 압도적인 고통과 위협이 스며들어 있었다. 과거
의 애착대상이 그랬던 것처럼, 배우자는 안전의 근원인 동시에 위협의 근원이다. 모
든 상호작용은 위험한 연결과 고립 중 하나를 택해야 하는 진퇴양난에 가깝다. 일반
적으로 정서조절의 과제가 복잡할수록, 그리고 배우자의 애착력이 혼란스럽고 압
도적일수록, 고리에 더 많은 구성요소가 있고 커플의 춤에서 촉발요인들과 정서적
배경음악은 더 빠르고 강렬하다.

　EFT 치료사가 회기 중 드러난 부부의 고리에 이름을 붙이고 이를 다루기 위해서
는 어떻게 해야 하는가? 먼저 치료사는 부부의 대화를 주의 깊게 관찰하여 핵심 패
턴을 찾아야 한다. 이때 종종 비언어적 행동이 핵심이 된다. 위축자도 가끔 감정을
더 이상 억누를 수 없어 폭발할 수 있겠지만, 위축자의 습관적인 전략은 철수이며
이를 촉발하는 요인은 보통 매우 분명하다. 그래서 닐은 아내가 관계 문제를 꺼내어
추궁하기 시작하자 "지금 나가고 싶어."라고 말했다. 부부의 고리를 대략적으로 설
명하는 세부 단계는 탱고 움직임 1, '현재과정의 반영'의 한 부분으로, 다음과 같이
이루어진다.

- 치료사는 부부의 춤의 **구체적 단계**에 주목한다. 그리고 이를 단순하고 중립적
  이며 구체적인 언어—동사가 가장 좋다—로 **설명한다**.

　"프레드, 당신이 조용하지만 강력한 목소리로 이 관계가 얼마나 '망가졌는지',
　그리고 어떻게 메리가 변하면 되는지에 대해 이야기할 때 나는 메리, 당신이 고개
　를 돌려 외면하고 침묵하는 것을 알아차렸어요. 그리고 메리가 화제를 바꿨어요.
　그러자 프레드, 당신은 화를 내면서 메리가 바꿨으면 하는 것들을 계속 지적했어
　요. 제 말이 맞나요?"

- 부부가 춤추는 방법, 그들의 연결과 단절 패턴에 초점을 맞춘다. 또한 치료사
  는 움직임에 수반되는 **표면적 정서에 주의한다**. 예를 들면, 프레드가 점점 강도

높게 이야기하지만 메리는 마치 아무것도 느끼지 못하는 양 차단하는 것처럼 보인다는 점을 관찰한다.

- 치료사는 순환하는 고리 안에서 각 파트너들의 움직임을 상대의 움직임과 명확하게 연결시킨다. 이는 부부의 춤이 자동적으로 지속되는 피드백 회로라는 점을 알려 준다. 치료사는 상대방이나 배우자들 간의 차이가 아닌 **고리를 적으로 규정**한다.

"프레드, 당신이 얼마나 메리가 나아지기를 원하는지, 그리고 당신이 얼마나 좌절감을 느끼는지 메리에게 분명하게 이야기하려 노력할수록, 당신이 당신 이야기를 들으라고 그녀를 재촉할수록, 메리, 당신은 더 외면하고 차단하네요. 당신은 당신이 프레드를 실망시킨다는 이야기를 차단하고 있는 것 같아요, 그런가요? 그리고 메리가 프레드를 차단하고 밀어낼수록 프레드, 당신은 당신의 주장을 전달하려고 더욱 애를 써요. 그러면 메리, 당신은 프레드가 당신을 '가르치려는' 것이라 생각하죠. 그리고 프레드가 '모두 지쳐서 포기해 버려요. 우리는 며칠씩 말을 하지 않아요.'라고 말했던 것처럼 될 때까지 더욱 차단하고요. 두 분 모두 훈계와 차단의 끔찍한 춤에 붙잡혀 있군요. 이 춤은 여러분 관계 전부를 장악했어요. 여러분이 아이들에 대해 이야기하든 섹스에 대해 이야기하든 아니면 같이 보내는 시간과 관련된 문제를 이야기하든 말이에요."

- 치료사는 이 장면을 **정상화시켜 구조화하고 애착의 중요성을 덧붙인다**. 애착과 EFT에 대한 문헌들은 상호작용적인 움직임과 전략들에 대해, 그리고 그것들이 내면적 정서와 자신 및 타인에 대한 작동모델이 구성되는 방식과 어떻게 연결되는지에 대해 치료사에게 지도를 제공한다. 따라서 치료사는 자신감을 가지고 추측하여 이 세 가지 모두를 연결시킬 수 있게 된다.

"많은 연인이 이런 종류의 춤에 갇히게 돼요. 여러분이 그 안에 빠져 있을 때는 알아채기가 힘들어요. 얼마 지나면 이 춤은 여러분을 지치게 만들어요. 점차 자동적으로 굴러가게 되죠. 종종 여러분은 서로 다른 세상에 있는 것처럼 느끼게 돼요. 이 춤이 두 분을 고립시켜요. 여러분이 어떤 이야기를 하든 아무도 듣지 않고 하찮

1기: 안정화-과정과 개입기법   169

게 여기는 것처럼 느끼게 되거나 아니면 비난받는 것처럼 느끼게 되죠. 당신이 좋은 배우자가 아니라서 다 망치고 있는 것처럼 느끼게 되고요. 그러면 더 비난받는 것을 피하기 위해 몸을 사리는 것이 안전하게 여겨지게 돼요. 당신도 그런가요? 제가 잘못 이해하고 있다면 알려 주세요."

- 파트너들이 그들의 부정적 춤에 이름을 붙이는 것은 부부가 메타관점을 갖고 상황이 발생할 때 식별할 수 있도록 하는 것에 도움이 된다.

일단 고리가 분명해지면 치료사는 고리가 발생할 때, 부부싸움 이야기나 과거 사건에서 드러날 때, 그리고 치료에서 드러나려 할 때마다 계속 반영한다. 부부 스스로가 고리를 인식하고 설명할 수 있게 되면서 치료사의 조언은 줄어든다. 이는 모든 EFT 회기의 한 부분이지만, 치료가 진행됨에 따라서는 가끔 배경으로만 언급되기도 한다.

EFT 탱고 움직임 2: 정서 조합 및 심화

유능한 부부치료사의 가장 중요한 기술은 부부의 춤이라는 큰 그림에서 개인의 정서 구조라는 소우주, 즉 그 사람의 내면세계로 **채널을 바꾸는 능력**이다.

제4장에서 설명한 EFIT 치료과정과 같이 치료사는 상대 배우자와의 상호작용에 의해 늘 준비되는 개인의 내면세계로 이동하여 상호작용적 춤이라는 표면 아래의 더 부드럽고 더 깊은 애착지향적인 정서에 내담자들이 다가가도록 돕는다. 이 정서는 사람들을 연약하게 만드는 것으로, 사람들은 흔히 배우자들뿐만 아니라 스스로에게도 이 정서를 숨긴다. EFIT에서처럼, 치료사는 호기심 어린 태도를 취하고 촉발요인, 최초의 지각, 신체반응, 사고와 결론, 이어지는 행동 경향에 대해 환기적 질문을 던진다. 그리고 명료화되고 더 잘 조직된 정서를 구성하고 표현하도록 설명하고 정제한다.

치료사는 안정애착 과정에 방해가 되는 순간을 정확히 찾아내는데, 이 순간들은 개인회기보다 부부회기에서 더 쉽게 눈에 띈다. 따라서 치료사는 파트너들이 애착 취약성과 욕구, 특히 그들이 수치스럽거나 수용 불가능한 것으로 여기는 욕구에 대해 **어떻게 이야기하는지** 추적하고, 내담자들이 이를 그저 인간 존재의 중요한 부분으로 재구조화하도록 돕는다. 또한 치료사는 상대의 반응성에 대한 전반적인 생각에 대해서도 귀를 기울인다. 치료사는 파트너들의 기본적 정서조절 전략과 분리 고통을 다루는 방법을 탐색한다. 특히 파트너의 반응에 대한 극단적인 경계심, 경고음에 의해 증가하는 공격성, 망연자실한 철수와 부동성, 과도한 자극으로 인한 혼란, 투쟁과 도피 사이의 급격한 전환에 주의한다. 이 전략들이 실행될 때, **치료사는 어떻게 애착 메시지가 왜곡되는지, 또는 애착 메시지가 너무 불명확해서 어떻게 조율이 거의 불가능해지는지에 대해 주목한다.** 마조리는 결혼생활의 외로움을 느끼게 된 것에 대해 울먹인 다음, 경멸하는 톤으로 바꿔 남편 피트에게 선언했다. "아무리 모자란 사람이라도 그런 시기에 내가 지지가 필요했다는 걸 알 거야. 그러니 당연히 당신도 이야기를 들어 줘야 했어!" 그녀는 자신의 외로움을 명료하게 구조화할 수 없었고, 다만 분노만 표현했다. 애착에 대한 다음 방해물은 예측하기 쉽다. 그녀가 외로움에 대해 언급하기 시작했지만, 피트는 이 고백을 신뢰하지 않았고, 신중하게 거리를 두고 반응했다. 피트가 약간의 도움을 받아 가까스로 공감을 표현하며 마조리에게 다가갔을 때 그다음 방해물이 나타났다. 그녀는 갈망해 왔지만 낯선 이 자극에 응답할 수 없었고 그를 차단하기 시작했다. 이 방해물을 인식하고 수용하고, 방해물을 넘어 서로에게 도달하게 하는 가장 쉬운 방법은 파트너들의 상호작용에 내재된 정서조절 과제에 조율하는 것이다.

EFT 탱고 움직임 3: 교감적 만남을 안무하기

제3장에서 기록한 바와 같이, 특히 부부회기에서 교류를 만들 때 치료사는 먼저 내담자의 핵심적 정서를 명확하게 '지각된' 실재로 강화하고, 이 실재의 핵심을 단순한 용어로 정제한다. 그리고 내담자가 상대 배우자와 짧고 설득력 있는 방식으로 공유하도록 지시하고, 만약 필요하다면 다시 집중시키고 지침을 제공한다. 혹 상대 배우자가 끼어든다면, 치료사는 발화자가 지속할 수 있도록 공간을 확보한다. 그래서 네 번째 회기에서 클라이드가 아내의 '가르치는 행동'에 대해 합리화하는 반응을 보였을 때, 나는 그 반응을 건너뛰고는 그가 지난 회기들을 통해 밝혔던 '현장에서 딱 걸려서 자포자기하게 되는 느낌'을 환기적으로 반복하고 적극적으로 탐색했다. 그가 이 경험에서 '항상 뭔가 부족한' '필요하지 않은' 존재가 된 느낌이라는 핵심적 감각을 추출해 낼 때까지 우리는 이 현실에 머물렀다. 그다음 나는 이를 배우자와

나누도록 그에게 요청했다. 그가 이 현실을 이야기하면서 점점 더 분명해졌고, 이 고백은 그 자체로 자기주장이 되었다.

마지막 두 탱고 움직임-탱고 움직임 4 '만남의 처리'와 탱고 움직임 5 '통합 및 인정'-은 EFIT에서나 부부회기에서나 본질적으로 동일하다. 나는 클라이드가 용기를 내어 '항상 부족하게 느껴진다'는 사실에 대해 아내에게 이야기한 것이 어떻게 느껴졌는지 물어볼 것이다. 그리고 이것이 그의 '신경증적인 내면의 아이 문제'라고 설명하는 대신 이 실재에 아내가 관여하도록 도울 것이다. 그리고 그들이 어떻게 이러한 새로운 종류의 상호작용을 해냈는지에 대해 축하할 것이다.

EFT의 애착 재구조화기(이후에 논의됨)에서 이런 만남은 결과적으로 강력한 결합 사건이 된다. 따라서 치료사는 이런 만남을 통해 추진력-가슴 저미는 두려움과 욕구를 공유하는 점진적 드라마 그리고 경청하는 배우자의 세심한 반응 조형하기-을 서서히 구축한다.

부부치료에서 EFT 탱고: 추가 참고사항

부부치료에서 탱고 움직임을 변형하는 것에 대해 별도로 논의할 수 있겠지만, 이는 교차치료 EFT 탱고과정의 일부로 합쳐진다. 부부치료에서 상호작용 고리는 현재 나타나는 대로, 각 배우자들이 이야기한 경험 그대로 반복적으로 반영된다. 이 경험은 비록 치료단계에 따라 서로 다른 수준과 강도이지만, 조합되고 심화되고 정제된다. 정서조합 과정에 기반하여 명료화된 메시지들은 대략적으로 설명되고, 배우자들 사이에 더 참여적인 새로운 만남 혹은 재연을 만드는 데 사용된다. 그리고 그 대화에 대한 각각의 경험이 처리된다. 통합 및 인정을 하는 탱고 움직임 5에서는 전체 과정을 요약하고 유능감, 효능감에 대한 개인의 잠재력을 일깨우는 방식으로 이를 기념한다. 이렇게 통합하는 대화는 관계에 대한 배우자들의 부정적 관점을 줄이기 위해 시작되어야 한다. 그 결과, 그들은 관계 문제, 배우자, 안전한 연결에의 가능성 그리고 스스로의 가치와 능력에 대한 인식과 관련하여 새로운 이야기를 만들 수 있게 되고, 한 팀으로서 실제적인 문제를 해결해 나갈 수 있게 된다.

정서를 조합하고 심화한(탱고 움직임 2) 후, 참여 만남의 과정의 일부로서 피트는 처음으로 마조리에게 자신은 그녀가 '위협한다'고 여길 때 정말 반사적으로 그녀를 밀어내게 되는데, 이는 무관심 때문이 아니라 그녀가 '무능력하다고 비난'할 것이라고 예상하고 이를 피하려는 맹목적인 바람 때문이라고 말했다. 마조리는 충격을 받았고 혼란스러워하며 피트의 메시지를 묵살했지만 치료사는 그녀가 이 만남을 좀 더 처리하도록 도왔다. 마조리는 새로운 방법으로 듣기 시작하였으며, 피트와 일반적인 남성에 대한 그녀의 '강철 같은' 가정으로부터 약간 거리를 두게 되었다. 이것이 진전이다. 부부가 고통스러운 춤에 대한 설명, 그 춤이 만들어 내는 위험과 고립에 대한 명료화에 중점을 둔 현재과정의 반영을 경험해 나가면서, 탱고는 더욱 집중적이고 강렬하게 이루어진다. 개별 파트너의 행동보다는 춤 그 자체가 부부의 문제이며, 이는 그들이 함께 완화시키고 변화시킬 수 있는 것이라 구조화한다. 마조리는 피트에게 "나는 우리의 위험한 왈츠를 지금 또 추고 싶지 않아. 당신은 어때? 만약 지금 당신이 비난받는 것처럼 느끼고 있다면 미안해. 내가 심하다는 걸 나도 알아." 라고 말할 수 있었다.

부부와의 EFT를 위한 기법 개선: 세밀하게 살피기, 총알받이 그리고 채널 변경하기

제3장에서 논의했던 구체적 개입기법들, 이를테면 내적 그리고 상호작용적 현실에 대한 반영, 인정, 환기적 질문하기 등은 부부에게 끊임없이 사용된다. 그러나 부부와 작업할 때 특히 관련성이 있고 필요한 몇 가지 개입기법이 있다. 1기에서 재연을 만들 때, (개인치료에서는 상상의 상호작용이 이루어지는 것과 달리) 회기 중 애착대상에 대한 '새로운' 정서를 자기 것으로 인정하고 표현하게 되는데, 여기서 '세밀하게 살피기(slice it thinner)'와 '총알받이(catch the bullet)'의 두 개입기법은 매우 중요하다. 두 개입기법 모두 치료사가 배우자에게 마음을 터놓는 위험을 감수하는 과정이나 배우자의 새로운 메시지에 응답하는 것의 어려움을 탐색하면서 배우자 간 상호작용을 효과적으로 다룰 수 있도록 돕는다.

피트가 아내의 분노 폭발에 대해 공황 상태에 빠져 반응한다는 것을 새롭게 알게 되었을 때, 치료사는 피트에게 이 경험을 치료사가 아닌 아내와 직접 공유해 보도록 요청하였다. 그러자 피트는 의자에 앉은 채 문자 그대로 얼어붙었다. 그는 그녀가 자신의 이야기를 들었기 때문에 이는 불필요하며, 그 이야기를 반복하는 것은 '멍청하다'고 주장했다. 치료사는 상처받기 쉽다고 느낄 때 아내에게 다가가는 위험을 피하고 싶은 그의 마음을 탐색하도록 돕고, 이 과정에 집중하여 좀 더 작은 위험—세밀하게 살펴 본 위험—을 감수하도록 도왔다. 더 작은 위험은 불안 자체를 공유하는 것에 대한 불안에 대해 이야기하는 것이었다. 피트는 마조리에게 '그녀가 그를 비웃고 바보로 여겨서 그가 무너질 것 같기' 때문에 이런 종류의 감정을 직접 나누는 것은 '걱정스럽다'고 이야기할 수 있었다. 치료사는 그의 위험을 인정하였고, 피트는 활짝 웃었다. 하지만 아직 좌절감과 버림받은 느낌에 갇혀 있었던 마조리는 피트의 두려움을 더 확실하게 만들었다. "그래, 자기 아내가 짜증나게 한다고 성인 남자가 겁먹어 버리는 건 창피할 수 있지." 치료사는 여기서 총알을 받고, 마조리에게 요청했다. "피트가 이런 종류의 위험을 감수하고 당신에게 마음을 터놓을 때 당신은 어땠나요? 제 느낌에 당신의 일부는 그가 이렇게 해 주기를, 마음을 터놓고 당신에게 진심을 보여 주기를 바라 왔어요. 하지만 지금 당장은 당신이 그의 메시지를 받아들이기 힘든 것 같아요. 당신은 응답하기 힘들어요. 피트에게 당신이 너무 중요하기 때문에 걱정하게 된다는 그 이야기를 듣지 않고 있어요. (여기서 치료사는 마조리에게 안심시키는 메시지를 제공한다.) 당신은 피트를 '무너지게 할' 힘이 당신에게 있다고 생각하지 않는군요! 제가 이 이야기를 할 때 당신은 어떻게 느끼나요?" 마조리는 당혹해하기 시작했고 배우자의 얼굴을 다시 바라보았다. 그리고 부드러운 목소리로 말했다. "당신 정말로 내가 당신을 비웃을까 봐 걱정했어? 난 당신이 내 생각에 신경 안 쓰는 줄 알았는데!" 치료사는 마조리가 피트에게 이야기하도록 요청했다. "지금 당장은 당신 이야기를 듣는 것이 어려워. 당신이 너무 다른 음악을 연주하고 있거든. 내가 한 말이 그토록 영향력이 있었다는 걸 완전히 받아들일 수가 없어." 그녀가 자신만의 언어로 이 생각을 표현한 후, 부부는 연결을 향해 한 걸음 더 나아갔다.

　치료사가 자신의 균형을 유지하고 경청하고 집중력을 유지하고 참여하는 능력, 즉 탐색을 위해 안전기지와 피난처를 제공하는 능력은 모든 방식의 EFT에서 중요하다. 그러나 부부치료는 치료사가 특히 초점을 잃고 헤매기 쉬운 치료 분야이다. 치료사는 양쪽 내담자의 경험을 따라가고, 그들의 공동경험을 종합하고, 파트너들을 새로운 종류의 상호작용을 향해 체계적으로 이끌어야 한다. 이런 상황에서 사용되는 기법을 간단하게 '채널 변경하기(changing channels)'라 부른다. 이는 내용 측면이나 참여 수준 측면에서 상호작용이 급변하는, 갈등이 고조된 부부에게 특히 유용하다. 실제로 간혹 치료과정을 중단(문자 그대로, "잠깐만요, 잠깐 멈출 수 있을까요? 저는 ……에 다시 집중하고/돌아가고 싶군요."라고 하는 것)시키고 다시 궤도로 돌아가기 위해 채널을 변경하는 것이 가능한 것은 개인, 부부, 가족과 진행하는 모든 회기에서 중요하다. EFT 치료사는 일반적으로 다음과 같은 방법으로 채널을 변경한다.

- 과거로부터 현재로의 이동: "그래요, 몇 년 전에 이런 일이 있었군요. 하지만 지금 당신은 이 이야기를 하면서 어떻게 느끼나요?"
- 개인으로부터 고리/대인관계적 맥락으로의 이동: "그리고 당신은 스스로를 '게으르다'고 보는군요. 하지만 당신의 관계를 장악한 이 춤이 당신을 좌절시키고, 노력하기 힘들게 만들었다는 뜻으로 들리는데요."
- 추상적인 논의로 도망쳐서 그냥 무엇인가 대해 이야기하는 것과 인지로부터 참여적인 정서적 탐색으로의 이동: "그래요. 멋지네요. 하지만 여기서 우리 다시 돌아갈 수 있을까요? 몇 분 전에 당신은 '산산조각 난'이란 단어를 썼어요. 그 단어를 말할 때 당신의 몸에서 어떤 일이 일어나는지 저에게 알려 주시겠어요?"
- 내용으로부터 과정으로의 이동: "그래요, 이건 중요해요. 하지만 저는 여기서 잠깐 멈추고 여러분이 함께 춤추는 방법으로 돌아가면 좋겠어요. 그 모든 말다툼과 사건에 대한 이야기들로 여기가 꽉 채워져 있어요. 하지만 여러분이 서로를 대하고 반응하는 방식, 그 춤은 항상 똑같네요. 당신이 ……하면 그다음에는 당신이 ……하고요. 해결책이 없는 것처럼 보이네요. 두 분은 서로 함께하면서 도울 수가 없군요."
- 진단이나 꼬리표로부터 행동 패턴을 설명하는 것으로의 이동: "당신은 그녀가 '미쳤다'고 보고 의사가 썼던 꼬리표를 꺼내는군요. 그게 뭐였죠, '경계선 성격장애'? 당신은 그녀가 친밀감을 요구하다가도 당신이 그렇게 하려고 하면 거절하는 것이 어떻게 말이 되는지, 왜 그러는지 이해할 수가 없는 거지요, 그렇지요?"

각 회기 동안 치료사는 대인관계적 맥락, 즉 춤-고리의 체계적 관점과 각 개인의 관점, 전반적인 애착 구조, 그리고 EFT의 목표를 향해 나아가는 치료적 방향을 동시에 염두에 둔다. 이것은 처음에는 복잡해 보인다. 하지만 악기를 연주할 때처럼, 시간이 지남에 따라 근육기억(muscle memory)의 일부가 된다.

2기: 애착의 재구조화-자기와 체계

모든 탱고 움직임은 EFT의 2기에도 적용된다. 이제 우리는 2기의 변화과정이 어떻게 전개되는지, 그리고 탱고 움직임들이 어떻게 변화과정의 일부가 되는지 간단히 설명할 수 있다. 1기가 춤의 본성에 대한 부부의 관점을 확장하고 춤의 정서적 음악의 수준을 변화시키는 단계라면, 2기는 애착 두려움과 욕구에 대한 배우자들의 인식을 심화시키고, 조율되고 접근 가능하며 반응적이고 참여적인 상호작용을 만들어 가는 단계이다. 2기는 건설적 의존을 형성하는 과정이 전부이다. 철수하는 배우자들이 보다 개방적이고 참여적이게 되는 것, 비난하는 배우자들이 부드럽고 환기적인 방식으로 욕구의 충족을 요청하게 되는 것이 그 목표이다. 부부치료(EFT)와 가족치료(EFFT)에서 2기는 구체적이며 특별한 참여 만남 또는 재연으로 절정을 이룬다. 이는 **재개입과 순화**라고 불리며 또한 날 꼬옥 안아줘요 대화라고 불리기도 한다. 이런 만남에서 양쪽 배우자들은 서로에게 안전기지이자 안전한 피난처를 제공하도록 안내되고, 이상적으로는 두 파트너 모두 서로에게 다가가고 반응할 수 있게 된다. 이러한 날 꼬옥 안아줘요 결합 대화는 EFT 종료 시 성공(Greenman & Johnson, 2013)과 긍정적인 추적관찰 결과를 예측할 뿐만 아니라 불안형 애착 및 회피형 애착의 감소를 예측한다(Greenman & Johnson, 2013). 변화의 기본과정은 다음과 같은 세 가지 단계를 포함한다. 첫째, 치료사의 안내를 받아 각 파트너는 자신의 애착 두려움을 발견하고 정제한다. 둘째, 이 두려움을 일관적이며 환기적인 방식으로 배우자와 공유하기 위해 점차 위험을 감수하게 된다. 셋째, 이 배우자는 일련의 상호작용을 통해 그 두려움에 대해 더욱더 수용적인 반응을 하도록 안내된다. 일단 이런 상황이 일어나면, 공유하려 하는 취약한 파트너는 자신의 특정한 애착욕구를 밝히고 충족시켜 달라고 요청할 수 있게 된다. 그리고 상대 파트너는 위로와 배려, 안심시키기로 응답한다. 이러한 사건들은 많은 면에서 변혁적이다. 그 사건들은 개인의 경험적 현실, '뜨거운' 인지적 작동모델 속에 압축되어 있는 자신과 타인에 대한 정의, 습관적인 정서조절 전략 그리고 개인의 관계에 대한 주인의식(sense of relationship agency)을 변화시킨다.

피트는 자신의 아버지가 "사내답지 못해."라고 말했던 대로 부족함이 드러나는 것에 대해 깊은 공포가 있음을 확인할 수 있었다. 그는 마조리를 제대로 이해시키지 못했다는 신호에 대해 끊임없이 경계하는 마음에 접근할 수 있었고, 이 두려움이 '그 자리에서 그를 딱 멈추게 한다는 것'을 공유할 수 있었다. 마조리는 이제 그의 말에 더욱 귀를 기울이고 공감적으로 반응할 수 있었다. 그러자 피트는 흐느끼며 애착욕구를 공유하는 것으로 나아갔다. 피트는 마조리가 혹독하게 비판할 때 그녀와 춤추기 너무 힘들고, 그가 비록 완벽하게 강인하고 믿음직스럽지 않더라도 그녀가 자신을 수용하고 배우자로 선택하는 안도감을 갈망한다고 마조리에게 이야기했다. 피트가 점차 현재에 머물면서 참여함에 따라, 마조리 역시 자신이 누구에게도 중요한 사람이 아니고, '사랑하기에 너무 어려운' 존재로 '외부에' 남겨질 것이라는 그녀의 '두려움'을 정말로 다루고 탐구할 수 있었다. 피트는 이제 잘 조율된 보살핌으로 응답할 수 있었고, 그의 아내는 자신의 애착욕구에 다가가 이를 인정하며 "당신이 날 필요로 하고 원하기를, 당신과 연결되기를 바라."라고 이야기했다. 임상경험과 연구 결과들은 이런 종류의 상호작용들이 전통적인 교정적 정서 경험이라는 점을 알려 준다. 취약성을 공유하고 수용하는 이 경험은 배우자들이 불안정한 연결에서 안전한 연결로 나아가도록 하고, 자신과 체계에 대해 안정적 변화를 이끌어 낸다.

부부치료에서 2기의 과정

2기에서 탱고 개입을 사용할 때는 더 심화된 수준을 목표로 하므로 배우자들에게 좀 더 중요한 개인적 위험을 감수하도록 요청한다. 이때 정서적 인식과 표현을 각별히 심화시키는 탱고 움직임 2는 특히 중요하다. 왜냐하면 취약성들은 구체적이고 독특하기 때문이다. 이 심화단계의 결과로, 탱고 움직임 3, 교감적 만남을 안무하기에서 더욱 강렬하고 변혁적인 공유가 이루어진다. EFT 부부치료의 2기에서 과정에 대한 조율된 반응, 환기적 질문, 추측, 재구조화 및 인정과 같은 경험주의적 기법들은 초점과 강도를 달리하며 계속 사용된다. 거의 EFT 2기에서 한해서만 쓰이는 한 가지 기법은 '애착 씨뿌리기'(Johnson, 2004)이다. 이는 보통 탱고 움직임 3에서 좀 더 참여적인 상호작용을 연출하기 위해 준비하거나 그 방해물을 다룰 때 사용된다. 이때 배우자가 상대에게 다가가는 위험에 대해 저항하는 것은 인정받지만 동시에 가능성 있는 안전한 상호작용의 간결한 이미지에 의해 도전을 받는다. 배우자들이 원가족이나 연애 관계에서 안전을 경험해 보지 못해서 안전한 연결이 어떤 것인지에 대한 이미지가 없는 경우, 이 기법은 특히 유용하다. 치료사는 특정한 순간의 안전한 상호작용의 모습을 추측하여 낯설지만 잠재적으로 긍정적인 이미지를 보여 준다. 치료사는 다음과 같이 말할 것이다.

> "그래요. 당신이 상처받기 쉽다고 느낄 때 배우자에게 향하는 상상을 해 보는 것조차도 당신에게는 낯설군요. 당신은 그러면 어떻게 될지 경험해 본 적이 없었으니까요. 지금 당장은 당신의 파트너를 향해 '나는 무서워서 본능적으로 숨게 되는 거야. 하지만 난 이 공포 때문에 내가 너무 고립되지 않도록 당신이 날 도와주기를 진심으로 바라고 있어.'라고 이야기하는 걸 상상조차 할 수 없을 거예요. 당신은 당신의 배우자가 이 말에 감동받고, 당신을 위로하고 싶어 하는 모습을 상상할 수 없어요. 당신이 떠올리는 모든 이미지는 타인이 당신을 경멸하고 외면하는 것이에요. 그렇기 때문에 어려운 거예요. 그녀에게 조금의 여지를 주는 것조차도요. 맞나요? 이 이야기를 들을 때 당신에게 어떤 일이 일어나나요?"

이러한 애착 씨뿌리기 개입기법은 애착 소망을 준비시킬 뿐만 아니라 가능한 것들에 대한 내담자의 인식도 확장시킨다.

앞서 언급했듯이, 핵심적 주제와 촉발요인에 대한 정서적 탐색이 심화되면서 2기에서 정서는 보다 경험주의적 색채를 띠게 된다. 치료사는 앞서 윤곽을 찾아내어 조합했던 두려움, 수치심, 슬픔과 같은 정서들에 진정으로 참여하는 과정에 더 오래 머물게 된다. 치료사가 정서적 경험을 심화시킬 때, 일반적으로 반복, 이미지, 내담자가 이미 확인한 정서적 '손잡이'를 이용해서 내담자를 경험 속에 **붙잡아 두고** 그 경험의 의미를 추출한다. 내담자의 인식, 그리고 취약성에 대해 지각된 감각을 견디는 내담자의 능력의 최첨단에 미무는 것이 목표이다. 취약성에는 일반적으로 고립과 소속감의 상실에 대한 파국적 공포 그리고 애착 소망과 접촉하는 것이 포함된다. 앞서 기술했던 것처럼 바로 이때 자신과 타인에 대한 핵심적 개념을 발견하고 탐색하며, 가장 중요한 애착경험에 더욱 온전하게 참여하게 된다. 이 시점에서 내담자들은 회기 중 치료사가 자신의 내담자와 더 오랜 기간 작업하는 것의 의미를 이해할 수 있게 되고 이를 수용할 수 있게 된다.

정서에 대해 깊이 있게 참여하면 날 꼬옥 안아줘요 대화의 특징인 더욱 진솔하고 친밀한 개방이 이루어지게 된다. 보통 치료사는 위축된 배우자들과 적극적으로 작업하여 애착 욕구와 두려움을 배우자에게 점차적으로 개방하도록 돕는 것으로부터 시작한다. 그런 다음 상대 배우자들이 이 메시지를 받아들이고 수용하고 응답하도록 이끌어 간다. 치료사는 비난하는 배우자에게 안전한 연결에 다가가는 과정을 시작하도록 요청하기 전에 먼저 위축된 배우자들에게 이 위험을 감수하도록 요청한다. 이것은 비난하는 배우자가 취약한 상태로 위험을 감수하고 다가갔다가 무반응이나 방해행동에 부딪혀 악화되는 시나리오가 되풀이되는 상황을 방지한다. 새로운 종류의 춤을 만들기 위해서는 양쪽 파트너 모두 무대에 준비되어야 한다.

그 후 비난하는 파트너와 함께 부드러운 핵심정서를 발견하고, 이를 정제하여 두려움과 욕구 모두를 드러내는 과정을 반복한다. 일단 이 과정이 완료되면, 상호적인 접근성, 반응성, 참여는 본격적이며 변혁적인 결합 사건과 반응을 이끌어 낸다. 치료사는 그 반응을 강조하고 이것이 각 배우자에게 갖는 의미와 관계 속 연결에서 갖는 의미를 설명한다. 문헌에서는 이를 **순화(softening)**라 부르는데, 이는 양쪽 배우자들이 취약한 정서로 진입한 것을 말한다. 비난하는 배우자는 공격적인 태도를 '순화'했으며, 위축된 배우자들은 견고했던 벽을 치웠다. 재연에서 위축된 배우자는 솔직하고 적극적으로 원하는 관계에 대해 밝히고, 비난하는 배우자는 연약한 상태로 필요한 것을 요청한다. 재연이 더 강렬하고 구조적일수록 새로운 춤, 다시 말해 안전한 연결을 만들어 내는 긍정적 애착적 상호작용의 새로운 고리들이 만들어진다. 때로 내담자에게는 이것이 인생에서 처음 겪는 일이기도 하다. 탱고 움직임 2와 3은 날 꼬옥 안아줘요 속의 순화라는 변화사건의 핵심이다. 애착 정서에 대해 깊이 있게 경험하는 것은 상대에게 직접 다가가는 것으로 이어지고, 이는 상대로부터 연민과 연결을 이끌어 낸다. 결합의 정수는 취약성을 지각하고 응답받는 것이다.

탱고 움직임 5 '통합 및 인정'은 EFT와 EFFT의 2기에서 때로 다른 성격을 갖는다. 치료사로서 나는 부모와 자녀 혹은 배우자들이 어쩌면 처음으로 서로를 발견할 때 종종 엄청난 감동을 받는다. 물론 EFIT에서 사랑하는 사람과의 상상의 교류가 더 깊은 연결을 만들어 가는 과정을 보는 것도 감동적이다. 그러나 친밀한 두 사람이 치료회기 안에서 시행착오를 거쳐 연결을 향해 나아갈 때, 그들 사이에서 펼쳐지는 드라마의 일부가 되는 것은 조용하고 있는 치료사의 마음을 사로잡는 특별한 힘이 있다. 그럴 때 나는 아마도 눈물을 흘리면서 인정하고, 우리 자신의 인간성에 대해 구체적이고 즉각적으로 가르쳐 주는 내담자들에게 감사할 것이다.

　그렇다면 우리는 부부와의 EFT에서 2기가 전개되는 과정을 어떻게 포착해 볼 수 있을까? 2기 초반, 피트는 격려에 힘입어 '그가 마조리에게 충분한 남자가 될 수 없을 것'이라는 두려움 속으로 진입하고 참여하였다. 그는 타인들이 자신의 쓸모없음을 알게 될 것이라는 두려움에 대해 말하는 것에 그치지 않고 두려움을 지각하고 견디면서 거닐 수 있게 되었다. 실재적 차원에서 이는 심각한 절망과 무력감을 유발했다. 치료사가 더욱 참여하는 상호작용인 탱고 움직임 3을 시작하도록 거들자, 그는 이 무력감을 공유하였다. 이후 치료사는 마조리가 그 이야기를 경청하도록 도왔다. 치료사는 마조리가 자신의 말이 피트에게 그런 감정을 유발하는지 몰랐으며 피트가 고통 속에 빠져 있지 않기를 바란다고 이야기하도록 이끌었다. 치료사는 피트가 떠올리지 않으려고 너무나 애썼던 그 고통스러운 상황에 대해 마조리가 어떻게 도울 수 있을지 질문했다. (EFT 치료사가 고통스러운 정서에 대한 수용이나 자기위로보다 공동조절을 적극적으로 격려하는 방식에 주목하라.) 피트는 자신이 아내에게 특별하고 중요한 사람이며, 자신이 실수를 하더라도 여전히 그런 존재일 것이라는 메시지를 아내로부터 듣고 싶다고 치료사에게 말했고, 그 후 아내에게도 이야기할 수 있었다. 마조리는 공감과 배려로 화답하였고, 피트는 놀라고 안도하여 눈물을 흘렸다. 이 과정이 진행된 후 치료사는 마조리 역시 천천히 자신의 두려움과 접촉할 수 있도록 도왔다. (탱고 움직임 3의 한 부분인 심화과정) 그녀는 만약 피트에게 진정으로 다가가는 위험을 감수한다면 자신의 욕구가 '부적절하다'는 비난을 받고, 자신이 영원히 외톨이임을 깨닫게 될 것 같다고 분명하게 말할 수 있었다. 치료사는 이 두려움을 정상화하고 그녀가 남편에게 결혼 문제를 해결할 방법에 대해 이야기하려 노력하는 대신 그녀 자신의 부드러운 정서들과 머물도록 도왔다. 그리고 그녀가 구조화된 재연을 통해 자신의 인식과 접촉하고 심화하도록 이끌었다. 마조리는 이제 반응적이고 참여적인 피트와 함께 이를 공유하였다. 그녀는 자신의 곁에 누구도 있어 주지 않았고 누구에게도 의지할 수 없었던 고통에 다가갔고, 남편이 안심시켜 주기를 바라는 욕구에 대해 이야기할 수 있었다. 두 배우자는 상대에게 해독제가 되는 결합사건을 선사하며, 여기에서 자기와 타인의 모델은 조정되고 정서적 레퍼토리는 확장된다. 날 꼬옥 안아줘요 대화는 우리의 세계를 곁에 있는 타인을 신뢰할 수 있는 훨씬 안전한 곳으로 바꾸어 준다.

치료사가 애착과정에 대한 장애물들을 전반적으로 알고 있으면, 접근성과 반응성의 긍정적 고리를 만들 때 도움이 된다. 특히 2기에서는 애착 손상이 다루어져야 한다. 애착 손상은 매우 필요로 했던 시기에 애착에 대한 자연스러운 기대가 무너진 순간으로 가장 잘 설명될 수 있다. 흔히 1기의 회기들에서 애착 손상은 부부의 고리 속에 포함되어 애착용어로 설명된다. 그러나 새로운 차원의 접근성과 반응성이 발생하려면 이제 애착 손상을 직접적으로 설명하고 치유해야 한다. 용서의 대화, 손상의 치유는 특정한 형태의 날 꼬옥 안아줘요 대화를 구성한다. 예를 들어, 피트에게 다가가는 것에 대한 마조리의 두려움을 탐구할 때, 그녀는 초기 회기들에서 언급했던 상처로 되돌아갔다. 그녀의 관점에서는 그녀가 수술받을 때 남편이 같이 가 주기를 원했지만 남편은 그것을 미성숙한 욕구로 치부하고 무시했고 그녀가 혼자 수술을 받도록 내버려 두었다. 이 대화의 단계들에는 상처의 고통에 대해 이야기하는 것, 상대 배우자가 이 고통에 귀 기울이고 그 일이 발생했다는 사실에 대해 책임을 지는 것, 상처 준 배우자가 그 일이 발생했을 때의 상대의 마음에 대해 이해하도록 돕는 것, 상처받은 이가 논리적인 애착용어로 솔직하게 표현하도록 하는 것, 그리고 이 상처를 치유할 수 있는 방식으로 상대가 미안해하고 배려하며 응답하는 것이 포함된다. 이는 EFT 문헌에 자세히 설명되어 있다(Johnson, 2004; Zuccarini, Johnson, Dalgleish, & Makinen, 2013).

부부치료에서 흔한 문제인 혼외관계는 EFT의 관점에서는 애착 손상으로 간주된다. 전형적인 불륜으로 인한 고통은 한때의 극심한 것으로 여겨진다. 이미 언급했듯이, EFT 치료사는 사건을 애착 구조화에 포함시키고, 상처받은 배우자가 이 고통 속으로 들어가고, 상처 준 배우자로부터의 공감, 후회, 위로를 자라나게 하는 방식으로 고통을 조절하고 공유할 수 있도록 돕는다(MacIntosh, Hall, & Johnson, 2007; Johnson, 2005). 애착 손상 및 그 용서와 화해의 과정을 애착 구조로 이해할 때, 그 본질이 명료해지고 과정이 순조롭게 진행된다.

3기: 강화

부부와의 EFT 3기의 목표는 이전 회기들에서 만들어진, 파트너들 내면, 그리고 파트너들 사이의 변화를 안정화시키고 강화하고 기념하는 것, 그리고 파트너들이 한 팀으로서 실질적인 문제들을 해결해 나가도록 돕는 것이다. 이전 회기에서는 쟁점이나 문제의 내용보다 감정을 조절하고 타인에게 관여하는 과정에 주로 집중했다. 새롭게 발견한 자신의 정서적 삶에 대해 안전, 가까운 이들과의 안전은 이제 차이에 대한 관용, 효과적인 협력, 반응과 공감의 조화를 발전시킨다. 그래서 이전에는 해결하기 불가능했던 문제들을 설명하고 상대적으로 쉽게 해결할 수 있게 된다. 치료사는 주로 반영(mirroring, 탱고 움직임 1)을 사용하여 파트너들 간의 목적지향적인 대화가 순조롭게 진행되도록 촉진할 수 있다. 예를 들어, 피트와 마조리는 양육 문제에 대해 허심탄회하게 논의하면서 그들의 양육 목표가 실제로는 거의 동일하다는 것을 알게 되었다. 하지만 피트는 10대인 딸과 보다 협력적인 방식에 더 익숙했고, 마조리는 딸의 안전에 대해 다소 불안해하여 약간 지시적인 편이었다. 피트가 마조리의 이야기를 경청하고 딸과 관련된 두려움 일부를 진정시킬 수 있었고, 그 후 부부는 두 사람 모두에게 적합한 양육계획을 세울 수 있었다. 치료사는 부부가 문제 내용을 살펴보고 새롭게 발견한 개방성과 반응성을 사용하여 대처하도록 격려한다. 안전은 선택지를 탐색하는 능력과 유연성을 증진시킨다. 그리고 치료사는 새로 찾은 이 협력적 태도를 인정한다. 부부가 위협을 경계하고 방어적 행동에 그 많은 에너지를 쓰지 않게 되었다는 점을 생각해 본다면, 부부는 이 문제에 전념하는 데 문자 그대로 더 많은 에너지를 가지고 있다. 많은 부부개입 기법에서 상당한 부분을 차지하고 있는 의사소통 혹은 문제해결 기술은 EFT의 효과에 별로 보탬이 되지 않는 것 같다(James, 1991). 오히려 부부는 새로운 정서적 균형을 경험하면서 서로 속속들이 유기적으로 참여하는 새로운 방법을 배운다.

또한 치료사는 긍정적 반응성이라는 부부의 새로운 춤을 반영하고 인정하며 기념한다(평소보다 강렬한 탱고 움직임 5). 그리고 파트너들이 어떻게 그들의 관계를 변화시키고 무력함에서 유능함으로 나아갔는지에 새로운 통합적인 이야기를 만들 수 있도록 돕는다. 이 이야기는 미래를 위한 기준점 역할을 하며 부부에게 앞으로의 어려움에 대처할 수 있는 힘을 준다(Johnson, 2004). EFT 치료사는 내담자가 계속 관계를 성장시키고 그 관계 안에서 성장해 나가기를 기대한다. 추적관찰 연구에서 EFT 이후의 지속적 성장이 입증된 바 있다.

임상관찰 및 애착과학에 따르면 EFT에서 재발이 없는 것은 다음의 다섯 가지 요인과 관련이 있다.

1. 긍정적 결합 상호작용의 강력하고 본질적으로 보상적인 영향력: 긍정적 결합 상호작용은 지속적으로 공명하게 하고 부부에게 안전한 피난처와 안정된 기반을 제공한다. 인간의 뇌는 이 필수적이고 생존지향적인 정보에 의지하도록 설계되어 있다.
2. 취약성에 맞서 내적 일관성과 질서를 유지하는 배우자의 새로운 능력: 이는 좀 더 나은 감정조절 및 안전한 연결과 관련되어 있다.
3. 성적인 연결과 보살피는 연결에서 더욱 안전한 상호작용이 동반되는 변화
4. 위험을 공유하고 응답받은 것, 신뢰로 보상받은 것에 대한 강력한 기억: 이 기억은 상처와 잘못된 조율이 나타났을 때 이를 상쇄한다.
5. 친밀한 관계는 이해할 수 있고 관리할 수 있는 것으로, 자신은 유능한 상호작용 파트너로 재정의하는 것

EFT를 종결할 때, 배우자들은 음악을 알고 있고, 그것이 왜 그렇게 강렬한지에 대해 이해하고, 조화롭게 함께 춤추는 방법과 춤이 잘못되었을 때 음악과 스텝을 재설정하는 방법을 파악하고 있다.

정신건강 문제로 관계불화가 복잡해진 경우, 모든 단계에 더 많은 시간이 걸리고 더 많은 반복이 필요한 경향이 있다(PTSD 문제에 적용한 EFT는 Johnson, 2002 참조). 아스퍼거 증후군을 포함한 극단적인 철수, 제한적인 언어능력(Stiell & Gailey, 2011), 극도로 악화된 상호작용들이 그런 문제에 해당된다. 이들은 모두 기본적인 정서조절 전략 그리고 애착대상과의 단절/연결의 대인관계적 고리의 맥락 내에서 발생한다. 갈등이 매우 고조된 부부는 치료사들을 깜짝 놀라게 하고 압도하는 경향이 있다. EFT 치료사는 대부분 이런 갈등의 고조가 거절과 유기의 위협이 있을 때 통제감을 얻기 위한 절박한 시도라는 관점에서 바라본다. 따라서 치료사들은 외현적인 공

격성 아래의 촉발된 취약성에 다가갈 수 있고, 반영과 재구조화를 사용할 수 있다. 양쪽 파트너들은 리듬에 휘말리게 되기 때문에, 치료사는 또한 좀 더 지시적으로 부부간의 상호작용을 통제하며 속도를 늦추고 춤을 반영한다. 그래서 치료사는 어떤 시점에서는 피트와 마조리에게 다음과 같이 말했다.

> "저는 여러분이 여기서 멈추길 바라요. 그만하세요. 두 분 다 나쁜 사람 찾기 대화에 휘말리고 있어요. 두 분은 서로 상대가 나쁜 배우자이고 사랑할 수 없는 사람이라는 걸 입증하려 해요! 두 분은 서로 꼬리표를 붙이고 자극하고, 상대의 아픈 곳을 찌르고, 불난 집에 부채질을 하고 있어요. 모두가 여기서 다치고 있어요. 이건 마조리, 당신이 피트가 병원에 같이 가 주지 않아 당신을 실망시켰다는 이야기를 할 때 시작되었어요. 그리고 피트, 당신은 아내를 명령만 하는 폭군이라고 부르면서 스스로를 방어했죠. 저는 ……로 돌아가면 좋겠어요."

그 후 치료사는 양쪽 배우자의 기저에 있는 연약한 상처와 두려움을 반영하고 공감하면서, 대화를 더 안전한 단계로 이동시켰다.

◑◑

애착지향 부부치료의 새로운 방향

애착과학의 새로운 관점은, 긍정적이고 지속적인 부부관계의 형성을 돕는 임상가들이 건강과 행복을 위해 부부개입 기법을 혁신적으로 사용할 방법을 탐색하도록 새로운 통로를 열어 준다.

교육 프로그램

우리가 일단 사랑과 애착을 이해하게 되면, 부부교육을 더 효과적으로 할 수 있고 관계 문제도 예방할 수 있다. 사랑과 부부치료에 대한 애착관점의 통합으로 '날꼬옥 안아줘요: 부부 유대 강화 대화법(Hold Me Tight: Conversations for Connection)'(Johnson, 2010)이라는 새로운 예방적 교육 프로그램이 만들어졌다. 이 프로그램은 일반 대중을 위한 책『날 꼬옥 안아줘요: 평생 부부 사랑을 지속하기 위한 7가지 대화(Hold Me Tight: Seven Conversations for a Lifetime of Love)』(Johnson, 2008a)를 바탕으로 한다. 이 책은 EFT에 대한 수년의 연구와 경험 그리고 그 경험의 바탕이 되는 애착과학에 기초한다. 교육 프로그램의 긍정적 결과는 초보지도자 및 숙련된 지도자들과 함께 지역사회 환경에서 시행된 여러 연구에서 재생산되었다(Kennedy, Johnson, Wiebe, & Tasca, 출판 중; Conradi, Dingemanse, Noordhof, Finkehauer, & Kamphuis, 2017). 이 프로그램은 현재 전 세계에서 다양한 언어로 널리 제공되고 있다. 또한 날 꼬옥 안아줘요의 기독교적 각색인 '연합을 위한 창조(Created for Connection)'에 기반하여 교회가 제공하는 기독교 부부단체 및 교육단체에서의 사용에도 적용되고 있다(Johnson & Sanderfer, 2017). 성경에 기록된 그리스도의 행적은 접근성, 반응성 그리고 참여의 모범이 된다는 점이 흥미로운 부분이다. 애착대상으로서의 하나님에 대한 매력적인 문헌도 있다. '날 꼬옥 안아줘요®'는 낭만적 사랑에 대한 분명하고 근거가 뒷받침된 지식 그리고 관계 회복 및 유지에 대해 광범위하게 연구된 방법을 기반으로 한 최초의 관계교육 프로그램이다. 애착과학은 이미 아동의 욕구와 양육에 대한 우리의 인식을 바꾸었던 것처럼 성인의 애정관계의 본질에 대한 우리의 문화적 인식도 변화시키고 있다. 이 프로그램은 애착과학의 그러한 영향력을 반영하고 있다.

신체건강에 대한 개입

지난 수년간 생리적 기능과 건강, 사회적 지지/타인과의 친밀한 연결의 특성 사이의 연관성이 분명해졌기 때문에, 의학적 문제에 대해 부부를 기반으로 한 개입이 점차 보편화되고 있는 것은 일리가 있다(Baucom, Porter, Kirby, & Hudepohl, 2012). 긍정적인 친밀한 관계는 건강의 특정한 척도에 영향을 미친다. 예를 들어, 애착대상(가족 구성원과 배우자)과의 상호작용은 다른 사회적 상호작용과 비교했을 때 낮은 활동 혈압과 관련이 있는 것으로 밝혀졌다(Gump, Polk, Kamarck, & Shiffman, 2001; Holt-Lunstad, Uchino, Smith, Olson-Cerny, & Nealey-Moore, 2003). **애착 상호작용은 생리기능을 조절하고, 배우자들은 정서적 · 생리적 현실의 차원에서 안전 또는 위험의 표상으로 내재화된다. 건강 상태와 애착 사이의 구체적 연관성은 밝혀진 바 있다. 예를**

들어, 만성 통증은 불안정과 연관되어 있고, 불안형 애착은 특히 심혈관 질환과 관련이 있는 것으로 나타났다(McWilliams & Bailey, 2010). 구체적으로 말하자면, 심장 질환, 면역기능, 만성 스트레스 반응과 적대적 비난과 같은 관계적 요인, 진정시키기/안전에 대해 지각된 감각과 같은 긍정적 요인 사이의 관계는 이미 정리되어 있다(Pietromonaco & Collins, 2017; Uchino, Smith, & Berg, 2014). 대인관계적 지지의 조성은 이제 건강 증진, 질병에 대한 긍정적 대처에 필수적 요소로 인식되기 시작했다. 그래서 이제 심장마비로부터의 회복과 심장 질환에 대한 지속적 관리를 위한 치료 프로토콜의 일부로 날 꼬옥 안아줘요® 교육 프로그램이 사용되는 것은 이해가 된다. '함께 심장 치유하기(Healing Hearts Together)'(Tulloch, Greenman, Demidenko, & Johnson, 2017)라는 이 프로그램은 이제 캐나다 오타와의 대형 심장병원에서 일반적으로 시행되고 있고, 긍정적인 예비 결과가 수집되었다(Tulloch, Johnson, Greenman, Demidenko, & Clyde, 2016). 새로운 심장을 갖게 된 마이크는 내게 다음과 같이 말한다.

> "세상이 무너지고 내가 제일 약해졌던 바로 그때 리즈와 나는 내가 얼마만큼의 와인을 마셔도 되는지, 내가 약은 먹었는지에 대해 싸우기 시작했어요. 이런 일들이 제 심장박동을 치솟게 하고, 그러면 저는 너무 불안해서 복약을 잊어버리게 되고, 아내가 우울해할 것이라는 건 알고 있었어요. 우리는 그때 도움이 필요했어요. 제 심장이 계속 뛰려면, 제가 불안을 감당할 수 있으려면 아내가 제 곁에 있어 주고 저를 지지해 주는 것이 필요해요."

파킨슨병, 암 그리고 당뇨병에 맞서는 부부들에게 이 교육 프로그램의 서로 다른 버전이 적용되고 있다. 수년 전 House, Landis와 Umberson의 유명한 연구(1988)가 알려 주었듯, 담배, 비만, 운동 부족보다 정서적 고립이 건강에 훨씬 더 치명적이다. 애착과학은 생물학과 사회적 연결을 통합함으로써 그처럼 유해한 고립의 해독제를 활성화시키는 건강 증진적 개입과 선별적 예방을 제공한다.

보살핌과 성생활을 효과적으로 다루기

애착 현실은 성인관계의 다른 두 가지 핵심요소인 보살핌과 성생활을 형성한다. 다른 모든 영역에서와 마찬가지로 애착이 제공하는 안내도는 치료사가 이 문제를 이해하고 정확한 목표를 겨냥하여 다룰 수 있도록 도와준다.

높은 수준의 불안형 애착의 영향을 받은 보살핌은 조율이 부족하고 효과적이지 못한 경향이 있다. 그래서 보살핌 전략이 배우자의 욕구 해석에서 부정확해지며 강박적이며 통제적이게 된다. 매우 회피적인 배우자들은 그들 자신과 파트너의 욕구를 무시하며, 덜 공감적이고, 타인도 당연히 보살핌을 받아야 한다는 시각이 부족한 경향이 있다(Feeney & Collins, 2001). 이것은 동성 커플관계에서도 마찬가지로 보인다(Bouaziz, Lafontaine, Gabbay, & Caron, 2013). 부부치료사가 안전감 증진을 위해 진행하는 잠재적 준비과정은 효과적으로 자비롭고 지지적인 행동을 이끌어 낸다(Milkulincer et al., 2001, 2005). 이러한 준비의 효과는 EFT 임상경험과 일치한다. EFT에서는 비록 회피적인 배우자라고 할지라도 치료사의 지지를 받은 배우자가 핵심결합 상호작용에서 상대 배우자가 표현한 취약성에 반응하지 못한 경우가 거의 없었다. 치료 초기에 전형적으로 침묵하고 무응답했던 앤드류를 생각해 보자. 10주 후, 그의 아내 루이즈가 그와의 친밀감에 대한 희망이 무너지는 고통을 표현하자, 앤드류는 "당신이 울면 난 혼란스러워져. 내 일부는 그냥 도망가고 싶어 해. 하지만 그때 나는 당신이 치료시간에 했던 이야기를 떠올렸고, 그러면 내 몸이 좀 따뜻해져. 나는 당신이 상처받기를 원하지 않고, 당신에게 상처 주고 싶지도 않아. 당신을 위로할 수 있으면 좋겠어. 다만 어떻게 해야 할지 모르겠어. 당신이 나를 도와줄 수 있을까?"라고 이야기할 수 있었다.

성생활과 애착에 대한 문헌은 지난 몇 년간 폭발적으로 늘어났다(개관은 Mikulincer & Shaver, 2016; Johnson, 2017 참조). 안전한 결합을 규정하는 성질인 접근성/개방성, 반응성, 타인에 대한 조율된 관여가 침실에서 상대의 의도를 이해하고 신호를 조정하여 서로 하나가 되는 능력을 향상시킨다는 것은 개념적으로나 임상적으로나 일리가 있다. 안전은 자신감, 편안함, 관능을 탐구하는 능력뿐만 아니라 성적 상호작용 속에서 이완되고 유희하는 능력 또한 조성한다(Birnbaum, Reis, Mikulincer, Gillath, & Orpaz, 2006). 관성적이고 무심한 섹스, 친밀감 없이 동작과 감각에만 집중하는 것, 낮은 성적 만족도는 회피적 배우자들에게 더 흔하다. 반면 사랑의 척도로서의 섹스와 배우자에 대한 친밀감에 집중하는 것은 불안형 애착을 가진 이에게 더 흔하다. 불안정은 특히 여성에게서 낮은 성적 자존감, 높은 불안과 관련이 있다. 일반적으로 안전하게 연결된 긍정적 관계는 성적 충족을 위한 가장 좋은 방법인 것으로 보인다(Johnson & Zuccarini, 2010). 이 사실은 대체로 EFT 종결 시점의 부부들이 성관계의 횟수와 만족도 면에서 훨씬 향상된 성생활을 보고한다는 사실에 반영된다(Wiebe et al., 출판 중). 그리고 이는 불화가 있는 부부와 불화가 없는 부부 모두에서 친밀감과 민감성의 수준이 불안정 애착과 낮은 성적 만족도를 연결 짓는 주요 요소이며, 이 요소들은 EFT에서 향상될 것이라 기대된다는 최근 연구 결과를 반영한다(Peloquin, Brassard, Delisle, & Bedard, 2013; Peloquin, Brassard, Lafontaine, & Shaver, 2014).

그리고 애착은 우리가 부부치료와 성치료의 개입기법을 통합하여 구체적이고 간결한 방법으로 성생활과 관계성을 융합할 수 있도록 가교를 제공한다(Johnson, 2017). Hawton, Catalin과 Fagg(1991)가 수년 전 발견했던 것처럼, EFT 경험에서 치료 시작 시 의사소통 패턴은 파트너의 성적 만족도를 예측하였고, 이 패턴의 변화는 성적 연결에 긍정적인 영향을 주었다. 이는 특히 여성의 만족도 측면에서 중요한 발견이다. 여성의 흥분에 대한 모든 자료는 여성들이 자신의 신체적 흥분을 실제 성욕으로 경험하도록 받아들이기 전에 관계 내 안전한 연결의 수준을 평가하는 것을 보여 준다. 그리고 이때 성욕은 종종 자발적인 갈망이라기보다는 타인이 자신을 욕망한다는 것에 대한 반응임을 보여 준다(Gillath, Milkulincer, Birnbaum, & Shaver, 2008; Basson, 2000).

EFT 치료사는 성적 상호작용의 고리들이 부부의 주요 패턴을 반영하든 또는 그 패턴에 대조적이든 상관없이 부부가 그 고리의 윤곽을 그리도록 돕는다. 더 회피적이고 위축된 남성들이 성적인 춤에서는 실제로 다가가기도 하지만 종종 거절당한다. 왜냐면 그들이 다른 영역에서는 안전한 정서적 연결을 제공하지 않기 때문이다. 만약 치료사가 이런 파트너들이 정서로 이동하도록 보조하고, 자신을 원한다고 느끼고 싶은 욕구를 공유하도록 돕는다면, 이렇게 하는 것은 자신이 오르가슴을 얻기 위한 도구에 지나지 않는다는 상대 파트너의 생각을 변화시키고, 침실에서 새로운 분위기를 만들 수 있게 한다. 성적 행동을 애착 현실과 결부시키는 혁신적 관점이 새롭고 선별적인 개입기법을 형성한다. EFT 치료사는 새로운 긍정적 성적 고리를 형성하기 위해 하향식의 기술/기법 지향적 개입에 의지하기보다는 유기적 기반—정서와 그것이 신체에 의해 표현되는 방식에 대한 내면적이고 상향적인 기반—을 바탕으로 작업할 가능성이 높다. 그러한 개입이 배우자의 정서적 현실과 일치하지 않으면 부적절해진다. 테리가 발기부전을 유발하는, 실패에 대한 깊은 두려움을 표현하고 아내로부터 위로를 받을 수 있게 되었을 때, 또한 아내로부터 성관계에서 가장 좋은 부분은 그의 부드러운 손길이라고 들었을 때, 그의 파국적 사고는 줄어들었다. 그와 아내는 그의 발기가 가끔 약해지는 문제를 함께 해결하는 한 팀이 될 수 있었다.

동성 커플과 작업할 때(Alan & Johnson, 2016; Johnson & Zuccarini, 2011)에도 우리가 논의했던 모든 원칙과 기법은 적용된다. 이성애자 커플들이 훅업(hookup, 역주: 성관계를 가볍게 즐기는 것으로 여기는 문화) 혹은 열린 애인관계(open relationship)의 더 독립적이고 덜 헌신적인 관계를 지향하는 것처럼 보이는 이때 대다수의 마음속에서 문란하다고 여겨지는 집단인 젊은 게이 남성들이 일부일처제와 헌신을 지향한다는 점은 흥미로운 아이러니이다. 이것은 일리가 있다. 당신의 관계가 법으로 금지되었다면 안전한 애착과 헌신을 꿈꾸거나 신뢰할 수 없기 마련이다. 연구는 현재 게이 남성의 82%가 장기적이며 헌신적인 관계를 열망하고 있음을 보여 준다(Gotta et al., 2011). 애착지향 치료사는 애착과학의 명료성, 즉 인간 존재가 선천적으로 낭만적 사랑 그리고 Bowlby의 위계적 애착(hierarchial attachment)과 밀접한 연결을 가지고 있다는 사실을 받아들인다. 우리는 소중한 몇 사람에게 동시에 애착을 가질 수 있지만 대부분 중요한 일차적 애착대상을 가지고 있다. 그리고 이 관계를 꼭 붙잡기 위해 투쟁하고 이 관계를 보호할 것이다. 안전한 애착은 원초적이고 또 지극히 기능적인 삶의 전략이다. 이는 헌신적이지 않고 분리된 관계에서는 만들고 유지하기가 극히 어렵다. 애착은 성생활을 둘러싼 고정관념들, 예를 들어 한 사람에게 장기적으로 헌신하면 결국 에로티시즘을 망치는 지겨운 익숙함이 된다는 이야기, 지속적인 참신함이 열정의 원료라는 이야기를 바로잡는 데 적극적으로 도전한다. 이 견해는 안전한 연결의 특징인 생생하고 적극적인 참여를 친밀감과 반응성의 부자연스러운 결핍과 혼동한다. 사랑의 결합에서 단절은 자연적으로 발생할 수 있지만, 재조율과 재참여가 뒤따른다면 파트너들은 관계의 유통기한을 넘어 거듭거듭 사랑에 빠지게 된다.

결론

Acevedo와 Aron(2009)의 뇌 스캔 연구에서 장기간 교제한 연인과 새로운 연인에서 파트너에 대한 생리적 반응이 일정 정도 동일함이 확인되었다. 이는 낭만적 사랑이 덧없지 않으며 오랜 시간이 지나도 지속될 수 있음을 시사한다. 이 연구자들과 다른 동료들은 다른 연구(O'Leary, Acevedo, Aron, Huddy, & Mashek, 2012)에서 10년 이상 결혼기간을 유지한 이들의 40%는 '매우 강렬한 사랑에 빠져 있다'고 보고했다. 이 결과들은 부부치료사들이 사랑을 뺀 모든 것을 다루어서 그다지 중요하지 않은 다른 변화들로 인해 사랑이 회복되기를 바라는 것보다는, 우리가 사랑이라 부르는 바로 그 반응을 의도적으로 조성하는 데 집중하여 도전하도록 요구한다. 치료사가 이 도전에 응하기 위해서는 당연히 사랑 자체에 대해 자세하고 확실하게 알고 있어야 한다. 애착과학은 우리에게 그 지식을 제공한다. 가장 중요한 결합의 질문인 "당신은 내 곁에 있나요?"는 모든 만성적인 관계불화에 내포되어 있다(그리고 종종 분명하게 드러난다) 그러나 배우자들은 이런 용어로 그들의 불화를 표현하는 방법을 모를 수 있다. 임상경험에서 부부들의 일관적 보고, 연구 및 임상경험에서 중도탈락자의 부재 그리고 전반적인 EFT의 결과는 내담자들도 사랑과 정서적 연결에 대한 집중의 **관련성**을 지각하고 있음을 시사한다. 내담자들은 자주 EFT 치료사에게 이야기한다. "당신은 그 문제의 핵심을 짚고 있어요. 이 결합 이야기는 정말 정곡을 찌르네요. 처음으로 상황이 이해가 돼요." 이런 장면에 기초한 애착 과학과 경험은 부부치료사들에게 그들이 딛고 서서 자신감과 창의력을 발견할 수 있는 안정 기반과 안전한 피난처를 제공한다. 부부치료 분야는 애착과학의 견고한 토대 위에서 완전히 새로운 차원으로 나아갈 수 있다.

연습

개인적으로

여러분이 배우자 혹은 사랑하는 이와 갇히게 되는 패턴이나 부정적인 고리를 정확히 짚을 수 있는가? 이 부정적 춤의 단계에 대해 가급적 간단한 용어들로 간략하게 설명할 수 있는가? 마치 당신이 각 사람의 행동, 각자가 움직이는 방식을 지켜보는 것처럼 설명해 보라. 거리를 두고 비판단적으로 설명하도록 노력해 보라. 그리고 반복되는 피드백 고리 안에서 각 사람의 행동이 어떻게 상대의 행동을 촉발시키는지 기록해 보라. ("당신이 더 많이 ……할수록, 나는 점점 더 ……되고, 내가 더 많이 ……할수록")

이 드라마에서 당신은 당신의 가장 취약한 감정을 어떻게 다루는가? 당신은 상대에게 어떤 신호를 보내는가? 배우자가 보게 되는 것은 무엇인가? 여러분 두 사람이 안전하다고 느끼는 방법으로 추는 춤을 공감적인 치료사는 어떻게 요약할까? 그리고 이 치료사는 당신이 보여 주는 표면적 감정을 어떻게 반영할까? 특히 이 상황에서 나타난 애착 두려움, 당신이 느끼는 더 취약한 기저의 감정을 어떻게 설명하기 시작할까?

이 치료사가 이야기할 내용을 적어 보자.

전문가로서

제나와 테드 부부는 평소처럼 다음과 같은 부정적 고리에 갇혀 있다.

제나: (매우 차분하고 합리적인 어조로 메모를 작성하며) 난 정말 이게 유용한 토론이라고 생각하지 않아, 테드. 우린 그냥 당신이 선호하는 방식으로 청구서를 처리할 수 있어. 그렇게 하는 방법은 많아. (세 가지 복잡한 대안을 열거한다.) 청구서 처리처럼 실용적인 문제에 대해 감정적으로 반응하는 이유를 모르겠어. (그녀의 언니와 그 남편이 이 문제를 처리하는 방법에 대해 설명하기 시작한다.)

테드: (화를 내고 흥분하며) 우리가 어떻게 여기까지 왔지? 난 우리가 우리 스스로에 대해 아무 대화도 나누지 않는다는 이야기를 하고 있어! 대체 언제 감정적으로 반응해도 괜찮은데? 항상 침착한 사모님이 말해 보시지! 나는 얼마나 돈에 대해 걱정하는지 말하는 중이었어. 당신 언니 방식에 대한 망할 수업 따위는 필요 없다고. (그의 무릎을 내리친다.) 나에게 아내가 아니라 공인회계사가 필요하다면 내가 나가서 한 명 찾아올 거야. 당신은 항상 충고만 출력하는 기계 같아. (두 손으로 얼굴을 덮는다.) 난 이제 우리가 부부라고 느껴지지도 않아.

제나: (빠르게 눈을 깜박거리고 숨을 깊게 들이마시며 의자에 기댄다.) 난 당신이 이 순간에 합리적이길 바라. 당신이 왜 그렇게 화를 내는지 난 정말 모르겠어. 당신은 항상 화가 나 있는 것처럼 보여. 어떤 남자들은 이런 문제를 돕는 아내에게 고마워할 거야. 그렇지만 요즘 내가 어떤 노력을 하든…… (긴 침묵, 한 손으로 다른 손을 여러 번 두드린다.) 이 순간은, 만약 우리가 집에 있었다면 내가 보통 포기하고 당신이 진정될 때까지 기다리기 위해 서재로 갔던 순간들 중 하나이겠지. 당신은 인정하지 않거든…… 내 노력을.

테드: (치료사를 향하며) 아내는 제가 왜 화를 내는지 이해하지 못해요. 나조차도 내가 왜 이렇게까지 화를 내는지 모르는 것 같아요. 내가 미친 건가요? 당신은 내가 지금 왜 이렇게 화를 내는지 이해가 되나요?

　당신은 여기서 일어나는 이 부부의 고리에 대해 어떻게 가장 간단한 용어로 부부에게 반영할 것인가? 그 고리에 애착의 영향력을 포함시키고, 춤이 관계의 문제라고 구조화하는 하나의 문장으로 끝맺는 것을 포함시켜야 한다.

　당신은 어떻게 애착 구조를 사용해서 테드의 배우자를 무시하거나 비난하는 일 없이 테드의 질문에 대답할 것인가?

　당신이 하고 싶은 말을 기록해 보라. (이것은 연습이다. 다시 말하지만 잘못된 답은 없다.)

192

_____ 마음에 새기기 _____

- 부부치료가 확실하고 효과적이려면, 애정관계의 가장 중요한 본질, 잘못된 것과 이를 바로 잡기 위해 정확히 필요한 것을 설명하는 지도가 필요하다.

- 정서적 단절과 박탈감—편안함, 지지, 보살핌에 대해 충족되지 않은 애착욕구—은 관계 불화의 핵심이다. 해결책은 정서적 접근성(accessibility), 반응성(responsiveness) 및 참여 (engagement)의 형성이다(A.R.E.—"Are you there for me?"에서처럼).

- 부부를 위한 EFT는 미국심리학회의 부부 및 가족 치료 분과에서 규정한 경험적 검증기준을 최고 수준으로 충족시키며, 부부관계에서 애착의 질을 변화시키는 것으로 밝혀졌다.

- 치료단계—안정화, 애착의 재구조화 그리고 강화—와 주요 치료적 변화과정 및 개입기법은 EFT와 EFIT에서 동일하다. 필수적인 탱고 움직임은 여러 치료양식에 걸쳐 동일하지만, 회 기 중에 치료사와 개인 내담자가 있는 것이 아니라 때로 전쟁을 벌이는 두 당사자와 치료사 가 있다는 사실에서 비롯되는 몇 가지 예외적인 변형이 있다. 예를 들어 부정적 고리를 설 명하는 것—EFT 탱고에서 현재과정을 반영하는 단계인 '괴물' 대화—은 더욱 정교해지며, **총알받이**와 **애착 씨뿌리기**와 같은 몇 가지 개입기법은 더 적절하고 자주 쓰인다.

- 불화관계에서 확인되는 고리 네 가지는 '**나쁜 사람 찾기**' '비판하고 철수하기' '냉담과 회피하 기' 그리고 '**혼란과 양가감정**'이다. 이 고리에서 파트너들은 추적과 회피 사이에서 뒤바뀐다.

- 부부치료사는 한 파트너의 결점보다는 현재에, 추상적인 토론보다는 정서에, 내용보다는 과 정에, 그리고 진단이나 꼬리표보다는 구체적 행동에 초점을 맞추기 위해 내담자들과의 채 널을 변경하는 방법을 알아야 한다.

- 항상 그렇듯이, 건설적 의존형성의 방해물, 이를테면 회기 중 위험감수를 가로막는 과거의 상처들을 표적으로 삼는다. EFT 치료사는 내담자와 이런 방해물에 접근하고 '순화'시킨다. 그 이후에 관계의 안전과 자기 자신에 대한 파트너들의 작동모델을 변화시키는 결합사건— 날 꼬옥 안아줘요® 대화—이 일어날 수 있다. 결합사건에서 새로운 수준의 안전한 결합이 이루어질 때까지 탱고 움직임 2~4를 사용하고 강화한다.

- 애정관계와 정서적 반응성의 필수적 성격을 이해하면 우리는 날 꼬옥 안아줘요® 프로그램 같은 새로운 관계교육 프로그램을 제작할 수 있게 되고, 관계를 어렵게 만드는 신체건강 문 제를 다루기 위해 이런 종류의 프로그램을 사용할 수 있게 되며, 섹스나 보살핌과 같은 애 정관계의 다른 측면을 새로운 방식으로 이해할 수 있게 된다.

- 당신이 이해하면 당신은 만들어 낼 수 있다. 애착과학은 낭만적 관계를 개념화하고 효과적 인 부부개입을 창조하는 새로운 시대로 우리를 인도한다.

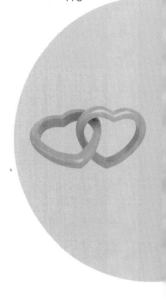

정서중심 부부치료의 실제

부부치료 문헌에는 성공적인 EFT 변화과정에 대한 많은 증례와 대본이 있으며, 서로 다른 유형의 부부들의 다양한 치료단계에 대한 교육용 DVD도 많다(논문과 교육용 DVD의 목록은 www.iceeft.com 참조). 이 장에서는 그와 같은 사례를 들기보다, 도전적인 부부와의 상담회기를 다루고자 한다. 이 부부는 만성적인 불화를 겪고 있었고 관계 회복을 가로막는 문제들을 가지고 있었다.

사라와 갤런: 배경 이야기

이 부부는 몇 년간 EFT 치료를 받다가 말다가 했다. 그들의 치료사에 따르면 그들은 안정화기의 막바지에서 헤쳐 나가려고 애를 쓰고 있었다. 이 시점에서 그들 불화의 부정적 고리는 단계적으로 약화되었고, 긍정적 결합 고리가 성장할 수 있는 안정기반은 마련되었다. 그러나 여기서 치료사는 막혔고, 더 이상 진전이 이루어지지 못하는 것처럼 보였다.

사라는 20대에 이민자로서 북미에 왔으며, 매우 폭력적인 환경에 있었던 것으로 생각된다. 어린 시절 그녀는 특히 나이 많은 친척으로부터 신체적으로, 성적으로, 정서적으로 학대당했고 지속적으로 모욕당했다. 그 후 그녀는 갤런을 만나 결혼하여 곧 두 아이를 가졌다. 그들의 관계는 처음부터 '폭력적인 부부싸움의 세월'로 이루어져 있었다. 사라는 첫 몇 년 동안 갤런을 추적했지만 그 후에는 분노, 떠나겠다는 지속적인 위협, 무반응 행동으로 옮겨 갔다. 그러자 갤런이 사라를 추적하기 시작했다. 사라는 그녀의 습관적 '방어'가 갤런에게 '사납게 욕하는 것' '총을 난사하는 것'이라고 인정했다.

갤런은 몇 년 전 폭행사건으로 감옥에서 하룻밤을 보냈지만 기소되지는 않았다. 그들이 치료를 시작했던 시기나 이 치료회기 중에는 신체적 폭력은 관심사가 아니었다. 이 상담 전, 사라는 변호사와 계약했으나, 관계를 개선하기 위해 한 번 더 노력하기로 합의했다. 두 사람 모두 어린 시절에도, 서로로부터도 안정애착을 경험해 본 적이 없어 보였다. 갤런은 사랑과 수용을 이해하지 못했다고 말했고 사라는 외상 전문가 Judith Herman(1992)이 규명했던 복합 외상(complex trauma)을 가지고 있는 것처럼 보였다. 즉, 그녀는 어렸을 때 '인간적 연결의 훼손'을 경험했다. 그렇게 되면 타인들은, 두려움의 활성원인 동시에 두려움을 극복하는 데에 매우 필요한 해결책이게 된다. 나는 이 사례에 대한 치료사의 발표를 들으면서, 만약 몇 년 전 사라를 상담실에서 보았다면 의심할 여지 없이 경계성 성격장애라고 이미 꼬리표가 붙어 있었을 것이라는 생각이 들었다. 회기에 들어가면서 나는 스스로에게 "그렇다면 이건 '외상 부부'(Johnson, 2002; Greenman & Johnson, 2012)야. 이 부부에게 애착 두려움, 상처와 위험에 대한 경계심은 언제나 준비되어 있고, 이 예민함은 20년 이상의 만성적 갈등으로 더 악화되었어. 그러니 부드럽게 풀어 봅시다."라고 말했다.

이 부부를 데리고 온 치료사가 설정했던 회기의 목표는 단계적 약화를 강화하고, EFT의 2기의 진행을 막는 주요 방해물 중 하나, 즉 상대가 연약한 상태로 접근하는 것을 받아들이는 여성 배우자의 능력을 다루는 것이었다. 이 능력은 새로운 신호를 신뢰하여 안전한 연결의 교정적 경험이 시작될 수 있게 한다. 치료사는 이 부부가 그들의 부정적 고리와 그들이 서로에게 미치는 영향에 대해 알고 있다고 말했다. 그리고 갤런은 이제 위험을 감수하고 파트너에게 접근하려 하지만 사라가 쌓아올린 의심과 냉소의 벽에 계속 부딪히고 있다고 말했다. 사라는 스스로를 '거북이 등딱지' 속에 있는 사람 혹은 '싸움꾼'으로 보고 있었으며, 언제나 '전투 모드'에 돌입할 준비가 되어 있었다.

회기 시작을 몇 분 앞두고, 사라는 내게 "진짜 사람들은 사랑을 바라나요, 정말로?"라고 물었다. 그리고 나는 회기가 시작하기 전에 대답을 할 기회가 없었다.

상담회기

우리는 소개와 가벼운 사담을 나누고 시작했다.

사라: (나에게) 그러니까 저는 이런 게 도움이 될 거라고 생각은 해요. 하지만…… 만약에 두 사람이 서로에게 맞지 않는다면, 그냥 다르게 자란 거라면 어떻게 되나요?

수: 오, 아주 오랜 시간에 걸쳐서도 서로에게 꼭 '맞는' 커플이 있을지 잘 모르겠어요. 우리 대부분은 친밀하게, 즉 함께 춤추는 법을 잘 모르거든요. 다만 다행스럽게도 서로 가르쳐 줄 수는 있어요. 우리가 서로에게 소중하니까, 우리는 버티고 노력하고 배우는 거죠. 저기 어딘가 기다리는 완벽한 사람은 존재하지 않아요. 다만 어떤 관계들은 좀 더 쉬울 수 있겠죠. 전 두 분이 처음 만났을 때는 신뢰와 안전이라는 자산이 많지는 않았다고 들었어요. 하지만 여러분은 벌써 많이 성장한 것 같아요. 여러분의 관계를 위해 분투하는 큰 용기를 보여 줬고요.

갤런: 우리는 아직 함께 손을 잡고서 석양을 바라보는 경지에는 도달하지 못했어요. (웃음) 우리 관계가 전투 같은 상황에 익숙했던 것 같아요.

사라: (나에게) 전 이제 그냥 가만히 있어요. 아무 말도 하지 않아요. 과거에는 전쟁 같았어요. 견원지간이었죠.

갤런: 하지만 이제 사라는 저와 전혀 춤을 추지 않아요. 우리는 어떤 곳에 도착한 것 같아요.

사라: 편안하고…… 좀 더 평화로운…….

갤런: 그렇지만 저는 좀 더 발전했으면 좋겠어요. 당신도 아시다시피 어렵겠지만요. …… 다음 단계는 무엇인가요?

수: 아하. 이제 당신은 어떻게 함께 석양을 바라볼 수 있을지 알고 싶은 거지요, 맞요? 당신은 사라와 더욱 함께 있고 싶군요? (갤런은 고개를 끄덕인다.)

갤런: 그러나 문제가 될 만한 말은 하고 싶지 않아요.

수: 말다툼이요. (갤런은 고개를 끄덕인다.) 그래서 스스로에게 너는 조심스럽고 신중할 필요가 있다고 말하는 건가요? 혹시 사라가 다가와도 된다는 신호를 보내기를 기다리나요?

갤런: 맞아요, 맞아요. 하지만 모르겠어요.

수: 그렇다면 상황은 전보다 진정된 거군요. 덜 위험해졌고요. 그리고 당신은 문 밖에 서서 기다리고 있군요. "더 가까이 가고 싶은 내가 여기 있어. 당신이 날 받아 줄까?"라고 하면서요. [현재의 과정을 반영한다. 탱고 움직임 1로 이동하기 시작한다. 갤런의 상황에서 가장 본질적인 요소를 포착한다.]

갤런: 저는 기다리고 있어요. 기다리죠. (사라를 쳐다본다.)

수: (사라를 향해) 이 남자가 당신에게 "사라, 나 문 앞에서 기다리고 있어."라고 말할 때 어떤가요?

사라: (미소 지으며) 글쎄요, 저도 잡히고 싶어요. 저는 더 이상 추적하지 않아요. 몇 년 동안이나 그렇게 했지만요. 하지만 가끔 우리 가정에 실제로 영향을 줄 싸움을 시작하고 싶을 때가 있어요. 만약 제가 포기한다면…… 저는 왜 그런지 아직도 거부당한 느낌이에요. 힘도 없고요. 하지만 당신이 나를 추적하기 싫다면 괜찮아요. 나는 상관없어요.

수: 음. 나쁜 연결이라 하더라도 싸움에서는 연결이 있었군요? 이제 당신은 물러날 수 있지만 어쩐지 진 것처럼 느껴진다는 거죠. 힘도 없는 것처럼 느껴지고요. 당신은 여전히 아프군요. 당신의 한 부분이 이렇게 말하는 것 같아요. "나는 당신이 문으로 걸어 들어와서 나를 원한다고 말해 주면 좋겠어. 왜냐하면 나는 마음속 깊은 곳에서 거부당했다고 느끼고 있거든." 제가 이해했나요?

사라: 비슷해요. 저희가 결혼했을 때, 남편은 저한테 솔직하지 않았어요. 그가 이야기하지 않았던 가족 문제를 제가 확인해서 알게 됐어요.

수: 그리고 당신에게 경고음이 울렸군요. (사라는 끄덕인다.) 당신에게는 경계할 만한 아주 합당한 이유가 있어요. 당신이 어렸을 때, 당신에게 다가온 사람들은 위험한 사람들이었고, 그래서 경고음이 울렸죠. 그다음 갤런과의 이 긴 전투를 시작했고, 서로에게 심한 상처를 주었어요. (사라는 다시 고개를 끄덕인다.) [경계심을 인정한다.] 그러면 갤런, 당신은 여기서 실수를 하는 것이 두려워서…… 그녀의 신호를 기다리고 있어요. (사라에게) 하지만 당신은 갤런에게 이렇게 말하는 것 같아요. "이제 당신은 나를 붙잡으러 오지 않는 거야? 난 다가가지도, 위험을 감수하지도 못하겠어. 나는 심지어 문을 어떻게 여는지도 모르겠어."

사라: 그가 아래층에서 잘 때 저는 그냥 내버려 둬요. 하지만 그가 침실로 오지 않아 너무 화가 나요. 그런데 또 그가 와도 여전히 화가 나요. 마치 "아, 이제야 오셨겠네!" 싶어요. [여기서 우리는 전형적으로 해결책이 없는 상황을 보고 있다. 사라는 위험을 감수하거나 다가갈 수

없다. 하지만 그녀는 여전히 외롭다. 그가 가까이 오면 그녀는 분하게 생각하고 그를 거부한다. 치유적인 연결로 가는 길이 차단된다.]

수: 음, 그러면 당신은 그를 추적하는 것은 거부하지만 그가 당신을 추적하지 않는다는 것에는 여전히 일종의 화가 나 있군요. (사라는 웃는다.) 갤런은 당신이 그를 원한다는 것을 보여 주기를 기다리고 있어요. 갤런, 맞나요? (갤런은 고개를 끄덕인다.) 두 분 모두 바라는 것을 얻지는 못하고 있군요. 여러분은 휴전은 바라지만…… 지금 두 분은 좋은 관계가 어떤 것인지 사실 잘 모르는 것처럼 보여요. 그건 완전히 다른 영역이지요. 낯설어요. 그러니 아무도 어떻게 해야 할지 모르고 있어요. 하지만 사라, 당신은 이렇게 말하는 것 같아요. "나는 여전히 거부당한 기분이에요. 나는 쓰라린 상처가 있어요. 당신이 나를 원한다는 것을 나에게 보여 주길 바라요. 나를 붙잡으러 오겠다고…… 나를 초대하고 싶다고."처럼? [애착 메시지를 강조하고 그녀의 신호를 명료화한다. 치료 작업을 위한 무대를 마련한다. 그의 접근에 대한 그녀의 응답을 방해하는 것에 초점을 맞춘다.]

사라: 네. 그렇다고 말할 수 있어요. 맞아요. 저는 어떻게 기대는지 몰라요. 저는 이제는 쉽게 가고 싶어요. 더 이상 힘들게 노력할 수가 없어요. 예전에는 그런 때가 있었어요. …… (갤런을 향해) 당신은 그때 내 곁에 없었어. 내가 우리 둘째를 낳았을 때 여동생이 나를 데리러 병원에 왔어야 했어. 그런 때 말이야.

수: 맞아요. 그런 기억들이 아직 아프죠? (사라가 찬성하여 고개를 끄덕인다.) 그리고 이 기억들은 그를 원하는 것이, 그를 믿고 싶어지는 것이, 그에게 마음을 여는 것이 얼마나 위험한지 기억나게 하죠? 그로부터 도움이 필요해요. 그 모든 싸움을 겪었기 때문에 당신은 그를 붙잡으려고 험난한 길을 갈 수 없는 거죠. [갤런은 지켜보며 주의 깊게 이야기를 듣는다. 아마 나는 그가 평소에 가지고 있는 것과는 다른 아내의 이미지를 보여 주고 있을 것이다.] 이 문제에 대해 당신은 그의 도움이 필요해요. 그리고 당신은 여전히 거절로 인해 고통스럽죠. 당신은 다가갈 수 없어요. 남편에게 이 메시지를 어떻게 전달해야 할지도 모르고요. 어떻게 문을 여는지도 확실하지 않죠? 솔직하게 이 이야기를 하는 것조차도 엄청난 용기가 필요할 거예요. [대체로 나는 같이 머물고, 반영하고, 그녀의 방해물—신뢰하는 것에 대한 저항—을 인정한다. 그녀의 현재 정서적 과정에 대한 반영은 탱고 움직임 1이기도 하다.]

사라: 맞아요. 전 독립적으로 사는 법을 배웠어요. 그래서 센 사람으로 통해요. 그래도 가끔 갤런이 이런저런 일들을 돌봐 주었다면 좋았을 것 같아요. 우리는 서로에게 끔찍하게 상처를 주었어요. 저는 실망했고, 몇 년 동안 외로웠어요. 그리고 그도 나름대로 고통스러웠고요.

[이 구조화는 그들이 그래도 단계적으로 약화되고 있음을 알려 준다. 그녀는 그의 고통을 인식하고 있다]

수: 갤런이 이런저런 일을 챙겼으면 하는 것, 특히 이 문제에 대해 당신을 돌보았으면 하는 것. 이런 것이 새로운 연결에 다가가는 과정이에요. 새로운 연결은 미지의 것이지만 당신은 그걸 원하고 있어요. 왜냐면 그것이 없을 때 당신은 상처받고 고통스럽거든요. 다툼은 연결에 매달리는 지독한 방법이에요. 하지만…… 회피도 좋은 방법은 아니죠.

사라: 그가 카드 청구서에 대해 신경을 썼다면…… 다른 날, 그것 좀 해결해 달라고 남편에게 부탁했어요. (강도를 낮추며 빠져나간다.) 그는 "아니, 나에게 그런 거 부탁하지 마."라고 했어요.

수: 당신은 지금 남편의 도움이 필요해요. 이 새로운 정서적 영역으로 나아갈 때 말이에요. 그런데 간단한 일에서조차 도움을 요청하는 것이 잘 되지 않았던 거죠? 지금 당신은 중요한 이야기를 하고 있어요. 사라, 당신은 그가 같이 있어 주기를 원했지만, 그는 어떻게 그렇게 하는 줄 몰랐어요. 그러자 당신은 총을 난사하기 시작했고 문을 걸어 잠갔죠. 하지만 여전히 고통스러워요. 당신은 사람이기 때문에, 나를 필요로 하길 바라는 욕구, 다가오길 바라는 욕구가 있으니까요. [탱고 움직임 2-현재 이야기 속에서 그녀의 신체적 느낌과 의미 구성을 조합한다. 방어적 공격성 아래의 더 깊은 정서에 다가간다.]

사라: (높은 목소리로 빠르게) 전 그가 저를 돌보게 하지는 않을 거예요. 남편은 그렇게 한 적이 없으니까요. 전 문을 잠근 적이 없어요!

수: 맞아요. 당신의 어떤 부분은 그가 다가와 당신을 붙잡기를 바라요. 당신이 그를 향해 움직이는 것을 돕길 바라요. 하지만 당신은 문을 열 수 없죠. 당신이 여전히 갈망하고 있는데도요. 분노하고 필요 없다, 독립적으로 살겠다고 결론을 내림에도 불구하고 당신은 갤런과의 연결을 원하고 있어요. (사라는 나에게 미소 짓고 고개를 끄덕인다.) 그에게 말해 줄 수 있나요? 문은 잠겨 있지 않지만 문을 열 수 없다고요? 다시 상처 입는 위험을 감수할 수 없다고요.

사라: 나는 이 부분이 싫어요. 이게 내가 싫어하는 부분이에요.

수: (조용하고 부드럽게) 모두 이 부분을 싫어해요. 위험하게 느껴지잖아요. 그에게 말할 수 있어요? 나는 지금 문을 어떻게 여는지 모른다고, 안전하지 않다고, 너무 위험하다고. [탱고 움직임 3-명료해진 정서적 반응을 받아들이고 새로운 춤동작, 즉 더욱 참여적인 만남을 준비하는 음악으로 사용한다.]

사라: (어깨를 갤런 쪽으로 돌리면서) 난 어떻게 하는지 몰라. 모르겠어. 어떻게 당신을 들여야 하는지.

갤런: (나를 바라보며) 제가 이걸 거절이라고 생각했군요. 혼란스러워요. 저는 혼자 해결하려고 애썼던 건데.

수: 네. 매우 정상적이고 아주 자연스러운 일이에요. 두 분은 누군가를 원하는 것에는 위험이 따른다고 생각하면서 이 춤을 시작하게 되었어요. 안전하며 서로에게 조응하는 춤이 어떤 것인지 본 적이 없어요. 그러니 균형을 잃고 서로 다치게 했을 때 두 분은 당연하게도 허둥지둥하며 무기를 들고 갑옷을 입게 되는 거예요. 하지만 지금 두 분을 보세요. 솔직해지는 법을 배우면서 너무나 열심히 노력하고 있어요. 고통에 귀를 기울이고 있어요. 그리고 그건 여러분에게 상대가 사랑하는 방법을 배울 수 있는 기회를 주어 보자고 이야기해요. 놀라운 일이죠. [탱고 움직임 5-인정한다.] 역설적이게도, 갤런, 당신이 이 여성을 당신의 방법대로 사랑하지 않았다면 그렇게 위협당하고 거부당했다고 느끼지 않았을 거예요. 당신은 그저 사라를 보고, 도움이 필요한 아이에게 하듯이 응답할 수도 있었을 거예요. 하지만 다시 그 싸움에 빠져서 상처를 받을까 봐 무서운 거예요. 그래서 가만히 있는 거지요. 확신이 없으니까요.

갤런: 저는 그녀를 사랑해요. 그녀를 다치게 하고 싶지 않아요.

수: 예. 믿어요. 그녀가 이렇게 말한다면 당신은 어떨까요? "나는 당신을 어떻게 들여보내는지 몰라요."라고. [환기적 질문기법-탱고 움직임 4의 일부-참여 만남을 처리한다.]

갤런: 거부당한 느낌이에요. 부부가 아닌 거죠.

수: 당신의 일부분이 "어쩌면 그녀는 나를 원하지 않는 걸까? 너무 무서워"라고 말하는군요.

갤런: 네, 무서워요. 우리가 싸울 때 그렇게 이야기하곤 했어요. 저는 평화를 유지하려고 노력해요. …… 하지만 그녀는 다르게 이해해요.

수: 맞아요. 그러니 우리 여기 머물러 봅시다. 이건 중요한 순간이에요. 여러분은 완전히 새로운 방향으로 움직일 수도 있지만 지금은 거리를 둔 상태에 갇혀 있어요. 많은 사람이 여기에 갇혀요. 당신의 아내는 이상하고 무서운 상황에 처해 있어요. 그녀는 혼란스러워요. 당신을 신뢰하는 것에 대해 걱정하고, 그녀가 상처받고 실망했던 순간들을 되새겨요. 그 모든 아픈 상처를요. 당신에게 문을 열어 주기가 무서워요. (사라를 바라보며 앞으로 기대고, 그녀는 고개를 끄덕인다. 내 손을 그녀 무릎 위에 놓는다.) 당신은 스스로 더 원하고 있는 것을 알고 있어요. 하지만 다른 싸움을 할까 봐 얼어붙어 있죠. 확실하지 않아요. 당신은

사라가 가까워지는 위험을 감수하겠다는, 분명한 신호를 보내 주길 기다리고 있어요. 하지만 분명한 신호가 없으니 스스로에게 "그녀는 어쨌든 나를 원하지 않아."라고 이야기하죠. 그러면 그녀는 당신이 다가오지 않을 것이라고 결론을 내리고, 다시 고통을 느껴요. 결국 두 분 다 거부당한 느낌에 빠지게 돼요. 외롭고 옴짝달싹할 수 없죠. 정말 괴로운 일이에요. [탱고 움직임 1로 돌아간다. 지금 나타나는, 관계를 정의하는 핵심적인 정서적 춤을 애착용어로 반영한다. 치료사는 방해물—이 부부의 관계가 본질적으로 갇혀 있는 상황—을 대략적으로 설명한다.]

갤런: 맞아요. 네. 정확해요. 저는 그녀가 내 신호를 기다리고 있는지 몰랐어요! 저는 실수하고 싶지 않았어요.

수: 그렇군요. 당신은 여기서 조심스러워요. 신중하죠. 당신은 그녀가 당신의 도움을 필요로 한다는 것, 그녀가 문을 열 수 없다는 것, 그녀는 당신이 다가와 붙잡아 주고 가까워지는 방법을 보여 주기를 바란다는 것을 몰랐어요. (갤런이 사라를 모르는 사람처럼 바라본다.) 하지만 사라, 당신은 확실한 신호를 보내려고 애쓰고 있어요. 맞나요? 당신은 사실 "나에게 와서 붙잡아 줘, 나를 도와 줘."라는 신호를 보낼 수 없었지요? [그녀는 그녀가 원하는 것을 부탁할 수 없다. 이것은 애착 회복과 재연결에 대한 핵심적인 방해물 중 하나이다.]

사라: (부드럽게) 나는 안 하는 거예요. 나는 원하지 않아요. 그가 나를 돌보는 것을 원하지 않아요.

수: (앞으로 기대면서 부드럽고 느린 목소리로) 네, 어쩌면 당신은 누가 안아 주고, 달래 주고, 돌봐 주고, 위로해 주는 느낌을 경험해 보지 못했을 수도 있어요. 친밀함을 가져 본 적도 없고, 친밀함 속에서 내려놓고 쉬는 법을 배운 적도 없고요. 그래서 당신의 뇌가 "농담하니? …… 조심해. …… 유일한 현실은 싸움이야. …… 안전하지 않아."라고 말하죠. (사라가 눈물을 흘린다.) 그렇지만 그러면 당신은 완전히 혼자가 되어 버려요. 그리고 아픔을 느끼게 돼요. 당신은 갤런을 만난 후 안전한 연결을 바라게 되었으니까요, 그렇죠? 하지만 당신은 너무나 상처받았어요. 열망을 포기하는 게, 그냥 이 고통을 견디는 게 더 안전해 보이나요? [탱고 움직임 2–갈망과 상처에 대한 두려움 사이의 정서적 갈등을 심화시킨다.]

사라: 저는 과거의 상처를 놓을 수가 없어요. 잊을 수 없어요.

수: 사라, 잊을 필요 없어요. 상처들은 중요해요. 그렇지만 당신과 갤런은 서로 상처에 관해 도울 수 있고 그걸 넘어설 수 있어요. 전 당신이 치료를 받으면서 이미 어느 정도는 그렇게 했다고 생각해요. 하지만 당장은 당신이 갤런에게 이렇게 말하는 것 같아요. "지금은 위험

을 감당할 수 없어. 난 당신의 도움이 필요해. 문을 열 수 없으니까. 난 사랑받는 것이 어떤 느낌인지도 모르겠어. 받아들이는 것을 상상할 수가 없어." 음……

사라: (연약하게 매우 망설이며) 저는 그냥 그에 대해 이야기할 수 없어요. 어떻게 하는지 몰라요. (갤런에게) 나는 어떻게 당신의 도움을 요청하는지 몰라. 어떻게 당신에게 기대는지. [사라가 스스로 탱고 움직임 3을 시행한다.]

수: (부드럽게) 그리고 위험하게 느껴지겠죠. 당신은 스스로를 돌보는 법을 배웠어요. 경계하는 법 그리고 싸우는 법이요. 그런데 갤런과도 그런 일이 생겨요. 그래서 그에게 이야기하는 거죠. "우리가 새로운 방법으로, 더 안전하고 친밀한 방법으로 함께 춤추는 것을 배울 수 있도록 문을 여는 법을 나는 모르겠어." 하지만 당신은 지금 여기에서 그게 얼마나 어려운지 이야기하면서, 그 이야기를 나누면서 한 걸음 나가고 있어요. [탱고 움직임 4, 5로 바로 이동한다. 만남을 처리하고 인정하고 통합한다.]

사라: 네. 힘이 되네요. (조그맣게 미소 짓는다.)

수: 하지만 갤런, 당신은 조심스럽다고 했어요. 당신은 전쟁을 다시 하고 싶지 않아요. (갤런은 고개를 끄덕인다.) 그런데 당신은 그녀의 마음을 얻는 법, 그러니까 그녀가 당신에게 다가오도록 돕는 법을 알고 있나요? 예전에는 그녀를 사로잡았었죠?

갤런: (미소 지으며) 네, 그랬죠. 그녀가 여기서 저의 도움을 필요로 한다는 것을 아는 것이 제게 도움이 많이 되네요. 그녀 곁에 같이 있고 싶어요. [이는 회기 전 그들의 치료사가 소개하면서 했던 이야기와 평가들을 확인시켜 준다. 갤런은 다시 참여하고 아내 곁에 있으려고 노력한다.] 그녀가 나를 필요로 하는군요! (사라를 향해) 그 이야기를 정말 듣고 싶었어.

수: (그의 메시지를 강조하며) 당신은 "그 전투들과 부상 다음에 다가간다는 것은 내게도 무서운 일이야. 하지만 당신이 날 필요로 한다는 것을 알았으니까, 아마도 당신을 도울 방법을 찾을 수 있을 거야. 당신이 가까이 오기에 충분히 안전하다고 느끼도록 내가 도울 수 있을 거야. 그렇지만 나 역시 두려워."라고 말하는군요. 그녀에게 이야기할 수 있나요?

갤런: (나에게) 만약에 발을 잘못 디뎌서 그녀의 발을 밟으면 어떡하죠? 확신이 없어요. 제가 잘못할지도 몰라요. 그런데 만약 아내가 저를 원하고 있다면, 그건 저한테 답이 있는 거나 다름없네요.

수: 아, 당신이 그녀에게 중요하다는 것을 아는 것이 많이 도움이 되는군요. 이제 앞으로 전진할 길이 있네요. 그래서 당신은 조심하는 것에 사로잡혀 있었군요. "나는 여기서 한 발자국도 실수하면 안 돼."라고요. 하지만 이제 그 거리감과 그 조심스러움 뒤에서 사라가 여전히

거부당한 것에 대해 아파하고 있고, 당신의 도움을 필요로 한다는 것을 듣게 되었어요. 그녀가 생소한 상황에 있고, 안전하다고 느끼고 사랑받고 보호받는다고 느끼는 것이 어떤 것인지 몰라서 당신에게 다가가는 위험을 감수하기 어렵다는 걸 알게 되었어요. 그러자 기분이 좀 나아지고 상황이 더 분명해진 거죠. (갤런은 고개를 끄덕인다.) [그가 아내의 이미지를 강화하는 것을 돕고, 이 구조화에 그녀가 지속적으로 참여할 수 있게끔 반복한다.] 그녀가 꼼짝 못하는 상태라서, 당신이 다가오기를, 당신에게 다가갈 수 있도록 도와주기를 기다리고 있다는 이야기를 들을 때, 신체적으로 어떻게 느껴지나요? [탱고 움직임 4. 지금 갤런과 사라가 만들고 있는 만남을 처리한다.]

갤런: (웃으며) 전율이 일어요. (그녀에게 이것을 이야기하라고 손짓한다. 그는 그녀를 향한다.) 당신이 내가 당신을 도와주기를 바란다니. 당신에게 다가와서 마음을 사로잡기를 바란다니 말이야. 와!

수: 사라, 이것을 받아들일 수 있나요? 그가 당신에게 이르는 길을 얼마나 알고 싶어 하는지 보이나요?

사라: 어…… 노력해 볼게요. 하지만 마녀가 나타나요. 스스로를 보호하고 싶어 하는 저의 한 부분이요.

수: 그 마녀가 당신에게 뭐라고 이야기 하나요? (사라는 침묵한다.) 그가 당신을 다시 실망시킬 것이라고 이야기하나요? [탱고 움직임 2—그녀가 갤런과 춤추는 방식을 만들어 내는 정서를 심화시키기기—의 과정을 발전시키기 위해 그녀의 경험의 최첨단에 대해 해석한다.]

사라: 맞아요. 그가 나를 다시 실망시킬 것이라고 이야기해요.

수: 네. 우리는 사랑하면서도 서로를 실망시켜요. 우리는 함께 춤을 추지만 항상 잘 맞을 수는 없어요. 한 번도 서로의 발을 밟지 않는 것은 불가능해요. 하지만 이 실수들, 이 실패들을 이해하고 치유하는 것을 배울 수 있어요. 이것이 갤런을 만나기 전이든 그 이후든 당신이 살아온 삶의 방식이 아니라는 것은 이해해요. 당신은 정말 끔찍한 상처를 받았어요. 그가 당신에게 가까이 갈 수 있는 방법이 있다는 것을 듣고 전율이 일었다고 한 이야기를 들을 때 기분이 어땠나요?

사라: 기분 좋죠. 좋았어요. 그렇지만 이건 맹목적인 믿음이에요. 대책 없는 믿음 말이에요. (갤런에게 돌아서서) 내가 그렇게 노력했을 때 우리는 결국 싸웠어. 당신은 나에게, 나는 당신에게 고함쳤고. [사라는 치료사의 권유가 없어도 다시 파트너와의 더욱 교감적 만남(움직임 3)으로 이동한다. 치료가 진행됨에 따라 탱고과정이 자연스럽게 흐른다. 부부가 치료사

로부터 인계받아서 과정을 형성해 간다.]

수: 이렇게 말하면서 기분이 어때요? 그건 대책 없는 믿음이군요. 이전에는 너무 힘들었어요. 당신은 너무나 상처를 받았죠. 그가 당신이 마음을 터놓는 위험을 감수하기를 원한다고 들을 때…….

사라: (지금 표정은 부드럽다.) 겁이 나죠. 내가 무슨 일이 있을 줄 어떻게 알아요? 안전하다고 느끼지 않아요.

수: (앞으로 기대어 사라의 팔을 만지며) 그래요. 당신은 위험을 감수하는 것, 대책 없이 믿어 보는 것, 갤런이 곁에 있어 주리라는 희망을 받아들이는 것을 고려하는 것이 힘들다고, 무섭다고 이야기하고 있어요. 그건 "난 내 자신이 당신의 사랑을 바라는 것을 받아들이겠어. 희망을 품도록 둘 거야. 아픔을 따라가도록 할 거야……." [탱고 움직임 2–정서를 심화한다. 사라를 가로막고 있는 재앙적 공포를 탐색한다.]

사라: 왜 그런지 벌거벗고 있는 것 같아요. 그냥 지금 여기 있는 게 너무 겁나요!

수: 그래요. (그녀의 양가감정을 존중하며) 당신의 어떤 부분은 하지 말라고 말하는 것이 틀림없네요. (사라가 고개를 끄덕이고 또 끄덕인다.) 하지만 지금 당신은 대책 없는 믿음에 대해 이야기하고 있어요. 당신은 그냥 거부하는 것이 아니에요. "그건 대책 없는 믿음이 될 거야."라고 이야기했죠. 당신 말이 맞아요. 당신에게 총과 갑옷이 없을 때 그가 당신에게 상처를 줄 수도 있어요. 이 시간을 시작하기 전에 당신은 나에게 사랑에 대한 질문을 했죠. 당신의 한 부분은 여전히 여기서 분투하고 있어요. "내가 이것을 바라도 될까?"라고 물어보면서요. 여기 있는 것으로 이미 위험을 감수하고 있어요. 당신의 보호하는 마녀를 진정시키는 데 그의 도움이 필요한가요? (사라가 고개를 끄덕인다.) 여러분은 서로를 몹시 두려워하게 만들었어요. 여러분이 상대방의 연약한 곳을 찾아서 공격하고 추위에 떨게 하는 법을 아는 것 같아요. 하지만 지금 낯선 영역에 있죠. 사라, 당신이 물어보고 있어요. "나를 진짜 돌봐 줄 수 있는 누군가가 있을까? 내가 솔직해지고 누군가에게 다 내보일 때 무슨 일이 일어날까? 내가 믿음을 가질 수 있을까?" 어렵죠. 사라, 이런 이야기를 할 때 어떤 일이 일어나나요? 마음을 고백하고, 갤런에게 당신을 수용하고 보호하는 기회를 주는 것은 위험을 감수하는 거잖아요? [EFT의 이런 순간에 배우자의 분투의 경험적 의미가 선명하게 드러난다. 고립, 갈등, 선택과 무력함에 대한 공포 같은 주제들이 분명해진다.]

사라: (연약하게) 다른 사람들은 그렇게 하나요? 다들 그렇게 할 수 있어요? 전 당신에게 묻는 거예요. 어쩌면 사랑이 전혀 통하지 않을지도 모르잖아요. [치료사의 마음을 아프게 하는

질문이다. 치료사가 이런 질문에 스스로 진실한 대답을 가지고 있어야 한다!]

수: 네. 사람들은 이걸 해내요. 우리 모두에게 두려운 일이에요. 특히 당신이 믿는 사람들이 당신이 정말 작게 느껴질 때 당신에게 상처를 주고 배신하면 무섭죠. 그런 일들이 당신에게 친밀함은 위험하다고 가르쳤어요. 그때 당신과 남편은 어떻게 안전한 상태를 만드는지 몰랐어요. 당신과 갤런은 둘만의 싸움에 갇혀 있었죠. 하지만 사람들은 이걸 해내요. 우리는 무언가, 정말 중요한 무언가를 원하니까요.

사라: 네. 저는 연결을 원해요. 경험해 보고 싶어요. 전 연결을 경험해 본 적이 아예 없는 것 같아요. 아예. (그녀는 흐느낀다.)

수: 음. 그것 없이 사는 것은 힘들어요. 맞죠? (사라가 고개를 끄덕인다.) 비록 우리가 연결을 경험해 본 적 없다고 해도 우리는 갈망하는 무언가가 있고, 그것이 없으면 고통스럽다는 것을 알아요. 한 번도 경험해 본 적 없다는 것은 슬픈 일이에요. 정말 고통스럽죠. 그리고 갈망도 아직 여기 있어요. 그에게 이야기해 볼 수 있을까요? [본능적인 애착 열망을 직접적으로 준비시킨다. 그녀의 정서를 심화시킨 뒤, 탱고 움직임 3—심화된 정서에 조응하는 참여 만남을 연출한다.]

사라: (나에게) 나는 엄마와도 그런 관계를 가져 본 적 없어요. 나를 보호할, 나에게 와 줄 사람이 아무도 없었어요! 나는 어떻게 하는 건지 몰라요. 이런 관계 같은 것들이요. (사라는 흐느껴 운다.)

수: 아. 그래서 희망을 품는 것조차 너무 위험하군요. 여기 앉아서 갤런에게 이렇게 이야기하는 것 말이에요. "나는 당신의 도움이 필요해. 나는 당신이 나에게 와서 내가 문을 열도록 도와주는 게 필요해. 슬프고 무서워. 그리고 나는 그 연결을 여전히 원해." [대리하는 목소리로 정서를 강화한다.] 그렇게 말할 수 있겠어요? (갤런에게 손짓한다.)

갤런: (끼어들면서) 어떻게 하는지 보여 줄게. 내가 보여 주고 싶어. 당신을 도와줄게. 내가 전문가는 아니지만 할 수 있을 것 같아. 하고 싶고. 나는 아빠가 되면서 많이 배웠어. 우리 삼촌이 말하길……

수: (끼어들고는 다시 집중한다.) 갤런, 사라의 고통이 멈출 수 있도록, 그녀가 안전하게 느끼는 걸 도울 수 있도록 그녀 곁에 있고 싶은 거군요. 그래요, 그녀에게 말해 주세요.

갤런: (사라에게) 난 당신이 여기서 그렇게 울고 있는 것을 못 견디겠어. 어떻게 하는지 내가 당신에게 보여 줄게. 당신 곁에 있을 거야. 내가 가끔 실수를 하지만…… 만약 당신에게 내 도움이 필요하다면…… 실수 때문에 힘들겠지만……. (초점이 흐려진다.)

수: 당신은 사라가 다치길 원하지 않죠? 그녀 곁에 있어 주고 싶죠? 그녀가 안전하다고 느끼고, 언제든 총을 꺼낼 준비를 한 채 살지 않도록 돕기 위해서 말이에요. 그건 너무 외로운 일이에요. 하지만 그녀에게 신뢰하는 것, 위험을 감수하는 것은 어려운 일이에요. 사라에게 한 번 더 이야기할 수 있겠어요? [다시 초점을 맞추어 그가 탱고 움직임 3에 머물게 한다.]

갤런: (사라를 향해 몸을 기울이며 부드럽지만 강하게) 나는 그저 당신 곁에, 여기 있고 싶어. (사라가 갤런을 바라본다.)

수: (부드럽게) 갤런의 이야기를 들을 수 있나요, 사라? 그를 들여보내 줄 수 있어요?

사라: 들여보내 주려고 노력 중이에요. 믿으려고 노력하고 있어요.

수: 네, 어려워요. 당신의 모든 상처를 직면하면서 위험을 무릅쓰는 것은 어려워요. 그가 당신을 어떻게 도울 수 있을까요? 지금, 여기에서 말이에요. 어떻게 당신을 도울 수 있을까요?

갤런: (눈을 떼지 않고) 말해 줘. 말해 봐. 내가 무엇을 하면 될까?

사라: (주파수를 바꾸고 익살스럽게) 여기서는 없어. 너무 많은 사람이 보고 있잖아!

수: (사라가 빠져나갔으므로 나는 그의 초대를 강화하는 작업을 한다.) 와, 갤런. 지금 그녀에게 닿았어요. 거의 그렇게 말하는 것 같았어요. "나는 당신이 나를 필요로 한다는 걸 알기 위해서 그저 분명한 신호가 필요했어. 나는 당신을 돕고 싶어. 당신에게 상처 주고 싶지 않아." 제가 지금 듣고 본 것은 당신이 정말 그녀와 함께 있어 주고 있다는 것이에요. 이건 정말 절실한 느낌이에요. 사라가 두려움에 사로잡혀 있는 것을 지켜보고, 그녀가 여전히 연결을 원한다는 것을 이해하는 것은 당신에게 열의를 불어넣죠! 당신은 정말 그녀를 돌보고 싶어요. 그렇죠? [그의 메시지와 그 애착 의미를 강조한다.]

갤런: 네. 제가 이제 눈뜬 것 같아요. 와, 어떻게 이야기하는지를 몰랐어요. 그녀를 이해시키는 법을요. 저는 그녀가 어떻게 저를 믿고 신뢰하고 기회를 주고 싶게 만드는지 몰랐어요.

사라: (나를 향하며 채널을 바꾸어 인지적인 톤을 사용한다.) 그렇군요. 아무튼 당신은 어떻게 신뢰를 구축할 건가요?

수: 이런 식으로요. 지금 하고 있어요. 사라, 제가 들었던 것에 따르면, 당신은 갤런을 만나기 이전부터 남자를 다시 신뢰하거나 남자에게 의지할 이유가 전혀 없었어요. 하지만 당신은 지금까지 갤런과 함께 고군분투해 왔어요. 두 분 모두 어떻게 사랑을 주고받는 안전한 상황을 만드는지 몰랐지만요. 그리고 여러분은 지금 여기 있어요. 그리고 엄청나게 어려운 질문을 하고 있고요. 당신은 그와 함께 작은 위험들을 감수하고 있고, 당신의 두려움에 대해 도와달라고 그에게 요청하고 있어요. 놀랍고 용감한 일이에요. 그리고 갤런, 당신 역시

과거의 두려움에 다가가고 있어요. 싸움에 빠지게 될 것이라는 두려움, 그리고 잘못된 처신으로 사라를 실망시킬 지도 모른다는 두려움이요. 당신은 그녀에게 다가가고 있어요. 제대로요. [탱고 움직임 4, 5-만남을 처리하고 현재 진행 중인 과정을 인정하고 통합한다.]

갤런: (사라에게) 그래, 맞아. 난 당신에게 다가가고 있어. 당신이 믿고 시도해 보기를 바라.

사라: (갑자기 소심해지고 부끄러워하며) 나는…… 나는 뭐라고 해야 할지 모르겠어. 이건 너무 어색해…….

수: 당신이 여기에 익숙하지 않아서 그래요. (사라가 고개를 흔든다.) 당신에게 어색한 상황이에요. 음악은 새로운데 우리는 아직 두려워하고 있을 때, 발레리나처럼 도약할 수는 없어요. 우린 균형을 잃어요. 상대가 날 떨어뜨릴까 봐 겁이 나고요. (사라가 웃는다.) 당신은 갤런과의 연결을 원한다고 이야기했지만, 그가 지금 여기에 있다는 건 어색한 거죠. 좀 다르죠. 여기에서 그는 에너지가 넘치고, 당신에게 위험을 감수하고 솔직하게 이야기해 달라고 요청하고, 새로운 춤을 추자고 청하고 있어요. [탱고 움직임 1과 현재 순간을 반영하는 개입으로 돌아간다.]

사라: 네. 그건 저도 알아요. 하지만 저도 싸우고 있어요. 저도 정말 연결을 원해요. 하지만 제가 그쪽으로 가고 싶은지 잘 모르겠어요. 이해가 되나요?

수: 당연히 그렇죠. 그럼요. 이해가 돼요. 당신은 가까이 가고 싶지만, 제 생각에 당신 뇌의 어느 부분이 당신에게 이야기하는 것 같아요. "미쳤어? 방어하고 있어. 네가 아는 대로만 해. 그와 싸우든가 그를 밀어내든가. 그런 희망, 그런 갈망은 침묵시키고 나타날 적을 대비해! 넌 이런 상황 익숙하잖아." [대리하는 목소리를 사용해서 그녀의 정서와 교류를 유지하게 하고, 그녀의 두려움과 경계해야 할 필요성을 인정한다.]

사라: 이때껏 적은 언제나 나타났어요. 나는 아버지와 다섯 형제가 있어요. 그리고 우리는 전쟁을 했어요. 그래서……

수: 당신은 맹렬한 투사였군요. 그에게 말할 수 있어요? "나에게 무기를 내려놓고 당신에게 도움을 요청하는 것은 매우 어려워요. 여기서 내가 도움이 필요하다는 것을 보여 주는 일이요. 내가 연결을 원하지만 다가가지 못한다는 것을 인정하는 게 힘들어요. 왜냐하면 너무 겁나거든요. 무서워요." 괜찮겠어요? (사라는 공감하며 고개를 끄덕인다.) [정서와 애착적 의미에 대한 EFT의 안내도를 고려한다면, 이때의 조율과 공감적 해석은 상대적으로 수월하다.]

사라: (나를 향해 눈물에 차서 미소 지으며) 당신은 참 잘하시네요. [잠재적 출구, 주제 전환]

수: 아니에요. 저는 그저 이 춤을 알아요. 용감하게 잘 해내는 쪽은 당신이에요. 당신은 여기서 새롭게 나아가고 있어요. 저는 그저 약간의 방향과 약간의 안전을 만들었을 뿐이에요. 당신이 그에게 말할 수 있겠어요? [치료사가 그녀가 목표 지점에 도달한 것을 알고 있다면, 저항과 양가감정을 견딜 여지를 마련해 주는 한 그녀는 지속할 수 있다.]

사라: (갤런에게) 내가 요청할 때 당신이 그 신호를 눈치챌 수 있을까? 가끔 내가 농담을 해도 당신은 이해를 못하는 걸.

수: (사라에게) 오, 제가 이해한 건가요? 당신이 지금 연결이 필요하다고, 일종의 신호를 보내는 것 같은데요. 하지만 농담처럼 위장해서요. 신호가 위장되어 있어요. 그러는 게 덜 위험하죠. (그녀가 웃고 동의한다.) 하지만 그러면 그가 이해를 못해요! 그러면 당신의 전사 자아가 말하죠. "그가 대답할 것이라고 생각하는 건 멍청한 일이야. 그는 너를 다시 실망시킬 거야! 위험을 감수하는 일 따위는 집어치워!"

사라: 정확해요. 맞아요.

수: 네. 우리가 안전하다고 느끼지 않으면 우리 모두 그럴 수 있다고 생각해요. 안 그래요? 우리는 숨으려고 노력하면서 동시에 도와달라고 소리쳐요. 우리는 눈에 띄고 싶어 하지 않아요. 약한 위치에서요. 저도 제 남편에게 같은 행동을 해요. 그리스어로 도와달라고 소리 지르고서는 그가 제 메시지를 이해하지 못하면 화가 나요. (우리 모두 웃는다.) 저는 제가 분명해지는 위험, 그 모든 말 뒤에서 제가 두려워하고 있다는 것을 알게 되는 위험을 감당하는 일 없이 제 메시지를 남편이 해석하기를 바라요. 하지만 그는 메시지를 이해하지 못하죠. [훈련된 자기개방을 하여 정상화하고 수치심을 예방하는 것은 EFT의 일부이다.] 위험을 감수하는 것, 요청하는 것, 눈에 띄는 것, 나서서 무작정 믿어 보는 것은 어려워요. …… 우리는 너무나 상처받을 수 있어요. 우리는 위험이 없는 연결을 원하지요. 저도 그래요! (어조를 바꾼다.) 하지만 갤런이 여기 있어요. (그는 앞으로 몸을 기울이며 실제로 열정적으로 참여한다.) 그리고 그는 당신 이야기를 듣기 바라요. (천천히) 사라, 그는 정말로 듣고 있고, 그는 여기 있어요! (사라가 갤런을 뚫어져라 쳐다보며 그의 얼굴을 찬찬히 살핀다.) 시작하는 것은 물론 어려울 거예요. 사라, 이 관계가, 언제나 다가가지 못했던 그 관계가 여기 준비되어 있다는 사실을 믿기 어려울 것이 틀림없어요. 그는 당신을 돌보고 싶어 해요. [그의 메시지가 그녀의 갈망을 준비시키고, 그녀의 두려움을 달래고, 그녀의 경험적 딜레마에 대한 해답을 제시할 수 있다. 나는 단순히 이를 반복한다.]

사라: (흐느껴 울며 무너진다.) 그걸 원해요. 그것을 갖고 싶어요. 너무 외로워요. 하지만 어떻

게 그를 들여보내는지 몰라요. 어떤 것인지 모르겠어요. 이게 진짜인지 어떻게 알 수 있죠? (바닥을 내려다본다.)

갤런: (부드럽게) 나는 도와주고 싶어, 사라. 나는 당신이 괜찮다고…… 행복하다고…… 사랑받는다고 느꼈으면 좋겠어.

수: 사라, 갤런을 바라봐 주겠어요? 그의 이야기를 들었어요? (사라가 고개를 들어 갤런을 쳐다본다.) 갤런, 다시 말해 줄 수 있겠어요? (갤런은 이행한다. 사라는 혼란스러워 보인다.) [그녀는 자신의 경험의 최첨단에 있고, 그녀의 틀을 벗어나는 중이다.] 사라, 당신은 용기 있게 이 상황을 받아들이려 노력하고 있어요. 당신은 이렇게 이야기할 수 있어요. "갤런, 나는 연결이 필요해." 당신에게 그런 욕구가 있다고 느끼고, 지금 당신에게 도움이 필요하다고 인정하는 것은 너무 무서운 일일 거예요. 당신이 살아남았던 유일한 방법은 상대방을 적으로 보고, 무기를 들거나 혹은 그들을 막는 벽을 세우는 거였어요. 이건 새로운 종류의 싸움이에요, 그렇죠? 하지만 당신이 도약하고 있어요. 홀로 싸우는 것에서 벗어나, 갤런에게 당신을 보여 주고, 그가 다가와서 당신을 수용할 수 있도록요! 그가 "나는 당신이 사랑받는다고 느끼길 바라."라고 말할 때 당신에게 어떤 일이 일어났나요? [탱고 움직임 4—만남을 처리한다.]

사라: (나와 갤런을 번갈아 쳐다본다. 조용하지만 강한 목소리로) 나는 혼자이고 싶지 않아요. 나는 언제나 혼자라고 느꼈어요. 언제나, 끝없이 혼자였어요.

수: 그래요. 그래요. (부드럽게) 당신은 그에게 이야기하고 있어요. "나는 이 믿음의 도약을 해내기 위해, 위험을 감수하기 위해 싸우고 있어. 혼자 있는 것은 너무 고통스러워. 나는 혼자이고 싶지 않아. 나는 더 이상 혼자이기 싫어. 나는 당신의 도움이 필요해." [그녀의 경험적 딜레마를 반영한다. 그것은 연결은 가능하지만 외상이 재발생할 위험과 고립되는 위험 중 하나를 선택해야 하는 것이며, 모든 복합외상의 본질이기도 하다. 현재 애착 갈망은 두려움보다 더 강력하다.] 갤런, 그녀의 이야기를 들을 수 있나요? 그녀가 이 이야기를 할 때 당신에게 어떤 일이 일어나나요?

갤런: (미소 짓고 사라에게 손을 내민다.) 그녀 이야기를 듣고 있어요. 당신 이야기를 듣고 있어. 그냥 당신을 안아 주고 싶어. 안아 주고 싶네. (사라는 고개를 끄덕이며 미소 짓는다.) 정말 너무 힘들었어. 싸우는 것 말이야. 우리 인생도, 애들 인생도 엉망이 되었지.

수: 그의 이야기를 들을 수 있나요, 사라? 받아들였나요?

사라: (웃고 울며) 그의 이야기가 들려요. 기분 좋네요.

수: (갑자기 시간이 지났다는 것을 눈치채고) 음, 여러분의 자녀들이 만약 지금 여러분을 볼 수 있다면! 여러분은 이 힘든 감정에 머물렀고, 너무나 솔직했고, 엄청난 두려움을 직면했고, 신뢰하는 법을 배우기 위해 위험을 감당했어요! 와! 이제 다른 종류의 싸움이 시작된 거예요. 여러분은 치료사와 함께 이 싸움을 계속해 나갈 수 있어요. 약간의 위험을 감수하고 서로 돕는 방법을 배우면서요. 이건 서로에게 집이 되어 주기 위한 싸움이에요. 아무도 여러분에게 이 것을 어떻게 하는지 보여 준 적이 없어요. 여러분은 안전한 관계를 본 적이 없어요. 안전한 관계가 어떻게 생기는지 몰랐어요. 그리고 여러분의 최악의 두려움을 계속 확인시켜 주는 춤에 사로잡혀 있었어요. 하지만 여러분이 무엇을 할 수 있는지 보세요! 그 모든 상처 이후에도, 여러분이 겪었던 그 모든 상황 후에도. 이것은 특별한 일이에요. 이것은 엄청난 일이에요. 갤런, 당신이 말했죠. "저는 그저 서서 그녀의 신호를 기다리고 있어요. 조심스러움에 가로막혀서, 무언가 잘못할까 봐 겁을 내면서. 그래서 닿을 수가 없어요." 사라, 당신은 이렇게 말했죠. "전 그를 향할 수가 없어요. 너무 무서워요. 대책 없이 믿는 건 말이에요. 저는 외롭고 싶지는 않아요. …… 하지만 가까이 가려면 당신의 도움이 필요해요. 위험을 감당하려면요. 나를 보호하는 것, 이 감옥에서 나오도록 도와주세요. 난 당신의 도움이 필요해요." 여러분은 해냈어요! [탱고 움직임 5] 이건 엄청난 거예요. 여러분. 저는 여기 여러분과 함께 하는 게 너무 영광이에요.

그 후 회기는 마무리되었다. 짧은 휴식 후에 이 회기를 비디오로 관찰한 외부인 집단으로부터 피드백을 받아서 부부에게 전달하였다. 이 피드백은 지지하고 격려하며 엄청나게 인정하는 메시지로 구조화되어 있었다. 부부가 안전기지를 가지게 된 것을 알리고 수용, 이해 및 지지받는 경험을 제공하여 앞으로의 발전을 격려하는 것이 그 목적이었다.

◍◍

회기에 대한 해설

이 대본은 기본적으로 정확하지만 어느 정도 정제되었다. 실제 회기에서는 경험주의적 과정에서 파트너의 정서적 참여를 심화시키기 위해 직접 더 많이 반영하고 반복했다. 경험상 사람들이 정서적으로 익숙하지 않은 공간에서 위협을 처리할 때,

실제로 신호와 새로운 구조를 받아들일 수 있으려면 적어도 5~6번은 반복해 들을 필요가 있다. 나는 이 반복을 '편도체에게 속삭임'의 측면에서 생각하고자 한다. 필사적인 경주마를 진정시킬 때처럼 치료사는 내담자의 집중력이 압도적인 경고에 소모되지 않도록 돕는다. 치료사는 내담자의 집중력이 새로운 요소의 차단과 저항으로, 단계적 이완과 새로운 요소에 대한 아주 작은 호기심으로, 그 요소에 천천히 참여하는 것으로, 그리고 이 요소를 받아들여 진정하고 위협을 하향식으로 조절하는 것으로 옮겨 가도록 도와준다. 이는 내담자의 내면적 삶이 조직화되는 방법의 현재 패턴을 변화시키기 시작한다.

이 회기들은 특히 흥미롭다. 여기서 우리는 어떻게 결합과정의 장애물들이 나타나고 건설적인 의존의 순간을 만드는 것을 가로막는지를 볼 수 있다. 이것은 불안정이 자작극을 벌여 자기 자신을 재창조하는 방법이다. 이 장애물들은 혼란과 불화의 폭포 속에서 서로를 강화시킨다. 이런 상황들은 어머니와 자녀 사이에 대한 낯선 상황(Strange Situation) 연구와 EFT 회기들에서 볼 수 있고 다음과 같이 정리될 수 있다.

- 분리 고통의 시기에 발생하는 정서적 균형의 상실: 이는 반응적인 압도 혹은 마비의 수준에 이르는 것이다. 자기와 핵심적인 정서적 경험의 체계화된 연결이 사라진다. 그러면 한 사람의 애착 정서에 조율하는 것이 정말 어려워진다. 애착과학에서 주 양육자가 애착 관련 정서에 관해 정확하고 일관적인 의사소통을 하는 것은 아동의 향후 애착유형의 주요 결정인자로 여겨진다는 점은 중요하다(Shaver, Collins, & Clarke, 1996). 주양육자는 일관적인 방식으로 아이가 느낌을 알아채고 반영하고 그에 따라 행동하도록 도움으로써 아이에게 마음이론의 모형을 만들어 준다. 그러면 아이는 타인에게서 자신을 발견한다.

> **예**
> 이 애착 문제는 다음과 같은 방법으로 치료사의 사무실에서 나타난다. 한 내담자가 말한다. "그래요. 나는 언제나 화가 나 있어요. 이 작은 상황들이 나를 불같이 화나게 해요. 하지만…… 사실 내가 왜 화내는지도 모르겠어요." 혹은 "나는 괜찮아요. 매번 이런 식이에요. 내가 여기에 대해 어떻게 느끼는지를 말하는 건가요?"와, "차 지나가는 거 보세요. 저런 식으로 빨라요."

- 분명하고 일관성 있는 정서적 메시지를 구성하고 애착대상에게 표현하여 이 대상의 애착반응을 준비시키는 능력의 부재: 만약 우리가 압도되거나 멍해지거나 혹은 싸움이나 도피에 사로잡혀 있다면 당연히 명확한 신호를 만들기 어렵다.

> **예**
> 치료사 사무실에서 내담자는 공허한 목소리로 "내가 무엇을 원하는지 모르겠어요. 정말 슬퍼요. 이렇게 항상 혼자 남겨져 있으려고 결혼한 게 아니란 건 정말 너무 확실해요. 당신이 항상 망쳐 버려요."라거나 "나는 내가 어떻게 느끼는지 당신에게 말하지 말았어야 해요. 당신이 나를 사랑한다면, 당신도 알았겠죠."라고 말한다. 더 연결되려는 노력은 때로 급변하는 정서나 갈등하는 메시지로 얼룩지게 된다. 내재된 위협은 메시지를 해독하는 상대의 능력에 혼선을 일으킨다. 한 내담자는 나에게 "나는 그가 나를 이해하고 응답하기를 바라요. 하지만 날 드러내는 것, 내가 정말 연약하게 보이는 것만큼은 못하겠어요."라고 말했다.

- 긍정적 반응을 수용하고 마음을 누그러뜨리는 능력의 부재: 치료회기 중 우리는 어떤 파트너들이 진정과 위로를 요구하지만 정작 그것이 주어졌을 때는 이를 알아채지 못하거나 신뢰하지 못하거나 통합하지 못해서 밀쳐내는 상황을 보게 된다.

> **예**
> 치료사 사무실에서 코리는 스티브에게 위로를 요청해서 위로받았지만 이를 깎아내렸다. 코리는 그에게 이야기했다. "당신이 지금 이렇게 할 수 있다면, 우리가 함께했던 그 모든 시간 동안 당신은 어디 있었던 거예요? 당신은 그냥 내가 듣고 싶어 한다고 생각하는 것을 말하는 것뿐이에요!" 그러자 스티브는 정말로 딜레마에 빠지게 되었다.

- 배우자에게 조율하고 서로 보살피는 능력의 부재: 앞서 설명한 과정은 개인 내면에 유대감이 형성되는 것을 방해할 뿐만 아니라 일부 사람에게서는 배우자에게 약간의 공감이나 보살핌도 제공하지 못하도록 한다.

> **예**
>
> 회기 중 조앤은 나에게 이야기한다. "네, 당신이 말하듯이 빌의 '상처'가 보여요. 하지만 나에게 그에 대답을 한다는 것은 그가 나에게 했던 모든 나쁜 짓을 무효화하는 것이 될 거예요. 그는 벌을 면하고 싶은 것이에요." 회피애착을 가진 파트너는 자신이나 상대방이 취약해질 때 분명하게 차단한다.

- 자신과 타인의 작동모델에 대한 새로운 정의에 안전한 피난처와 안전기지를 통합하고, 이를 통해 타인을 자원으로서 신뢰하기 시작할 수 있는 능력의 부재: 작동모델을 수정하는 것은 특정한 새로운 경험을 일반화할 수 있는 능력을 뜻한다. 사람들에게 때로 힘든 일이기도 하다.

> **예**
>
> 치료회기 중 짐은 파트너의 새로운 반응성을 깎아내렸다. 그는 나에게 말했다. "그래요, 그녀는 지금은 날 걱정한다고 말하고 있고, 나도 듣고 있어요. 그리고 정말 도움이 돼요. 그러나 최종적으로 나는 내가 누구든 신뢰할 수 있다는 말은 믿지 않아요. 그녀가 지금은 그렇게 이야기하지만, 내일이나 모레에는 어떻게 될까요? 그녀는 필요하면 또 나를 공격할 거예요."

치료회기를 통해 사라는 자신이 남편과 상호작용을 할 때 가끔 유난히 반응적이고 쉽게 자극받는다는 사실을 어느 정도 알게 된 것으로 보였다. 그녀는 공격성과 확연한 거리두기 속에 애착 취약성과 욕구를 숨겨서 메시지를 보냈다. 그리고 이는 갤런이 거절에 대한 두려움을 느끼고 거리를 두게 만들었다. 어쨌든 남편의 배려하는 메시지에 대해 그녀가 마음을 열기 어려웠다는 것이 방해물이었고, 우리는 이를 광범위하게 다루었다. EFT에서 방해물을 다룰 때, 우리는 과정에 조율하여 방해물을 확인하고, 마치 마사지사가 혈류가 없어 뭉치거나 경련을 일으키는 근육을 안마하는 것처럼 그 방해물을 다룬다.

이 회기 후 사라와 갤런은 그들의 치료사와의 치료로 돌아갔고, 갤런이 정서적으로 참여한 채로 머무르는 작업을 계속해 나갔다. 갤런은 사라의 두려움을 이해할 수 있었고 그녀의 욕구에 응답하였으며, 반대로 사라도 그렇게 하였다. 갤런은 사라가 생존지향적 불신을 한쪽으로 밀어 둘 수 있도록 도왔고, 사라는 갤런과의 안전한 연결에 대해 더 많은 교정적 재경험을 할 수 있었다. 사라는 점차 갤런의 단점보다는 갤런을 신뢰하기 위한 자신의 분투에 집중할 수 있게 되었다. 그녀는 만성적인 불안과 외상적 애착경험에 사로잡혀 있었던 외상 생존자이다. 그래서 그녀는 남편에 대한 기본적인 신뢰감을 개발하기 위해 천천히, 그녀의 속도대로 진행할 필요가 있었다. 남편이 아내에 대한 자신감을 발전시키기 위해 같은 방식으로 시간이 필요했던 것처럼 말이다. 사라가 위안이 필요할 때 술을 마신다는 문제가 드러났고, 이 역시 다루어져야 했다. 사라의 아버지가 사망하고, 그녀가 장례식 때문에 집에 돌아가야 했을 때 그녀의 외상은 한동안 자극을 받았다. 복합외상을 겪는 부부와의 EFT 실제에서 전형적으로 나타나듯이(MacIntosh & Johnson, 2008), 시간이 지남에 따라 사라와 갤런 사이의 긍정적 결합의 상호작용은 늘어났고 더 안정되고 통합되었다. 둘 다 자아감(sense of self) 측면에서 훨씬 나아졌고, 상대를 지지할 수 있게 되었으며, 거절이나 유기 때문에 자극받았을 때도 균형을 잡기 위해 서로 도왔다. 갤런은 사라가 아동기 학대의 결과로부터 치유되고, 애착 안정성의 초석인 기본적 신뢰감을 기르도록 점점 더 많이 도울 수 있었다.

지각된 안전감은 의사소통의 역량을 발전시킨다(Anders & Tucker, 2000). 그러니 현실에서 많은 성인 트라우마 생존자의 배우자들이 생존자의 애착 신호를 적절히 읽어 내고 보살핌으로 응답하는 것에 종종 극심한 어려움을 겪는다는 사실은 당연한 일이다. 이런 신호는 방어적인 공격성이나 마비로 왜곡되어 있어서 계속 무시된다. 이 반응은 생존자에게 더 많은 공포와 절망을 불러오고, 상대 배우자에게도 소외감과 고통을 유발한다. **생존자는 배우자의 더 많은 지지를 필요로 하지만, 이를 효과적으로 요청하는 능력은 부족하다.** 아동기 학대의 생존자들은 공포 회피애착 유형을 보일 확률이 훨씬 높다(Shaver & Clarke, 1994; Alexander, 1993). 이 유형의 특징은 극심한 취약성과 욕구로부터 극단적인 회피와 차단으로의 정서적 변환이다. 배우자들에게 이는 괴로운 일이고, 그래서 배우자들은 공감능력을 잃게 된다. Goleman이 이야기했듯이(1995, p.112) "다른 이들에게 조율하려면 그 자신의 내면이 차분해야 한다."

외상의 효과들을 영속화시키는 이런 종류의 방해물에 개입하고 다루기 위해서는 부부치료에서 자주 볼 수 있는 파괴적인 고리를 해체해야 한다. 이 고리 속에서 불안정한 연결과 관계불화가 불안과 우울증 그리고 외상과 연관된 다른 증상들을 악화시키고, 그 증상들은 다시 불안정성과 관계 단절을 악화시킨다. 치료사들은 여러

치료 분야에서 외상을 가진 내담자와 작업할 때 다음의 몇 가지 문제를 염두에 두어야 한다. 치료사는 내담자와 동맹을 맺을 때 일반적으로 더 많은 어려움을 겪게 된다. 외상에 대한 구체적인 교육이 필요하고, 물질남용 문제가 흔히 나타난다. 관계에서는 더 많은 폭력과 갈등 고조가 있으며, 정서적 폭풍은 견뎌 내야 하고 정서적 수용을 제공해야 한다[부부회기에서 플래시백(flashback)을 다루는 EFT 치료사의 사례에 대해서는 Johnson & Williams-Keeler, 1998 참조]. 일시적 악화와 재발은 피할 수 없다. 그리고 매 단계에 정서적 위험은 평가되어야 하고 세밀하게 살펴서 지지받아야 한다. 그럼에도 불구하고 외상의 경험적 핵심으로 향하는 정서중심적이며 애착지향적인 치료의 영향력은 사라와 갤런의 치료에서 분명하게 드러난다. 우리가 사랑하는 누군가의 품안이야말로 상처를 치유하는 가장 확실하고 자연스러운 장소이다. 외상 문헌에서 볼 수 있듯이(van der Kolk, 2014, p. 354), "다른 무엇보다도, 타인과 더불어 안전하다고 느낄 수 있는 능력이 정신건강을 정의한다." 애착과학은 여기서 한 발 더 나아가 우리가 치유되고 성장하고 번성하기 위해서는 취약하다고 느낄 때 소중하고 신뢰하는 타인에게 도움을 요청할 수 있고 타인이 그 이야기를 들어 주고 응답한다는 것을 알 필요가 있다고 설명한다.

연습

1. 대본에서 만약 당신이라면 다르게 했을 것 같은 두 곳을 찾으라. 당신이라면 어떻게 하겠는가? 저자가 개입했던 방법에 대해 이유를 설명했던 것처럼 그 이유를 기술하라.
2. 제3장에서 설명한 효과적 변화의 원칙들에 걸맞거나 이를 표현하는 개입이 사용된 곳을 3군데 찾으라.
3. 만약 당신이 자문 회기로 이 부부를 만났다면, 당신은 이 부부와의 작업에서 무엇이 가장 힘들었을 것이라고 생각하는가?

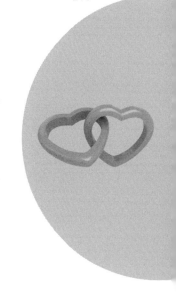

정서중심 가족치료의
가족결합 회복

그러므로 한 사람과 다른 사람 간의 정서적 표현보다 더 중요한 의사소통은 없으며, 자신과
타인에 대한 작동모델을 구성 및 재구성하는 것에 있어 각자 서로에 대해 어떻게 느끼는지
에 대한 것보다 더 중요한 정보는 없다.

– John Bowlby (1988, pp. 156–157)

애착이론의 가치는 문제행동의 기저에 있는 "애착욕구가 보이도록 하는 것에 있다. …… 애
착이론은 개입기법에 대한 체계적 관점을 강화한다. 왜냐하면 이는 임상가가 부모-자녀 관
계의 맥락 안에서 문제행동의 고유한 의미를 이해하도록 도와주기 때문이다."

– Marlene M. Moretti & Roy Holland (2003, pp. 245–246)

　이론의 여지가 없지는 않으나 Bowlby는 체계이론(Bertalanffy, 1968)을 도입하고
친밀한 관계 내에서 자기지속적이며 부정적인 패턴의 상호작용의 순환이 발달학
적으로나 임상적으로 엄청난 영향력을 가지고 있음을 파악한 최초의 가족치료사
(1994)이자 최초의 임상가였다. 개인치료 및 부부치료에서와 같이, 애착관점은 전
체로서의 가족뿐만 아니라 개별 가족 구성원을 변화시키는 표적치료가 가능해지는
강력한 패러다임 전환을 제시한다. 루이스는 마지막 가족치료 회기에서 나에게 다

음과 같이 이야기했다.

> "상황이 변하고 있어요. 전 제 딸 엠마를 되찾은 것처럼 느껴요. 이건 '규칙'이나 '반항'의 문제라기보다는 절망의 문제였다고 생각해요. 요즘 어린 친구들에게도 삶이 힘들잖아요. 저는 아내의 도움을 받고 이제서야 어떻게 아이들과 잘 지낼 수 있는지, 그런 감정에 대해 어떻게 도울지 알게 된 것 같아요. 우리는 다시 저녁 식사도 같이 하고 있어요. 여기서 나누었던 대화 같은 건 이전에는 해 본 적이 없어요. 마음을 터놓는 거요. 우리는 이제 서로에게 안전한 항구 같은 것이 되어 줄 수 있어요. 그건 저와 아내에게도 도움이 됩니다." (그의 아내는 그를 보고 웃어 준다.)

예를 들어, 아버지와 아들 사이처럼 개인 간의 특정한 애착전략은 가족과 가족 문화에 대한 개인의 경험, 다른 관계의 형태를 만들어 가족의 다른 구성원들에게도 시너지 효과를 준다. 여러 연구(예: Finzi-Dottan, Cohen, Iwaniec, Sapir, & Weisman, 2003)에서 불안정한 배우자는 덜 긍정적인 가족 분위기(family climate)를 보고하였고, 가족 응집력(가족 구성원 간의 정서적 결합 정도)과 가족 적응력(가족이 변화에 반응하여 그 규칙을 조정할 수 있는 정도)에서 더 낮은 점수를 보였다. 가족치료에서의 조망은 특정 관계에서의 애착을 넘어 전체 가족 드라마로 확장된다. 패트리샤와 어머니의 관계는 문제가 있었다. 패트리샤는 냉담하고 규칙만 생각하는 어머니의 반응을 얻기 위해 조바심을 내며 애를 썼다. 패트리샤는 과장된 자살 시위(suicidal gesture)를 썼지만, 이것은 패트리샤의 아버지가 겁을 먹고 말없이 물러나게 만들었다. 패트리샤와 어머니는 비난과 격렬한 저항의 빡빡한 고리에 갇혀 있었다. 그녀가 아버지에게 다가갈 수 있을 때, 아버지가 그녀의 취약함을 경청하고 다정하게 응답하고 어머니의 날선 비판으로부터 패트리샤를 보호해 줄 수 있을 때에만 이 고리는 변화할 수 있다. 개인과 부부에서와 마찬가지로 애착 구조는 가족치료사에게 관계를 이해하고 조성하는 확실한 방법, 그리고 가장 취약한 구성원인 아동과 청소년에게 가정이 안전한 피난처가 되게 하는 방법을 제시한다. 게다가 안전한 연결은 아이들의 지평을 넓히고 자신감 있는 성인으로 세상에 나아가는 능력을 키워 준다.

개인과 양자(the dyad) 너머로 나아가는 토대를 마련하기 위해 체계이론의 본질을 다시 살펴보자. 첫째, Bowlby와 Bertalanffy 모두는 연결된 연속적 상호작용의 영향력을 강조하였다(Bowlby, 1969). 관계자는 그 영향력에 의해 타인의 예측 가능한 반응을 불러일으키며, 이는 안정적 피드백 고리를 만들어 항상성이 형성되고 이탈은 제한된다(Johnson & Best, 2003). 생생한 행동체계를 완전히 이해하기 위해서는 부분만이 아니라 전체를 보는 것이 필요하다. 위축된 부모는 아이가 관심 끌기(attention seeking)와 행동화(acting out)를 하도록 준비시킨다. 철수되어 있고 반응 없는 부모를 다루지 않고 아이를 치료하려는 시도는 헛된 일이다. 체계의 안정성은 경직되고 수축될 수 있다. 건강한 체계는 개방적이며 유연한 것으로, 새로운 환경에 적응할 준비가 되어있다.

둘째, 인과관계는 절대 일직선이 아니다. 그것은 절대로 정적이거나 선형적이지 않다. 상황이 발생하는 방식, 즉 과정이 결과를 결정한다. 수많은 출발점이 동일한 결과로 이어질 수 있다. 따라서 양방향이며 상호적으로 결정되어 발전하는 과정을 추적하는 것이 우선순위가 된다. 이러한 원칙은 체계이론이 임상에서 비병리화한다는 것을 보여 준다. 사람들은 그저 여러 '선량한' 이유로 발전하게 된 편협한 역기능적 패턴에 갇히게 될 뿐이고, 이후 이를 변화시키기는 어렵다.

셋째, 체계이론의 어떤 요소도 그 자체로는 내면적 정서에 초점을 맞추는 것을 막지 않는다. 그러나 체계를 **정의하는** 요소를 찾아서 변화시키는 것이 변화에 가장 좋은 방법이므로 가족 내 정서적 의사소통의 성질을 꼭 포함시켜야 한다는 Bertalanffy의 권고에도 불구하고 가족치료 분야에서 시행한 방법들에서 정서는 배제되어 왔다. 또한 Minuchin과 Fishman(1981) 등의 권위자들이 가족의 춤에서 소속감이 주는 영향력을 분명히 의식했던 것을 제외하면, 내적 동기도 거의 강조되지 않았다(반면 위계와 경계 같은 구조적 요인은 강조되었다.).

마지막으로, 체계이론은 EFT에서 발견되는, 현재에 대한 집중을 지지한다. 애착이론가들이 제시했던 것(Shaver & Hazan, 1993)처럼, 이는 현재의 상호작용을 지속적으로 확인하는 과정이다. 그것은 기존 모델이 경직된 개인적 현실과 반응을 유지하고 강화시키는 인식을 단순히 편향시키는 것과는 다르다.

⚭

EFFT와 EFT의 차이점

목표 측면에서 부부와 가족 EFT의 주된 차이는 상호관계(mutuality)에 관한 것이다. 부부치료사는 배우자들 간의 상호 접근성, 반응성 및 참여를 만들어 내기 위해 (이 과정에서 가끔 일시적으로 다른 배우자보다 한 배우자에 초점을 맞춘다고 하더라도) 작업한다. EFFT의 경우 치료사는 기본적으로 부모가 아이들의 애착 취약성을 이해하고 양육적이며 조율되어 있는 반응성을 준비하도록 돕는다. 그리고 아이가 이 돌봄을 수용할 수 있도록 준비하는 것을 돕는다. 부모는 도움을 받아 아이를 위해 안전한 피난처이자 안전기지가 된다. 그러면 아동은 더 안정적으로 애착이 형성된 아이들이 자연스럽게 하는 행동을 할 수 있게 된다. 즉, 애착대상이 일시적으로 부재할 때에도 조절되어 반응적이지 않은 상태를 유지할 수 있게 된다. 그리고 그들의 정서와 욕구에 대해 일관적으로 표현하여 그들의 부모(parent figure)에게 분명히 다가갈 수 있다. 또한 돌봄과 배려가 주어졌을 때 이를 수용하고, 이를 이용하여 어려운 감정을 조절할 수 있다. 이 과정을 통해 내면적 세계와 외면적 세계를 다루는 것에 대한 자신감과 유능감 그리고 자신과 타인에 대한 긍정적 작동모델이 생긴다.

그리고 부모-자녀 결합의 본질 때문에 EFFT에서는 부부치료에서보다 평등과 친밀감 조성이 덜 강조된다. 제9장에서 기술된 사례에서 아버지는 아들이 자신의 보호와 한계 설정을 존중하기를 바랐으며 이러한 아버지의 욕구는 지지받았다. 그리고 친밀한 연결은 부모와 청소년인 아들에게 적절한 수준과 강도로 개발되었다. 아버지는 아들을 보살피고 지지하지만 자신에게 필요한 정서적 지지를 받기 위해서 아내에게 의지하도록 장려되었다.

⚭

정서중심 가족치료(EFFT)와 다른 현 가족치료 모델들의 차이

EFFT에서 보이는 애착기반 접근법이 현재 이루어지는 가족치료와 다르거나 새로운 점은 무엇인가? EFFT를 다른 접근법과 비교하여 살펴보면, 치료의 초점과 임상실제에서 다음과 같은 차이가 나타난다.

1. EFFT는 본질적으로 체계적이며, 가족의 춤을 특징짓는 상호작용의 패턴을 추적하고 변화시키는 데 중점을 둔다. 현재 많은 접근법, 특히 행동주의적 모델들은 그들의 주요 변화전략으로서 양육과 의사소통 기술에 대한 부모교육을 강조한다. 이는 이 전략이 가족 구성원들 간의 정서적으로 버거운 부정적 상호작용을 전체적으로 긍정적으로 변화시킬 것이라는 신념을 기반으로 한다 (Morris, Miklowitz, & Waxmonsky, 2007). John Gottman은 비슷하지만 좀 더 적절한 방식으로, 아이들에게 정서와 정서조절에 대해 구체적으로 가르치는 방법을 부모들에게 교육한다(Gottman, Katz, & Hooven, 1997).

2. 다른 체계주의 접근법들은 전통적으로 새로운 종류의 만남을 준비하여 통제와 권력의 습관적 패턴과 가족 내 연합에 도전한다. 반면 애착 접근법, 특히 EFFT는 효과적인 보살핌, 안전한 결합의 순간과 양육의 형성을 방해하는 단절과 거리두기 패턴을 분명히 다룬다.

3. 많은 접근법은 전형적으로 가족 전체를 하나의 집단으로 보고 대체로 현존하는 모든 구성원의 연합을 변화시키기 위해 인지적 재구조화를 이용한다 (Minuchin & Fishman, 1981). 반면 EFFT는 전체로서의 가족 단위로 시작하고 종결하지만, 보통 일련의 가족 하위체계—부모만, 문제가 있는 아동 혹은 청소년과 한쪽 부모, 양 부모와 해당 자녀, 혹은 가족 내 형제 그룹—와 시행하는 회기들을 포함한다.

4. EFFT의 가장 고유하고 뛰어난 특징은 가족 내 춤을 조직하는 정서와 그 정서를 환기하고 추출하고 심화하고 조절하는 과정에 초점을 맞춘다는 것이다. 그렇게 하여 가족의 대화가 접근성, 반응성, 안전하고 공감적인 참여를 향해 나아갈 수 있는 방식으로 새롭게 인식된 정서들이 나타나게 된다. 반면 체계적 가족치료는 춤에 대한 구성원들의 생생한 경험보다 상호작용의 패턴, 상호작용 내의 역할, 상호작용이 경직되는 방식을 표적으로 삼는 경향이 있다(Merkel & Searight, 1992). (명백하게도 이는 Virginia Satir의 1967년 저작에는 적용되지 않는다. 이 작업은 정서적 성장과 의사소통에 초점을 맞추고 있다.) 아마도 가족개입 분야에서 가장 유명한 개척자인 Minuchin은 "우리가 가족치료에서 저지른 가장 큰 실수는 정서를 무시한 것"이라며 뒤늦게 정서적 경험—친밀한 상호작용의 춤에서의 음악—에 대한 적극적 작업의 가치를 온전히 받아들였음을 인정하

였다(2017년 3월 워싱턴에서 개최된 네트워크 심포지엄에서의 발표).

5. 애착지향치료 모델에서 가족 구성원들 간 상호작용을 형성하는 재연은 다른 가족치료 모델에서의 재연과는 다르다. 이 재연은 더욱 정서적인 것이며, 안전한 만남을 만드는 쪽을 더 강하게 지향한다. 이는 분열적 가족을 연구하고 공생(symbiosis)의 개념을 대중화시켰던 Bowen(1978)과 같은 치료사들의 지향과 다르다. 후자는 많은 가족치료사가 가족개입의 핵심목표로 타인으로부터 자기의 분화(differentiation)와 경계 생성을 강조하도록 이끈다. 애착관점에서 분화는 **타인으로부터 벗어나는 과정이 아니라 타인과 함께할 때** 일어나는 발달적 과정이며, 안전한 결합의 당연한 결과이다. 안전한 결합 속에서 부모는 아이에게 조응하고 아이를 수용하고, 아이가 탐색하여 부모와 달라지는 것을 허용한다.

가족치료의 애착모델

EFT는 Daniel Hughes의 양자 발달 심리치료(dyadic developmental psychotherapy: DDP, 2007)와 Guy Diamond의 애착기반 가족치료(attachment-based family therapy: ABFT, 2005)와 같은 가족치료의 또 다른 애착지향 모델과 여러 공통적 특징을 갖는다. 이들 모두는 치료를 시작하는 청소년들이 좀 더 자신감 있는 자율성을 성취하기 위해 부모와 다시 연결될 필요가 있으며, 그러기 위해서는 새로운 수준의 일관성 있고 반응적인 정서적 의사소통이 필요하다고 생각한다. 이 치료법들은 내재화(우울증 등)와 외현화(품행장애 등)를 포함하여 광범위한 증상들을 다루고 있다. 거부, 방임, 유기와 같은 애착 문제들이 행동 문제(집안일이나 숙제를 하지 않음 등)와 관련된 갈등 때문에 감춰진다고 생각하며, 치료는 관계불화와 애착 손상에 대해 공감적이며 조율된 대화를 촉진해야 한다고 생각한다.

이 모든 모델은 문제행동의 기저에 있는 애착욕구가 분명하게 드러나는 방식으로 상호작용 패턴을 분석한다. 그들은 가족 구성원과 정서적으로 함께하면서 조응하는 것을 강조한다. 그리고 가족치료의 관행에 비교했을 때 정서와 정서적 문제를 더 많이 다루려고 시도한다. 임상에서 DDP 모델은 EFFT와 경험주의적 구조를 공유하고 있으며, 여러 면에서 EFFT의 핵심요소들과 유사하다(Hughes, 2004, 2006). DDP는 치료사와 아동, 양육자와 아동, 치료사와 양육자 간의 민감하고 반응적이며 정서적으로 조율된 연결의 형성을 강조한다. DDP는 정확히 EFFT가 하는 것처럼 치료회기 중 함께 하는 정서적 경험을 조직하는 것과 결합에 대한 새로운 교정적 정서경험을 구성하는 것을 강조한다. Hughes는 소위 PACE라고 불리는 네 가지 요소 —유희성(Playfulness), 수용성(Acceptance), 호기심(Curiosity), 공감(Empathy)—을 강조한다. 어떤 EFFT 치료사라도 이를 이해하고 공명할 수 있을 것이다. EFFT와 DDP 치료사들 모두 정서적으로 함께한다. 또한 목소리의 톤, 속도, 반복과 같은 비언어적 신호를 사용할 뿐만 아니라 아동 혹은 청소년의 정서적 실재를 재현하기 위해 대리하는 목소리로 이야기하는 방법(잠시 아이의 목소리를 빌려 이야기하는 것)도 이용한다. 양쪽 치료사들은 입양된 아이가 부모에게 냉담하게 대하고 반항하는 것이 부모가 자신을 돌보지 않고 유기할 것이라는 두려움에 대한 자연스러운 반응이라는 점을 이해할 수 있도록 환기적인 방식으로 반영하고 설명할 것이다.

일반적으로 이러한 모델들 간의 핵심적 차이는 ABFT가 DDP 또는 EFFT보다 상당히 인지적이고 증상지향적이라는 점과, DDP는 더 어린 아동들, 특히 위탁가정에 있거나 입양된 아이들에게 광범위하게 적용된다는 점이다. 현 시점에는 결과 연구에서 ABFT 모델이 DDP 또는 EFFT 모델보다 더 많이 타당화되어 있다(Diamond, Russon & Levy, 2016).

정서중심 가족치료(EFFT)

EFFT에 대해 좀 더 자세히 논의하기에 앞서, EFFT의 한 측면에 대해 강조할 필요가 있다. 이 측면은 전통적인 가족치료 모델에서는 대부분 빠져 있었던 것이다. 훌륭한 양육이란 이동하는 표적 같은 것이다. 보통 부모들은 아이에 대해 염려하고 불안해하며 보호하는 것과 아이가 책임을 지면서 성장하도록 해야 할 필요성 사이에 끼어 있다. 부모가 아이들과의 연결을 잃었다고 느끼면 종종 반응적인 비난과 통제에 돌입하여 그 고통을 처리하려 한다. 그러면 아이들의 눈에 부모는 점점 더 안전하지 않게 여겨진다. 또한 배우자들은 어떻게 아이를 다루어야 하는지에 대해 자주 상이한 관점을 가지고 있어서, 양육동맹 및 부모 간 결합에서 긴장에 가득 찬 균열이 발생한다. 게다가 각 부모는 아이에 대한 반응성을 왜곡하거나 제한하는 자신만의 애착모델의 영향도 다루어야 한다. 그래서 부모들은 좌절감에 사로잡히고 공포와 무력감에 젖어들어 흔히 양육자로서의 무능함에 대해 수치스러워하게 된다. EFFT의 전제는 **부모들도 양육자 역할을 둘러싼 자신의 정서를 이해하고 조절하기 위해, 균형을 발견하기 위해 도움을 필요로 한다는 것이다.** 그래야 부모들이 아이들도 같은 것을 해내도록 도울 수 있게 된다. EFFT 치료사는 (보통 DDP에서 하듯이) 가족 문제에 대해 일대일 회기를 하여 부모들을 돕는다. 또한 배우자들이 아이들을 위해 더 좋은 양육자이자 애착대상이 될 수 있도록 부부회기를 통해 양육자 역할과 관련된 고통을 다루고 배우자들이 그 스트레스를 함께 조절하도록 돕는다. 또한 치료사는 어떤 부모도 완벽할 수 없다는 것, 적당히 좋은 양육은 정말로 충분하다는 것 그리고 성장하는 누군가의 편이 되어 주는 것이 항상 도전이라는 것을 인정해 줄 것이다. 양육기술을 인지적 기술 그 자체로 가르치기보다는 연결의 새로운 교정적 경험과 새로운 관점을 만들어 아이에게 새로운 반응을 불러일으킨다. 우리의 경험에 의하면 부부 EFT와 마찬가지로 가족치료의 최종 회기 즈음이면 부모는 아이와의 개방적인 의사소통에 함께 참여하며, 더 효과적이고 능숙한 양육방식을 이루어 낸다. 치료사가 부모의 딜레마에 대해 공감하는 것은 부모에게 스스로의 정서를 조절하고 부모로서의 자신을 더 잘 받아들이고 고통을 유발하는 아이를 더 잘 수용할 수 있도록 하는 안전한 공간이 되어 준다.

  EFFT의 목표는 이러한 인식을 염두에 두고, 갈등을 증폭시키고 부모와 자녀 간의 안전한 연결을 약화시키는 고통스러운 상호작용 고리를 조정하고, 발달하는 청소년에게 안전한 피난처와 안전기지를 제공할 수 있는 접근성과 반응성의 긍정적 고리를 형성하는 것이다(Johnson, 2004; Furrow et al., 출판 중). 이전 장에서 살펴보았듯이, 치료는 세 단계로 이루어진다. 상호작용의 부정적 고리의 단계적 약화를 포함하는 안정화, 애착 두려움, 상처, 그 유발요인과 애착욕구를 다루는 더 안전하고 참여적인 상호작용에 의한 애착 재구조화, 그리고 변화들이 통합되고 가족의 문제와 회복에 대한 새로운 이야기가 만들어지는 강화가 그것이다. 이런 가족치료 과정은 보통 10~12번의 회기에 걸쳐 이루어진다. 일반적으로 처음 두 회기는 전체 가족을 포함시킨다. 일단 동맹의 네트워크가 준비되고, 문제에 대한 가족 구성원들의 관점이 파악되고, 아동 혹은 청소년의 문제행동이 가족의 애착 패턴의 맥락 내에서 일어나고 있다면, 치료회기는 치료사가 어느 구성원이든 일대일로 한 회기 동안 만나는 것까지 포함하여 가족 구성원들의 어떤 조합과도 진행될 수 있다.

치료사는 두 가지 과제, 즉 애착 관련 정서들과 정서적 반응에 대해 설명하고 재처리하는 것, 그리고 더 안전한 연결을 이끌어 내는 강력한 결합 순간을 만들어 내기 위해 상호작용의 주요 패턴을 점진적으로 교정하는 것에 집중한다. EFIT와 EFT에서처럼 치료사는 상호작용을 구성하는 요소로서의 정서에 초점을 맞추고, 코치처럼 행동하는 대신 내담자와 함께 내담자의 경험을 발견하고 정제한다. EFFT 치료사는 부모와 아동 양쪽에서 새로운 행동을 불러일으키고 관계에 대한 기대, 인식, 모델을 교정하기 위해서, 기술적 순서에 대한 형식적 설명이나 경계와 위계에 대한 전문가의 재구조화 혹은 조정을 사용하기보다는 새로운 정서적 신호와 상호작용의 영향력에 의지한다. 애착욕구를 인지하고 인정하며 표현하는 것이 EFFT의 핵심적인 부분이듯이, 단절에 대한 아동과 청소년의 좌절과 절망을 다루는 것도 그러하다. 그리고 아동의 명백한 취약성은 부모가 보호하고 보살피는 반응을 준비하게 한다. 치료사는 여러 회기에서 다양한 가족 구성원과 EFT 탱고의 단계를 밟아 나가면서 부부를 위한 EFT와 같은 방식으로 치료를 진행한다.

EFFT의 평가

EFFT 치료사는 가족의 기능을 파악하기 위해 부모 및 또래 애착검사(Inventory of Parent and Peer Attachment: IPPA; Armsden & Greenberg, 1987)와 같은 자가보고 척도를 사용할 수도 있다. IPPA는 치료사에게 가족과 또래 관계의 상호 신뢰, 의사소통, 소외에 관한 청소년의 현재 인식에 대해 기본적인 정보를 제공한다. 이 척도는 "어머니는 나에게 너무 많은 기대를 한다." "나는 마음에 쌓인 것을 풀고 싶을 때 어머니에게 의지할 수 있다."와 같은 질문을 한다(5점 척도로 채점). 한 연구는 상호 신뢰와 의사소통 척도는 기본적으로 애착 불안과 연관되어 있는 반면, 소외는 애착 불안과 회피 모두와 깊이 연관되어 있음을 보여 주었다(Brennen, Clarke, & Shaver, 1998). 다른 평가방법은 맥마스터 가족사정척도(McMaster Family Assessment

Device: FAD; Epstein, Baldwin, & Bishop, 1983)이다. FAD는 정서적 반응(Affective Involvement), 정서적 관여(Affective Involvement), 행동 통제(Behavior Control), 의사소통(Communication), 문제해결(Problem Solving), 역할(Roles) 그리고 전반적 가족기능(General Family Functioning)의 7개의 하위척도로 이루어져 있다. 이 검사에서 가족 구성원들은 "우리가 서로를 오해하기 때문에 활동을 계획하기 어렵다."와 같은 서술에 응답하도록 요구된다. EFFT 치료사에게 특히 관심이 가는 것은 첫 번째의 두 하위척도인데, 여기서 "우리는 서로에게 사랑을 표현하지 않는다." 또는 "다른 이들에게 중요한 일일 때만 다른 이에게 관심을 얻을 수 있다."와 같은 서술에 점수를 매긴다.

하지만 이전 장에서 다루었듯이, 보통 치료사는 가족의 이야기를 경청하고 관여하면서, 그들이 회기 중 펼쳐내는 생생한 상호작용을 지켜보면서 애착환경으로서의 가족과 그 환경에 대한 각 구성원들의 경험을 평가한다. 치료사는 상호작용의 A.R.E. 측면에 초점을 맞춘다. 가족 구성원들은 얼마나 개방적이거나 접근 가능한가(Accessible)? 얼마나 민감하고 반응적인가(Responsive)? 얼마나 정서적으로 교감하는가(Emotionally engaged)? 구성원들은 청소년에게 특히 중요한, 아동에서 젊은 성인으로 변화할 수 있는 안전한 피난처이자 안전기지를 만들기 위해 협력할 수 있는가? 여기서 청소년은 위험을 무릅쓰고 자신의 세계를 탐험하다가도 필요할 때면 가족 자원으로 돌아와 이를 활용할 수 있는가? Daniel Seigel은 그의 저서 『10대의 두뇌는 희망이다(The Power and Purpose of the Teenage Brain)』(2013)에서 건강한 청소년은 '스스로 알아서 하는(do-it-yourself)' 고립이 아니라 상호 의존으로 나아간다고 밝혔다. 청소년 시기의 두뇌는 자연스럽게 더욱 자극을 추구하고 또래와 더 관계를 맺고 의지하며 더욱 창의적인 생각을 하고 정서적 강도는 증가하는 쪽으로 향하지만, 한편으로는 혼란스럽고 때로는 불안한 현실과 씨름한다. 삶의 이러한 시기에 탐색체계와 안전한 피난처인 애착체계는 우선순위를 두고 자주 경쟁하게 되고, 부모들은 붙잡아 주면서도 놓아 달라는 아이들의 갈팡질팡하는 요구에 적응하느라 고군분투한다. 아이가 균형을 찾아내는 과정에서 갖는 애착관계에 대한 새로운 생각과 평가는 청소년의 성장 중인 조망수용 기술(perspective-taking skill)의 일부분이지만, 때로 부모는 불현듯 이 생각이 불편하고 괴팍하다고 느끼게 된다. 애착기반치료에서는 "청소년이 의견 충돌 속에서 자율성을 확립할 수 있는가보다는 관계가 적극적으로 유지되든가 혹은 심각하게 위협받는 상황을 배경으로 하는 자율성 시험대"에 초점을 맞춘다(Allen, 2008, p. 425). **지속적인 연결이 개별화(individuation)를 가능하게 한다.** 따라서 치료사는 청소년이 부모에게 다가갈 수 있고, 힘겨운 감정을 조절하기 위해 그 관계를 활용할 수 있는지 뿐만 아니라 청소년이 안전하게 부모와의 거리를 유지하고 부모와 의견을 달리할 수 있는지, 또한 안전감에 대한 욕구를 어느 정도 충족하기 위해 또래관계에도 의지할 수 있는지 관찰한다.

2004년 저서의 제11장 정서중심적 부부치료(The Practice of Emotionally Focused Couple Therapy)에서 기술했듯이, EFFT 치료사는 다음과 같은 방법으로 가족 문제를 평가한다

- 치료사는 가족의 상호작용 패턴의 구조 또는 춤을 추적한다. 누가 누구를 지지하고 연합하는지, 가족의 상호작용은 얼마나 예측 가능하고, 부정적이고 경직되어 있는지, 그리고 누가 고통에 반응하고 위로해 주는지 등이 그 예이다. 다음 장에서 제시되는 사례에서는 주된 가족의 춤이 다음과 같이 진행된다. 아들은 아버지에게 반항심과 분노를 표현한다. 아버지는 이유를 설명하며 주장한다. 아들은 콧노래를 부르고 딴청을 피우면서 철저하게 회피하지만, 다리를 계속 떠는 것같이 초조한 비언어적 행동을 보인다. 그러면 어머니는 아버지가 부재했던 것에 대해 질책하고, 아들의 행동이 너무 벅차다고 토로한다. 아버지는 집에서든 직장에서든 바꿀 수 있는 것이 없다고 변명하고 회피한다. 어머니는 흐느껴 울고—잠깐 상황이 멈춘다—다시 고리가 시작된다. 부모 사이의 상호작용을 살펴보면, 어머니는 불안해하며 정신없이 추적하고 있고 극도로 스트레스를 받고 있는 반면, 아버지는 냉담하고 정서적으로 부재하며 매일 12~14시간 동안 일하고 있다. 그들 관계의 갈등은 분노한 아들과의 통제 불능 드라마를 부채질한다. 각 부모와 아들 사이의 상호작용을 보면 아들은 공격적으로 위협하고 있는데, 우리는 이를 아버지의 냉담과 철수에 대한 항의로 이해한다. 아들은 그 답으로 논리정연한 규칙과 거리두기를 받게 된다. 어머니는 아들에게 반응적이려고 애쓰지만 결국 자신의 고통과 불안 때문에 무너지게 되고, 이에 대해 아들은 분노 발작과 자살 위협으로 대응한다.
- 치료사는 가족의 정서적 분위기(tone)—춤의 음악—에 조응한다. 제9장에서 묘

사된 가족에게서 가장 강렬한 부정적인 정서적 에너지는 아버지와 아들 사이, 그리고 아버지와 어머니 사이에 존재한다. 아들과 어머니는 상당한 고통을 겪는 것으로 보이며, 분노와 불안 사이를 오가고 있다. 그러나 아버지는 상대적으로 침착함을 유지하고 있고 자신의 아들과 아내가 비이성적이며 통제 불가능하다고 여기고 있다. 그가 평정을 유지하는 것처럼 보일수록, 아들과 아내는 더욱 분노하고 불안해한다. 아들은 위로를 구하기 위해 어머니에게 향할 수 있다고 이야기하지만, 이런 욕구를 극히 부적절한 방식으로 표현하고, 끊임없이 손을 흔들고 화제를 바꾼다. 관찰을 통해 각 가족 구성원들의 평소 감정조절 전략이 무엇인지, 그리고 이런 전략들이 가족 내 타인과의 애착의 성질에 어떤 영향을 미치는지 정확하게 공식화하는 것은 도움이 된다(정서조절에 대한 부모의 모델링과 같은 가족적 맥락이 아동의 정서조절 발달에 어떻게 영향을 미치는가에 대한 총론은 Morris, Steinberg, & Silk, 2007 참조).

• 치료사는 과거 가족의 주요 사건과 최근의 위기 그리고 각 개인이 어떻게 이를 인식하는지, 현재 문제에 대해서는 어떻게 이해하는지를 포함하여 가족의 이야기를 경청한다. 문제에 대한 책임은 다른 구성원들에게 어떻게 배분되는가? 치료사는 환기적 질문으로 조사한다. 예를 들면, 아들이 폭력적인 분노 발작을 보일 때 어떤 일이 일어나는지, 그리고 각 부모는 어떻게 대응하는지에 대해 질문한다.

• 치료사는 가족 내 접근성, 반응성 그리고 참여에 대해 관찰하고 직접 질문한다. 누가 누구에게 향하는가? 그리고 이러한 접근은 효과적인가? 핵심 질문은 언제나 양육자이자 애착대상으로서의 부모가 어떻게 아이의 고통과 욕구에 대해 반응하지 않거나 차단하는지, 그리고 어떻게 자녀를 생각하는지, 어떻게 아이의 부정적 행동을 이해하고 있는지이다. 부모는 원가족의 일원으로서 혹은 배우자로서 안전한 애착을 경험한 적이 있는가?(아니면 이것은 완전히 낯선 영역인가?) 그리고 최근이나 과거에 부모-자녀 상호작용에서 안전한 상호작용이 일어난 적이 있는가?

• 치료사는 초기의 치료적 동맹의 성격, 그리고 전체로서의 가족과 각 개인이 바라는 치료 목표를 조사하고 탐색한다. 치료사는 자신의 질문과 개입에 대해 가족 구성원들이 얼마나 개방적인지, 구성원들이 얼마나 연결되기 쉬운지에 대

해 유념한다.

이 과정이 진행됨에 따라 치료사는 상호작용의 가장 문제적인 고리들과 그것이 가족이 치료를 받으러 오게끔 했던 증상을 촉발시키고 지속시키는 방식을 더 잘 이해하게 된다. 또한 안정된 연결과 더 평온하고 안전한 가족 분위기를 만들기 위해 어떤 상호작용을 바꿔야 하는지가 애착적 측면에서 더욱 분명해진다. 치료사가 애착이라는 렌즈와 정서라는 음악을 이용하여 춤에 초점을 맞추면 그 가족이 아무리 혼란스럽고 조절되지 않더라도 침착함을 유지할 수 있다.

또한 청소년기의 안전한 애착에 대한 연구는 치료사가 치료과정의 목표로 추구하고 준비할 것에 대해 알려 주므로 평가과정에 도움이 된다. 한 연구에서 안정적으로 애착이 형성된 남자아이들은 그들의 어머니와 단절되거나 갈등을 겪을 때 분노를 적게 표현하고, 자기주장을 유지하며, 의사소통의 상위과정(metaprocessing) 형태로 나아갔다("우리 둘 다 이해받기 위해 노력하고 있지만 잘 안 되네요."라는 식으로 상호작용에 대해 언급하는 것처럼). 이 능력은 관계 회복과 재연결을 가능하게 한다 (Kobak, Cole, Ferenz-Gilles, Fleming, & Gamble, 1993). 안정애착은 친한 또래 친구들, 부모와의 개방적이고 효과적인 의사소통과 연관되어 있다. 반대로 내적 상태에 대해 타인과 정확하게 소통하지 못하는 것은 불안정의 강력한 표지로 보인다.

회피하는 청소년은 품행장애와 물질남용을 보일 가능성이 더 높다. 그러나 사회적 환경에 매우 민감한 불안형 애착의 10대들은 거절 혹은 유기당한 느낌에 대해 항의하고 부모의 관심을 끌기 위해 가끔 행동화를 한다.

EFFT 평가에서 양육동맹 고려하기

만약 부모의 관계가 명백한 불화 중에 있다면, 언제든 제6장에서 설명했던 부부 평가과정의 요소들을 포함시킬 수 있다. 그러나 EFFT에서 부부의 관계에 관한 목표는 부부 그 자체를 위한 안전한 연결을 형성하거나 재구축하는 것보다는, 효과적인 공동양육을 강화하고 돌봄체계가 순조롭게 작동할 수 있도록 배우자들 간의 안전한 연결과 충분한 평정심을 만드는 것임을 기억하는 것이 중요하다. 그러므로 평가에서 핵심질문은 각 부모가 아이들과 함께하는 능력, 일관적인 양육전략을 수

립하는 능력을 현재 부부관계가 어떻게 뒷받침하고 있는지 혹은 방해하고 있는지이다. 애착 불안과 회피가 높은 배우자들은 결혼적응도가 낮고 공동양육에의 협력 수준이 낮으며 공동양육의 갈등 수준은 높은 것으로 보고되었다. 그리고 결혼적응도가 부모의 불안정한 애착과 공동양육의 애착적 측면의 관계에 영향을 주었다(Young, Riggs, & Kaminski, 2017). 부부갈등이 천성적으로 아동의 정신적 외상을 초래한다는 사실은 가족치료사에게 전혀 놀라운 것이 아니다. 치료사들이 모를 수도 있는 부분은 이제 연구자들도 아동의 행동 문제를 예방하고 감소시키기 위해 부부치료 단독도 이용할 수 있다고 적극적으로 주장한다는 점이다(Zemp, Bodenmann, & Cummings, 2016). 새로운 결과들은 아이들이 부모의 갈등에 매우 예민하고 부모의 갈등에 대해 자신을 비난하는 귀인을 한다는 것, 그리고 부모가 서로에게 명백한 적대감을 보이는 것보다 철수하는 것이 아동의 부적응의 강력한 예측인자가 된다는 것을 입증한다. 이러한 발견을 고려할 때 앞의 주장은 타당하다. 아이들은 이런 갈등에 습관화되지 않는다. 오히려 점점 더 민감화된다. 어린아이들은 부모의 갈등으로 인한 고통을 외현화 행동(공격성과 비순응)으로 표현하지만 청소년에게는 우울증과 같은 내재화 증상이 더 일반적이다. 주목할 점은 부모의 갈등에 대한 건설적 의사소통이 아이들의 정서적 안정을 육성하고 장기적으로 친사회적 행동을 증진시킨다는 점이다(McCoy, Cummings, & Davis, 2009). 물론 애착유형은 흔히 배우자들 간의 갈등의 근원이 되는 양육 과제에 대한 배우자들의 태도에도 영향을 미친다. 좀 더 안정적 애착유형을 가진 부모들은 부모됨(parenthood)에 대해 걱정하거나 위태롭게 느끼는 경우는 적고 보람 있는 일이라 인식하는 경우가 더 많다(Jones, Cassidy, & Shaver, 2015). (특히 남성에게서) 회피애착은 아이 돌보기—부모로서의 첫 2년 동안의 분업—에 대한 신참 부모의 태도의 영향을 준다는 점이 확인되었다. 회피적인 부모일수록 아이 돌보기가 그들의 자율성을 더 많이 제한하고 다른 삶의 목표를 더 많이 방해한다고 여겼다(Fillo, Simpson, Roles, & Kohn, 2015).

　1만 8,000명의 참여자를 대상으로 한 아동기의 부정적 경험(Adverse Childhood Experience: ACE) 연구(Felitti et al., 1998)는 상실과 학대와 같은 초기의 부정적 경험이 이후 성인의 정신적·신체적 건강뿐만 아니라 미국 내 성인의 주요 사망 원인과 강력한 상관관계가 있음을 보여 주었다. 이 발견과 그 외 유사한 발견들은 부모의 갈등과 불화가 자녀에게 미치는 영향에 대해 치료사들이 각별히 주의를 기울이고 다루어야 한다는 생각을 강화한다. 전통적 가족치료의 많은 방식은 부모 사이의 관계를 종종 간과한다. 그러나 연구 결과는 대체로 자녀들의 최적의 발달과 기능을 위해서라면 첫 번째 관심사는 사실 '마을'을 만드는 것이 아니라 한 팀으로 협력하고 참여하는 부모를 만드는 것이라 시사한다. 부부를 위한 EFT를 가장 많이 시행하는 EFFT 치료사는 양육하는 배우자들 간의 연결과 단절에 완벽하게 조응할 것이며, 따라서 이 관계의 반응성이 전체로서의 가족에게 어떤 영향을 미치는지 탐색할 수 있을 것이다. 임상실제에서는 EFFT가 종결될 즈음 부부의 결합과 부모로서의 파트너십을 강화하기 위해 몇 회기 정도 부부치료를 받도록 권유하는 경우가 흔히 있다.

EFFT의 단계

EFFT의 1기 안정화에서 치료사들은 표출된 문제에 집중한다. 그리고 문제에 대한 각 구성원들의 인식을 인정하고 가족의 부정적 상호작용 패턴(또는 춤)을 반영하면서 연관된 가족 구성원들 간의 역학관계를 평가한다. 치료사는 가족의 부정적 패턴이 개인과 다른 가족 하위조직(예: 부모 사이나 형제자매 사이 혹은 각 양육자와 청소년의 관계)에 끼치는 영향을 탐구한다. 치료사는 가족의 문제를 협력적 문제해결을 가로막는 단절의 부정적 패턴에서 발생한 것으로 재구조화한다. 그리고 누군가를 비난하는 일 없이 가족의 어려움을 정상화하고 안정적인 정서적 분위기를 생성하는 것에 집중한다(Palmer & Efron, 2007). 상호작용의 핵심적인 부정적 고리 내의 단계들이 분명해짐에 따라, 이러한 단계들을 준비시키는 정서들이 발견되고 정제되고 개방된다(이 과정은 탱고 움직임 1, 2에서 시작된다). 부모와 자녀 양쪽 다 대부분 서로 주고받는 영향을 인식하지 못하고, 수치심과 비난의 굴레에 사로잡혀 있다. 그들은 상대방의 행동을 가장 나쁜 시각으로 해석하고 상대에게 악의가 있다고 여긴다. 그리고 자신이 부모로서 혹은 자녀로서 실패했다고 인식하고 수치심에 빠져 무력해진다.

이 단계에서 부모의 정서를 조절하고 처리하는 것은 특히 중요하다. 그렇게 함으로써 부모는 안정되고 자신의 자녀에게 공감할 수 있는 정신적 여유를 가질 수 있게 된다. 애착관점에서 볼 때, 당신 곁에 신뢰할 수 있는 부모 없이 아동의 전환기와 청소년기의 동요를 겪는 것은 무서운 일이다. 그러나, 양육자로서의 실패와 무력감을 마주하는 것, 자신의 자녀를 보호하고 인도하지 못하며 연결될 수 없다는 공포를 느끼는 것은 또한 두려운 일이다. Bowlby의 저작에 대한 초기 비판 중 하나는 자녀들에 대한 일관적인 반응성 측면에서 어머니에게 지나치게 많은 짐을 지웠다는 것이다. 나중에 논평가들은 이 잘못된 생각을 바로잡았다. 예를 들어, Tronick(2007)은 어린아이들과 안정애착을 형성한 가장 훌륭한 어머니들조차도 친밀해지기 위한 아이들의 시도에 조응하지 못하고 지나칠 때가 상당히 많다는 것을 분명하게 언급했다. 하지만 이런 어머니들은 아이들의 스트레스를 알아채고 회복과 재연결에 착수할 가능성이 더 높았다. 관계란 조율된 연결, 잘못된 신호와 무시, 회복이 지속적으로 이어지는 것이다. 일단 전반적인 분위기가 안정적이면, 오해와 무시는 거부와 파국적인 유기의 신호가 아니라 그저 춤에서의 사소한 결함일 뿐이다. 부모의 취약성과 자녀의 취약성 모두 이해되고 존중받아야 한다. '밀착(enmeshment)'이라 부르는 반응은 가족치료사들이 내리는 진단 중 하나로, 항상 어머니들에게 적용되었다. EFFT의 관점에서 이는 소중한 아이를 보호할 수 없다거나 혹은 효과적으로 관여할 수 없다는 위협, 배우자와의 안전한 공동양육 동맹 없이 이 위협에 홀로 맞서야 한다는 압박감에 대한 자연스러운 반응으로 이해할 수 있다.

1기의 끝에 이르면, 치료사는 반응적이고 표면적인 개인의 정서반응을 기저의 일차 정서(예: 두려움, 상처, 슬픔, 그리고 좌절감 혹은 상실감)와 충족되지 않은 애착욕구에 의해 추동되는 더 광범위한 상호작용 춤의 일부로 재구조화한다. 일차 정서에 다가가고 이를 공유하는 것(탱고 움직임 3)은 대체로 가족 구성원들 간의 공감과 반응성을 만들어 내고, 가족의 단계적 약화(family de-escalate)를 촉진한다(Johnson et al., 2005).

애착을 재구축하는 EFFT의 2기는 이제 가족이 좀 더 안전한 기지를 가지고 있고 반응적 부정적 고리와 귀인에 덜 사로잡힌다는 점만 다를 뿐 1기에서처럼 기본적 탱고 과정, 개입 그리고 경험주의적 기법들을 사용한다. 2기의 목표는 부모와 아동 혹은 청소년 사이의 긍정적 결합경험을 촉진시키는 것이다. 치료사는 어린 내담자의 애착 두려움을 환기시켜 이를 찬찬히 느끼고 솔직하게 표현하도록 하며, 부모와의 연결과 지지에 다가가도록 연출한다. 치료사는 이 다가가기의 방해물, 이를테면 거부에 대한 아이의 두려움을 공감적으로 설명한다. 이와 비슷하게, 치료사는 부모의 개방적이며 아이를 초대하는 반응성을 가로막는 것들을 설명한다. 일반적으로 취약성에 대한 두려움이나 완벽한 부모 역할 '수행'에 실패하는 것에 대한 두려움 같은 것들이다. 치료사는 부모가 조율하며 머물고, 관여하며, 아이들의 접근에 대해 안심과 진정성, 배려로 응답할 수 있도록 도와준다(이 과정은 교감적 만남을 안무하는 탱고 움직임 3에 담겨져 있다).

이 상호작용이 부부를 위한 EFT에서 안전한 연결의 형성과정에 대응되는 **결합사건**을 만들어 낸다. 다만 두 가지 요소에서 차이가 있다. 첫째, EFFT의 과정은 EFT의 과정보다 덜 상호적이다. 부모는 더 강인하고 현명한 사람이 되어서 자녀들이 기저의 애착욕구와 정서를 인식하고 공유하는 것을 도울 수 있도록 치료사의 지원을 받는다. 부모들은 정서적 지지와 친밀감을 얻기 위해서는 서로를 향하도록 격려 받는다. 한부모들은 상상으로든 실제로든 지지적인 타인에게 도움을 구하거나 회기 중 치료사의 지지를 받아들이도록 도움을 받는다. 부모들이 양육자로서 아이들과 좀 더 함께하고 조응하도록 돕기 위한 목적으로 회기 중 부모의 양육행동을 탐색하면서, 종종 치료사는 부모들과 그들 자신의 취약성에 대해 발견하고 인식하는 작업을 함께 한다. 그래서 치료사는 딸의 위험행동(risk-taking behavior)에 대해 미칠듯이 걱정하는 어머니가 기저의 감정들을 이해할 수 있게 돕기도 한다. 그 감정들은 그녀의 강박적인 조언하기와 문제 해결하기를 점화시켰고, 사춘기의 딸은 이를 무시하고 회피했다. 어머니는 딸을 계속 채근하게 만드는, 그녀의 좌절감 아래 숨겨진 무력감과 두려움에 접근했다. 어머니와 딸이 치료사와 함께하면서, 어머니는 딸이 자신의 인도나 보호를 거부할 때 올라오는 두려움과 무력감을 좀 더 조절된 방식으로 일관성 있게 드러낼 수 있게 되었다. 어머니는 치료사와 함께 만들어 낸 이미지를 제시했다. "나는 길 한가운데 눈을 감고 서 있는 너를 볼 수 있어. 큰 트럭들이 너를 향해 달려오고 있는데 너는 움직이지 않아. 그래서 길 옆에서 나는 점점 더 큰 소리로 너에게 소리를 지르게 돼. 난 미칠 것 같아. 그런데 너는 나무라는 것으로 듣고 나를 외면하고 숨어 버려. 내가 할 수 있는 것이 아무것도 없어. 난 화내고 항상 잔소리하고 싶지는 않아. 너 때문에 내가 얼마나 무서운지를 너에게 어떻게 이해시킬 수 있을까? 그리고 어떻게 하면 네가 필요한 것을 나에게 부탁하도록 도울 수 있을까? 나는 네 곁에 있고 싶어." EFFT에서 성공적인 결합의 대화는 양육자가 자신의 정서를 효과적으로 조절하여 접근 가능해지고 반응성 있으며 아동과 청소년에

게 관여할 수 있게 될 때 이루어진다. 그러면 아이는 치료사의 도움을 받아 두려움
과 욕구를 나누고, 자신에게 안전한 피난처와 안전기지를 제공할 수 있는 부모와의
연결에 닿을 수 있다.

둘째, 이러한 2기의 결합 대화에서의 정서의 강도는 EFT에서 성인 파트너들 사
이에 발생하는 정서의 강도보다 보통 덜 지속적이다. 수년간 그들에게 상처를 주었
던 배우자를 위로하도록 마음을 열게 하는 것보다는 아이에게 반응하고 보호하려
는 부모의 욕구가 보통 접근하기 더 쉽고 훨씬 강렬하다. 또한 일단 방어적 전략이
느슨해지면, 청소년들은 부모의 변화된 반응성에 더 쉽게 마음을 연다. 치료사는 미
숙한 내담자들, 특히 어린나이 그리고/또는 취약한 이들의 정서적 강도를 적정하는
것에 대해 더욱 세심해야 한다. 앞서 설명했듯이, 치료사는 치료회기의 정서적 흐
름과 청소년 내담자가 정서를 견디고 처리하는 능력을 맞추기 위해서, 청소년 내담
자가 힘든 정서에 접촉하도록 돕는 것과 좀 더 인지적인 반영이나 놀이로 옮겨 가는
것 사이를 오고 가며 속도 조절에 주의를 기울인다.

이런 회기에서 구축된 긍정적 유형의 만남은 확실히 반응적 상호작용의 원형적
인 사례라 할 수 있다. 부모와 자녀 간 애착에 대한 수백 개의 연구에서 안정애착을
정의하는 것은 반응적 상호작용이었다. EFT에서 성인 파트너들 사이 이러한 교류
가 일어나면, 회피형의 사람들과 불안형의 사람들 모두 애착 안정성에 상당한 영향
을 받는다는 것이 확인되었다(Burgess Moser et al., 2015). 이런 사건들은 인간의 두
뇌에 너무나 중요한 것으로 코드화되어 있어서, 그 정동은 가족관계의 성격에 **지나
칠 정도로 큰 영향**을 미친다. 마치 가족의 연결이 건강한 발달에 있어 **지나칠 정도로
중요한** 것처럼 말이다. 핵심적인 애착적 상호작용을 정확히 겨냥하여 체계적으로 구성
하고 연출하는 것은 가족치료 분야에서 중대한 진전이다.

치료사는 또한 어린 내담자들의 충족되지 못한 애착욕구를 계속 구조화하고 정
상화하며, 이전의 실패한 애착 시도로 인한 고통을 처리한다. 에이미는 무감각한 침
묵 속에서 버티면서, 간간이 어머니를 적대적으로 쏘아보았다. 그러나 에이미가 어
머니의 술과 약을 훔치겠다고 또다시 마음먹었던 순간에 정확히 어떤 일이 일어났
는지에 대해 여러 번에 걸쳐 느리고 부드럽게 환기적 질문과 공감적 반영이 이루어
진 후, 그녀는 어머니의 새 남자 친구가 같이 살게 되었을 때 느꼈던 상실감을 정확
히 표현하면서 흐느껴 울었다. 치료사는 에이미가 자신이 대체되었다고 느끼는 두

러움을 정제하도록 도왔고 안심을 바라는 마음을 인정해 주었다. 치료사는 에이미가 어머니로부터 버림받았다고 느꼈던 핵심적이고 구체적인 순간을 조리 있게 공유하도록 도왔다. 그리고 치료사는 어머니가 16세의 아이라면 '독립적'이어야 한다는 과거의 입장을 넘어서 새로운 수준의 공명과 공감적 연결로 나아가도록 인도했다. 중요한 변화의 순간들은 자녀의 취약성에 대해 부모가 새로운 반응성을 보이고 그 결과 자녀가 안전한 연결을 느낄 때 일어난다. 치료사는 아이가 이 지각한 느낌을 '받아들이고' 자아감과 통합하도록 돕는다(이 과정은 탱고 움직임 4, '만남의 처리'에 담겨 있다). 이러한 사건들은 모든 가족 구성원들에게 연쇄적인 영향력을 미친다. 아버지가 아이에게 보살핌으로 응답하는 것을 어머니가 지켜볼 때, 이 반응은 어머니에게 비슷한 반응의 모델이 된다. 또한 자신의 배우자와 '문제' 자녀에 대한 관점을 변화시킨다.

EFFT의 마지막 기에서 치료사는 가족 구성원들이 2기에서 만들었던 변화를 강화하는 작업에 집중한다. 이 단계에서 가족은 난관을 탐색하는 새로운 방법들을 완성하고, 개방성, 반응성, 모든 구성원들의 참여로 특징지어지는 가족 결정(family decision)을 내릴 수 있게 된다. 가족은 균열과 보수에 대한 이야기를 만들 수 있고, 향후 가족이 어떻게 기능하기를 원하는지에 대한 공동의 미래상을 만들 수 있다. 또한 그들은 이 미래상을 뒷받침하기 위해 새로운 가족 의식(family ritual)도 만들 수 있다(탱고 움직임 5). 치료사는 그 이야기를 안전한 피난처와 안전기지에 관한 것으로 구조화하도록 돕는다. 이 이야기는 부모가 어떻게 자녀의 성장과 탐험을 지원하고 안정성을 제공할 수 있을지에 대해 현실적 기대를 갖도록 격려한다. 치료사는 긍정적 정서와 긍정적 고리를 강조하고 축하한다. 그 후 가족의 새로운 연결감은 일상에서의 협력과 문제해결로 나타난다. 자신의 양육과 아들의 '성적'에 대한 불안이 줄어든 어머니는 제시간에 등교하기 위해 일어나기를 거부하는 아들에게 전처럼 너를 닦달해서 '춤'을 시작하지도, 차로 학교에 데려다 주지도 않을 것이라고 차분하게 이야기하고 상황을 끝낸다. 그러면 아들은 그 결과 수업에 참석하지 못하게 되고, 직접 담임선생님을 만나 해결하게 될 것이다. 부모가 참여적인 공동양육 동맹을 맺고, 자녀의 애착욕구를 수용할 수 있으며, 감정적이거나 혹은 좌절스러운 상황에서도 안정적이며 조절된 상태로 머물 수 있을 때, 더욱 유연한 권위적 양육태도가 자연스럽게 나타나는 것으로 보인다.

EFFT의 유효성

EFT 모델의 결과연구들은 거의 전적으로 부부치료 방식에 집중되어 있다. 어떤 개입이 한 형태의 애착 양자관계에 그토록 강력한 효과를 미친다면 다른 형태에서도 비슷한 효과를 낼 것이라고 논리적으로 예상할 수 있다. 하지만 아직까지는 EFFT의 유효성에 대해서는 오직 하나의 예비연구만 있다. 정말로 EFFT가 효과적이라는 것을 확인한 이 연구는 한 병원의 외래 클리닉에서 신경성 폭식증으로 진단된 젊은 여성 13명의 작은 표본에서 결과를 측정했다(Johnson, Maddeaux, & Blouin, 1998). 대부분은 임상적 우울증의 진단기준에 부합했고, 몇몇은 자살을 시도한 적이 있다. 한 명을 제외한 모든 대상자는 관계유형 질문지(Relationship Questionnaire; Bartholomew & Horowitz, 1991)로 평가했을 때 불안형 애착 혹은 두려움 많은 회피형 애착으로 스스로를 평가하였다. 인지-행동 교육집단의 효과가 EFFT의 효과와 비교되었다. 두 치료(10회기) 모두 이 개입기법의 전문가에 의해 지도감독되었으며, 이행도 점검되었다. 폭식과 구토의 관해 비율은 개인치료보다 EFFT에서 더 나은 것으로 보고되었다. 행동 증상으로 고전하는 청소년들의 가족(Bloch & Guillory, 2011; Palmer & Efron, 2007)과 적응 문제에 직면한 의붓가족들(Furrow & Palmer, 2007)에 대한 치료기법으로서의 EFFT의 효율성은 사례연구들에 의해 어느 정도 뒷받침되고 있다. 국제정서중심치료센터(International Centre for Excellence in EFT: ICEEFT)의 향후 연구들은 EFFT의 결과 입증에 집중될 것이다.

아버지와 아들의 EFFT 탱고: 팀과 제임스

아마도 EFFT를 설명하는 가장 좋은 방법은 아버지와 아들의 양자관계에서 EFT의 핵심적인 변화과정, EFT 탱고로 명명된 일련의 개입, 순화와 결합 대화가 어떻게 이루어지는지에 대한 개괄적인 기술일 것이다. 이 사례는 이전에 임상 문헌에서 다른 양식으로 기술된 적이 있다(Johnson, 2008b).

제임스는 키가 크고 건장한 16세 청소년이었다. 그는 교사와 학생들에 대한 공격적인 행동 때문에 퇴학을 당했다. 그는 특히 아버지인 팀에게 반항하고 저항하였으며, 어린 네 동생을 괴롭히고 폭행하는 것도 여러 차례 발각되었다. 제임스의 어머니 모이라는 임상적으로 우울증이 있었고 만성적인 고통에 시달리고 있었다. 게다가 어린 자녀들에게 몰두하고 있었다. 가족 내에서의 부정적인 상호작용의 대부분은 이제 아버지와 아들 사이에서 일어났고, 그 상호작용은 위험할 정도로 적대적이고 폭발적으로 변하고 있었다. 팀은 '상황을 해결하기' 위한 노력의 일환으로 나를 만나는 것에 대해 간신히 아들을 설득했다. 왜냐면 수년 전 내가 팀과 모이라가 관계를 회복하도록 도왔기 때문이다. 이는 팀이 아들과의 연결을 회복할 수 있을지 모른다는 희망을 갖게 했다. 그의 아들은 이런 감정을 공유하지 못했다. 팀은 4년 전 음주를 중단하기 전까지 장남에게 '매우 엄격'했으나 이제는 '만회'하기 위해 노력하고 있다고 인정했다. 제임스는 팀이 돕고자 노력하는 것을 무시했다. 그리고 자신에게 아무도 필요하지 않고, 아버지를 증오하고 있으며, 어쨌든 모든 사람이 자신을 '반대'한다고 호전적으로 이야기했다. 제임스는 마지못해 치료에 왔고, 첫 회기의 거의 대부분의 시간 동안 대화를 전혀 하지 않으려 했고, 나에게 욕설을 퍼붓고 고집스럽게 바닥만 쳐다보았다.

첫 두 회기 동안, 아버지와 아들 사이에서 끊임없이 자가발전하는 단절의 고리가 명확해졌다. 팀은 아들을 설득하고 회유하고 추적하느라 분주했으나 제임스는 아버지를 무시했고, 그들의 상호작용을 논의하거나 상호작용의 기준을 세우고자 하는 팀의 시도에 대놓고 반항하며 경멸조로 입을 삐죽거렸다. 결국 팀은 화가 나서 비난하는 말을 던진 다음 철수하였다. 그리고 이는 아들이 아버지의 배려 없음에 대해 조소하면서 비난하도록 촉발시켰다. 제임스는 아버지 팀의 분노야말로 아버지가 스스로의 실패에 대해 늘 아들 '탓'을 할 방법을 찾고 있었다는 '증거'라 여겼다. 이 고리는 지속적이었고 굳어져 변하지 않았다. 난감했다. 하지만 치료사에게 애착 의미의 행동 촉발요소 측면에서 이 고리를 탐색하고 표현하고 정제하는 것은 상대적으로 수월하였다. 치료시간 중 또 다른 패턴이 거론되었는데, 나는 이를 제임스는 듣고 있을 때 팀이 이야기하는 형식으로 간략하게 요약했다. 그것은 제임스가 가족 내에서는 오직 어머니와만 미약한 긍정적 연결로 이어져 있다는 것이었다. 그러나 이 고리는 당장은 제임스의 괴롭힘으로부터 더 어린 아들을 보호하려는 어머니의 욕구로 인해 약화되고 있었다. 그래서 그녀 역시 제임스로부터 철수하고(그와 함께 치료에 오는 것을 거절하고) 있었다. 그 호전성에도 불구하고 제임스가 가족 내에서 고립되어 절망적으로 느끼고 있다는 점이 내게는 분명해 보였다. 그러나 심지어 팀이 제임스에게 다가가려 노력할 때조차 제임스가 아버지를 신뢰하거나 참여하도록 할 방법을 찾을 수 없었다. 제임스는 내게 런던의 비행청소년들에 관한 Bowlby의 설득력 있는 기술이 떠오르게끔 했다. "무관심의 가면 뒤에는 바닥 모를 고통이 있고, 외견상의 냉담함 뒤에는 절망이 있다." 이어서 Bowlby는 이 어린 내담자들이 "난 다시는 상처받지 않을 거야."라는 태도를 고수하면서 고립감과 분노로 마비되는 것으로 이해하는 과정을 기술하였다.

제임스와 개인회기를 가졌을 때, 그의 우울증이 확인되었다. 그는 나에게 자신이 '쓸모없다' '미래가 없다'고 말했다. 그는 어머니와 연결되었다고 느꼈거나 혹은 여동생들과 장난을 쳤던 과거 순간들에 대해 그리워하며 이야기했지만, 아버지에 대해서는 차가운 적개심만을 표현했다. 우리는 연결과 단절의 패턴, 그가 느끼는 외로움 그리고 이 가족 문제(제임스의 내재적 무능함 문제가 아니라)가 어떻게 발생했는지에 대해 함께 그려 보았다. 우리는 그가 아는 선택지들―'그들에게 본때를 보여주기' '그들을 차단하기' 그리고 '어쨌든 신경 쓰지 않기'―과 이 모든 반응이 잠깐은 도움이 되지만 궁극적으로 그를 외롭고 절망적이게 하는 과정을 더듬어 갔다. 제임스와 잠정적인 치료적 동맹이 만들어졌다. 그러나 이 치료과정에서 전환점은 제임스와 아버지와 함께 한 회기였다. 애착에 대한 아버지의 현재의 사고방식은 자녀들의 외현화 행동의 강력한 예측인자이다(Cowan, Cowan, Cohn, & Pearson, 1996). 아들에 대한 팀의 애착반응을 수정하는 것은 제임스의 공격적 행동을 변화시킬 수 있는 확실한 방법이었다.

팀과 제임스의 전반적인 EFT 탱고는 가장 격렬한 순간에 결합 대화로 전환되었고, 이는 다음과 같이 요약될 수 있다.

- EFT 탱고 움직임 1-현재과정의 반영: 팀이 머뭇거리며 다가가고 제임스는 이를 무시한다. 이어 팀의 비판적인 발언과 주장이 증가하는 애착 춤이 펼쳐진다. 그러면 치료사는 제임스와 함께 이런 상호작용들 기저에 있는 내적 정서적 고리를 찾아낸다. 즉, 제임스의 속할 곳 없는 느낌, 쓸모없고 불필요한 존재라는 느낌이 팀의 반응으로 '확정'되고, 그래서 그의 반응적 분노가 촉발되는 과정

말이다. 양쪽 모두 결국 실망, 거부, 다급한 좌절감, 망연자실함 속에서 순환하게 된다. 둘은 이 춤에 사로잡혀 무력해진다. 춤은 그들의 관계 그리고 제임스의 자아감을 규정한다.

- EFT 탱고 움직임 2-정서 조합 및 심화: 우리는 과거 팀이 음주하던 시기에 제임스에게 했던 행동에 대한 수치심, 부모로서의 실패감, 그리고 제임스에 대한 걱정에 사로잡히는 과정에 초점을 맞춘다. 주로 반영과 환기적 질문을 이용한 나의 도움을 받으며, 팀은 그의 정서적 반응의 구체적 요소들을 조합한다. 그는 제임스의 반항뿐만 아니라 제임스의 얼굴에서 드러난 고통에 '한 대 맞은 것 같았던' 순간(촉발요인), 그리고 몸이 뜨거워지고 스스로에게 "아이가 대드는 건 다 네 잘못이야. 네가 아이를 망친 거야. 너는 거지 같은 부모야."라고 이야기하는 순간(신체적 반응-지각한 느낌과 의미 구성)을 표현한다. 그리고 나서 그는 통제하려 노력해야 한다는 압박감을 느끼거나 무력감에 압도되어 외면한다(행동 경향). 우리가 이에 머물자 팀은 '제임스가 필요로 하는 아빠가 되는 것에 실패했다'는 깊은 슬픔, 그가 회복하기 어려운 상처를 주었고 아들과의 연결을 상실했다는 느낌에 접촉하면서 흐느껴 울기 시작했다.

- EFT 탱고 움직임 3-교감적 만남을 안무하기: 나는 팀과 함께 그의 정서를 정제하고, 아들과 이를 나누도록 요청한다. 팀은 이를 솔직하고 진정성 있게 해낸다. 팀은 제임스에게 자신이 아버지로서 그를 실망시켰기 때문에 그가 자신을 믿지 않는 것이 당연하다고 말한다. 나아가 그는 아들에게 사과한다. 팀은 아들에게 큰 상처를 주어서, 아들이 모든 사람을 위험하다고 여겨 누구도 믿지 못하게 만들었다는 두려움을 가지고 있었다. 나는 팀이 그 두려움을 나누도록 격려한다. 제임스는 몇 분 동안은 무관심한 척하려 애를 쓰지만, 곧 놀라운 변화가 일어나 정말로 팀을 위로하고, 다 괜찮다고 이야기하려 노력하기 시작한다. 나는 이 반응을 부드럽게 반영하고 인정하면서도, 제임스는 경청하도록 격려하고 팀이 해야 할 이야기를 끝마치도록 하였다. 제임스의 아버지는 아버지로서의 진심과 배려를 전하고 있고, 제임스가 아버지를 돌볼 필요는 없다. 팀이 지지적인 부모로 곁에 있어 주지 못했던 것과 과거의 공격 모두에 대해 사과한 후 아들도 아버지도 눈물을 흘렸다.

- EFT 탱고 움직임 4-만남의 처리: 제임스는 아버지의 메시지를 받아들이고 아버

지의 이야기가 자신에 대한 두려움을 어떻게 누그러뜨렸는지 말하기 시작한다. 그다음 특히 팀의 칭찬에 대한 갈망을 포기하고 차단하려 노력하기로 결정했던 일화에 대해 이야기한다. 그 당시 그는 "나에게는 뭔가 문제가 있다."라고 결론을 내렸다. 팀은 이에 관여하면서 공감적으로 반응한다.

- EFT 탱고 움직임 5-통합 및 인정: 나는 이 모든 상호작용을 반영하고, 서로에 대한 그들의 배려, 타인과 나누는 것에 대한 위험을 감수하고 마음을 터놓은 용기를 인정한다. 우리는 어떻게 이 과정이 그들에게 전혀 다른 종류의 연결에 대한 희망을 주는지에 대해 이야기를 나눈다. 처음으로 제임스가 나에게 와서 포옹을 하고 크고 환하게 웃어 보였다. 우리는 팀이 아들을 다시 '찾았다'고 느끼는 긍정적 '기쁨', 제임스가 자신이 이해받고 수용된 것에 대해 느끼는 즐거움을 정제한다. 우리는 어떻게 아버지와 아들이 '꼼짝 못하게' 되고, 팀이 자신의 문제로 허덕이느라 아들을 '지지하지' 못하게 되는지를 구조화하는 것에 상당한 시간을 할애한다. 이 구조화는 어쨌든 자신이 사랑스럽지 않다고 생각하는 제임스의 관점에 대한 해독제가 된다.

이 회기의 끝 무렵, 제임스 역시 나에게 어느 정도 도움을 받아 자신의 정서에 관여한 채로 머물고, 그의 정서, 특히 아버지에 의해 버림받고 가족의 '바깥'에 있다고 느끼는 고통에 대해 정제할 수 있었다. 그는 자신의 분노와 절망이 어떻게 그를 '오염'시키고 모든 것을 '암울하게' 바꾸었는지에 대해 이야기한다. 먼저 거절당했다는 두려움을 정확히 짚어낸 다음, 그는 아버지의 인정과 사랑에 대한 숨겨진 갈망을 표현할 수 있게 된다. 팀은 배려하며 반응할 수 있다. 팀은 아이들을 위해 어떤 부모가 되고 싶었는지에 대해 설명하면서 그런 부모가 되는 법을 배울 기회를 달라고 제임스에게 부탁한다.

안정적 연결에 대한 이 교정적 경험은 전통적인 결합 대화를 만들어 냈고, 몇 달 후의 추적회기에서도 결합 대화의 효과는 분명했다. 제임스는 나에게 자신이 사람을 더욱 신뢰하는 법을 배우고 있고, '터프가이인 척'을 할 필요가 별로 없다고 이야기한다. 또한 그는 학교에 복학하고, 남동생을 괴롭히기보다는 도와주며, 긍정적 정서와 개방성을 가지고 나와 가족에게 관여할 수 있다. 가족은 이제 실질적인 문제와 의견 차이를 협력적으로 해결할 수 있음을 보여 준다. 더 유연하고 개방적인 체계

안에서 가족 구성원들은 서로에게 반응하고, 이 체계는 효과적인 문제해결을 증진 시킨다. 앞서 기술한 과정은 가족관계를 향상시키기 위해 애착 정서에 다가가고 조절하여 활용하는 것의 엄청난 능력과 이 맥락 내에서 가족 구성원들이 그들 스스로를 어떻게 정의하는지에 대해 훌륭하게 보여 준다. 게다가 이 과정은 단지 몇 회기만에 이루어지므로 매우 효율적이고, 그 영향력은 지속적이다. 학습은 굉장히 상호작용적인 맥락 내에서 이루어진다. 그 맥락의 미래에서는 더 긍정적인 반응에 접근 가능해야 하고 그 반응이 실행되어야 한다. 이는 가족의 상호작용이 곤란한 순간에 가장 필요하지만 (부적절한 수준, 부적절한 방법이라) 때로 사용할 수 없는 '기술'을 가족에게 가르치는 것과는 다르다.

EFFT의 경험주의적 기술

내가 EFT 치료사로서 팀 및 제임스와의 회기에서 실제로 시행한 경험주의적 기술들은 무엇일까? 치료과정에서 나는 모든 변화과정의 경로를 추적하고, 상호작용과 정서적 과정을 즉각적으로 반영하여 이를 강조한다. 공감적 반영은 팀의 경험과 제임스의 경험을 위로하고 이에 다가갈 수 있게 한다. 인정과 정상화도 마찬가지이다. 우리는 팀 자신의 훈육경험을 고려하여 팀의 어설픈 양육 시도를 정상화하고, 제임스가 어렸을 때 팀이 자신의 불안정감에 대처하기 위해 음주에 빠져 '분별을 잃었던' 것을 정상화한다. 나는 정서에 접근하고, 재연을 구조화하기 위해 환기적 질문들을 던진다. 나는 제임스에게 묻는다. "아버지가 후회하는 점에 대해 너에게 이야기하려 애쓸 때 아버지가 여기서 너와 함께하는 방식이 너에게는 어떤 것 같니?" 나는 제임스가 대답할 때 총알을 잡는다. "아빠야 자기 후회를 늘어놓을 수 있죠. 그건 지에게는 별로 도움이 안 돼요." "맞아. 아버지의 슬픔, 너에게 상처 준 것에 대한 고통, 너와의 연결에 대한 상실감을 이해하는 건 어렵지. 아빠가 그렇게 많이 걱정하고 있다는 걸 믿기는 어려울 거야. 아빠의 이야기가 정말 너를 도울 수도 있다는 걸 말이야. 넌 누가 널 도와주려고 하는 걸 본 적이 없으니까, 그런 거지? (제임스는 고개는 끄덕이지만 어깨는 으쓱한다.) 정말 힘들겠구나."라고 나는 말한다. 잠시 후 나는 재연을 마련하기 위해 요청한다. "팀, 당신의 아들이 이야기하기를—제임스, 만약 내가 틀리면 고쳐 주렴—그는 당신이 위험하다고 본대요. 자신에 대해 평가하고 단점을 발견할 사람으로요. 지금 당신이 그 점에 대해 도와줄 수 있을까요?" 여기서 '위험한'이라는 단어는 추측이다. 이 단어는 제임스의 표현을 강화하고, 그가 이미 알고 있는 혹은 이야기한 두려움 속으로 한 걸음 더 깊이 들어가게 한다. 강조는 가장 강력한 애착적 의미를 가진 정서와 발언에 머무를 때, 그리고 우회로와 출구를 차단할 때 만들어진다. 팀이 제임스가 태어났을 때 어떻게 실직하게 되었는지에 대해 장황한 내용중심적 이야기를 할 때, 나는 그의 표현을 반영하여 방향을 바꾸고 채널을 변경한다. "전 당신이 제임스에게 '내가 너를 실망시켰을까 봐 너무 겁이 났다.'라고 이야기했던 때로 돌아가면 좋겠어요. 제임스에게 그 말을 다시 해 줄 수 있나요?"라고 말한다. 우리는 정서적 현실들을 포착하고 강조하는 이미지들을 이용한다. 나는 제임스는 아이이기 때문에 (모든 아이가 필요로 하듯이) 아버지에게 중요한 존재라 여겨지고 안전하다고 느끼도록 수용될 필요가 있었지만, 팀 자신은 균형을 잃어버렸고 안정되지 못해서 아들을 '안아 줄' 수 없었다는 것을 설명한다. 그래서 제임스는 혼자 남겨졌고, 이는 거대한 세계 속의 작은 소년에 불과한 그에게 무서운 일이었다. 그 상황은 제임스가 소리 지르고(애착 항의) 폭발하도록 만들었다. 결국 어느 누구도 그의 이야기를 들어 주거나, 그가 얼마나 보잘것없다고 느끼는지 이해해 주지 못했던 것 같다.

우리는 목표나 해결책에 초점을 맞추는 것보다 정서적 과정에 머무른다. 특히 팀이 처음 아들에게 솔직해지려고 노력하고 내가 제임스에게 반응을 요청할 때, 제임스는 그저 눈을 굴리며 외면한다. 나는 "네 아빠는 지금 다가가는 중인데, 네가 날 도와줄 수 있을까? 지금 너는 거의 '지옥에나 가요, 아빠. 전 제 벽을 치우지 않을 거고 아빠 이야기는 정말 듣지 않을 거예요. 그냥 화가 난 채로 아빠를 밖으로 밖으로 밀어내는 쪽이 나아요.'라고 이야기하는 것 같거든." 제임스는 나를 향해 희미하게 웃으면서, 내가 보이는 것보다는 그렇게 멍청하지 않은 것 같다고 말한다! 나는 그에게 안심이 된다고 이야기한다. 나는 두 가지 재구조화를 지속적으로 사용한다. 다시 말해, 가족의 문제는 제임스의 결점에 관한 것이 아니라 제임스를 외롭게 하고 팀은 나쁜 부모가 된 것처럼 느끼게 하는 춤과 관련된 것이며, 제임스의 행동은 외롭고 거부당했다는 느낌에 대한 자연스러운 반응—절박함—을 표현하는 그의 방식이라는 재구조화 말이다. 제임스와 팀의 회기는 문제의 핵심이자 '사회적 상호작용을 지배하며, 상호작용을 매개하는 수단'인 정서로 향하기(Zajonc, 1980), 그리고 애착 채널에 머무르기에 대한 좋은 사례이다. 팀과 제임스의 덜 기능적인 행동들은 애착 두려움과 충족되지 않은 욕구 그리고 안전한 연결이 없을 때 이에 대처하려는 제한된 전략들의 맥락 안에서 일어나는 것이다.

가족치료에 온 청소년의 상당수가 제임스처럼 우울과 불안의 징후를 보인다. 게다가 일부는 트라우마와 상실과 씨름하고 있을 것이고, 가족은 의도치 않게 그 경험의 부정적인 영향을 악화시키는 방식으로 반응하고 있을 수 있다. 가족치료는 이런 문제들을 가족개입의 한 부분으로 다룰 수도 있고, 우울증이나 사회공포에 대한 집단치료와 같은 다른 치료를 포함해서 전체 치료 패키지를 통해 다룰 수도 있다. Bowlby(1973)는 애착 불안정이 불안장애를 점화시킬 수 있다고 주장한 최초의 인물이다. **정서적 고립은 모든 장애를 악화시킨다.** 안정성을 어떤 방식으로 측정했는지와 상관없이 애착유형은 특정한 증후군과 연관성이 있음이 확실하다. 특히 불안형 애착으로 평가되거나 보고된 사람들에게서 그러했다. 불안 증상은 회피형 애착에서도 회피의 무시하는 측면보다는 두려워하는 측면과 관련성이 있었다(Ein-Dor & Doron, 2015). 출산 전부터 시작해서 성인기와 노년기에 이를 때까지 초기 애착지향의 발달 궤적을 추적한 미네소타 연구(Sroufe, Egeland, Carlson, & Collins, 2005)에서 불안 저항형(종종 몰두형으로 불림)으로 분류된 유아들이 안정적인 대상자들보다 17세에 불안장애를 보일 가능성이 더 높다는 결과를 보였다(Warren, Huston, Egeland, & Sroufe, 1997). 이런 상황은 우울증에서는 더 분명해진다. 100개 이상의 연구에서 애착 기질과 우울 증상의 전반적 심각도 간의 관련성이 입증된 바 있다. 전향적인 미네소타 연구에서 회피형과 불안형 애착 모두 청소년기의 우울증과 관련이 있음이 확인되었다(Duggal, Carlson, Sroufe, & Egland, 2001).

불안정이 기능장애로 이어지는 과정에 대해 소위 **어둠의 3요소**가 규명되었는데, 그 구성요소들은 다음과 같다.

1. 정서조절의 어려움
2. 위협에 대한 경계심이 더 높음
3. 지각된 타인의 반응성이 낮음

이 모든 요소는 많은 가족치료 회기에서 쉽게 볼 수 있다(Ein-Dor & Doron, 2015). 더불어 가족요인은 우울증이 있는 청소년의 치료반응을 예측한다(Asarnow, Goldstein, Tompson, & Guthrie, 1993; Birmaher et al., 2000). 제임스는 후속 회기에서 팀에게 말한다. "제가 화만 내고, 분노 말고는 아무것도 느끼지 못하는 것처럼 행동하는 쪽이 그냥 편했어요. 그렇지만 속으로는 막막했어요. 너무 외롭고, 아무도 신경쓰지 않는 것처럼 느꼈고요. 어차피 전 엉망진창인데 무슨 노력을 하겠어요. 하지만 아빠, 아빠가 여기 와서 그런 이야기들을 해 줘서 모든 것이 달라졌어요. 그렇게 해 줄 만큼 아빠에게는 제가 중요했던 거니까요." 어둠의 3요소에 대한 해독제 역시 3요소—접근성, 반응성 그리고 애착대상의 참여이다.

⚭
결론

Pinsof와 Wynne(2000)은 비록 결과연구가 전반적인 측면에서 심리치료의 임상에 방향을 제시할 수는 있으나, 대부분의 가족 및 부부 치료사에게는 극히 미미한 영향을 미쳤던 것으로 보인다고 설명했다. 그래서 결과연구는 가족치료의 수련을 위한 실질적이고 통합적인 기반을 제공하는 데는 실패했다. 그들은 더 많은 질적 조사연구들이 이러한 필요성을 다루어야 할 것이라고 주장했다. 어쩌면 결과연구의 방식과 언어는 두려움과 무력감 사이에 끼어 고통받는 가족 구성원들의 집단과 치료사가 추는 춤에 잘 조응하기 어렵다는 점이 문제일 수도 있다. 하지만 애착연구는 가족의 일상생활을 매우 잘 해석할 수 있는 풍부한 경험적·개념적 기반을 제공한다. 이제 치료사들에게 해답은 발달과학 및 사회과학 연구의 성과를 인식하는 것이다. 이는 가족관계에 대한 실질적인 안내도와 목표로 삼아야 할 가족의 회복력과 건강에 대해 선명한 이미지를 제공한다. 가족치료 분야의 전성기에 많은 임상가에게 영감을 주었던 혁신적인 가족 관점과 개입기법의 거대한 흐름은 가느다란 물줄기로 후퇴한 것처럼 보인다. 하지만 어떤 정신건강 수련에서든 부모 훈련과 교육을 위한 자리가 분명히 있다. 그리고 '안전의 고리(Circle of Security)' 프로그램(Powell, Cooper, Hoffman, & Marvin, 2014; Hoffman, Cooper, & Powell, 2017), 그리고 나의 동료들이 청소년과 그 가족을 위해 개발한 최근의 '날 꼬옥 안아줘요®: 나를 놓아주세요' 프로그램(Aikin & Aikin, 2017)처럼 말이다. 더불어 애착 렌즈를 사용해서 현재 상호작용 과정을 설명하고 핵심적 상호작용 패턴을 변화시키는 정서적 신호를 만들어 내는 집중적 가족치료는 강력한 다차원적 개입이 된다. 여기서 자신과 체계의 여러 요소와 관점의 변화가 일어난다. 그리고 핵심적인 교정적 정서경험이 만들어질 수 있도록 예측 가능하고 효과적인 방식으로 서로를 강화시킨다. 가족 내 공인된 '환자'에 대한 문제를 애착 연결의 안정성과 단절의 반영으로 보는 것이 훨씬 합리적이며, 가족 구성원들이 이 관점의 연관성을 이해하고 수용하는 것도 수월하다. 연관성 측면에서 내가 늘 염두에 두고 있는 연구 결과들 중 하나는 1985년 발표된 연구(Lutkenhaus, Grossman, & Grossman)에서 나왔던 것이다. 이 연구에서 안정애착이 형성되었다고 평가된 3세의 아동들은 실패할 가능성이 있는 상황에서 더 열심히 노력하는 반응을 보인 반면, 불안정 애착이 형성된 아이들은 그 반대로 행동하는 것이 확인되었다. Bowlby(1988, p. 168)가 언급했듯이, 이 연구에서의 어린이들은 안정애착의 전형적 특징인 성공에 대한 '자신감과 희망'을 이미 보여 주고 있으며, 이는 덜 안정된 아이들의 '무력함과 패배주의'와 대조를 이룬다. 자신감과 희망은 확실히 모든 부모가 인생으로 출항하는 아이들에게 주고 싶어 하는 덕목이다.

고통받는 가족에게서 벌어지는 전투는 생사가 걸린 싸움이기 때문에 가족 구성원들의 신경계에서 반향을 일으킨다. 너무 많은 것이 위태로워진다. 애착지향의 가족치료사는 이러한 위기감을 견딜 수 있으며, 안전을 제공하고, 가족들이 균형감과 통제감을 되찾을 수 있도록 이 상황을 해결하는 방법을 알려 준다.

연습

개인적으로

당신이 청소년이었을 때, 전형적인 힘든 순간, 즉 당신의 가족이 균형을 잃었던 순간을 떠올릴 수 있는가? 그 상호작용에서 당신에게 가장 '위험'했던 사람은 누구였나? 그 순간에 당신은 보통 당신의 정서를 어떤 식으로 다루었는가? 당신은 어떤 신호를 보냈나? 그 순간에 만약 치료사가 방에 들어왔다면, 치료사는 어떻게 당신의 느낌을 애착적 구조로 요약하고, 어떻게 당신이 잠재적으로 위협적인 사람과 이를 나눌 수 있도록 도왔을까? 치료사가 말했을 법한 것들을 적어 보자.

전문가로서

어떤 아버지가 당신에게 이야기한다.

"그 애는 학교에서 어려운 시간을 보냈어요. 그래서 어쨌단 말이죠? 나 역시 힘들었어요. 그 아이에게 참고서를 사 줬지만, 그 아이는 쳐다보지도 않았어요! 그리고 나한테 거짓말을 하고 또 했죠. 나는 그 애가 약을 한다는 걸 알고 있어요. 그 아이는 대체 내가 얼마나 멍청하다고 생각하는 걸까요? 그 아이를 보면 내 남동생이 생각나요, 걔는 부모님이 줬던 모든 걸 내던져 버렸죠. 동생은 어머니를 망가뜨렸어요. 이 아이는 대체 자기가 뭐라고 생각할까요? 이제 해결책은 '대화'하지 않는 겁니다. 우리는 이미 너무 많이 시도해 봤어요. 그 아이한테 답은 이사 나가서 사라지는 거고, 우리에게 답은 빌어먹을 약쟁이가 우리 애라는 걸 받아들이는 것이에요. 그 애는 절대로 학교도 마치지 못할 겁니다. 우리가 뭘 하든 변하지 않을 거예요."

어떻게 하면 단순한 용어로 이 아버지의 경험을 인정하면서도 아버지가 분노를 조절하게 되고 아들의 반응과 욕구를 취약성의 측면과 애착관점으로 이해하도록 돕는 방식으로 아버지의 생각을 반영할 수 있을까? 당신이 할 이야기에 대해서 자세히 적어 보자. (힌트: 그의 아들이 자신의 배려를 내던지는 것처럼 보일 때 어떻게 화가 나는지를 반영하는 것이 하나의 출발점이 될 수 있을 것이다.)

마음에 새기기

- EFFT의 목표는 부모와 자녀 사이에 안전한 피난처와 안전기지인 결합을 형성하는 것이다. EFFT에서는 결합과정을 방해하는 것들이 체계적으로 다루어지고, 부모는 자녀의 애착욕구에 반응할 수 있게 된다.

- 가족집단의 애착 드라마에는 모든 구성원이 참여하여 서로를 반영하고 있다. 따라서 복합적인 관계들을 고려해야 하고, 그 관계가 자녀의 역기능에 어떻게 영향을 주는지 고려해야 한다.

- 체계이론은 치료사들이 관계의 체계 전체를 이해하고, 그 체계가 긍정적 연결을 가로막는 방식으로 구성되는 과정을 파악하는 데 도움을 준다. 이 관점은 의미 있는 전환이 이루어지기 위해서 상호작용적 춤의 구성요소의 변화가 필요하다는 것을 알려 준다. 그 변화에는 애착관계에서 정서적 소통의 성격을 변화시키는 것과 춤이 단지 항상성뿐만 아니라 안전한 연결로 나아도록 하는 것이 포함된다.

- EFFT에서 부모는 관계를 재정의하고 자녀에게 안전한 연결을 제공하도록 도움을 받는다. 치료사는 부모가 그 자신의 상처, 실패에 대한 두려움, 자녀를 잃는 것에 대한 두려움, 분노를 지나 정서적 균형을 찾고, 자녀의 취약성을 '이해'하도록 돕는다. 그리고 부모가 자녀를 위로하고, 따뜻하지만 명확하게 한계를 설정할 수 있는 반응적인 애착대상이 되도록 지원한다. 자녀들은 애착욕구를 이해하고, 다가가고, 이제 주어지는 보살핌을 받아들이도록 도움을 받는다. 자녀의 자아모델은 이 과정에서 잘 연결되고 재정의가 가능해진다.

- 애착과학은 복잡한 가족의 춤을 결정짓는 요소들에 대해 분명한 안내도를 제공하며, 가족과 자녀의 기능 향상에 이르는 확실한 경로를 제시한다. 안정애착이 형성된 아이들은 더 건강하고 더 회복탄력적이다. 소중한 부모와 애정 어린 관계를 어떻게 만드는지 알게 되면 아이들은 이전과 다른 발달 경로를 따르게 되며, 우울과 불안도 좀 더 효과적으로 다룰 수 있게 된다.

- 가족치료를 찾는 부모들의 거의 대부분은 어린 자녀를 보호하고 돌보려는 강력한 욕구를 가지고 있다. 치료사가 방향을 제시하고 가꾸면, 이 생물학적 명령의 힘은 변화의 강력한 동력이 된다. 그런 의미에서 치료사는 실패에 대한 부모의 두려움을 수용하고 조절하여, 새로운 자신감과 유능감으로 전환시켜야 한다.

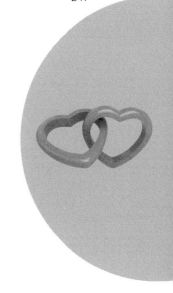

정서중심 가족치료의 실제

이 장에서는 정서중심 가족치료(EFFT)를 설명하고, 진행 과정에 따른 개입기법을 약술하기 위해 가족치료의 두 회기를 보여줄 것이다.

조시와 그의 가족: 배경 이야기

11세의 조시는 공격적인 행동으로 그의 가족과 선생님들, 지역 아동병원 직원들을 완전히 놀라게 했고, EFFT의 두 번째 회기에 나를 만나러 오게 되었다. 첫 번째 회기에는 그의 아버지 샘, 어머니 엠마 그리고 형 존의 세 가족 구성원이 참석했다. 그 회기에서 우리는 가족 내 상호작용의 주요 패턴(이 패턴은 마지막 장에 요약되어 있다)과 조시의 역할을 파악했다. 이번 회기에서 조시는 안절부절못하며 딴청을 피웠다. 조시는 대화에 끼어들고 주제를 변경하고 말장난을 하였다. 극도로 스트레스를 받고 있는 가족의 그림이 그려졌다. 매일 12~14시간 근무하며 엄청난 압박을 받고 있는 아버지 샘은 자신이 가정생활의 스트레스와 엠마와의 부부불화에서 벗어나기 위해 일에 의지하고 있다는 것을 인정했다. 가족과 거리를 두고 개입하지 않았던 맏이 존은 집 밖에서 시간을 보냈고 스포츠에 열중하고 있다고 이야기했다. 엠마는 스트레스를 받아 극도로 불안해하였다. 그녀는 혼자 아들들을 감내하고 있으며 이제는 직장뿐만 아니라 돌보아야 할 어린아이도 있다고, 가끔 눈물을 보이며 빠르고 새된 목소리로 이야기를 이어 나갔다. 내가 그녀로서는 감당하기 힘들고 무서웠을 것 같다고 공감적으로 반영하자, 그녀는 눈물을 쏟았다.

가족은 조시가 학교에서 따돌림을 당하고 있다고 이야기했다. 조시는 거의 잠을 자지 않았고, 온몸에는 의사들이 심한 불안 때문이라고 이야기했던 발진이 있었다. 조시는 가구를 때려 부수는 분노 발작을 보였고, 아버지를 칼로 죽이겠다고 위협하며, 어머니에게는 집 바로 앞에 서는 버스 앞에 뛰어들어 자살하겠다고 이야기했다. 조시의 난동 때문에 경찰이 집으로 오고 조시를 며칠간 구금하는 일도 두 번 있었다. 조시는 IQ는 높았지만 학교 성적은 형편없었다. 조시와 나는 처음 만난 회기에서 대체로 장난기 넘치는 짧은 접촉을 통해 잠정적인 동맹을 맺었다. 조시는 "나는 여기 안 올 거예요. 나는 피터팬이 될 거예요."라고 이야기했다. 내가 이런 화창한 오후에는 차라리 정원에 있는 쪽이 낫겠지만, 만약 팅커벨이 되도록 허락해 준다면 병원에서 조시와 같이 있어도 괜찮을 것 같다고 이야기하자, 그는 활짝 웃으며 내 옆에 앉았다. 그러나 우리가 떨어져 있는데도 조시가 불안으로 떨고 있다는 것을 느낄 수 있었다. 가족들이 확인한 패턴은 조시와 샘이 지속적인 갈등에 있다는 것이었다. 아버지의 모든 요구에 대해 조시는 반항적인 태도를 취했고, 샘이 그 요구를 반복할 때 조시는 폭발했다. 조시는 어머니와는 대화도 나누었고 덜 반응적이었지만 그녀가 가족 문제에 대해 이야기하려 하면 자해 위협으로 그녀를 겁먹게 했다. 엠마와 샘은 '항상 불행'한 관계 속에서 불평/추적 이후 무시/위축이 따라오는 고리를 가지고 있었다. 존은 가끔 조시와 싸울 때가 있었지만, 대체로 가족이 얽매여 있는 불안과 갈등의 고리 바깥에 머물렀다.

안전한 상호작용을 가로막는 주요 장애물—소용돌이치는 혼란과 불안의 도화선들—은 엠마와 샘 부부 사이, 엠마와 조시 사이에도 있었지만 가장 극적으로는 샘과 그의 아들 사이에 존재했다. 이 초기 회기를 마치고 얼마 후, 샘이 전화하여 조시가 더 이상 회기에 오지 않겠다고 했음을 알렸다.

샘, 엠마와 함께 한 다음의 두 회기에서 우리는 그들의 부정적 고리를 확인하고, 어떻게 그 고리가 가족 내에서, 그리고 그들의 관계 내에서 엠마의 소용돌이 치는 불안과 샘의 냉담함과 '절망적'인 느낌에 기여하는지 설명했다. 우리는 이 고리가 어떻게 그들이 평정을 유지하면서 부모로서 서로를 지원하는 능력을 약화시키고,

엠마가 아들을 친구처럼 의지하게 만드는지에 대해 이야기를 나누었다. 양육의 안전 기반이 될 같은 편이 없다는 점은 샘이 아들과의 상호작용으로 인해 궁지에 몰려 있다고 느끼고 강압적으로 행동하게 되며, 조시가 더 많은 반대에 부딪히는 원인이 되었다. 우리는 샘과 엠마가 부정적 고리에 사로잡히든 말든 그들이 그날 발생한, 조시로 인해 힘들었던 순간들을 그저 함께 나누고 그 순간들이 불러일으키는 감정들(그들 모두는 부모로서 실패한 것처럼 느꼈다)에 대해 서로를 위로하는 시간을 하루에 한 번씩 갖기로 정했다. 우리는 다음 시간에는 조시와 샘과 치료를 진행하기로 합의했다. 나는 꾸준히 조시가 매우 예민하고 불안하며, 부부의 문제와 오랜 근무시간으로 인한 샘의 부재에서 발생하는 가족 내의 긴장감에 따라 요동치고 있고, 청소년기로의 전환에 직면하여 부모만이 줄 수 있는 안전한 소속감이 간절하다고 구조화하였다. 우리는 첫 회기에서의 가슴 아팠던 순간에 대해 다시 논의했다. 내가 조시에게 샘에게서 무엇을 원하느냐고 물었을 때(이 시점에서 그는 오직 분노만 표현하고 있었다), 그는 갑자기 돌아서서 조용히 양팔을 그의 아버지에게 뻗었다. 샘은 굳어 버렸다. 몇 분간의 침묵이 흐른 후 내가 어떤 일이 일어나고 있는지 물어보자, 샘은 "어떻게 해야 할지 모르겠어요."라고 멍하게 대답했다. 나는 이것을 인정하였다. 샘은 첫 번째 회기에서 그의 원가족에서는 시키는 대로 해야 했고, 만약 어떤 식으로든 속상해하거나 무엇에든 '눈물을 보이면' 즉시 방으로 보내졌다고 말했다. 나는 이것을 샘이 무섭거나 혹은 안심을 필요로 할 때 누구도 그를 위로하거나 도와주지 않는 상황에서 외롭게 자랐다는 것으로 구조화했다. 그는 자신의 감정을 차단했지만, 어떤 아이들은 대신 고함치고 비명을 지르며 저항을 하기도 한다. 그는 내 이야기에 귀 기울였다.

샘과 엠마가 정서적 평정을 유지하면서 아들에게 일관적이고 민감한 방식으로 반응하기 어려웠던 이유 중 하나는 두 사람 모두 자신이 부모로서 실패했고 무능력하다고 느끼고 있기 때문이었다. 이것은 중요한 문제이지만, 내가 보기에 가족치료에서 종종 무시되는 것 같다. EFT 치료사는 부모들이 이러한 정서를 조절하고 다루도록 적극적으로 도와준다. 삶은 계획대로 되지 않기 마련이라 아이들은 우리를 자극하고 우리는 책임감 있는 완벽한 부모가 되고 싶어서 진을 빼다가 아이들과 우리 사이에서 일어나는 춤에 대해 아무 지도도 없다는 것을 깨닫게 된다. 이처럼 우리 모두 헤매면서 양육에 대해 배운다는 사실을 정상화한다.

조시 및 샘과의 작업

나는 조시에게 장애가 있는 친구를 기꺼이 도우려 하는 친절한 아이라는 이야기 (엠마가 나에게 말해 주었다)를 듣고 감동받았으며, 조시가 타인이 어떻게 지내는지 잘 관찰하는 것 같고 가족의 문제를 짚어내어 가족을 도와줄 수 있을 것이라고 생각한다는 메일을 보냈다. 그 후 조시는 아버지와 함께 나를 만나러 오는 것에 동의 했다.

그래서 조시는 "나는 포옹쟁이예요."라는 문구가 적힌 직접 만든 셔츠를 입고 회기에 참석한다. 나는 첫 회기에서 우리가 만들기 시작했던 긍정적이고 명랑한 동맹 속에서 조시와 함께 한다. 그는 차분해 보이고, 나와 더 많은 눈맞춤을 하며, 조금 더 집중한다. 그러나 나는 정서적으로 고조되는 순간을 견뎌 내는 그의 능력을 끊임없이 관찰해야 함을 스스로에게 상기시킨다. 현재 그의 감정 내성의 영역(window of tolerance)은 좁다. 그의 주의력은 약 10초 정도 유지되는 것 같다. 우리는 그와 가족의 여름계획에 대해 이야기한다. 샘은 그가 얼마나 열심히 그리고 오래 일해야 하는지 한탄한다. 그는 가족과 함께 있을 시간이 거의 없으며 이것이 아내와 조시에게 힘든 일이라는 것을 이해하고 있다. 조시는 힘차게 고개를 끄덕인다.

이번 회기에서는 아버지와 아들 사이의 분위기가 첫 회기 때보다 조금 덜 변덕스러운 것 같다.

수: 두 사람의 관계는 좀 어떤가요? 지금은 여러분 사이에 긴장이 좀 덜한 것 같은데요?

샘: 네. 지금은 상황이 기본적으로 괜찮아요. 하지만 우리가 서로 소리 지르기 시작해서 전혀 대화를 할 수 없는 때가 있어요. 그리고 내가 대화를 하려고 하지만, 아이가 기분이 상해서 돌부처가 될 때도 있어요. 당신이 그걸 누군가 당신이 존재하지 않는 것처럼 행동하는 것이라고 했죠? (긴 침묵) 제가 아이를 잃고 있어요. 아이에게 다가갈 수가 없어요. 도와줄 수도 없고요.

수: 그래서 조시에게 뭔가 요청하고 조시가 거절하는, 해묵은 문제가 발생하면 소리를 지르는 것이군요, 맞나요? (샘은 고개를 끄덕인다.) 그리고 그에게 다가가려고 노력하지만 그가 당신을 차단하는 때도 있고요, 맞나요? (샘은 다시 고개를 끄덕인다.) [지금 되풀이되는, 조시

와 샘의 관계가 막혀 있는 곳을 반영하고 설명한다-탱고 움직임 1]

샘: 제가 지시를 해요. 이를테면 이제 TV는 끄자, 숙제를 해야 할 시간이야. 그러면 모든 것이 엉망이 되죠.

수: 그러니까 처음에는 당신이 부모로서의 역할을 하려고 조시에게 어떤 지시를 하고 조시는 거절하고 저항하고 엄청나게 화를 내면서 당신과 조시가 꼼짝 못하게 되는 거군요. 두 번째로는, 당신은 조시의 기분이 좀 나아지게 돕고 싶지만, 그가 당신의 도움을 거절하는 것이지요? 부모로서 당신은 상당히 막막하겠어요. 그래서 어떻게 되나요? 당신은 결국 더 지시적으로 하거나 아니면 다가가지 않게 되는 건가요? (샘은 고개를 끄덕인다.) [고리를 반영하고 재구조화한다. 우리는 이전 회기를 통해 조시가 아버지가 다가오려 하고 신경 쓰고 있음을 모른다는 것을 알고 있다.]

조시: 저는 그냥 좀 식혀야 해요. …… (그는 손부채로 부치다가 창문 밖을 바라본다.) 그게 다예요.

샘: (조시에게) 음, 내 역할은 네가 자라도록 도와주는 거란다. "오늘 밤에 네 방을 치우는 게 좋겠다." 같은 이야기를 하면서 말이야. 하지만 나는 너에게 아무것도, 아무것도 하라고 할 수 없구나. 우리가 처음 수 선생님을 만나러 왔을 때보다 낫기는 하지만…… 나도 내가 할 수 있는 한 다정하게 부탁하는 거야. (조시는 고개를 좌우로 격렬히 흔들기 시작한다.)

수: 네가 경험하는 건 그게 아니니?

조시: (샘에게, 그러나 다른 쪽을 보며) 아버지는 그냥 "해."라고 말해요. 군대 조교처럼 저한테 이래라저래라 한다고요. 그리고 백 번도 넘게 말해요. 백 번을 백 번 한다고요. (그는 강조하기 위해 두 팔로 머리 위에 원을 만든다.)

샘: 아닌데.

조시: 내가 강아지인 것처럼 말이에요, 강아지. 그래서 나는, 나는…….

수: 화가 나서 반항하는 거니? 마치 "아빠한테 보여 줄 거야. 안 한다고 할 거야. 아빠는 나한테 그렇게 시킬 수 없어." 같은 거니? [해석/대리 목소리로 추측-반응적 표면적 정서의 명료화]

조시: 네, 네, 네.·

샘: 좋아, 우리 이걸 바꿔 보자. 나도 정말 뒤로 물러날 테니 너도 내 이야기를 좀 더 듣고, 근데.

조시: 아빠가 좀 물러나겠다고요?

샘: 나도 노력하마.

조시: 아빠가 만약 "오늘 이걸 할 수 있겠어?"라고 하면 나는 해요. "오늘 잔디를 깎을 수 있겠니?"처럼요. 저를 대등한 존재로 대해 주세요.

수: 음, 그건 좀 곤란하단다, 조시. 여기 이분은 네 아빠고 넌 11세 소년이야. 그래서 그는 너를 키울 책임이 있어. 그것이 그의 역할이야. 너한테 어떻게 해야 하는지 알려 주는 것. 그래서 '대등한 존재'는 별로 바람직하지 않아. 경우에 따라서 아빠가 관리할 필요가 있어.

조시: 좋아요 그럼, 저를 사람으로 대해 주세요.

수: 너를 '존중'해 달라는 거니? (조시는 고개를 끄덕인다.)

샘: 나도 그렇게 하려고 노력 중이야. 하지만 나는 부모이고, 임무를 완수할 책임이 있단다.

조시: 아빠는 잊어버리잖아요. 아빠는 나이가 들었어요. 하지만 저는 뇌세포가 더 많죠. 엄마랑 아빠 뇌세포는 죽어 가고 있고요. 책에서 읽었어요.

샘: (얼굴이 상기된다.) 버릇없구나, 조시. 아빠는 경험이 있어.

수: 하하, 조시, 나도 나이가 들었고 네 아빠보다도 나이가 많아. 나한테는 뇌세포가 얼마나 남아 있을지 궁금하네? 10개 정도? (내가 웃고 조시도 웃는다.) 아빠 뇌세포가 약간 적다고 해도, 아빠는 오랫동안 많은 것을 배웠고, 아빠의 역할은 때로는 책임자로서 네가 어떤 일을 하도록 요청하는 거야. 지금 아빠한테 화가 났니? (조시는 조용히 고개를 젓는다.) 아빠가 너한테 뭘 하라고 하면, 네가 아빠의 조교 목소리를 듣게 되면 무슨 일이 일어나는 거니? [감정이 고조될 수 있는 상황을 유머와 함께 수용한다. 부드러운 정서를 이끌어 내기 위해 환기적 질문을 던진다 – 탱고 움직임 2]

조시: (부드러운 목소리로 아래를 내려다보며) 강아지 같아져요.

수: (부드러운 목소리로 맞추어) 강아지 같니? 네 감정이 중요하지 않은 것 같니? 초라한 거구나. 네가 나쁜 것 같고?

조시: 그 목소리…… 아빠는 내가 뭔가 해낼 거라고 생각하지 않는 걸로 들려요. 강아지처럼 하찮은 거죠. 아빠는 저를 중요하게 생각하지 않아요.

수: 아, 그게 아프구나. 그렇지? (조시가 고개를 끄덕인다.) 정말 아픈 거야. 그래서 진짜로 화가 났구나. (그는 고개를 끄덕인다.) 그게 너무 아파서.

조시: 저 화장실 가야 해요. (그는 벌떡 일어서고, 샘은 화장실에 가는 길을 알려 주기 위해 함께 간다. 나는 이것이 조시가 정서를 조절하는 방법임을 이해한다. 샘과 조시가 돌아온다.)

수: 괜찮니? 우리는 네 아빠랑 내가 뇌세포가 얼마 안 남았다는 이야기랑 (조시가 웃는다.) 아빠가 뭘 하라고 말할 때 그게 어떻게 아픈지를 이야기했지. 너는 비난받는 기분이 드는구

나. 바보가 되는 것 같은? (조시는 아주 가만히 앉아 있지만, 나와 계속 눈맞춤을 이어 간다.) 조시의 이런 기분을 도와줄 수 있나요, 샘? (나는 만약 내가 거기서 보조한다면, 샘이 아들의 취약함을 이해하고 반응하기 시작할 것이라 판단한다.) [탱고 움직임 3-재연을 만들되 서로 위험을 감수하는 것보다 부모가 아들을 도와주는 것에 집중한다.]

샘: 사실 나는 네 능력을 매우 높이 평가해. 아빠가 잔디 깎는 걸 네가 도와줬을 때도, 다른 일들을 도와줬을 때도. (조시는 샘을 향해 몸을 돌린다.) 나는 네가 자랑스러워. 네가 하는 모든 일, 네가 하는 모든 운동 다. (조시는 아래를 내려다보며 침묵한다.)

수: 무슨 일이 일어나는 거니, 조시? 아빠 이야기를 듣고 있니? 바보 취급을 받는 느낌에 붙잡혀 있는 거구나, 그런 거니? [탱고 움직임 4-재연을 처리한다.]

조시: 아빠는 저도 뭔가 할 수 있다고 생각하지 않아요. 하지만 아빠가 저한테 그냥 부탁하면, 나는 할 거예요.

수: 아빠한테 그렇게 이야기할 수 있겠어?

조시: (샘을 향하여) 저도 제 일을 할게요. 만약 아빠가 저를 믿고 이야기하면요.

수: 그래, "아빠가 나를 착한 아이로 생각하길 바라고 하는 거예요."라고 이야기하는 것 같네.

샘: (조시 쪽으로 몸을 기울이며) 조시, 나도 최선을 다 할게. 아빠는 네가 정말 착한 아이라고 생각해. 그런데 만약 네가 안 그렇다면, 그러면 나는 어떻게 해야 하지? (치료사는 문제를 해결하려는 충동-"단순하게 그리고 차분하게 결과를 알려 주세요."라고 말하는 것-에 저항한다. 우리는 이에 대해 샘과 엠마와 함께 한 회기에서 이야기했고, 엠마는 그렇게 할 수 있고, 샘도 해내도록 도울 수 있기 때문이다.)

조시: 아빠, 노력해 볼게요. 그래요, 저도 그렇게 해 볼게요.

수: 좋아요. 힘겨루기처럼 보이는 이 춤에 여러분이 갇힐 때가 있을 거예요. 왜냐면 아빠와 아들들에게는 이런 일이 일어나거든요. 너에게 방향을 알려 주는 건 아빠의 역할이야. 너는 섬세한 아이라서, 만약 네가 바보 취급을 받는다거나 비난을 받는다고 느끼면 거부하지. 그다음에는 아빠와 너 둘 다 이 끔찍한 춤에 붙잡히게 되는 거야. 그 춤 때문에 너는 나쁜 아이가 된 것처럼 느끼고, 아빠는 나쁜 아빠가 된 것처럼, (샘이 고개를 끄덕인다.) 아들이 폭발하지 않고는 뭔가를 할 수 있도록 만들지 못하는 아빠가 된 것처럼 느끼는 거야. 하지만 여기서 여러분은 어떻게 상대방이 들을 수 있도록 도울지, 어떻게 상대방이 존중받는다고 느끼도록 이야기할지 알아낼 수 있고 서로 협력할 수 있어요. 여러분은 할 수 있어요. [권위 문제를 요약하고, 정상화하고, 부정적 상호작용 패턴을 추동하는 정서적 상처/욕구

와 현재의 긍정적 기대를 정확히 짚는다—탱고 움직임 5]

조시와 샘은 고개를 끄덕이며 서로에게 미소를 짓는다. 나는 이제 회기가 시작될 때 샘이 꺼낸 두 번째 문제, 즉 그가 아들과 연결되고 위로해 주기 위해 다가갈 수 없고, 조시가 자신을 받아들이도록 할 수 없다는 사실로 되돌아간다. 명령하기와 격분해서 거절하기의 부정적 고리가 일단 수용되기 시작하면, 아버지와 아들 간 안전한 연결의 긍정적 고리의 첫걸음을 만드는 것이 우선 과제가 된다.

수: 그래서 저는 시작할 때 당신이 했던 이야기로 돌아가고 싶어요. 샘. 조시에게 뭔가 요청할 수 있는지, 조시가 응답하는지에 대한 문제도 있었지만, 특히 최근에 당신이 아들에게 다가가려고 해도 아들과 연결될 수 없다고 느끼는 순간들에 대한 문제도 있었어요. 내 생각이 그건 당신에게 정말 고통스러울 것 같아요. [탱고 움직임 3으로 돌아간다—정서를 조합하고 샘이 아들과 정서적으로 함께하도록 격려한다.]

샘: 네, 그렇죠. (입을 오므리고 슬퍼 보인다. 조시에게 몸을 돌리며) 요전 날, 내가 너한테 다가갔는데, 너는…… 너는 나를 들이지 않았지. 나는 벽에 부딪혔어.

조시: (눈길을 돌려 아래를 보며) 저는 이런 이야기는 불편해요.

샘: (좀 더 다급한 목소리로) 때로 이야기하기가 힘들다는 건 나도 알아. 하지만 네가 "입닥쳐.""나가." 같은 말을 하면 마음이 아프단다. 조시.

수: 그래요. 무슨 일이 일어나고 있는지 내가 좀 추측해 봐도 될까? (조시는 나에게 고개를 끄덕인다.) 조시, 내 생각에 네가 가끔 감정에 압도당하는 것 같아. 감정들이 혼란스럽고, 감당하기에는 버거운 거지. (조시는 나에게 웃으며 힘차게 고개를 끄덕인다.) 누군가에게 화가 나기도 하고, 그 사람들이 네가 좋은 아이라 생각하는지 알고 싶고, 그렇게 생각하지 않을까 봐 걱정하는 것, 그런 건 힘든 일이야. 그런데 전부 한꺼번에 일어나는 거지. (조시는 다시 고개를 끄덕인다.) 그래서 아마도 너는 아직도 화가 나 있거나 아니면 아빠한테 거리를 유지할 필요가 있는 거겠지. 계속 벽을 치고 말이야. 그래서 태도를 바꾸기도 어렵고, 아빠가 너에게 다가오는 걸 알아채기도 어려운 거야. (조시는 샘을 바라본다.) 아빠는 연결되려고 노력하고 있고, 내 생각엔 너도 원하는 것 같아. 그런 때 말이야. 아빠는 너에게 다가가서 네가 상처받는 걸 알고 있다고 전하려 노력한단다. 아빠는 네 곁에 있고 싶어해. 네가 아빠에게 중요하고, 아빠는 너를 걱정한다는 걸 보여 주려고 애쓰고 있어. 그렇지요,

샘? [해석/추측. 조시의 정서조절의 어려움을 정상화하고 아버지로부터 오는 긍정적 신호를 강조한다. 탱고 움직임 4 – 재연을 통해 새로운 정서를 처리한다.]

샘: 네, 맞아요, 네. 예전에 제가 그런 걸 잘하지 못했다는 건 알아요.

수: 당신은 결국 차단·거부당했다고 느끼게 되었죠. 아빠로서 실패한 것처럼 말이에요. 회기 초반에 당신이 이야기했어요. '아들을 잃고 있는 것' 같다고요. 그 순간 당신은 당신의 아들을 잃는다고 느끼는군요. (샘은 울먹이는 것처럼 보인다.) 그건 무척 고통스럽죠. 연결을 잃어버리고 조시에게 차단당하는 것 말이에요. (샘은 고개를 끄덕인다. 나는 조시를 향한다.) 조시, 네가 아빠를 받아들이기 힘들었던 순간에 아빠가 상처받고 거부당하고 너를 잃는 것처럼 느낀다는 이야기, 이 모든 이야기를 들으니 어떠니? [환기적 질문]

조시: 기분이 이상해요. 아빠들이 그런 걸 느끼나요? 아빠는 강해요. 아빠는 어른인 걸요.

수: 그렇단다. 아빠도 이런 부드러운 감정을 가지고 있어. 아빠는 널, 아빠의 소중한 아들인 조시를 잃고 싶지 않아. 그래서 아빠가 너에게 닿을 수 없을 때, 너와 연결될 수 없을 때…… 샘, 당신이 이야기할 수 있을까요? (샘으로부터 조시 쪽으로 손짓한다.) [심화된 정서적 신호를 이용하여 재연을 만든다–탱고 움직임 3]

샘: (부드럽게 몸을 앞으로 기울이며) 조시, 우리 관계는 아빠에게 소중해. 네가 날 밀어낼 때 정말정말 신경이 쓰인단다. 나는 너와의 연결을 잃고 싶지 않아.

수: 아빠 이야기가 들려오니, 조시? 아빠가 이렇게 말할 때 너한테는 어떤 일이 일어나고 있니?

조시: 와, 대박, 대박. 이건 너무 의외예요. 아빠가 신경 쓴다니! (그는 미소를 짓지만, 감동받은 것이 분명해 보인다. 하지만 자신의 감정을 드러내는 것은 꺼린다.)

수: 아빠가 염려한다는 걸 받아들일 수 있겠니? 그게 어떤 기분인지 느낄 수 있어? (샘을 향해) 샘, 다시 한번 이야기해 줄 수 있나요?

샘: 나는 네가 나를 차단하지 않기를 바라. 내가 널 사랑한다고 생각하지 않았다니 정말 미안하구나, 조시. (조시는 휴지를 구겨서 작은 공으로 만들기 시작한다.)

수: (샘에게) 그래요. 병원에서의 첫 시간에 조시가 아빠가 자신을 사랑한다고 생각하지 않기 때문에 아빠 이야기를 듣지 않았다고 이야기했던 것이 생각나네요. 조시가 볼 때 책임자인 아빠도 이런 부드러운 감정을 느낄 수 있다는 것, 당신에게 자신이 중요하지 않을까 봐 조시가 그렇게 두려워할 필요가 없었다는 것, 이 모든 것을 받아들이는 건 어려워요. 모든 아버지와 아들은 허드렛일이나 일정 같은 문제로 싸워요. 하지만 싸운 다음에도 서로에게 다가갈 수 있으면…… 여러분도 같이 잘 지낼 수 있어요. 내 생각엔 그게 네가 원하는 거 같

은데, 조시?

조시: 네. 어색해요. 어색해. (샘을 향해 순한 목소리로 말한다.) 아빠는 별로 곁에 있지 않았으니까요. 아빠는 늘 일을 해요. 곁에서 말을 걸거나 놀아 주지 않아요. 아빠는 거기 없어요. (그는 더 많은 휴지를 구겨 공으로 만든다. 나에게는 이 정서적으로 고조된 대화를 향한 그의 감정 내성의 영역이 닫힌다는 신호였다. 버림받은 느낌이 아이의 분노 이면에서 동력이 되는 경우는 흔하다.)

샘: 그래, 나도 알아. 나도 기분이 정말 안 좋구나. 그것 때문에 다들 마음 아팠지. 아빠도 상사와 이야기를 했고 조금 나아질 거야. 하지만 내 분야에서는 그런 식인 것 같아. 나를 대신할 사람이 없어. 아빠도 가능한 한 집에 있기 위해 최선을 다하고 있어. 그 직업이 아빠에게 정말 많은 걸 요구해. 엄마도 그것 때문에 힘들고. 나는 너희와 함께 있고 싶단다. 너와 함께 있고 싶어. 아빠도 어떻게 하면 좋을지 항상 알고 있는 건 아니란다. (조시는 고개를 들어 샘을 향해 웃는다.)

수: (이것으로 충분하다는 결정을 내린다. 이는 조시가 견뎌 낼 수 있는 최대한이고, 우리가 해 낸 훌륭한 작업은 다음 시간에 통합할 수 있다.)

샘, 당신이 아들에게 그렇게 숨김없이 솔직하게 많은 것을 나눌 수 있음이 정말 놀라운 일이라는 걸 알아주길 바라요. 그리고 조시는 정말 영리하고 정직한 아이예요. 조시는 예민하기 때문에 이런 회기에 참석하는 데 용기가 필요해요. 이런 시간은 힘들 수 있어요. 어려운 감정이 많이 올라오거든요. 그러나 여기에서 약간의 도움만 있으면 아이는 견뎌 내고 마음을 열어요. 아이가 당신과 연결되기를 원하기 때문에 당신을 받아들여요. 그리고 여기서 당신이 했던 것처럼 그에게 닿는 것은 멋진 일이에요, 샘. 그렇게 할 수 있는 아빠를 가진다는 것이 얼마나 드물고 멋진 일인지, 얼마나 특별한 일인지, 알고 있니, 조시? 얼마나 많은 아빠가 그렇게 할 수 있을 것 같아? [탱고 움직임 5-인정하고 통합한다.]

조시: (활짝 웃으며) 어, 모르겠어요. 한 75% 정도요.

수: 아니. 어림도 없어. 너는 정말 특별한 아빠가 있어. 아빠는 가족을 보호하고 부양하기 위해 정말 열심히 일하셔. 그리고 다가가는 법을 배우고 있어. 아빠가 아이였을 때, 아마 아빠는 할아버지가 그렇게 하는 걸 본 적 없을 거야!

조시: (소리치며) 아빠는 가장이에요. 아빠들은 그렇게 하는 거예요.

수: 맞아. 너의 아빠는 강인한 사람이야. 아빠는 열심히 일해서 가족을 보살피고 있어. 집에 오면, 그가 줄 수 있는 모든 것을 너에게 주려고 노력하시지. 너와 형에게 좋은 아빠, 너의 엄

마에게 좋은 남편이 되려고 애쓰고 있어. 아빠는 강해. 그리고 그건 그가 사랑하는 가족과 떨어져 아주 많은 시간을 보내야 한다는 뜻이기 때문에 정말 힘든 일이야. 하지만 너의 아빠는 그 이상을 하신단다. 온 힘을 다해 가족을 돌보면서도, 이렇게 여기에 와서 솔직하게 이야기하고 부드러운 감정을 보여 주고 아이들에게 다가가는 아빠들이 많을 것 같니? 그건 정말 강인한 남자만 할 수 있어. 사랑하는 사람에게 부드러운 감정을 보여 줄 수 있고, 초대할 수 있고, 그들을 정서적으로 돌보려고 노력하는 사람 말이야. 그건 특별하지. (샘은 "고맙습니다."라고 중얼거리다가 눈물을 흘린다.) 그는 너를 정말 많이 사랑해, 조시, 정말 많이. (나는 조시에게 남성성의 모델을 제시하는 것, 그리고 샘과 샘이 만든 변화를 인정하는 것을 의식하고 있다. 또한 연결과 위로를 갈망하는 조시의 편도체에 말을 걸고, 아버지에 대한 그의 인식을 확장시킨다.)

조시: (나를 향해 웃으며) 그렇네요. 그러면 아빠는, 그렇게 할 수 있는, 그렇게 하는 25% 같은 거네요.

수: 아들을 정말 사랑하고, 아들들이 아빠와 가까워지고 싶어 한다는 걸 이해하는 아빠들은, 일이 잘 안 풀리고 가족 구성원들 간에 화나는 일이 많을 때에도 그렇게 한단다. 특별한 아빠들은 위험을 감수하고 자신이 잃고 싶지 않은 아이에게 다가가려고 해. 이번 시간에 네 아빠가 했던 것처럼. (조시는 미소 짓고 창밖을 바라본다.)

샘: (나를 향해) 고맙습니다.

수: 천만에요. 우리는 이제 마무리해야 할 것 같아. 조시, 이 시간에 와서 네가 해냈던 것처럼 마음을 공유하는 건 정말 훌륭했어. 넌 이런 일을 잘하는구나. 네 엄마가 얘기했던, 장애가 있는 친구에게 네가 먼저 다가가서 마음을 나누었던 것처럼 말이야. 네가 가진 그 많은 뇌세포들 덕분일 거야. 분명히. (조시는 더 많이 웃는다.)

이제 마치면 될 것 같아요. 여기서 마무리 지어야겠어요. 그리고 샘, 괜찮다면 다음에는 당신과 엠마를 만나고 싶군요. (샘은 고개를 끄덕인다.) 지금은 여기서 마칩시다. 두 분 다 근시했어요. 여러분과 같이하는 것이 너무 즐거웠어요. 우리는 분노가 올라오게 했던, 요구하고 거절하기에 갇힌 상황을 어떻게 다룰지 탐구했어요. 그리고 어떻게 두 사람이 연결되고 다가가서 서로를 잃지 않을 수 있을지 탐색해 봤어요. 잘했어요. [회기 내 과정을 단절과 연결의 순간들의 용어로 요약하고 인정한다.]

회기를 마친 후 나는 지금의 샘이 더 참여적이고 가족에게 개방적으로 보인다는 점을 반영한다. 이제 그는 다시 관여하려 노력하는 위축자이므로, 더 많이 함께하고 아들에게 더 많은 반응을 보일 수 있다. 그러나 그들의 부정적 상호작용 패턴을 정말로 변화시키려면 그는 자신의 아내와 작업할 필요가 있고, 이 지점에서 앞으로 부부치료가 필요할 수 있다. 조시와 함께할 때, 나는 조시를 압도하지 않기 위해 회기의 정서적 강도를 주의 깊게 관찰할 필요가 있음을 인식하였다. 나는 가끔 놀면서 농담도 하고 조시가 쉴 수 있도록 약간 수다로 빠지기도 했다(여기서 몇 가지는 생략하였다). 그는 나이에 비해 조숙하지만, 매우 예민하기도 하다.

샘 및 엠마와의 작업

샘 및 엠마와의 이 회기는 부부 회기이지만 가족의 맥락에 초점을 맞추고 있다.

우리는 이전 회기들에서 나타났던, 샘과 엠마의 가족을 장악한 '괴물' 춤을 검토하면서 회기를 시작한다. 나는 내가 이해한 그림을 보여 주면서 그들에게 수정해 달라고 부탁한다. 나는 조시는 샘에게 중요하지 않은 존재이며 배제당한다고 느끼고 있고, 그래서 분노 발작과 거절로 항의하고 있다고 설명한다. 엠마 역시 샘에게 차단당한다고 느끼고 있다. 혼자가 된 엠마는 엄마 역할에 대한 불안에 압도당해서 조시에게 화를 내고 샘과는 끊임없는 갈등을 빚는다. 샘은 (그의 표현을 따르자면) 아버지와 남편으로서 '무능하고' 길을 잃었다고 느낀다. 그는 엠마와 토론하려 하고 조시에게는 해야 할 일을 알려 주려 애쓴다. 이것이 잘 되지 않을 때, 그는 사무실로 후퇴해서 일로 마음을 무디게 만든다. 샘이 더 지시하거나 철수할수록, 엠마와 조시는 더욱 필사적이게 된다. 그들이 소리 지르고 불평을 할수록 샘은 자신의 일로 도망치고 싶어 한다. 이 고리는 걷잡을 수 없이 돌아간다. 엠마는 아이들을 도저히 '혼자서는' 돌볼 수 없고 직장에서도 평정을 잃어 항상 정신이 없다고 불안한 목소리로 덧붙인다. 샘은 내 요약에 동의하고, 이 시련 때문에 이제는 그냥 '도망가고' 싶을 지경에 이르렀다고 이야기한다.

나는 조시가 매우 총명하고 예민한 아이이며, 이 춤에서는 수용되고 진정되고 위로받을 수 있는 안전한 장소를 가지고 있지 못하다고 강조한다. 조시는 아버지와 그다지 잘 연결되어 있지 않고, 그 자신의 불안과 스트레스를 처리하느라 바쁜 어머니로부터는 (그녀가 정말 최선을 다하고 있음에도 불구하고) 정말로 수용받는다고 느끼지 못했다. 나는 우리가 자신의 정서적 균형을 유지하지 못할 때, 아이에게 조율하여 적절하게 반응하고 섬세하게 양육하는 것이 얼마나 힘든지 인정한다. 조시는 부모의 싸움, 어머니의 공황, 아버지의 분명한 거리와 부재를 보고 있기 때문에 가족 내의 안전을 확신하지 못한다.

엠마는 조시가 그저 '슬픈 꼬마'로 보이고, 결혼에 대한 감정, 즉 버림받은 느낌과 아들에 대한 두려움을 해결하려고 애쓰지만 막막하다고 이야기한다. 그녀는 샘에게 "당신은 그저 조시를 가르치려고만 하잖아. 그 애한테도 나한테도 우리가 필요로 하는 연결감을 주지는 않아." 라고 말한다. 나는 그들 둘 다 상대가 조시를 돕지 못한다고 보고 있으며, 양육자 역할에 대한 지원을 받지 못한다고 느낀다는 사실에 초점을 맞춘다.

샘: (엠마에게) 당신은 조시 편을 들고 나는 깎아내려. 늘 그렇다고! 내 직업을 싫어하고……

엠마: 나는 그냥 그 애를 달래려고 한 거야.

수: 잠깐 멈춰도 될까요? 여러분은 조시를 어떻게 양육할 것인지에 갇혀 있군요. 여러분이 자신의 관계 때문에 고군분투할 때 한 팀이 되는 건 어려운 일이에요. 그렇죠? 엠마, 당신이 당신과 샘의 위로가 필요한 조시에게 귀 기울이려고 노력한다는 이야기를 믿어요. 왜냐면 당신 역시 샘의 위로가 필요하다고 느끼니까요, 그렇죠? (엠마는 고개를 끄덕인다.) 이전 회기에서 우리는 여러분의 관계에 대해, 그리고 여러분이 그것을 어떻게 고쳐야 할지에 대해 이야기를 나눴어요. 하지만 여러분이 부모로서 서로를 돕지 못하게 가로막는 것에 대해 생각해 봅시다. 제 생각에 두 분 다 같은 목표를 가지고 있어요. 두 분은 조시가 더 안정되고 차분해지고, 덜 힘들어지고, 같이 있거나 대화하기 편해지기를 바라죠. (둘 다 고개를 끄덕인다.) 엠마, 당신이 보기에는 남편이 아이와 이야기하는 방식이 효과가 없다고, 조시의 아픈 곳을 달래 주시 않는디고 이야기하려 하는군요. 샘, 당신은 스스로를 변호하고 있고요. 제 생각에 만약 집이었다면 당신이 화가 나서 결국 나갔을 것 같은데요, 샘? [상호작용의 현재과정을 반영한다 – 탱고 움직임 1]

샘: 네. 전 그냥 사무실로 돌아갔을 거예요. 아내와 아이는 롤러코스터 같아요. 내가 어떻게 할 수가 없어요. 그녀는 나뿐만이 아니라 조시에게도 화를 내요. 일전에 그녀는 아이한테 화를 내고 때렸어요. (엠마에게) 당신도 화를 낸다고.

엠마: 그래, 맞아. 나도 그 일이 너무 끔찍해. (흐느낀다. 엠마는 전에 이 일에 대해 이야기했으며, 치료사는 이것이 일시적으로 이성을 잃은 것이라는 점을 알고 있다.) 하지만 나 혼자서는 해낼 수 없어.

수: [탱고 움직임 1 – 현재의 내면의 정서적 고리를 반영한다.] 그래요. 두 분 다 조시와 관련해서는 평정심을 잃어요. 무력하다고 느끼고 서로에게 다가가 지지하지 못하는 것 같아요. 샘, 엠마로부터 당신이 아이에게 설교하고, 거리를 두는 것 같다는 이야기를 들을 때 어떤 일이 일어나나요? 당신은 '어떻게 할 수 없는 롤러코스터' 같다고 이야기했죠? 그래서 당신은 차단하는군요.

샘: 맞아요. 전 조시를 어떻게 키워야 할지 모르겠어요. 게다가 아이는 말을 듣지 않고, 저는 실제로 그 애의 화가 두려워요. 바보처럼 들리는 건 알아요. 아내는 제가 일을 너무 열심히 한다고 화를 내요. 아이도 저한테 화가 나 있고요. 그래서 전 도망가요.

수: 압도당하는군요. 다 당신 잘못이라는 이야기를 들을 것이라 생각하기 때문에 엠마와 함께하는 부모로서의 자기 역할에 대해 확신할 수가 없고, 그 이야기를 나누기에는 충분히 안전하지 않다고 느끼고요. (샘은 고개를 끄덕이고 눈물을 흘린다.) 그리고 엠마, 지금이 당신이 샘을 자극해서 당신의 걱정에 귀 기울이게 하고, 조시에게 더 정서적으로 반응하게끔 하려는 때인가요?

엠마: 맞아요. 그가 나한테 비난받는다고 느끼는 것은 알아요. 하지만 우리에게 그가 필요하다는 걸 어떻게 알려야 할지 모르겠어요. 조시와 남편 때문에 미치겠어요. 미치겠어요. [이 반응은 애착의 관점에서 보면 일리가 있다. 차단 혹은 무응답에 맞닥뜨렸을 때 분리의 고통은 분노의 절박함으로 변한다.]

수: 그래서 당신도 압도당하는군요. 정신을 잃을 만큼요. 그래서 당신은 절박해지고, 설명하려고 애쓰고, 샘에게 와서 도와달라고 전화하는군요. 그런데 그게 안 되고…….

엠마: 우리는 파국으로 치닫는데, 샘은 나가 버리는 거예요!

수: 그렇군요. 그러면 당신은 분노와 버림받았고 두렵다는 느낌, 샘처럼 압도당한 느낌 사이에서 우왕좌왕한 채로 남겨지는군요. 혼자 말이에요. 하지만 샘이 볼 수 있는 건 당신의 분노뿐이고, 그게 심지어 조시를 향해 나오면 당신은 끔찍한 기분이 들고요.

샘: 우리 둘 다 각자 허우적거린다는 건 알아요. 그건 나도 알아요. 하지만 그녀의 분노가 너무 무서워요! 그녀는 비이성적이에요! 제 가족은 매우 냉정하고 차분했어요. 이건 정말 무섭다고요.

수: [탱고 움직임 2 – 정서를 조합하고 심화시킨다.] 그 이야기를 해 보죠. 이런 두려움이 엄습할 때, 당신이 '도망가는 것'이 유일한 방법인 것처럼 들리네요? 그리고 당신은 정말로 그녀가 분노하는 '이유'를 모르는군요? 조시와 엠마 둘 다 너무 화를 내서 당신에게는 실제로 위험하게 느껴지는군요.

샘: 네, 맞아요. 한때 조시가 칼을 가지고 나를 위협했던 적이 있어요. 그리고 엠마가 나를 때리려고 했던 적도 있고요. 그녀는 항상 저에게 화를 내요. 그래서…… 제가 밤늦게까지 일해야 한다는 것을 설명하려 하면 그녀는 그냥 무시해 버려요. (멍하니 바닥을 바라본다.)

수: 샘, 이 이야기를 할 때 당신에게 지금 무슨 일이 일어나고 있나요? 당신의 표정이 멍해 보여요. 꼼짝 않고 있고요. 당신은 어디에 있나요?

샘: 전…… 전…… 길을 잃었어요.

수: 길을 잃었군요. 여기서 나갈 방법이 없는 거네요. 만약 그대로 있으면 당신에게 상처를 주는 이야기를 듣게 되거나, 아니면……?

샘: 난 아무것도 못해요. 쓸모없죠. 쓸모없어요.

수: 그리고 만약 당신이 도망친다면, 떠난다면 모두가 당신에게 격분하는군. …… 빠져나갈 길이 없네요. 당신은 속수무책이군요? (샘은 고개를 끄덕이고 끄덕인다.) 당신에게 편안함, 안정감을 주는 것이 있나요?

샘: 전 제 일정을 고수해요. 제가 업무 목록에 매달리죠. 그녀는 제가 신경 쓰는 건 제 일정 뿐이라고 이야기해요.

엠마: 그게 당신의 우선순위잖아…….

수: (샘에게) 하지만 그것이 제정신으로 머무는 당신의 방법이죠. 무력함이 가까이 오지 못하게 하는 거예요. 그녀에게 말해 줄 수 있겠어요? [탱고 움직임 3 – 교감적 만남을 안무한다. 나는 메시지를 정제해서 그를 더 많이 도와줄 수도 있다.]

샘: (나지막한 목소리로) 난 진짜로 도망쳤어. 내가 할 수 있는 유일한 일은 돈을 버는 거야. 나는 정말 내 일정에 의지하고 있어. 이 모든 감정적인 것이 나한테는 너무 어려워. 당신이 그렇게 화를 내면 나는 그냥, 뭐라고 해야 할지 모르겠어. 너무 무섭고…… 그냥 절망적이야.

수: 공황 상태일까요? (샘은 고개를 끄덕이다가 눈물을 흘린다.)

수: [탱고 움직임 4 – 만남을 처리한다.] 지금 그녀에게 이렇게 이야기하는 기분이 어떤가요?

샘: 기분이 이상해요. 저는 그녀가 화낼까 봐 걱정이 돼요. (엠마를 올려다보며) 화났어?

엠마: (상냥하게) 아니, 아니, 난 화 안 났어, 샘. 내가 극단적일 때가 있는 걸 알아. 나도 그런 내가 싫어. 당신에게 어떤 일이 일어나는지 들으니까 안심이 돼. 나는 내가 어떤 영향을 준다고 전혀 생각 못했어. 당신이 신경 안 쓰는 것 같았거든. 그래서 나는 그렇게…… 당신한테 버림받은 것처럼 느낀 거야. 내 생각에 우리 둘 다 이 모든 상황에서 무능하다고 느끼고, 그것이 아팠던 거야.

수: 그래요. 당신의 분노는 그가 응답하게 하려고 당신이 부르고 또 부르는 것이에요. (엠마는 흐느끼면서 동의한다.) 당신도 계속 화를 내면서 살기를 바라지는 않아요. 바로 지금 그는 위험을 감수하고 당신 곁에 있으려 나서고 있어요. 그리고 그건 위안이 되죠. [탱고 움직임 5-인정한다.] 여러분이 지금 해낸 것을 보세요. 샘, 당신은 설교를 하지도, 설명하지도, 도망가지도 않았어요. 다른 방법을 찾았어요. 당신은 엠마에게 당신이 업무와 일정에 매달리는 것이 무엇 때문인지 이야기했어요. 쓸모없다는 느낌, 당신이 감당할 수 없는 절망감 때문이라는 것을요. 그리고 엠마, 당신은 흥분하지 않았어요. 이 모든 상황에서 혼자 남겨졌다는 분노를 넘어서, 그에게 응답하고, 그의 고통을 이해했어요. 정말 대단해요. (두 사람은 나에게 눈물이 날 것 같은 미소를 보인다.) 여러분은 부부로서 여러분만의 춤에 갇혀 있고, 때로는 상대가 적으로 보여요. 하지만 여러분은 부모로서 조시와 같은 배를 타고 있어요.

엠마: 네. (샘에게) 내가 만약 당신을 만나 조시와의 하루에 대해 이야기할 수 있게 되면, 내 두려움에 위안이 되고 내 생각에 상황이 달라질 것 같아. 하지만 (이제 그녀는 정말로 눈물을 흘린다.) 내가 조시를 진정시키고 예의 바르게 행동하도록 할 수 없으면, 당신이 우리를, 나를 떠날 거라고 생각해. 지금은 나는 당신을 찾을 수가 없어. 그리고 만약 그런 나쁜 일들이 다시 생기면…….

수: 아…… 당신은 이 위기를 관리하려고 애쓰느라 그 모든 일을 감당하고 있군요. 조시를 처리하고 샘이 더 멀리 떠나지 않도록 하는 방법을 찾는 일들 말이에요. 그 모든 압박감에 당신이 무너지는 것도 당연해요. 미칠 것 같은 마음은 탈출구를 찾아야 하니까요. 하지만 당신은 샘에게 이렇게 말하네요. "만약 당신이 그저 나에게서 떠나 버리는 것이 아니라 나와 마음을 나누고 내가 당신의 두려움을 이해하게 된다면, 만약 내가 당신에게 내 두려움 그리고 가족의 모든 것을 꼭 붙들고 있어야 한다는 압박감에 대해 이야기할 수 있다면, 그래서 위로받을 수 있다면, 정말 큰 차이가 있을 거야."

엠마: (나에게 말하려 하나 나는 그녀에게 샘에게 말하라고 손짓한다.) 그게 날 진정시킬 거야.

그냥 우리가 같은 처지에 있다는 걸 느끼는 것 말이야. 내가 불안해지면 당신에게 화내는 걸 알아. 내가 모순적인 메시지를 보내지.

수: 그런 순간에 샘이 당신을 위해 무엇을 해 줄 수 있나요, 엠마? 이전의 회기에서 우리가 두려울 때 종종 화난 신호를 보낸다고 언급했던 것이 기억나네요. 그리고 저는 몇몇 부부가 "나는 숨이 막혀요. …… 당신에게 아무런 해결책이 없다고 해도 당신이 내 곁에서 있다는 걸 확인하고 싶어요."라는 뜻의 암호를 사용하기도 한다는 이야기를 언급했어요. 이렇게 하는 것이 어느 정도 해결책이 되는 이유는 그것이 사람에게 의지하는 것이기 때문이에요. 스트레스가 밀려올 때 사람들은 한 팀이 되거든요. 여러분 둘 다 평정심을 잃고 스트레스를 받을 때 그때는 조시가 난동을 부릴 때지요, 맞나요? 조시에게 시금석이 되어 줄 더 강하고 더 현명한 부모가 없어요. 그는 자신의 감정을 다룰 수 없고, 여러분이 감정을 다루는 것을 도와줄 거라 확신할 수도 없죠. [상향식으로 양육기술을 가르치는 EFT의 방식]

샘: 네, 맞아요, 그래요. (엠마에게) 요전 날 조시가 시동을 거는데 당신이 돌아서서 "이건 폭풍이네."라고 말했을 때, 뭔가 다른 일이 일어났어.

엠마: 맞아. 당신이 외면하지 않았어. 당신이 와서 내 옆에 서 있었고, 내가 조시 때문에 미칠 것 같았는데도 당신은 차분했지. 당신이 내 팔을 잡고 말했어. "우리 모두 진정할 수 있어. 우리는 다 혼란스러운 거야." 그러자 조시가 낚시장비를 찾는다며 당신과 차고로 떠났지. …… 그게 어느 정도는 모든 것을 진정시켰어.

수: 음. 여러분 모두 압도당하고 절망하고 '무능하다'고 느끼고 두려워하지만, 다른 방법을 찾을 수 있어요. 쓰나미가 몰려오고 서로를 붙잡아야 하는 상황을 상대에게 알려 주기 위해 '폭풍'이라는 암호를 쓸 수 있어요. 이건 누구의 탓도 아니에요. 다만 폭풍우가 몰려올 뿐이에요. 서로의 곁에 있어 주는 것만으로 모든 것이 변화합니다. 서로 도와주기만 하면 평정심을 유지할 수 있어요. 조시도 그 사실을 받아들여야 해요. 아이가 자제력을 잃을 때 부모가 그를 수용할 수 없고 붙잡아 줄 수 없는 것을 목격하는 것만큼 그 아이에게 두려운 일은 없어요. 그러면 아이는 자신의 '강인한' 부모가 어떻게 평정심을 잃는지 이해하게 되는 대신 보통 자신이 나쁜 아이임에 분명하다고 결론을 내려요. 여러분은 훌륭했어요. 이런 부드러운 감정으로 서로를 돕는 것만으로도 상당한 차이가 생겨요. 이것이 당신에게 이해되나요, 샘?

샘: 네, 그래요. 좀 다르네요. 이해했어요. 저도 그녀와 함께 있고 싶어요.

엠마: 당신에게 그렇게 화를 내거나 신체적으로 공격하고 싶지 않아, 샘. 그러면 비참한 기분

이 들어. 요전날 조시는 내가 그 아이의 '추악함'이 가족을 망가뜨린다고 이야기한 적이 있다고 말했어. 너무 괴로워. 내 자신이 너무 싫어져. 집에 갈등만 더하고 있어. 내 분노가 당신을 두렵게 한다는 걸 이해해. 하지만 나는 이걸 혼자 해낼 수 없어, 샘.

샘: 좋아. 들어봐. 그럼 우리가 어쩌면 '폭풍'이라는 단어를 사용할 수 있을 거야. 상황이 덜 무서워지도록 말이야. 나도 내가 막막해지거나 조시와 궁지에 몰렸을 때 당신에게 알리기 위해 그걸 쓸 수 있을 거야. 도움이 될 거라고 생각해. 여기서 당신이 내 이야기를 들어 주는 것만으로도 내게 도움이 돼. (엠마는 손을 뻗어 샘의 팔을 부드럽게 쓰다듬는다.)

나는 양육 기법이나 조언 그 자체를 주는 것이 아니라 이 부부에게 양육의 지원을 받는 새로운 교정적 정서경험을 만들어 주고, 양육의 딜레마를 둘러싼 서로의 힘든 감정을 조절하도록 도우며 아들에게 더 안전한 기반을 제공할 방법을 찾는 데 중점을 둔다. 가족치료를 마쳤을 때, 그들은 부부치료를 시작해서 부부로서의 관계를 다루자는 내 제안을 받아들인다.

추적연구에서 가족은 조시가 대체로 침착해졌고 이제 더 이상 '폭풍'이나 폭력 혹은 자살의 위협은 없다고 보고한다. 조시는 학교에서 더 잘 하고 있고, 샘과 엠마는 부모로서 더 잘 협력하고 있으며 그들의 관계에 대해서도 노력하고 있다. 엠마는 샘이 이제는 아들에게 '다가가고' 그와 연결되지 않는다면 훈육과 규율 그 자체는 조시에게 효과가 없다는 것을 이해해서 정말 고맙게 생각한다고 말했다. 부부는 조시의 불안 수준과 다른 진단된 문제들(예: ADHD)로 인해 미래에 또 다른 위기가 있을 수 있다는 데 의견이 일치했지만 그 문제들을 더 잘 처리할 수 있을 것이라 여겼다. 엠마는 "결합 부분이 정말 효과가 있었어요. 그건 정말 중요했어요. 그것이 없었다면 우리는 잘 지낼 수 없었을 거예요. 그건 핵심을 찔렀어요."라고 이야기했다. 조시와 샘은 함께 수영장에 가는 등 운동을 하기 시작했고, 샘은 조시가 자신의 방을 다시 도배하거나 이틀이나 부엌을 차지하고 형에게 거대한 생일 케이크를 만들어 주는 것처럼 '창의적'인 일을 벌일 때도 잘 받아들였다.

이것은 부모의 결혼생활이 최악의 상태였을 때, 안전한 연결에 대해 상당히 특별한 욕구를 가진 매우 예민한 아이가 사춘기로 전환되기 시작했다는 점에서 완벽한 '폭풍'이었다. 두 부모 모두 부모 역할을 해야 하는 부부로서, 거절과 유기와 통제력 상실에 직면한 개인으로서 시련을 겪었다. 치료는 초기 가족회기, 부모와의 회

기들, 샘 및 조시와의 회기들 그리고 엠마 및 조시와의 회기, 그 후 부모와 조시와의
마지막 회기로 이루어졌다.

연습

1. 당신이 개입기법에서 다른 것을 시도하려는 의향이 있었던 부분을 대화록에
   서 두 곳 이상 찾아보라. 당신은 내가 왜 그렇게 개입했는지에 대한 근거를 밝
   힐 수 있는가?
2. 앞서 제시한 치료과정은 전체적인 구조와 구체적 개입기법의 측면 모두에서
   체계적 가족치료의 전통적 모델과 어떻게 다른가?
3. 논의한 두 회기를 통해 각 개인, 그리고 하나의 체계로서의 가족에게 어떤 구
   체적인 긍정적 효과를 기대할 수 있을까?
4. 만약 당신이 자문을 위해 이 가족을 만났다면, 가족과 함께 작업할 때 무엇이
   제일 힘들었을 것이라 생각하는가?

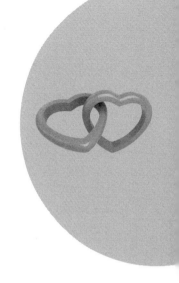

• • • • • • • • • ———————————— 애착이론과 상담 | **제10장**

맺음말:
애착과학이라는 희망

알고리즘은…… 결정을 내리는 데 사용할 수 있는 일군의 방법론적 단계이다. 알고리즘은 계산할 때 따르는 방법이다. …… 심지어 노벨 경제학상 수상자들조차 자신이 하는 결정 가운데 극히 일부만을 펜, 종이, 계산기를 이용해 결정한다. 인생에서 가장 중요한 선택들을 포함해 우리가 내리는 결정의 99%는…… 감각, 감정, 욕망이라고 불리는 매우 정교한 알고리즘을 통해 이루어진다. …… 그러나 핵심적 정서 하나만큼은 모든 포유류가 공유하는 듯한데, 바로 어미와 새끼 사이의 유대감이다.

— Yuval Noah Harari (2017, p. 97)

사회적 연결의 힘을 설명하지 않고 정신질환을 이해하려고 노력하는 것은 중력을 고려하지 않고 행성 운동을 연구하는 것과 같다.

— David Dobbs (2017 July, p. 83)

이 책에서는 우리 종의 핵심적이고 보편적인 요소, 즉 사회적 유대를 추구하는 본성 그리고 생리학, 정신 건강, 대인관계 패턴이 연결되는 중요 지점인 정서에 초점을 맞추는 것이 심리치료 분야에서 우아하고 매우 실용적이며 통일적인 길을 제시한다고 주장한다. 이 길은 균열이 아닌 통합으로, 구획화가 아닌 전체로 향한다. 애착의 관점은 전문가들에게 우리 분야의 점점 커지는 혼란을 견뎌 낼 수 있는 안전한 기반을 제공한다.

애착과학은 가장 일반적인 수준에서 한 사람의 삶에서 '사이' 부분이 치료가 적극적으로 개입하는 부분이 되어야 한다고 주장한다. 자기와 체계 그리고 그 내부와 그 사이는 동전의 양면과 같다. 그것들을 개별적으로 이해하고 다루는 것은 합리적이지 않다. 구획화는 왜곡한다. 개인을 애착의 맥락 내에서 지속적으로 스스로를 정의하는 존재로 이해하고, 그들의 애착력을 반영하는 방식으로 바라보는 것은 더 정확하고 전인적일 뿐만 아니라 애착체계에 내재된 힘을 이용한 변화의 가능성을 열어 주므로 치료사에게도 힘이 된다. 예를 들어, 우리가 일단 애착결합의 힘을 활용하게 되면, PTSD가 있는 내담자를 수십 년 동안 약화시켰던 수치심이 정말로 사라지는 것을 지켜보는 것이 평범한 사건이 된다. 그런 내담자는 그가 이미 수많은 개인치료에서 '실패'했고, 그래서 진정한 변화는 불가능하다고 이야기한다. 그러나 부부치료에서 그가 자신의 수치심에 대해 이야기한 후 그의 아내가 그를 수용하고 그녀가 선택한 동반자이자 필요로 하는 사람이라고 말할 때 엄청난 변화가 연속적으로 일어난다. 그 자신에 대한 인식, 아내와 맺고 있는 관계의 본질, 그리고 우리 모두가 인간으로서 대면하고 있는 두려움을 다루는 방법에 대한 인식이 변화한다. 애착대상과의 상상 속 교류에서 자신의 의견을 표현하는 방법 또한 일반적인 자기주장 기술의 습득과정에서는 볼 수 없는 강력한 영향력을 가지고 있다. 치료사가 관계의 상실을 겪는 내담자를 도울 때 이런 상실에는 자아개념의 재구성이 수반되며 자아개념의 명확성 결여가 이별 후 정서적 고통에서 독특한 역할을 한다는 점을 이해하면 더 효과적으로 도울 수 있다(Slotter et al., 2010).

과학과 실제의 통합

애착관점 그리고 이와 관련된 풍부한 통합적 과학이 치료의 경험적 모델과 통합될 때, 우리는 다음을 우선에 두고 존중하는 효과적인 개입을 하게 된다.

• 본질적으로 관계적이며 애착지향적인 노력으로서의 심리치료: 이것은 최적의

치료적 동맹의 구체적인 성격을 일러 준다. 치료사와의 정서적 연결은 단순히 새로운 특정 행동을 가르치는 기초가 아니라 치료사가 내담자에게 안전한 피난처와 안전기지를 제공하는 대리 애착 인물이 되는 진심 어린 만남이다. 이 안전한 연결은 그들의 정신내적 그리고 대인관계적 지평을 넓힌다. 취약성을 조절하는 데 도움을 주는 사람과 단단히 연결되어 있고 안전하며 민감하게 이해받고 있다고 느끼는 것은 생래적으로 인간의 성장을 촉진한다.

• 심리치료에서 치료의 중심이자 변화의 요인인 정서와 정서적 경험의 중요성: 애착은 성격발달이론이자 정서조절이론이다. 정서적 균형과 유연성은 건설적인 의존의 한 부분이며, 정서는 변화과정에서 가장 강력한 동력이자 동기부여 요소이다. 정서의 환기로 만들어지는 특별한 순간과 교정적 정서경험의 잊을 수 없는 각인은 효과적인 모든 심리치료의 시금석일 것이다. 그러나 이는 여전히 제대로 활용되지 못하는 것 같다. 정서를 변화요인으로 사용하기 위해서는 과정으로서의 정서가 분명히 드러나고 이해할 수 있는 구조로 제시되어야 하며, 동기부여의 원동력이 일깨워지는 계기가 있어야 한다.

• 내부와 사이의 통합: 치료는 자기와 자기가 기능하는 맥락─내담자의 주요 관계체계─이 끊임없이 서로를 규정하는 상호적 과정을 다루어야 한다. 인과관계를 순환적이며 패턴화된 과정으로 이해하는 것은 중요하다. 자기는 개방적이거나 혹은 경직된 방식으로 표현되며, 이는 타인으로부터의 반응 패턴을 형성한다. 이 패턴은 다시 한 사람의 자아감과 반응 레퍼토리에 피드백된다. 지속적 변화는 항상 정신내적이고 대인관계적인 현상이다. 여기에서 제시된 인간에 대한 관점은 근본적으로 관계적이며, 정신건강 문제와 그 해결책 역시 이 맥락 내에서 이해되어야 한다. 만약 내가 내담자가 상대를 신뢰하지 못하고 도움을 요청하기 위해 다가가지 못하고 있음을 적극적으로 다루지 않는다면, 내담자에게 공황 발작에 대한 개별적인 자기위로 기술이나 대처기술을 가르쳐도 그 가치가 매우 제한적일 것이다. Bowlby가 이야기한 대로, 돌봄을 구하는 역할과 돌봄을 받는 역할 양쪽 모두에서 친밀한 관계를 맺을 수 있는 능력은 '건강한 성격기능과 정신건강의 중요한 특징'이다.

• 핵심적인 경험적 실재와 그 의미에의 집중: 회기 중 치료사가 내담자의 더 깊은 정서적 두려움과 갈망을 환기시킬 때 이 실체는 필연적으로 나타난다. 가장

좋은 치료는 삶의 핵심적인 딜레마를 다루는 기회가 된다. 이를테면 정서적 고립, 정서적 그리고 신체적 취약성 같은 보편적 위협에 대처하는 방법, 피할 수 없는 상실과 삶의 유한성뿐만 아니라 개인적 의미를 가진 문제들(예: 개인의 인생 여정과 관계의 의미를 발견하는 것) 말이다. 애착관점은 우리가 인생의 해결 불가능한 딜레마를 직시할 수 있게 해 주는 것이 결국 타인과의 연결이고, 그렇기 때문에 고립은 근본적으로 존재에 대한 외상이라는 것을 알려 준다.

- 증상이나 문제 완화에만 국한되지 않고 사람 전체를 대인관계의 맥락에서 바라보고 각 개인의 내면과 각 관계의 춤 속에 숨겨진 가능성을 보는 개입: 역기능은 한때는 어느 정도 긍정적 기능을 했으나 현재는 최적의 기능을 제한하는 고착된 패턴의 측면으로 이해된다. 내담자의 이른바 방어와 자기제한적인 반응을 이제는 감옥이 된 보호전략으로 인정하고, 내담자들을 정중하게 이 감옥 밖으로 이끄는 것이 바로 치료사의 역할이다. 마치 좋은 부모가 아이에게 해 주듯이 말이다.

- 경험주의에 대한 기본지향: 치료의 미시적 관점에서 이것은 현재과정에 대한 조율된 관찰, 패턴 예측을 가능하게 하는 핵심변수에 대한 지속적 확인 그리고 명료한 해석 구조를 포함한다. 이 지향은 치료사와 내담자에게 안전한 기반을 제공하여 삶의 딜레마와 난관을 이해시킨다. 좀 더 넓은 차원에서 보면, 치료는 사람, 그리고 그 사람이 시간이 지남에 따라 어떻게 발전하고 변화하는지에 대한 명확한 이론을 바탕으로 해야 한다.

함께하며 조율하는 임상가

다른 관점에서 보면, 애착과학을 심리치료의 기초로 적용하는 것은 우리가 빠질 수도 있는 함정을 피해 가도록 도와준다. 만약 우리의 관점이 여기서 제시된 주장들과 일치한다면, 치료사의 관계적 진정성, 즉 내담자들과 진정으로 함께하며 조율하는 능력에 다시 새롭게 초점을 맞추어 우리 분야에서 점점 늘어나는 환원적이고 기계적인 개입의 동향에 대항할 수 있을 것이다. 이런 개입은 CBT가 결과연구상 심리치료의 표준이라는 주장에 의해 뒷받침되고 있었지만, 이제 그 주장은 사실상 비판받고 있다(Leichsenring & Steinert, 2017). 심리치료 교육은 이런 동향 때문에 Irvin

Yalom(2002)의 표현에 따르자면 점점 더 '빈곤'해졌다. 대처기법 교육과 정신건강 조언은 각자 쓰이는 곳이 있으며, 치료사가 거의 개입하지 않는 온라인 개입에도 도움이 된다. 그러나 단순히 증상을 다루는 것을 넘어 내담자가 성장하도록 돕기 위해서는 온전히 함께하며 조율하는 임상가, 특히 인간 존재로서의 우리의 구조에 대해 경험적으로 건강하고 통합적인 지도를 가지고 있는 임상가와의 대면치료보다 나은 방법은 없다. 게다가 인간 존재에 내재된 딜레마와 기저의 욕구들이 인정받지 못하거나 충족되지 못한다면 증상 관리 업무는 한없이 늘어나기만 할 것이다.

애착관점은 개인적 연결이 점점 더 부족해지는 세상에 깔려 있는 위험을 강조한다. 그리고 종종 현대의 전염병이라 불리는 정서적 고립의 증가가 정신 및 신체 건강에 본격적 위협이 된다는 증거를 이해하게 해 준다(Hawkley & Caciopo, 2010). 고립과 같은 스트레스 요인의 충격을 완화하고자 고안된 치료가 동시에 점점 관계적이지 않게 된다면, 다시 말해 Cacioppo와 Patrick(2008)이 구조화했듯이 치료에서조차 인간적 연결이 '필수적인 것에서 부수적인 것으로' 격하된다면, 이는 다시없는 아이러니일 것이다. 애착과학은 우리가 근본으로 되돌아가 치료적 노력을 하게끔 하는 특별한 기회를 제공한다. 즉, 우리가 우리이게 하는 체계적 원리를 이해하고, 최적의 삶과 성장으로 이끄는 기회 말이다.

∞
정서 존중하기

하지만 심리치료 분야에서 최근까지 무시되거나 축소되었던 구성 원리는 단지 애착만은 아니다. 대체로 경험에 근거한 치료는 지나치게 자주 정서를 회피하거나 축소하고, 정서를 변화형성의 핵심적 자원으로 생각하지 않았다. 지난 20년 동안 우리는 이성에 초점을 맞추면 감정과 행동도 변화할 것이라는 가정하에 이 분야가 인지 교정에 엄청난 관심을 기울이는 것을 보아 왔다. 실제로 다른 문헌에서는 애착과학의 자연스러운 발현으로서 좀 더 인지적이며 통찰지향적인 개입을 제시하였다(Wallin, 2007). 요즘 우리 분야는 두뇌라는 기관에 매료된 것 같다. 저자들은 '뇌기반' 치료법에 대해 이야기한다. DSM-IV의 아버지 중 한 명인 Allen Frances는 정신의학적 문제를 기본적으로 뇌 질환으로 간주하는 최근의 사고방식, 그로 인한 약물의 과도한 사용(1988년부터 2008년까지 항우울제 사용량은 거의 4배로 증가하였다) 그리고 정상적 스트레스에 대한 의료화 증가에 대해 비판하였다. 그는 신경과학의 발전이 효과적인 개입을 증가시키지는 못했다고 주장했다(Frances, 2013). 이전에 (10년 이상) 접두사 '신경(neuro)'으로 시작하는 생리학적 변수를 다루는 근시안적 시야의 연구에 자금을 투입했던, 전 국립정신보건연구소(National Institute of Mental Health) 소장 Tom Insel 조차도 이러한 관점에 동의하는 것으로 보인다. 약리학적 해결책은 일반적으로 과잉 판매된다. 그리고 그 효과가 더 공감적이고 배려심 많은 사람이 약을 조제하는 것과 같은 대인관계적 요소에 의해 많은 영향을 받는다는 증거도 대체로 받아들여진다(Greenberg, 2016). 조현병과 같은 질환에서도 표현된 적개심이나 비판과 같은 사회적 변수를 겨냥한 개입이 신약보다 효과크기가 더 큰 경향이 있다(Hooley, 2007). 동물의 한 종으로서 우리는 강한 자가치유 능력을 가지고 있고, 여기에는 타인과의 지지적 연결이 수반된다. 그러나 환원적 생물학적 모델은 사회적 고립과 인지된 거절과 같은 요소들이 스트레스와 정신건강 문제를 자극하고 악화시키는 반면 사회적 지지는 증상을 개선하고 회복탄력성을 형성한다는 압도적 증거를 통상 무시한다.

이 책은 애착관점의 자연스러운 흐름에 따라 정서에 집중하고, 개입에 대한 경험주의적 관점과 체계적 관점의 통합을 제시한다. 앞서 언급했듯이, Bowlby는 항상 감정의 중요성을 강조했지만, 변화과정을 만들기 위해 감정을 사용하는 독특하거나 구체적인 방법은 찾지 못했다. 그럼에도 불구하고 그의 저작에 포함된 모든 임상 사례에는 Carl Rogers가 격찬했을 법한 방식으로 진행 중인 정서적 경험을 따라가고 인정하고 확장하는 것에 초점을 맞추는 과정이 반영되어 있다. 능동적인 변화요인인 정서를 계속 열외시키는 것은 현대 심리치료의 핵심적 과오로 볼 수 있다. 많은 행동주의적 접근방식이 명목상으로는 감정을 더 많이 포함시키려 시도하지만, 그들은 이를 단순히 대처기법 관점에서 다루는 경향이 있다. 일례로 감정조절의 대안전략으로 재평가, 수용, 억제가 제시되었고(Hoffman et al., 2009), 재평가는 경험주의적 치료를 장악했다. '재평가'란 용어는 대부분 비합리적인 역기능적 사고를 검토하거나, 정서를 감소시키기 위해 정서에 '냉정하고 초연한 태도'를 적용하려 노력하는 것을 일컫는다(Gross, 1998b). 아니면 습관화가 일어날 것이라는 믿음을 가지고 정서적 노출을 사용할 수도 있다. 이 상황에서 놓친 것은 정서가 타인을 통해 조절되고 유지된다는 인식이다. 또한 이 책에서 제시되었던 정서의 논리적이며 적응적인 속성, 정서적 해상도의 향상과 같은 개념을 포함한 정서의 능동적 처리에 대한 인식도 누락되어 있다. 우리는 심리치료를 필수적으로 정서 속으로, 정서를 통해 나아가는 여정으로 보는 관점을 강화하는 한편 변화과정에서 방향을 잡고 동력을 얻기 위해 정서를 사용할 필요가 있다.

정서를 발견하고 다루는 적극적인 방법을 축소하고 정서의 영향력을 최소화하는 접근방식들은 약물이나 신속한 행동주의적 개입에 의존하거나 치유의 핵심자원으로서의 대인관계를 무시한다. 그리고 이는 21세기의 효과적인 심리치료를 위한 우리의 전략을 철저하게 제한한다.

보편적인 인간적 요소에 초점을 맞춘 애착 구조를 채택한다고 해서 내담자에게 치료를 맞출 필요, 다양한 사람에게 다양한 방법을 적용할 필요가 없다는 것을 의미하지는 않는다. 훌륭한 치료사라면 내담자의 개인적 차이를 고려해서 그들의 특정한 욕구에 대한 개입의 범위, 초점, 속도 및 강도를 조절한다. 특히 경험주의적 접근법이 그러하다. 이 접근법에서 각 내담자에 대한 존중과 조율은 치료의 필수불가결한 요소이다. 어떤 조력관계든 전반적 원칙은 1948년 Kierkegaard가 제시했듯이, "한 사람이 우선 다른 사람이 어디에 있는지 확실히 찾아서 거기서 시작해야 한다." 라는 것이다.

사실 애착관점과 경험주의적 치료관점 양쪽에서 보면 조율은 효과적인 심리치료의 시작이자 끝이다. 이 조율을 만들어 낼 수 있는 능력이 심리치료 수련에서 완전히 누락되기 일쑤라는 것은 놀라운 일이다. 내담자의 질환과 변화기법이 증가함에 따라, 이 방대한 정보에 대한 지식을 가르치는 데 초점이 맞춰져 왔다. 치료사는 다양한 유형의 내담자에게 유연하게 반응하기 위해 필수적인 자기인식(self-awareness)을 적극적으로 함양할 필요가 있다는 원칙, 그리고 자기인식을 키우기 위해서 수련의 한 부분으로 어느 정도 개인치료를 필요로 한다는 원칙은 이제 옛날 생각이고 유행이 지난 것처럼 보인다. 진정한 공감은 타인의 입장에서 생각할 수 있는 능력이고, 개방적인 호기심과 상상력의 도약을 필요로 한다. 자기 자신의 반사적 반응에 푹 빠져 있다면 이런 도약은 어렵다. 또한 자기인식의 결여는 내담자와 연결되는 주요 통로들 중 하나를 차단한다. 자기 자신의 정서적 신호와 직관에 대해 마음을 열고 신뢰하는 것, 정서, 특히 타인에 대한 핵심적인 갈망과 두려움에 대해 작업하려면 자신 안의 이런 것들을 바라볼 수 있는 능력이 필요하다. 치료사의 훈련과 지도감독은 이런 종류의 개방성과 조율을 함양할 수 있는 안전기지와 안전한 피난처를 제공해야 한다.

∞
관계의 가치

애착지향은 또한 우리를 혼란과 갈등으로 가득 찬 영역, 즉 가치관의 영역으로 이끈다. 개입기법에 내재된 가치는 보통 언급되지 않지만, 그럼에도 불구하고 심리치료는 가치판단적(value-laden) 사업이다. 우리는 그들이 어떤 식으로 하면 더 잘 살 수 있는지 끊임없이 결정한다. Aristotle도 말했듯이 "존경받는 것이 양성될 것이다." 애착이론과 과학에 내포된 가치는 치료의 경험주의적 모델에서 설명된 가치를 반영한다. 내가 보기에 가장 우선시되는 가치는 연결, 즉 사람의 삶에서 의미와 성장의 주요 원천으로서의 관계의 신성성이다. 인간적 연결을 가치로서 우선시하는 방법은 여러 가지가 있다. 어떤 사람들은 인간적 연결을 영적인 문제로 보고, 거대한 우주적 계획에 대한 신념과 종교적 가르침 안에서 이에 대한 지지를 발견할지도 모른다. 다른 이들은 인간의 진화, 생존 및 행복을 고려할 때 타인과의 연결을 우선으로 인식하는 과학으로 단순하게 바라본다. 휴머니즘의 위대한 창시자 중 한 명인 Jean-Jacques Rousseau는 그의 소설 『에밀(Emile)』에서 행동의 법칙은 "무엇도 지울 수 없는 인물의 본성에 의해 드러나며, 내 마음의 깊은 곳에서" 발견될 수 있다고 기술한다. 애착과학의 역할은 공감의 타고난 속성과 같은 영역에 대해 상호 보완적으로 조사하는 것과 함께(de Waal, 2009), 모호한 감성으로 치부될 수 있는 이런 종류의 주장의 근거를 경험주의에서 찾는 것이다. 21세기 우리의 임무는 인간 존재의 가장 기본적인 욕구, 인간의 고통과 결핍의 본질, 그리고 우리가 최선을 다하며 가장 기능적일 때의 우리 존재에 기반하여 학문을 확립하는 것이다. 우리는 호모 사피엔스(Homo sapiens)이고, 결합의 인간인 호모 빙쿨룸(Homo vinculum)이다. 즉, 우리는 소중한 타인과 안전하게 연결되었다는 느낌이 충족될 때에만 진실로 안전하고 건강한 존재이다.

수많은 새롭고 거대한 사회 실험이 진행 중이며 그것이 우리를 다른 방향으로 데

려가려는 조짐이 보이는 상황 속에서 이 학문을 장려하는 것은 상당히 도전적인 일이다. 일례로, 이제 더 많은 사람이 혼자 살고 있으며 비밀을 털어놓을 사람이 없다(1970년대에는 미국인 10명 중 1명이 외로운 것으로 확인되었으나 이제는 40%가 그러하다). 우리 중 많은 수가 타인의 얼굴을 바라보기보다는 화면을 응시하는 데 더 많은 시간을 보낸다. 수 초 이상 지속되는 집중적인 관심은 사치스러운 것이 되고 있다. 물질적 삶으로부터의 탈출구를 제공하는 마약이든 실제 섹스 파트너와의 접촉을 불필요하게 만드는 섹스 돌이든 모든 것이 판매된다. 우울증은 걷잡을 수 없다. 2011년에는 미국의 350만 명의 아이가 ADHD 약을 복용하고 있었다(Centers for Disease Control and Prevention, 2016). 분명히 인간의 불행은 줄어들지 않고 있다. 사실 그것은 우리가 사회를 구성하는 방식에 의해 활발하게 만들어지고 있다. 그렇다면 정신보건 전문가의 역할은 개인, 부부, 가족의 고통을 가급적 치유하는 것에 그치지 않고, 연구하고 주장하고 교육하여 인간 존재가 번영할 수 있는 더 건강한 사회를 만드는 데 주도적 역할을 담당하는 것으로 나아가야 한다. 그러기 위해서는 심리치료를 통합하고, 세상의 선을 위해 이 학문이 논리정연한 영향력을 갖게 하는 통찰력이 필요하다. 만약 우리가 심리치료에 대한 경쟁에서 누가 선두에 있는지, 누구의 영역인지를 두고 논쟁하는 몇 개의 컬트 집단으로 남게 된다면 그렇게 할 수 없을 것이다.

뉴욕 대학의 철학자 Kwame Anthony Appiah는 지적한다. "인생에서 도전은 게임을 어떻게 하는 것이 가장 좋은지 알아내는 것이 아니다. 도전은 여러분이 어떤 게임을 하고 있는지 알아내는 것이다." 앞에서 말한 바와 같이(Johnson, 2013) 우리의 모델과 기술의 기반을 애착과학에 두고, 정서를 우리가 하는 일의 중심에 두는 것은 심리치료에서 우리의 게임을 변화시키는 잠재력을 가지고 있다. 궁극적으로, 진행할 가치가 있는 유일한 게임은 더 인간적인 사회, 즉 사회적 유대 동물로서의 우리 존재에 조응하는 사회를 선실하는 것이다. 예를 들어, 우리가 더 안전하게 애착을 이룰수록, 차이에 더 관대해지고 더욱 공감하고 이타적일 수 있다고 한다(Mikulincer et al., 2005). 애착과학은 심리치료의 최적의 발전을 위한 청사진일 뿐만 아니라 보다 본질적으로 더 나은 인간 사회를 위한 청사진이다.

부록 1

애착 평가

애착에 대한 공식적 평가를 하기 전, 회기에서 내담자를 관찰하는 것만으로 안정성의 수준과 관련된 반응을 파악하고 평가하는 능력을 갖추는 것은 도움이 된다. 이 기술을 익혀 두면 임상가들이 내담자들의 정서적 현실에 조율할 때 유용하다. 또한 임상가들이 어느 시점에 어떻게 내담자들이 진전을 이룰지, 그리고 어느 시점에 안전한 결합에 도달했는지 파악하는 것에도 보탬이 된다. 안정된 애착반응과 불안정한 애착반응은 연속선상에 있다는 것을 기억해 둘 필요가 있다. 중요한 것은 내담자를 애착유형으로 분류하는 것이 아니라 현재의 반응 패턴과 과정에 조응하는 것이다.

◐◑

애착 렌즈를 통해 살펴보기: 애착 드라마 관찰을 배우기

치료를 시작할 때 해리는 몇 달 전 전 애인에게 이메일 한 통을 보냈다는 것을 인정했다. 그는 아내와의 관계를 회복하기 위해 아주 짧았던 그 관계를 공식적으로 끝낸 이후에 그렇게 했다. 그는 전 애인과 접촉한 것은 이번 한 번뿐이며, 자신의 불륜에 대해 죄책감을 느꼈지만 전 애인이 잘 지내는지 확인하기 위해 이메일을 보낼 필요가 있었다고 설명했다. 해리의 아내 조이는 치료사에게 자신이 해리를 신뢰하고 있고, 두 사람이 치료를 받고 정말 좋아졌다고 말했다. 그러고 나서 그녀는 폭발했다. 그녀가 치료사에게 반응하는 방식을 살펴보면, 그 반응은 조이가 관계로 인해 힘들어하고 있을 뿐만 아니라 수년간 진화해 온 해리와의 관계와 전반적인 대인관계에서 불안정한 애착을 형성하고 있다는 점을 알려 준다.

1. 그녀는 아직도 이메일 관련 소식에 극도로 심란해하고 있으며, 혼란스러운 정서적 반응을 보인다. 그녀는 지독한 분노와 강렬한 슬픔 그리고 고통을 표현하며 허우적거린다. 그녀는 자신의 생각을 정리하는 데 어려움을 겪고 있으며, 치료회기 및 관계를 떠나겠다고 위협한다. 그녀의 높은 반응성은 그녀가 매우 높은 수준의 위협을 경험하고 있음을 시사한다.

2. 해리에게 보내는 그녀의 메시지는 혼란스럽고 상대를 헷갈리게 한다. 그녀는 해리가 매일 밤 자신에게 이메일을 보여 주는 것에 동의하라고 요구한다. 그다음 해리가 전 연인에게 그들의 관계를 후회한다고 이야기하는 편지를 쓰라고 다시 요구한다. 해리가 첫 번째 요구는 받아들이지만 편지를 쓰는 것에 대해서는 주저하자, 조이는 두 사람이 함께할 운명이 아니고 이 상처를 절대 치유할 수 없을 것이라고 파국적으로 생각하기 시작한다. 그녀는 눈물을 흘리며 그가 사랑을 증명하기를 바란다고 이야기하고, 이를 해낼지도 모르는 구체적인 행동 목록을 제시한다.

3. 해리는 이메일을 보내고 그 사실을 아내에게 이야기하지 않았던 것에 대해 책임을 지려고 하지만, 조이는 그의 이야기를 듣지 않는 것처럼 보인다. 그는 공감하고 다가가고 그녀를 안심시키려 노력하지만, 그의 노력은 조이의 괴로움에 작은 흠집조차 내지 못하는 것 같다. 그녀는 그의 위로와 애정 표현을 받아들일 수 없는 것 같다. 그녀는 그의 이야기를 대부분 무시하고, 불륜의 상처 이전부터 존재했던 부정적 고리로 돌아가 그의 행동에 대해 불평한다.

4. 이 사건을 회기에서 다루어 정서적 음악이 진정된 후에도 조이는 과민해 보이고 함께 시간을 보내자는 해리의 긍정적인 제안도 외면하며 해리를 신뢰하지 않으려 하였다. 조이는 해리가 정말 그 약속을 지킬 것이라고 믿지 않는다고 말한다.

이 상황은 스트레스와 불확실성의 시기에 추적하는 역할이 보여 주는 중요한 불안형 애착에 대한 것이다. 조이에게 위기감에 대한 집착(불안형은 흔히 집착형이라 불린다), 신뢰에 대한 양가감정, 정서조절의 어려움이 있음은 분명하다.

10주가 지난 후, 치료사는 어떻게 조이의 애착지향성이 해리와의 관계에서 안정성 쪽으로 나아가기 시작했다는 것을 알아차리는가? 만약 변화가 시작되었다면, 그 변화는 타인에게 의지하는 것에 대한 그녀의 일반적 관점에도 적용될 수 있을 것이다.

조이는 (그녀가 버려 달라고 요구했던) 전 애인을 포함한 친구들과 해리의 사진을 책상에서 발견한다. 그녀는 치료시간에 사진을 가지고 와서 핸드백에서 꺼낸다. 해리는 놀란 듯했고, 자신은 사진을 실제로 버렸고 그 사진이 거기 있는지 몰랐다고 말하며 사과한다. 그녀는 그에게 상담실 쓰레기통에 사진을 그냥 버려 달라고 부탁하고, 해리는 수긍한다. 여기서의 조이의 반응은 첫번째 회기에서와 어떻게 다른가?

1. 조이는 해리와 대면할 때 화를 낸다. 그러나 그녀의 분노는 이전에 비해 훨씬 정연하고 일관적이다. 그리고 그녀는 이 상처가 되살아나 그들의 관계를 괴롭힐 것이라는 두려움, 해리가 여전히 전 애인에게 애착을 느끼고 있을 것 같다는 두려움을 표현한다. 그녀는 괴로워하고 있지만, 그녀의 정서는 한결 명확하고 강도는 줄어들어 있다. 그녀는 불륜사건의 어떤 면 때문에 그렇게 경악했는지 정밀하게 탐색할 수 있게 된다. 왜냐면 그 이야기를 털어놓기 직전, 그녀는 여러 가지 이유로 해리를 더 신뢰하고 안전하게 친밀하게 느끼게 되었기 때문이다.

2. 조이의 개선된 정서조절은 해리에게 보내는 신호에서 나타난다. 그녀는 이번 사진 사건이 불러일으켰던 두려움에 초점을 맞추고, 그 두려움을 어린 시절에 경험한 또 다른 배신과 연결 짓는다. 그녀는 더 균형 잡힌 이야기를 한다. 그녀는 해리의 동기에 집착하기보다는 자신의 반응을 탐색할 수 있고, 불륜 자체를 그 사건 이전 몇 년간 해리와의 관계에서 두 사람이 함께 만들어 낸 부정적 고리와 연결시킬 수 있다. 그녀는 또한 파국적 사고에 갇히지 않게 되고, 자신의 상처와 해리가 그 상처를 낮게 할 방법에 대해 분명한 메시지를 보낼 수 있게 된다.

3. 해리가 이해하고 후회하며 보살피려 할 때, 그녀는 그의 위로에 조응하고 반응

하는 것처럼 보인다. 그녀는 안심이 필요하다고 다시 이야기할 수 있고, 그에게 특정한 종류의 스킨십을 요청할 수 있으며, 그의 표현 중 그녀에게 가장 위안이 되는 것을 알려 줄 수 있다.

4. 그런 다음 조이는 어떻게 해리가 그녀의 목소리 톤에 의해 때로 촉발되고 철수하기를 원하는지, 그리고 어떻게 그가 덜 민감해지고 그녀와 계속 연결되도록 도울 수 있는지 등을 해리와 함께 탐색하는 과정으로 나아갈 수 있다.

이는 취약성에도 불구하고 정서적 균형을 유지하고 안정된 연결이 성장하는 상황에 관한 묘사이다. 조이는 항상 이런 안정감을 유지하지는 못한다. 하지만 그녀가 불안정한 반응을 보인다 하더라도 그 반응의 강도는 줄어들어 있고 조이는 그 반응을 수월하게 가라앉힐 수 있다.

개인치료에서 내담자의 애착지향은 그들의 삶과 관계에 대한 이야기, 그리고 치료사와의 상호작용 내에서 드러난다. 그러나 여기서 중요한 것은 치료사로서 우리가 만들어 내는 기대와 우리가 환기시키는 반응에 대해 인식하는 것이다. 대부분의 내담자는 그들의 지배적 애착유형이 무엇이든 간에, 냉정하며 비판적이며 공감이 결여된 것처럼 보이는 치료사의 반응에 직면했을 때 회피적 행동을 보이는 경향이 있다.

애착에 대한 공식적 평가

성인 애착에 대한 설문의 두 가지 예가 이 부록에 제시되어 있다. 이를 제공하는 첫째 이유는 이런 평가방법들이 연구에 사용되고 있기 때문이다. 그리고 이 방법들을 고찰함으로써 임상가들에게 연구가 더 유의미해지기 때문이다. 둘째, 현상을 평가하는 방법을 이해하면 현상이 더욱 생생하고 구체적으로 보이기 때문이다. 셋째, 독자들이 첫 번째 방법을 사용하여 현재 그들의 삶에서 가장 중요한 애착유형 또는 주요 전략을 평가할 수 있기 때문이다.

만약 당신이 관계 척도 질문지(Relationship Scales Questionnaire: RSQ)를 작성하게 된다면, 그 문항들이 한 사람의 전반적 애착의 측면에서 기술되어 있음을 염두에 두는 것이 좋겠다. 이런 전반적 유형은 특정한 배우자에 대한 유형과 차이가 있을 수 있다. 두 번째 도구인 친밀관계 경험척도 개정판(Experiences in Close Relationships Scale-Revised: ECRS-R)은 한 사람의 현재 파트너에 대해 구체적으로 구조화되어 있다.

　모든 유형은 서로 다른 시기와 상황에서 유용하고 기능적이다. 유형은 보통 안정적이지만, 새로운 경험에 따라 변화할 수도 있다. 대부분의 개인은 주요한 지배적인 유형을 가지고 있으며, 그다음의 예비적인 대안도 가지고 있다. 나는 일반적으로 이 척도로 안정형이라 평가될 수 있지만, 스트레스를 많이 받을 때는 좀 더 불안형 애착으로 평가될 수 있다.

관계 척도 질문지(RSQ)

　다음 각 문장을 읽고, 각 문장이 친밀한 관계에 대한 자신의 감정을 가장 잘 설명한다고 생각하는 정도를 다음의 점수 척도에 따라 평가하십시오.

1	2	3	4	5
전혀 그렇지 않다		나와 비슷하다		나와 매우 비슷하다

1. 나는 다른 사람에게 의지하는 것이 어렵다고 생각한다.
2. 나에게 독립심을 느끼는 것은 매우 중요하다.
3. 나는 정서적으로 타인과 친밀해지는 것이 수월하다.
4. 나는 다른 사람과 완전히 동화되고 싶다.
5. 나는 타인과 지나치게 친밀해지면 상처받을 것이 걱정된다.
6. 나는 친밀한 정서적 관계가 없는 것이 편하다.
7. 내가 필요할 때 항상 타인에게 의지할 수 있다는 확신이 없다.
8. 나는 타인과 정서적으로 완전히 친밀해지고 싶다.
9. 나는 혼자 남겨지는 것이 걱정스럽다.
10. 나는 타인에게 의지하는 것이 편하다.
11. 나는 종종 애인이 나를 정말 사랑하지 않는다고 걱정한다.

12. 나는 타인을 완전히 신뢰하기 어렵다.

13. 나는 다른 사람들이 나에게 너무 친해지려 할까 봐 걱정한다.

14. 나는 정서적으로 친밀한 관계를 원한다.

15. 나는 다른 사람들이 나에게 의지하는 것이 편하다.

16. 나는 내가 다른 사람들을 소중히 여기는 만큼 다른 사람들이 나를 소중하게 여기지 않는 것이 걱정된다.

17. 당신이 필요로 할 때 사람들은 결코 곁에 있지 않다.

18. 완전히 동화하려는 나의 욕망이 때때로 사람들을 두렵게 만든다.

19. 스스로 충분함을 느끼는 것은 나에게 매우 중요하다.

20. 나는 너무 친해지려는 사람이 있으면 긴장된다.

21. 나는 종종 애인이 나와 함께 있고 싶어 하지 않을까 봐 걱정한다.

22. 나는 다른 사람들이 나에게 의지하지 않는 것을 선호한다.

23. 나는 버림받을까 봐 걱정한다.

24. 나는 남들과 친하게 지내는 것이 다소 불편하다.

25. 나는 다른 사람들이 내가 원하는 만큼 친해지는 것을 꺼린다는 것을 발견한다.

26. 나는 타인에게 의지하지 않는 것을 선호한다.

27. 나는 내가 필요로 할 때 다른 사람들이 곁에 있을 것이라는 것을 안다.

28. 나는 다른 사람들이 나를 수용하지 못할까 봐 걱정한다.

29. 애인은 내가 편안하다고 느끼는 것보다 더 친밀해지기를 종종 바란다.

30. 나는 다른 사람과 친해지는 것이 비교적 쉽다고 생각한다.

주: 6번, 9번, 28번 문항은 다음의 네 가지 애착유형 점수를 계산하기 전에 역채점해야 한다.

1. 안정형의 점수는 3, 9, 10, 15, 28번 문항의 평균으로 산출한다. 점수가 높을수록 더 안정된 애착을 반영한다.

2. 집착형(불안형)의 점수는 6, 8, 16, 25번 문항의 평균으로 산출한다. 점수가 높을수록 더 몰두형 애착을 반영한다.

3. 거부적 회피형의 점수는 2, 6, 19, 22, 26번 문항의 평균으로 산출한다. 점수가 높을수록 거부적인 회피를 더 많이 반영한다.

4. 두려움 회피형의 점수는 1, 5, 12, 24번 문항의 평균으로 산출한다. 점수가 높을수록 두려워하는 회피를 더 많이 반영한다.

두려움 회피형은 보건 전문가들에게 잘 알려져 있지 않다. 어떤 의미에서 이 유형은 불안 성향과 회피 성향 모두를 가지고 있다. 이 유형은 절실히 필요로 했지만 또한 위험해 보여 피해야만 했던 애착대상에게 양육되는 것과 연관되어 있다. 초조하게 연결을 갈망하지만, 그 연결이 주어질 때는 위험으로 가득 차 있다. 타인은 공포의 근원이자 공포에 대한 해결책이다.

출처: Griffin, D. W., & Bartholomew, K. (1994). The metaphysics of measurement: The case of adult attachment. In K. Bartholomew & D. Perlman (Eds.), *Advance in personal relationships: Attachment processes in adulthood* (Vol. 5, pp. 17-52). London: Jessica Kingsley.

친밀관계경험척도 개정판(ECR-R)

다음 문항들은 당신이 친밀한 관계(예: 낭만적 파트너, 가까운 친구 또는 가족 구성원과의 관계)에서 일반적으로 경험하는 느낌에 관한 것입니다. 각 문장에 얼마나 동의하거나 동의하지 않는지에 대해 다음의 점수 척도를 사용하여 응답하십시오.

1	2	3	4	5	6	7
전혀 그렇지 않다	그렇지 않다	약간 그렇지 않다	보통이다	약간 그렇다	그렇다	매우 그렇다

안정형 애착은 회피와 불안 문항 모두에서 낮은 점수를 보인다. 이 버전은 낭만적 파트너에 대한 관점에서 기술되어 있다.

회피 문항

1. 그(그녀)에게 내 마음속 깊은 감정을 드러내지 않는 편이다.
2. 내 개인적인 생각과 감정을 그(그녀)와 나누는 것이 편안하다.*
3. 그(그녀)를 의지하는 것이 어렵다.
4. 그(그녀)와 가깝게 지내는 것이 매우 편하다.*

5. 그(그녀)에게 속내를 털어놓는 것이 편하지 않다.

6. 그(그녀)와 지나치게 가까이 지내는 것을 원치 않는 편이다.

7. 그(그녀)가 내게 가까워지려고 하면 불편하다.

8. 비교적 쉽게 그(그녀)와 가까워진다.*

9. 그(그녀)와 가까워지기가 쉽다.*

10. 나는 대체로 내 문제나 걱정거리를 그(그녀)와 의논한다.*

11. 필요할 때 그(그녀)에게 의지하는 것은 도움이 된다.*

12. 그(그녀)에게 거의 모든 것을 다 이야기한다.*

13. 그(그녀)와 여러 가지 일을 의논한다.*

14. 그(그녀)가 내게 너무 가까워지려고 하면 불안하다.

15. 그(그녀)에게 의지하는 것이 편하게 느껴진다.*

16. 그(그녀)에게 의지하는 것은 쉬운 일이다.*

17. 그(그녀)에게 다정하게 대하는 것은 쉬운 일이다.*

18. 그(그녀)는 내가 필요로 하는 것을 잘 알고 있다.*

불안 문항

1. 그(그녀)의 사랑을 잃을까 봐 두렵다.

2. 나는 자주 그(그녀)가 나와 함께 있기를 원하지 않을까 봐 걱정한다.

3. 그(그녀)가 나를 진심으로 사랑하지 않을까 봐 걱정된다.

4. 내가 그(그녀)를 생각해 주는 것만큼 그(그녀)가 나를 생각해 주지 않을까 봐 걱정한다.

5. 나는 자주 내가 그(그녀)에게 갖는 호감만큼 그(그녀)도 내게 강한 호감을 가지기를 원한다.

6. 그(그녀)와의 관계에 대해 걱정이 많다.

7. 그(그녀)가 내 곁을 떠나 있으면, 그(그녀)가 나 아닌 누군가에게 관심을 갖게 될까 봐 걱정한다.

8. 내가 그(그녀)에게 호감을 표현했을 때, 그(그녀)도 나에 대해 같은 감정이 아닐까 봐 걱정된다.

9. 그(그녀)가 나를 떠날까 봐 걱정하는 일은 거의 없다.*

10. 그(그녀)는 내가 내 자신에 대해서 회의를 느끼게 만든다.

11. 그(그녀)에게서 버림받을까 봐 걱정하는 일은 별로 없다.*

12. 그(그녀)는 내가 바라는 만큼 나와 가까워지려고 하지 않는다.

13. 때때로 분명한 이유도 없이 그(그녀)는 나에 대한 자신의 감정을 바꾸곤 한다.

14. 매우 가까워지고 싶은 나의 욕구 때문에 그(그녀)가 내게서 멀어지기도 한다.

15. 그(그녀)가 나에 대해 알게 되면, 그(그녀)는 있는 그대로의 내 모습을 좋아하지 않을까 봐 두렵다.

16. 그(그녀)가 내가 필요로 하는 지지나 애정을 주지 않을 때 화가 난다.

17. 그(그녀)의 기대에 못 미칠까 봐 걱정된다

18. 그(그녀)는 내가 화나 있을 때만 나에게 주목하는 것 같다.

주: * 표시된 항목은 역채점한다.
출처: Fraley, R. C., Waller, N. G., & Brennan, K. A. (2000). An item response theory analysis of self-report measures of adult attachment. *Jourual of personality and social psychology, 78*, 350-365.

부록 2

치료의 일반적 요소와 원칙

많은 일반적 요소가 치료의 변화를 가져온다. 확실히 내담자 요소, 관계요소, 치료사와 기술 요소 모두 일조하는 것으로 보인다.

미국심리학회 12분과인 심리학적 치료의 홍보와 보급 위원회는 이 요소들을 다음과 같이 설명하였다(Chambless et al., 1998).

- 성(gender), 애착유형, 동기 및 참여 수준, 변화에 대한 기대와 준비성 같은 내담자 요소들
- 동맹의 성격과 공감 같은 치료적 관계요인들과 내담자에 대한 따뜻함과 긍정적 시선 그리고 진정성과 같은 치료사 요소
- 치료사의 지시성 수준, 성장과 발전에 대한 집중 대 증상 변화에 대한 집중, 치료 강도, 개입기법의 정신내적인 집중 대 대인관계적 집중, 치료에서 정서적 역할극의 중요성, 집중적 치료에의 중점 대 단기치료에의 중점을 포함하는 일반적 기술요소

⚭

내담자 요소

이 요소들을 고려하면 내담자와 치료기법의 궁합 문제를 거론하게 된다. 저자가 생각하는 조화의 가장 합리적인 개념은 과하게 정서적인 내담자들에게는 정서적으로 더 수용적인 개입기법이 필요하고, 정서적으로 분리된 내담자들에게는 정서적 참여와 표현을 촉진시키는 기법이 필요하다는 것이다(Stiles, Agnew-Davies, Hardy, Barkham, & Shapiro, 1998). 일상적인 치료 현장에서 이 분야의 모든 연구를 종합하고 그 모든 요소를 연결하려 노력하면 혼란에 빠질 수 있다. 주요 발견을 염두에 두고 시작하는 것이 좋다. 내담자 요소들과 가장 많은 관련이 있는 발견들은 다음과 같다.

1. 공존하는 성격장애는 우울증과 같은 질환의 치료를 더 어렵게 만드는 것으로 보인다.

2. 치료사와 환자가 같은 인종적 배경의 출신일 경우 중도 탈락이 적었다.

3. 일부 연구에서 흔히 외현형이라 불리는, 충동성과 외부 비난의 경향이 있는 내담자들은 자기인식보다는 증상 완화, 기술 습득 및 충동조절에 초점을 맞춘 우울증 치료로 도움을 받을 수 있었던 반면, 내향적인 내담자들은 그 반대였다고 주장했다(Beutler, Blatt, Alimohamed, Levy & Antuaco, 2006).

4. 내담자의 애착유형은 동맹과 결과 모두를 예측하는 것으로 보인다. 회피애착 유형을 보이는 내담자들은 치료사와의 긍정적 동맹형성에 더 많은 어려움을 겪고, 종종 결과가 더 좋지 않은 것 같다(Byrd, Patterson, & Turchik, 2010; Marmarosh et al., 2009; Bachelor, Meunier, Lavadiere, & Gamache, 2010).

5. 불안을 치료할 때, 증상의 심각도와 지속기간은 치료에 부정적 영향을 미치는 것으로 나타났다. 마찬가지로, 내담자의 사회적 지지 수준은 치료 유효성을 예측하는 것으로 확인되었다(Newman, Crits-Christoph, Connelly Gibbons, & Erickson, 2006).

6. 대처행동에 대한 다른 많은 지표와 마찬가지로 결혼은 지속적인 불안 개선을 예측하는 것으로 확인되었으나 불행한 결혼은 긍정적 변화를 약화시키는 것

으로 보인다(Durham, Allan, & Hackett, 1997). 늘 그렇듯 관계의 성격에 따라 건강의 강력한 자원이 되기도 하고, 부정적인 관계라면 문제에 대한 민감성의 근원이 되기도 한다. PTSD에 대한 연구에서 관계불화는 증상의 심각성을 예측했다(Riggs, Byrne, Weathers, & Litz, 2005). 실제로 중요한 타인으로부터 지각된 적대감을 경험하는 것은 보통 불안과 우울 모두에서 재발을 촉진하는 것으로 밝혀졌다(Riggs, Byrne, Weathers, & Litz, 2005).

7. 단일 진단과 건강한 대인관계 상호작용은 불안에 대해 치료 결과가 좋은 사람들의 전형적 특징으로 보인다. 어린 시절 부정적인 양육과 애착관계는 불안에 대한 효과적인 치료를 더 어렵게 만든다(Beutler, Harwood, Alimohamed, & Malik, 2002)

치료사 요소

치료동맹과 치료사 요소에 대해서는 치료사와의 관계가 특히 공감과 진정성을 제공할 때 결과에 영향을 미치며, 그 관계가 긍정적일 경우 내담자의 치료 참여와 협력을 족진한다는 점에 대해 대체로 동의가 이루어졌다. 일례로 Zuroff와 Blatt(2006)은 NIMH 우울증 연구의 여러 치료모델에서 환자 특성과 증상의 심각도를 고려했을 때 동맹에 대한 내담자들의 초기 평가가 결과와 추적관찰에 영향을 주었다는 것을 확인하였다. 하지만 동맹의 성격과 치료 결과의 관련성은 보통 상대적으로 낮다는 점에 유의해야 한다. 연구들은 동맹에 따라 결과에서 약 10% 정도의 편차를 보일 수 있다고 시사한다(Castonguay et al., 2006; Beutler, 2002). 이 연구 결과는 동맹이 긍정적인 변화를 일으키는 데 필요하지만 그것만으로는 충분하지 않다는 EFT의 이해를 재확인시켜 준다. 그렇다고 하더라도, 한 부부 EFT 연구(Johnson & Talitman, 1996)에서 동맹은 결과 편차의 20% 정도를 설명할 수 있는 것으로 확인되었다.

동맹이 우리가 생각하는 것처럼 그렇게 '일반적인' 요소가 아닐 수 있다는 점도 유의해야 한다. 치료모델에 따라 동맹의 성격, 질, 영향력은 상당히 달라지는 것으로 보이고, 게다가 다양한 치료에서 상이한 역할을 하는 것으로 보인다. 또한 기술과 동맹은 끊임없이 서로 상호작용하며 영향을 미치기 때문에 분리하기가 어려울 수 있다.

치료동맹의 개념은 결합, 목표 합의 그리고 과제의 세 가지 요소로 구성된다 (Bordin, 1994). 아마도 EFT 연구에서 가장 흥미로운 결과는 Johnson과 Talitman (1986)의 연구에서 발견되었을 것이다. 그 연구에서 더 나은 결과를 예측한 것은 치료사와 결합이나 혹은 목표에 대한 합의보다는 동맹의 과제 요소였다. Bordin이 측정했던 과제요소는 치료사가 핵심을 짚고 있는지, 그 치료가 내담자와 연관되어 있으며 변화의 기반을 다지는 데 중요한지에 대한 내담자의 경험을 포착하고 있다. EFT가 치료사가 함께하는 것, 치료사의 이용 가능성, 반응성, 참여를 강조한다는 점을 고려한다면, 이 EFT 연구 결과는 놀라운 것이다. 이 결과를 이해하는 한 가지 방법은 과제 요소를 치료사가 내담자의 관심사와 목표에 적합한 방식으로 내담자에게 조율하고 조응하는 상황에 대한 지각된 감각이라고 설명하는 것이다.

치료사 특성 측면에서 불안하고 몰두하는 애착유형의 치료사들은 내담자에게 덜 공감적으로 반응하는 경향이 있다는 일부 증거가 있다. 치료사의 안정적 애착은 회기의 심도와 더 좋은 결과에 기여하는 것으로 보인다(Rubino, Barker, Roth, & Fearon, 2000; Levy, Ellison, Scott, & Bernecker, 2011). 유연성, 설득력, 정동의 조율과 표현성, 따뜻함과 수용성, 그리고 의사소통 능력 같은 자질들도 동맹과 치료 결과에 영향을 주는 것으로 밝혀졌다.

일반적 기술

이미 언급했듯이, 경험적으로 증명된 치료가 너무 많기 때문에 그 많은 치료가 제시하는 기법들을 상당 부분 배우는 것은 치료사들에게 불가능한 일이다(Follette & Greenberg, 2006). 특정 기술의 영향력도 분리하여 연구하기가 대단히 어렵다. 기술들은 치료회기에 진행되는 드라마 속 서로 얽혀 있는 다양한 치료적 개입들 안에 묻혀 있기 때문이다. 매뉴얼화되고 경험적으로 검증된 치료들에서조차 변화의 유효한 요소가 무엇인지 판단하기 어려운 경우가 많은 것도 문제이다. CBT가 효과가 있는 것은 내담자의 부정적 믿음에 도전하기와 같은 개입기법 때문일까? CBT

에서 부정적 사고를 목표로 하는 것이 긍정적 결과를 얻는 데 있어 필수적이지 않다는 증거가 늘어나고 있다. 제3장에서 이미 기술했듯이, 사실 CBT에서 우울증 환자의 치료 성공을 예측하는 것은 동맹의 질과 정서적 경험의 깊이인 것으로 보인다 (Castonguay et al., 1996).

　　개입기법과 기술에 대해 명칭을 붙이면 명확해질 수도 있지만 반대로 혼란스러워질 수도 있다. 예를 들어 팔리어 사티(sati)에서 유래한 마음챙김은 '알아차림 혹은 주의'를 의미하지만 다른 많은 요소를 나타나는 데 쓰일 수도 있다. Germer, Siegel과 Fulton(2003)은 마음챙김의 고전적 개념은 사람이 자신의 경험을 비판단적으로 대하며, "순간순간 펼쳐지는 경험"에 주의를 기울이는 것이며(p.145), Gendlin의 집중적 개입(1996)과 같은 인본주의적 경험주의적 접근법과 "놀라울 정도로 유사하다."라고 언급한다. 실제로 EFT와의 유사성은 명백하며 EFT와 불교사상과의 관련성도 문헌에 요약되어 있다(Furrow, Johnson, Bradley, & Amodeo, 2011). 하지만 마음챙김은 경험으로부터 분리되는 방법 혹은 스트레스 관리나 이완 훈련으로도 사용될 수 있다. 많은 임상가는 경험주의적 치료가 비록 가부좌하고 묵언 수행을 하는 방식은 아니었지만 수십 년간 마음챙김 기술을 고전적 형태로 사용해 왔다는 것을 모르는 채 이 기술을 CBT 치료의 일부로 보고 있다. Germer가 기술한 고전적 형태는 상황이 발생하는 대로 '마음을 챙기면서' 경험에 집중하는 과정인데, 이는 EFT에서 그러했듯이 사람들이 자신의 경험과 맺는 관계를 변화시킨다. 그 과정에서 사람들은 상황이 그저 그들에게 발생하는 것이 아니라 그들이 자신의 경험을 적극적으로 구성한다는 것을 인식한다. 이러한 인식에는 자아가 고정된 실체가 아니라 불교사상에서 제시하는 바와 같이(Olendzki, 2005) 특정한 맥락에서 끊임없이 능동적으로 재구성되는 과정이라는 새로운 자아감도 포함될 수 있다. 우리가 그것을 마음챙김이라고 부르든, 경험의 경험주의적 전개에 대한 조율이라고 부르든, 이 새로운 차원의 인식에 도달하는 방법은 다양할 수 있다는 것도 눈여겨볼 부분이다. 한 연구 (Pinniger, Brown, Thorsteinsson, & McKinley, 2012)에서는 마음챙김 연습과 아르헨티나의 탱고가 우울증에 미치는 효과를 비교했다. 두 가지 개입 모두 대조군보다 증상 완화에 효과적이었지만, 탱고만이 스트레스를 줄이고 사람들이 좀 더 마음챙김을 하도록 만든다는 사실을 발견했다!

　　구체적 기술 혹은 개입의 효과를 비교하는 것 역시 어렵다. 치료모델에 포함된 모

든 변수, 다양한 내담자에게 한 모델을 적용할 때 달라지는 영향력, 측정방법의 둔
감성에 더하여 특히 많은 연구에서 차이를 확인할 수 있는 통계적 검증력이 부족한
상황이라는 것까지 고려할 때 서로 다른 특정 기법에서 기인한 결과의 차이가 손실
되지 않는다면 그것이 더 놀라울 것이다(Kazdin & Bass, 1989). 우리는 또한 심리치
료 연구에 있어 메타분석에 의존하고 있는데, 이는 다양한 질의 연구들, 그리고 매
우 상이한 현상에 대한 연구들이 혼합되어 있어 왜곡되기로 악명이 높다. 방법론적
문제를 고려할 때, 메타분석의 효과크기는 현저히 떨어질 수 있다. 우울증에 대한
실험의 고찰에서 보정되지 않은 효과크기는 0.74였지만 방법론적 질을 통제한 후에
는 0.22로 감소했다(Cuijpers, van Straten, Bohlmeijer, Hollon, & Andersson, 2010). 대
인관계적 개입과 인지행동적 개입을 비교했던 유명한 NIMH의 우울증 연구(Elkin
et al., 1989)는 이른바 도도새 가설, 즉 심리치료의 여러 모델에서 실제 결과의 차이
가 없다는 것을 주장할 때 자주 이용된다. 메타분석에서는 매우 다른 방법을 사용하
는 연구들을 같은 그룹으로 분류하기 때문에, 이름표가 치료에서 실제로 시행된 작
업을 모호하게 만든다(한 CBT 개입은 다른 개입과 유사하지 않을 수 있으므로). 이러한
분석으로 평균의 평균을 산출하는 관행은 결과의 상당한 변동 가능성을 분명히 은
폐하고 있다. 다른 사람들과 마찬가지로(Tolin, 2014) 나 역시 이 오해의 소지가 있는
은유를 폐기해야 한다고 생각한다.

비교연구들은 교란변수 문제로 어려움을 겪는다. 이를테면 많은 내담자가 조기
에 치료를 종결하거나 재발을 겪는 상황, 어느 모델이든 어떤 치료사들은 특이할 정
도로 효과를 거두고 다른 치료사들은 그렇지 않은 상황들 말이다(Wampold, 2006).
아마도 현재 활동 중인 치료사에게 가장 적절한 질문은 대부분의 모델이 어떤 방식
으로든 포함해야만 하는 불안, 우울 치료에 대한 일반적인 기술이 있는가일 것이다.

치료의 목표

효과가 입증된 치료에 대한 데이터를 고려했을 때, 효과적인 치료라면 몇 가지 핵
심적인 전반적 목표에 초점을 맞춘 기술들이 포함되어야 한다는 것에 대해 어느 정
도 합의가 이루어진 것 같다(Follette & Greenberg, 2006; Woody & Ollendick, 2006).

- 새 경험에 대한 인지적 평가에의 문제 제기
- 긍정적 강화의 증가
- 회피행동에 대한 적극적 처리
- 두렵거나 어려운 상황에 대한 단계적 노출
- 내담자의 대인관계 기능 개선
- 부부 및 가족 환경 개선
- 정서에 대한 인식 및 조절 향상

특히 대처기술을 코칭하는 것에 얼마나 중점을 두어야 하는지, 정서처리를 얼마나 직접적으로 다루어야 하는지 등의 문제에 따라 불안에 대한 치료는 다양한 것으로 보인다. CBT 접근에서 정서의 환기는 그저 인지에 대한 도전의 부산물처럼 보이고(Woody & Ollendick, 2006, p. 180), 초점은 인간관계보다는 오로지 정신 내면을 향한다. 하지만 David Barlow 같은 권위자들은 이 두 가지 경향 모두에 이의를 제기한다. 1984년 연구에서, Barlow, O'Brien과 Last는 광장공포증의 노출치료에 동반자가 동행한 여성의 86%가 개선된 반면 동반자 없이 치료를 마친 여성이 개선된 비율은 43%에 머물렀고 이러한 효능의 차이는 추적관찰에서 계속 증가한다는 것을 발견하였다. Barlow는 독창적인 그의 저서 『불안과 불안장애(Anxiety and Its Disorders)』(2002)에서 정서와 정서이론에 대해 더 많은 관심을 가져야 한다는 주장을 지지했다. 그는 정서가 행동이고 인지이고 생물학이라고 지적했다. Woody와 Ollendick은 다음과 같이 지적했다. "많은 내담자가 불안과 두려움의 경험에 대해 이렇게 말한다. 몹시 두려운 느낌, 위험 그리고 투쟁 혹은 도피 반응으로 이어지는 드라마. 내담자가 이 경험을 묘사할 때, 그것은 인지 이상의 것, 회피 이상의 것, 생리적 각성 이상의 것이다. 그 핵심적 정서와 그 치료에 대한 우리의 현재 서술에는 이러한 지각된 경험이 부족한 것으로 보인다."(2006, p. 181)

이러한 일반적 요소에 대한 메타적 관심, 변화의 상관요인들, 개입기법의 일반적 원칙들이 치료사에게 어떤 의미가 있는가? 이러한 지식은 우리가 치료를 개선하고 결과를 향상시키기 위해 특정 내담자와의 치료적 관계에 적응하고 개입에 익숙해지는 것에 도움을 줄 수 있다. 그것은 우리가 어떤 모델이든 비판적으로 보고, 모델에 핵심적이라 여겨지는 기술들이 효과적 치료의 주요 요소를 포함하는지, 개입기법에 적절하고 명확한 명칭이 있는지, 그리고 특정 모델의 개입기법이 얼마나 독창적인지 질문하는 데 보탬이 될 수 있다. 그러나 일반적 요소들에 대한 관점이 개입모델을 제시해 주지는 않는다. 치료 성공에 대한 예측인자와 치료 원칙들은 일반적인 용어로 추상화될 수 있지만, 치료는 이런 일반적인 수준에서 실행되지 않는다. 치료사들에게 치료모델은 자신감과 유능함의 원천이기 때문에, 실천적인 치료사들은 어떤 요소에 초점을 맞추어야 하는지, 특정한 순간에 구체적으로 어떤 종류의 개입을 사용해야 하는지 알고 싶어 한다. 지금은 일반적 요소에 대한 문헌이 많은 면에서 경험주의적 애착치료 모델의 전제를 뒷받침한다는 것까지만 말해 두도록 하겠다. 일례로, EFT는 결과에서 동맹의 중요성을 강조하고 앞서 제시한 효과적인 치료를 위한 일반적 목표에도 동의하는 것으로 보인다. 하지만 일반적 요소에 대한 문헌이 혼란스러울 수도 있다. 그리고 이 문헌들은 때로는 개입에 대한 일관성 있는 모델의 필요성을 묵살하거나 혹은 어느 치료나 다 효과적이기 때문에 개입의 본질은 중요하지 않다고 시사하는 데 이용되기도 한다. 당연히 이 책은 그 견해에 동의하지 않으며, 사실 그 반대의 것을 이야기하고 있다. 이 책은 많은 치료모델이 발달적·인격적 관점에서 인간에 대한 견고한 경험적 이해가 부족하며, 치료 결과의 향후 개선과 심리치료 분야의 발전을 위해 그러한 이해가 필요하다고 주장한다.

정서중심 개인치료와 애착관점을 가진, 경험적으로 확인된 다른 치료모델

　　첫번째로 주목해야 할 중요한 지점은 불안과 우울의 치료에 대한 정신역동적 접근(경험주의적 접근이 탄생하게끔 하였으며, 가까운 관계에 있음)은 그 효과가 증명되었다는 것이다(Shedler, 2010; Abbass, Hancock, Henderson, & Kisley, 2006; Leichsenring, Rabung, & Leibing, 2004). 이 치료기법의 효과크기는 추적관찰에서 더욱 증가하는 일관적인 경향을 보인다. 이런 치료들은 행동치료보다 보통 더 오랜 기간이 걸리지만, 지속적인 변화를 만들어 내는 데는 성공적이다. 대다수의 연구는 다양한 질환을 가진 환자들을 포함한다. 공존질환이 일반적이기 때문에 CBT의 효과를 평가하는 많은 효능연구에서 이용되는 개별적 환자군보다 이런 환자군이 현실세계의 치료를 더 잘 대표한다고 볼 수 있다. 결과를 고려할 때, CBT 개입은 좀 더 교훈적이고 기술을 기반으로 하지만 비행동적 개입의 본질은 내담자가 과거의 내재적 감정과 의미를 인식하도록 돕는 작업에 중점을 두고 있다는 점에 주의하는 것이 중요하다. 이런 종류의 변화는 심리치료에서 경험주의의 공인된 표준인 무작위 통제연구의 구조에 항상 부합하지는 않는다. 무작위 통제연구는 '더 큰 자유와 가능성을 누리며 사는 삶을 가능하게 하는 내적 능력과 자원에 초점을 맞추는 역동적·경험주의적인 치료'의 성장지향적 유형보다 (행동주의적 접근의 초점인) 급성기 증상 완화를 강조하는 경향이 있다(Shedler, 2010, p. 105). 증상중심적 결과 측정은 심리치료가 실제로 가져올 수 있는 가능성 있는 변화들을 충분히 평가하지 못하는 것으로 보인다.

⚭

대인관계 심리치료(IPT)

애착이론과 실제로 관련이 있으며 경험적으로 검증된 접근방법은 대인관계 심리치료(Interpersonal Psychotherapy: IPT) 모델이다. 이 모델은 우울증 개입기법으로 잘 알려져 있다(Klerman, Weissman, Rounsaville, & Chevron, 1984; Cuijpers et al., 2010). 치료들 간의 '비열등성(non-inferiority)' 혹은 동등성에 대한 정밀한 판단이 가능해지는 큰 표본 규모(237명의 내담자)를 이용한 최근 연구에서는 우울증 치료에 있어서 IPT가 인지치료만큼 효과적인 것으로 드러났다(Connolly Gibbons et al., 2016). 하지만 호전에도 불구하고, 내담자의 약 80%는 치료 종결 시점에도 약간의 우울 증상을 가지고 있었다. 흥미롭게도, 이 연구의 저자들은 심리치료 연구에서 보통 결과 분석의 영향을 결정하는 표본 규모가 치료법들 간의 실제 동등성을 입증하기에는 부족하다고 언급했다.

이 책에 제시된 EFIT 모델과 IPT 모델 사이에는 유사점이 있다. IPT 모델은 사회적 스트레스 요인들과 상실을 우울증의 강력한 촉발요인으로 강조하며, 그 이론적 근거의 한 부분으로 애착이론을 이용한다. 대인관계적 교류를 논의하고 관계 맺기의 문제적 패턴을 찾아내기 위해 의사소통 패턴을 분석하며, 미래의 상호작용을 계획한다. 상실, 애도, 분쟁 및 역할 전환에 각별히 주의한다. 내담자의 개인력, 특히 외상은 현재 문제에 대한 취약성을 만드는 것으로 구조화하며, 우울한 기분을 정상화시키는 교육을 제공한다. 증상과 연대기적으로, 정서적으로 관련되어 있는 관계들을 탐구하기 위해 정서적 질문과 반영이 사용된다. 역할극에서 의사소통의 새로운 방법을 연습한다. 이 접근방식은 EFIT에서 타인과의 상상의 만남 및 재연을 사용하는 것과 다소 유사하다. 정서를 강력하지만 위험하지 않은 것으로 정상화·구조화하는 것, 지금 여기에서의 작업에 집중하는 것, 내담자가 어려움을 처리하고 성장할 수 있으며 그렇게 할 것이라는 낙관적 입장은 특히 EFIT와 일치하는 것 같다.

IPT와 EFIT 사이에는 상당한 차이점도 있다. 예를 들어, IPT는 행동주의적 치료와 유사하게 역할 분쟁에서 재협상을 강조한다. 또한 '카타르시스'를 개입기법으로 여기는데, 이는 일반적으로 EFT 또는 EFIT에서 지지되지 않는 관점인, 정서의 환기 자체가 유용하다는 관점을 내포한다. EFIT와 IPT 모두 정서를 규명하지만, IPT에서는 정서를 적극적으로 처리 혹은 심화하거나 새롭게 처리된 정서를 더 적응적인 행동으로 향하는 경로로 이용하는 것에 대한 언급이 없다. 사실 John Markowitz는 (그의 세미나 기록에서) IPT가 비노출 치료법이기 때문에 임상가들이 외상을 다룰 때는 CBT나 EMDR을 먼저 사용해야 한다고 주장한다. 이러한 접근에서의 애착은 애착관계의 음악인 '뜨거운' 인지(역주: 생생하고 감정이 실린 사고)와 의미를 정제하는 능동적이고 실존적인 구조라기보다 배경에 더 가까운 것으로 보인다. 이러한 관점에서 실행되는 대로 IPT를 보면 EFIT보다 대인관계 기술을 쌓는 것을 목표로 하는 행동 코칭 모델에 가까운 것처럼 보인다. IPT 모델에 대해 변화과정 연구는 거의 없기 때문에, 변화의 메커니즘은 명확하지 않다.

과정경험/정서중심치료(PE/EF)

과정경험/정서중심치료(process experiential/emotion-focused: PE/EF) 모델(이제는 후자로 더 자주 불림; Elliott, Watson, et al., 2004에서 개관)은 Greenberg(2011)가 했던 것처럼 EFIT와 함께 정서중심치료의 일반적 범주로 분류된다. 이 용어는 이제 인지행동적 혹은 체계적 혹은 인본주의적, 그 어떤 방식으로든 정서를 포함시키는 모든 치료를 지칭하는 일반적 방법으로 사용되는 것처럼 보인다. 하지만 정서를 그저 확인하기만 하는 행동주의 치료와 EFIT 사이에는 엄청난 간극이 있으므로 이런 총칭은 명확함보다 혼동을 주는 것 같다. PE/EF는 적어도 일반적인 이론적 수준에서 애착이론에 동의하고 있으며, EFIT 모델이 그렇듯이 Rogers의 경험주의 심리치료라는 같은 뿌리에서 기원하고 있다. 이 모델의 개인 심리치료는 경험적 검증이 잘되어 있고(Elliott et al., 2013), 특히 우울증에 대해 큰 효과크기(Cohen, 1988에서 정의)를 보였다. 이러한 결과는 행동주의 치료에서 발견되는 결과와 동등하고, 특히 연구자의 충성도가 설명될 때 그러하다. 하지만 이는 불안장애에 대한 효과에는 덜 적용된다. 대부분의 연구에서 PE/EF 전후 상당한 효과가 확인되었음에도 불구하고 불안장애, 특히 범불안장애에서는 효과가 적었고 CBT가 더 선호되었다. 이 접근 방식은 과거의 미완성 사건의 해소나 분열(자기의 부분들이 충돌하는 경우)의 해소와 같은 구체적인 치료적 과제를 대상으로 한다. 한 작은 연구에서는 이런 분열 해소에 집중하는 것이 내담자들에게서 자기비판, 우울, 불안이 감소하고 자기 자비(self-compassion)가 증가하는 결과를 보였다고 보고하였다(Sharar et al., 2011). 변화과정의 측면에서 연구들은 회기에서 경험 수준이 높을수록 더 나은 결과를 기대할 수 있다는 것을 발견했다(Eliott, Watson, et al., 2004). Watson과 Bedard(2006)는 PE/EF와 CBT 양쪽에서 우울증에 좋은 결과를 보인 내담자들은 더 높은 경험 수준으로 치료를 시작하고 종료한다는 것을 확인하였다. 이 두 모델 모두 좋은 결과의 내담자들은 그들의 감정을 더 자주 언급했고, 내면적으로 더 집중했고, 경험을 더 많이 되돌아볼 수 있었을 뿐만 아니라 새로운 의미를 기꺼이 만들어 낼 수 있었다. CBT의 중요 목표인 '뜨거운' 인지를 재구성하기 위해서는 정서적 각성이 필요한 것으로 보인다(Goldfried, 2003). 하지만 예상한 바와 같이, 이 연구에서 CBT 내담자들은 PE/EF 내담자들에 비해 전반적으로 더 냉담하고 회기에서의 정서에 참여하지 않았다. PE/EF 모델에 대한 연구는 내담자에게 더 깊은 경험을 접촉하게 하는 치료사의 경험주의적 집중의 깊이가 좋은 결과를 예측한다는 점을 일관되게 보여 준다.

EFIT와 PE/EF의 유사성은 두 모델 모두 치료사와의 관계가 역할에 매여 있지 않고 진정성 있게 협력적으로 이루어진다는 것이다. 실제로 진정한 동맹은 변화과정에 필수적인 것으로 여겨진다. 내담자들은 현재의 증상에 관한 것뿐만 아니라 전인적으로 파악된다. 그리고 두 모델 모두에서 내담자들이 현재 진행 중인 경험을 구성하는 방식이 개입의 중심이 된다. 치료사는 공감적 반영, 환기적 질문과 같은 개입을 사용하여 내담자의 경험을 긍정적인 주체성과 통합의 방향으로 이끌어 간다. EFT와 PE/EF 모두 경험주의 모델이고, 그렇기 때문에 이에 대한 연구가 회기 중 경험을 심화하는 것, 타인에게 좀 더 친화적인 방식으로 솔직해지는 것이 긍정적 결과를 예측한다는 점을 보여 주는 것은 타당하다. 이 모델들의 유사점은 다음과 같이 요약될 수 있다. EFT와 PE/EF의 목표는 차단되어 있고 미분화된 정서로 진입하여, 정서를 처리하고 조절하는 방식을 새로운 의미와 새로운 주체성으로 이어지는 방향으로 변화시킨다.

물론 EFIT와 PE/EF 간에는 상당한 차이점도 있다.

- EFIT는 내적 그리고 대인관계적 드라마 양쪽의 안내자로서의 애착이론 및 애착과학과 밀접하게 관련되어 있고 이에 집중하고 있다. 이 사실은 건설적 의존

과 안전한 애착형성을 지향하는 대인관계 중심적 부부치료로서 시작하였음을 반영한다. 또한 EFIT에서의 애착이론에 대한 표현이 더 정확해 보인다. 예를 들어, PE/EFT에서 애착에 필요한 부분으로서 정체성에의 집중을 덧붙이는 것은 부적절하다. 왜냐하면 자신에 대한 작동모델이 애착이론의 핵심적 특징이기 때문이다. EFIT 모델 그리고 애착이론가들의 타인과의 상호작용 패턴은 자신의 작동모델을 능동적으로 만들어 내는 결정적인 자기지속적 피드백 회로를 구성한다(Mikulincer, 1995). EFIT에서 애착은 또한 모든 것을 아우르는 경험주의적 방식으로 사용되며, 그 속에서 타인과의 연결과 단절은 생사가 걸린 과정으로 구조화된다. EFIT 치료사는 PE/EF에서처럼 역기능적 행동을 자주 설명하지만 통상적으로 일종의 소속감을 유지하거나 혹은 고립의 고통을 무디게 하려는 절박한 시도라고 인정해 준다. 그래서 나는 내담자에게 "자기비판에 머무르는 것이 익숙하고 편안하고 덜 힘든 것처럼 보여요. 당신이 아버지와 아버지가 당신을 대한 방식에 대해 생각하면서 얼마나 믿을 수 없을 만큼 외롭고 '홀로 남겨져' 무력하게 느끼는지 정말로 지각하는 것보다 말이죠."라고 말하곤 한다.

• EFIT는 PE/EF의 특징적인 정신내적 구조의 외부에서 개발되었다. 실제로 명확히 대인관계적이고 체계적이다. EFIT는 중요한 타인과의 대응에서, 그리고 개인 내면에서 정서처리의 상호 제약적 피드백 회로와 인과성의 순환과정 패턴을 강조한다. 예를 들어, EFFT는 회기에서 단절이 발생할 때 춤의 단계적 약화에 초점을 맞추는 반면, PE/EF의 가족 버전은 부모를 개별적으로 만나고 그들이 각각 더 좋은 부모가 되도록 지도하는 것에 중점을 둔다. 그리고 EFFT는 가족 구성원들을 개인 내면의 자아개념과 그들의 춤의 본질 모두를 확장시키는, 안전한 피난처 대화로 안내한다. EFFT의 목표는 효과적이며 건설적인 의존을 구축하는 상호작용으로 청소년을 이끄는 것이다. 이것은 결국 개별화와 자율성을 육성한다.

• EFIT와 PE/EF의 이론적 공식화는 정서 측면에서 상이하게 발전하였다. 예를 들어, EFIT에서 정서는 부적응적인 것으로 공식화되지 않지만, PE/EF에서는 그렇게 설명된다. EFIT 치료사는 정서조절의 고착된 자멸적인 방식에 초점을 맞춘다. 모든 일차 정서, 즉 분노, 두려움, 수치심, 슬픔, 즐거움과 놀라움은 특

정한 맥락에서 유연하고 균형 잡힌 방식으로 이용될 때 적응적인 것으로 여겨진다. 우리는 또한 '정서 스키마'에 대해 말하지 않으며, 타인과 자신의 작동모델에 대해 더 명료하고 입증된 애착적 개념을 선호한다. 이것에는 정서가 스며들어 있으며, 인지, 해석 및 행동으로 이끄는 '지각된 느낌'을 낳는다.

- EFIT 치료사는 분열 혹은 해결되지 않은 사건의 해소와 같이 PE/EF에 명시된 구체적 과제에는 훨씬 덜 집중한다. 정해진 과제에 대해 정해진 단계를 따라 사람들을 지도하는 것으로는 EFIT의 과정을 설명하지 못한다. EFIT에서 치료사들은 사람들이 위협과 고통을 처리하는 방식과 타인과의 애착 안정성, 정서적 평정을 획득하는 과정에서 초래되는 문제들에 집중하는 경향이 있다. PE/EF의 구조화와는 반대로 EFIT 치료사는 변화의 핵심적인 부분으로서 한 정서가 또 다른 정서로 변화하는 것을 거론하지 않는다. 그보다는 타인과의 건설적인 공동조절을 형성하고 새로운 행동 경향을 이끌어 내기 위해 정서를 조합하고 정제하고 드러낸다. 예를 들어, 메리가 격노 아래의 절박함을 인식할 때 분노는 조정된다. 그러나 변화가 실제로 일어나는 것은 그녀가 이 절박함을 받아들이고 애착대상에 대한 갈망을 새롭게 표현할 수 있을 때이다.

- EFIT 과정은 많은 면에서 상당히 소박해 보인다. 이 책에서 EFIT의 개요는 3개의 기(stage)에 따라 핵심과정(EFT 탱고)과 일련의 일반적이고 경험주의적인 세부기법들로 기술되고 있다. PE/EF는 과도하고 복잡한 범주화를 제시한다. 어려움을 처리하는 네 가지 유형, 네 가지 타입의 치료 과제에 대한 열한 가지의 상이한 표지 등이 그 예이다. 기술적인 면에서 EFIT 치료사는 정서적 현실, 자기의 부분들, 애착대상과의 상상의 만남과 같은 기본적인 게슈탈트 기법을 PE/EF보다 적게 쓰지만 더 유동적이고 유기적인 방식으로 사용한다. 이런 기술들을 쓸 때, 우리는 전통적 게슈탈트 치료에서처럼 타인을 표상하거나 혹은 자아의 다른 부분들을 표상하기 위해 의자를 실제로 바꾸기보다는, 단순하게 내담자들이 눈을 감고 그들 경험의 특정한 부분에 집중하도록 요청하는 것을 선호한다. PE/EF를 부부들에게 적용할 때, 타인에게 관여하기 전에 그들의 정서를 스스로 조절하는 방식을 가르치는 과정이 추가된다. EFT 연구는 이 단계가 불필요하다고 주장한다. EFT 치료사는 자기조절 과정의 한계를 고려하여 먼저 효과적인 공동조절을 육성하는 것을 선호한다(제2장에 기술되어 있음). 간단히

말하면, EFIT는 애착이론의 우아함과 단순함을 IPT 혹은 PE/EF 모델보다 더 직접적으로 반영한다.

참고문헌

Abbass, A. A., Hancock, J. T., Henderson, J., & Kisley, S. (2006). Short term psychodynamic therapies for common mental disorders. *Cochrane Database of Systematic Reviews, 4,* Art. No. CD004687.

Acevedo, B., & Aron, A. (2009). Does a long term relationship kill romantic love? *Review of General Psychology, 13,* 59-65.

Aikin, N., & Aikin, P. (2017). *The Hold Me Tight®–Let Me Go program: Conversations for connection: A relationship education and enhancement program for families with teens.* Ottawa, Ontario, Canada: International Centre for Excellence in Emotionally Focused Therapy.

Ainsworth, M. D., Blehar, M. C., Waters, E., & Wall, S. (1978). *Patterns of attachment: A study of the Strange Situation.* Hillsdale, NJ: Erlbaum.

Aldao, A., Nolen Hoeksema, S., & Schweiser, S. (2010). Emotion regulation across psychopathology: A meta-analytic review. *Clinical Psychology Review, 30,* 217-237.

Alexander, F., & French, T. (1946). *Psychoanalytic therapy: Principles and application.* New York: Ronald Press.

Alexander, P. C. (1993). Application of attachment theory to the study of sexual abuse. *Journal of Consulting and Clinical Psychology, 60,* 185-195.

Allan, R., & Johnson, S. M. (2016). Conceptual and application issues: Emotionally focused therapy with gay male couples. *Journal of Couple and Relationship Therapy: Innovations in Clinical and Educational Interventions, 16,* 286-305.

Allen, J. P. (2008). The attachment system in adolescence. In J. Cassidy & P. Shaver (Eds.), *Handbook of attachment: Theory, research, and clinical applications* (2nd ed., pp.

419-435). New York: Guilford Press.

Allen, J. P., & Land, D. J. (1999). Attachment in adolescence. In J. Cassidy & P. R. Shaver (Eds.), *Handbook of attachment: Theory, research, and clinical applications* (pp. 319-335). New York: Guilford Press.

Anders, S. L., & Tucker, J. S. (2000). Adult attachment style, interpersonal communication competence and social support. *Personal Relationships, 7,* 379-389.

Armsden, G. C., & Greenberg, M. T. (1987). The inventory of parent and peer attachment: Relationships to well-being in adolescence. *Journal of Youth and Adolescence, 16,* 427-454.

Arnold, M. B. (1960). *Emotion and personality.* New York: Columbia University Press.

Asarnow, J. R., Goldstein, M. J., Tompson, M., & Guthrie, D. (1993). One year outcomes of depressive disorders in child psychiatric in-patients: Evaluation of the prognostic power of a brief measure of expressed emotion. *Journal of Child Psychology and Psychiatry, 34,* 129-137.

Bachelor, A., Meunier, G., Lavadiere, O., & Gamache, D. (2010). Client attachment to therapist: Relation to client personality and symptomatology, and their contributions to the therapeutic alliance. *Psychotherapy, Theory, Research, Practice and Training, 47,* 454-468.

Barlow, D. H. (2002). *Anxiety and its disorders: The nature and treatment of anxiety and panic* (2nd ed.). New York: Guilford Press.

Barlow, D. H., Allen, L. B., & Choate, M. L. (2004). Toward a unified treatment for emotional disorders. *Behavioral Therapy, 35,* 205-230.

Barlow, D. H., Farshione, T., Fairholme, C., Ellard, K., Boisseau, C., Allen, L., et al. (2011). *Unified protocol for transdiagnostic treatment of emotional disorders.* New York: Oxford University Press.

Barlow, D. H., O'Brien, G., & Last, C. (1984). Couples treatment of agoraphobia. *Behavior Therapy, 15,* 41-58.

Barlow, D. H., Sauer-Zavala, C. J., Bullis, J., & Ellard, K. (2014). The nature, diagnosis and treatment of neuroticism: Back to the future. *Clinical Psychological Science, 2,* 344-365.

Barrett, L. F. (2004). Feelings or words?: Understanding the content in self-reported ratings of experienced emotion. *Journal of Personality and Social Psychology, 87,* 266-281.

Bartholomew, K., & Horowitz, L. (1991). Attachment styles among young adults: A test of a four category model. *Journal of Personality and Social Psychology, 61,* 226-244.

Basson, R. (2000). The female sexual response: A different model. *Journal of Sex and Marital Therapy, 26,* 51-65.

Baucom, D. H., Porter, L. S., Kirby, J. S., & Hudepohl, J. (2012). Couple-based interventions for medical problems. *Behavior Therapy, 43,* 61-76.

Baum, K. M., & Nowicki, S. (1998). Perception of emotion: Measuring decoding accuracy of adult prosaic cues varying in intensity. *Journal of Nonverbal Behavior, 22,* 89-107.

Beck, A. T., & Steer, R. A. (1993). *Beck Anxiety Inventory Manual.* San Antonio, TX: Psychological Corp.

Beck, A. T., Steer, R. A., & Brown, G. K. (1996). *Manual for the Beck Depression Inventory-II.* San Antonio, TX: Psychological Corp.

Beckes, L., Coan, J., & Hasselmo, K. (2013). Familiarity promotes the blurring of self and other in the neural representation of threat. *Social Cognitive and Affective Neuroscience, 8,* 670-677.

Benjamin, L. (1974). The structural analysis of social behavior. *Psychological Review, 81,* 392-425.

Bertalanffy, L. von. (1968). *General system theory.* New York: George Braziller.

Beutler, L. E. (2002). The dodo bird is extinct. *Clinical Psychology: Science and Practice, 9,* 30-34.

Beutler, L. E., Blatt, S. J., Alimohamed, S., Levy, K., & Antuaco, L. (2006). Participant factors in treating dysphoric disorders. In L. Castonguay & L. Beutler (Eds.), *Principles of therapeutic change that work* (pp. 13-63). New York: Oxford University Press.

Beutler, L. E., Harwood, T. M., Alimohamed, S., & Malik, M. (2002). Functional impairment and coping style. In J. Norcross (Ed.), *Psychotherapy relationships that work* (pp. 145-170). New York: Oxford University Press.

Bhatia, V., & Davila, J. (2017). Mental health disorders in couple relationships. In J. Fitzgerald (Ed.), *Foundations for couples therapy: Research for the real world* (pp. 268-278). New York: Brunner-Routledge.

Birmaher, B., Brent, D. A., Kolko, D., Baugher, M., Bridge, J., Holder, D., et al. (2000). Clinical outcome after short-term psychotherapy for adolescents with major depressive disorder. *Archives of General Psychiatry, 57,* 29-36.

Birnbaum, G. E. (2007). Attachment orientations, sexual functioning, and relationship satisfaction in a community sample of women. *Journal of Social and Personal*

Relationships, 24, 21-35.

Birnbaum, G. E., Reis, H. T., Mikulincer, M., Gillath, O., & Orpaz, A. (2006). When sex is more than just sex: Attachment orientations, sexual experience, and relationship quality. *Journal of Personality and Social Psychology, 91*, 929-943.

Bloch, L., & Guillory, P. T. (2011). The attachment frame is the thing: Emotion-focused family therapy in adolescence. *Journal of Couple and Relationship Therapy, 10*, 229-245.

Bograd, M., & Mederos, F. (1999). Battering and couples therapy: Universal screening and selection of treatment modality. *Journal of Marital and Family Therapy, 25*, 291-312.

Bordin, E. (1994). Theory and research on the therapeutic working alliance. In A. O. Horvath & L. S. Greenberg (Eds.), *The working alliance: Theory research and practice* (pp. 13-37). New York: Wiley.

Bouaziz, A. R., Lafontaine, M. F., Gabbay, N., & Caron, A. (2013). Investigating the validity and reliability of the caregiving questionnaire with individuals in same-sex relationships. *Journal of Relationships Research, 4*(e2), 1-11.

Bowen, M. (1978). *Family therapy in clinical practice*. New York: Jason Aronson.

Bowlby, J. (1944). Forty-four juvenile thieves: Their characters and home life. *International Journal of Psychoanalysis, 25*, 19-52.

Bowlby, J. (1969). *Attachment and loss: Vol. 1. Attachment*. New York: Basic Books.

Bowlby, J. (1973). *Attachment and loss: Vol. 2. Separation: Anxiety and anger*. New York: Basic Books.

Bowlby, J. (1979). *The making and breaking of affectional bonds*. London: Tavistock.

Bowlby, J. (1980). *Attachment and Loss: Vol. 3. Loss*. New York: Penguin Books.

Bowlby, J. (1988). *A secure base*. New York: Basic Books.

Bowlby, J. (1991). *Postscript*. In C. M. Parkes, J. Stevenson-Hinde, & P. Marris (Eds.), *Attachment across the lifespan* (pp. 293-297). New York: Routledge.

Brennen, K. A., Clark, C. L., & Shaver, P. R. (1998). Self-report measurement of adult attachment: An integrative overview. In J. A. Simpson & W. S. Rholes (Eds.), *Attachment theory and close relationships* (pp. 46-76). New York: Guilford Press.

Brown, T. A., Campbell, L. A., Lehman, C. L., Grisham, J. R., & Mancill, R. B. (2001). Current and lifetime comorbidity of the DSM-IV anxiety and mood disorders in a large clinical sample. *Journal of Abnormal Psychology, 110*, 49-58.

Budd, R., & Hughes, I. (2009). The Dodo bird verdict-Controversial, inevitable and important: A commentary on 30 years of meta-analyses. *Clinical Psychology and Psychotherapy, 16,* 510-522.

Burgess Moser, M., Johnson, S. M., Dalgleish, T., Lafontaine, M. F., Wiebe, S. A., & Tasca, G. A. (2015). Changes in relationship-specific romantic attachment in emotionally focused couple therapy. *Journal of Marital and Family Therapy, 42,* 231-245.

Burgess Moser, M., Johnson, S. M., Tasca, G., & Wiebe, S. (2015). Changes in relationship specific romantic attachment in emotionally focused couple therapy. *Journal of Marital and Family Therapy, 42,* 231-245.

Byrd, K., & Bea, A. (2001). The correspondence between attachment dimensions and prayer in college students. *International Journal for the Psychology of Religion, 11,* 9-24.

Byrd, K. R., Patterson, C. L., & Turchik, J. A. (2010). Working alliance as a mediator of client attachment dimensions and psychotherapy outcome. *Psychotherapy: Theory, Research, Practice, Training, 47,* 631-636.

Cacioppo, J. T., & Patrick, W. (2008). *Loneliness: Human nature and the need for social connection.* New York: Norton.

Cano, A., & O'Leary, D. K. (2000). Infidelity and separations precipitate major depressive episodes and symptoms of nonspecific depression and anxiety. *Journal of Consulting and Clinical Psychology, 68,* 774-781.

Cassidy, J., & Shaver, P. R. (Eds.). (2008). *Handbook of attachment: Theory, research, and clinical applications* (2nd ed.). New York: Guilford Press.

Castonguay, L. G., Goldfried, M. R., Wiser, S., Raue, P., & Hayes, A. (1996). Predicting the effect of cognitive therapy for depression: A study of unique and common factors. *Journal of Consulting and Clinical Psychology, 64,* 497-504.

Castonguay, L. G., Grosse Holtforth, M., Coombs, M., Beberman, R., Kakouros, A., Boswell, J., et al. (2006). Relationship factors in treating dysphoric disorders. In L. Castonguay & L. Beutler (Eds.), *Principles of therapeutic change that work* (pp. 65-81). New York: Oxford University Press.

Chambless, D. L., Baker, M. J., Baucom, D. H., Beutler, L. E. Calhoun, K. S., CritsChristoph, P., et al. (1998). Update on empirically validated therapies: II. *Clinical Psychologist, 51,* 3-16.

Chambless, D. L., & Ollendick, T. H. (2001). Empirically supported psychological interventions: Controversy and evidence. *Annual Review of Psychology, 52,* 685-716.

Chango, J., McElhaney, K., Allen, J., Schad, M., & Marston, E. (2012). Relational stressors and depressive symptoms in late adolescence: Rejection sensitivity as a vulnerability. *Journal of Abnormal Child Psychology, 40,* 369-379.

Coan, J. A. (2016). Towards a neuroscience of attachment. In J. Cassidy & P. Shaver (Eds.), *Handbook of attachment: Theory, research, and clinical applications* (3rd ed., pp. 242-269). New York: Guilford Press.

Coan, J. A., & Sbarra, D. A. (2015). Social baseline theory: The social regulation of risk and effort. *Current Opinion in Psychology, 1,* 87-91.

Coan, J. A., Schaefer, H. S., & Davidson, R. J. (2006). Lending a hand: Social regulation of the neural response to threat. *Psychological Science, 17,* 1032-1039.

Cobb, R., & Bradbury, T. (2003). Implications of adult attachment for preventing adverse marital outcomes. In S. M. Johnson & V. Whiffen (Eds.), *Attachment processes in couple and family therapy* (pp. 258-280). New York: Guilford Press.

Cohen, D. A., Silver, D. H., Cowan, C. P., Cowan, P. A., & Pearson, J. (1992). Working models of childhood attachment and couple relationships. *Journal of Family Issues, 13,* 432-449.

Cohen, J. (1988). *Statistical power analyses for the behavioral sciences* (2nd ed.). Hillsdale, NJ: Erlbaum.

Cohen, S., O'Leary, K., & Foran, H. (2010). A randomized trial of a brief, problem-focused couple for depression. *Behavior Therapy, 41,* 433-446.

Collins, N. L., & Read, S. J. (1994). Cognitive representations of attachment: The structure and functioning of working models. In K. Bartholomew & D. Perlman (Eds.), *Advances in personal relationships: Vol. 5. Attachment processes in adulthood* (pp. 53-92). London: Jessica Kingsley.

Connolly Gibbons, M. B., Gallop, R., Thompson, D., Luther, D., Crits-Christoph, K., Jacobs, J., et al. (2016). Comparative effectiveness of cognitive therapy and dynamic psychotherapy for major depressive disorders in community mental health settings: A randomized clinical non-inferiority trial. *JAMA Psychiatry, 73,* 904-912.

Conradi, H. J., Dingemanse, P., Noordhof, A., Finkenauer, C., & Kamphuis, J. H. (2017, September 4). Effectiveness of the "Hold Me Tight" relationship enhancement program in a self-referred and a clinician referred sample: An emotionally focused couples therapy-based approach. *Family Process.* [Epub ahead of print]

Coombs, M., Coleman, D., & Jones, E. (2002). Working with feelings: The importance of emotion in both cognitive-behavioral and interpersonal therapy in the NIMH treatment of depression collaborative research program. *Psychotherapy, Theory, Research, Practice, Training, 39,* 233-244.

Corsini, R. J., & Wedding, D. (2008). *Current psychotherapies* (8th ed.). Belmont, CA: Thomson/Brooks Cole.

Costello, P. C. (2013). *Attachment-based psychotherapy: Helping clients develop adaptive capacities.* Washington, DC: American Psychological Association.

Cowan, P. A., Cowan, C. P., Cohn D. A., & Pearson, J. L. (1996). Parents attachment histories and childrens' externalizing and internalizing behaviors: Exploring family systems models of linkage. *Journal of Consulting and Clinical Psychology, 64,* 53-63.

Cozolino, L., & Davis, V. (2017). How people change. In M. Solomon & D. J. Siegel (Eds.), *How people change: Relationship and neuroplasticity in psychotherapy* (pp. 53-72). New York: Norton.

Creasey, G., & Ladd, A. (2005). Generalized and specific attachment representations: Unique and interactive roles in predicting conflict behaviors in close relationships. *Personality and Social Psychology Bulletin, 31,* 1026-1038.

Crowell, J. A., Treboux, D., Gao, Y., Fyffe, C., Pan, H., & Waters, E. (2002). Assessing secure base behavior in adulthood: Development of a measure, links to adult attachment relations and relations to couples communication and reports of relationships. *Developmental Psychology, 38,* 679-693.

Csikszentmihalyi, M. (1990). *Flow: The psychology of optimal experience.* New York: Harper & Row.

Cuijpers, P., van Straten, A., Bohlmeijer, E., Hollon, S., & Andersson, G. (2010). The effects of psychotherapy for depression are overestimated: A meta-analysis of study quality and effect size. *Psychological Medicine: A Journal of Research in Psychiatry and the Allied Sciences, 40,* 211-223.

Dalton, J., Greenman, P., Classen, C., & Johnson, S. M. (2013). Nurturing connections in the aftermath of childhood trauma: A randomized control trial of emotionally focused couple therapy for female survivors of childhood abuse. *Couple and Family Psychology, Research and Practice, 2*(3), 209-221.

Damasio, A. R. (1994). *Decartes' error: Emotion, reason and the human brain.* New York: Putnam.

Daniel, S. I. F. (2006). Adult attachment patterns and individual psychotherapy: A review.

Clinical Psychological Review, 26, 968-984.

De Oliveira, C., Moran, G., & Pederson, D. (2005). Understanding the link between maternal adult attachment classifications and thoughts and feelings about emotions. *Attachment and Human Development, 7,* 153-170.

De Waal, F. (2009). *The age of empathy.* New York: McClelland Stewart.

Dekel, R., Solomon, Z., Ginzburg, K., & Neria, Y. (2004). Long-term adjustment among Israeli war veterans: The role of attachment style. *Journal of Stress, Anxiety and Coping, 17,* 141-152.

Denton, W., Wittenborn, A. K., & Golden, R. N. (2000). A randomized trial of emotionally focused therapy for couples. *Journal of Marital and Family Therapy, 26,* 65-78.

Diamond, D., Stovall-McCloush, C., Clarkin, J., & Levy, K. (2003). Patient therapist attachment in the treatment of borderline personality disorder. *Bulletin of the Menninger Clinic, 67,* 227-260.

Diamond, G. (2005). Attachment-based family therapy for depressed an anxious adolescents. In J. Lebow (Ed.), *Handbook of clinical family therapy* (pp. 17-41). Hoboken, NJ: Wiley.

Diamond, G., Russon, J., & Levy, S. (2016). Attachment-based family therapy: A review of empirical support. *Family Process, 55,* 595-610.

Dimidjian, S., Hollon, S. D., Dobson, K. S., Schmaling, K. B., Kohlenberg, R. J., Addis, M. E., et al. (2006). Randomized trial of behavior activation, cognitive therapy, and antidepressant medication in the acute treatment of adults with major depression. *Journal of Consulting and Clinical Psychology, 74,* 658-670.

Dobbs, D. (2017, July/August). The smartphone psychiatrist. *The Atlantic.*

Dozier, M., Stovall-McClough, C., & Albus, K. (2008). Attachment and psychopathology in adulthood. In J. Cassidy & P. R. Shaver (Eds.), *Handbook of attachment: Theory, research, and clinical applications* (2nd ed., pp. 718-744). New York: Guilford Press.

Drach-Zahavy, A. (2004). Toward a multidimensional construct of social support: Implications of providers self-reliance and request characteristics. *Journal of Applied Social Psychology, 34,* 1395-1420.

Duggal, S., Carlson, E. A., Sroufe, L. A., & Egland, B. (2001). Depressive symptomatology in childhood and adolescence. *Development and Psychopathology, 13,* 143-164.

Durham, R. C., Allan, T., & Hackett, C. (1997). On predicting improvement and relapse in generalized anxiety disorder following psychotherapy. *British Journal of Clinical*

Psychology, 36, 101-119.

Ein-Dor, T., & Doron, G. (2015). Psychopathology and attachment. In J. Simpson & S. Rholes (Eds.), *Attachment theory and research: New directions and emerging themes* (pp. 346-373). New York: Guilford Press.

Ekman, P. (2003). *Emotions revealed.* New York: Henry Holt.

Elkin, I., Shea, M. T., Watkins, J. T., Imber, S. T., Sotsky, S. M., Collins, J. F., et al. (1989). National Institute of Mental Health Treatment of Depression Collaborative Research Program: General effectiveness of treatments. *Archives of General Psychiatry, 46,* 971-982.

Elliott, R., Greenberg, L. S., & Lietaer, G. (2004). Research on experiential therapies. In M. J. Lambert (Ed.), *Bergin and Garfield's handbook of psychotherapy and behavior change* (5th ed., pp. 493-540). Hoboken, NJ: Wiley.

Elliott, R., Greenberg, L. S., Watson, J., Timulak, L., & Friere, E. (2013). Research on humanistic-experiential psychotherapies. In M. J. Lambert (Ed.), *Bergin and Garfield's handbook of psychotherapy and behavioral change* (6th ed., pp. 495-538). Hoboken, NJ: Wiley.

Elliott, R., Watson, J., Goldman, R., & Greenberg, L. (2004). *Learning emotion-focused therapy: The process experiential approach to change.* Washington, DC: American Psychological Association.

Epstein, N. B., Baldwin, L., & Bishop, D. (1983). The McMaster Family Assessment Device. *Journal of Martial and Family Therapy, 9,* 171-180.

Erickson, E. H. (1968). *Identity: Youth and crisis.* New York: Norton.

Fairbairn, W. R. D. (1952). *An object relations theory of the personality.* New York: Basic Books.

Feeney, B. C. (2007). The dependency paradox in close relationships: Accepting dependence promotes independence. *Journal of Personality and Social Psychology, 92,* 268-285.

Feeney, B. C., & Collins, N. L. (2001). Predictors of caregiving in adult intimate relationships: An attachment theoretical perspective. *Journal of Personality and Social Psychology, 80,* 972-994.

Feeney, J. (2005). Hurt feelings in couple relationships. *Personal Relationships, 12,* 253-271.

Felitti, V. J., Anda, R. F., Nordenberg, D., Willianson, D. F., Sptiz, A. M., Edwards, V., et al. (1998). The relationship of adult health status to childhood abuse and household dysfunction. *American Journal of Preventative Medicine, 14,* 245-258.

Fillo, J., Simpson, J. A., Rholes, W. S., & Kohn, J. L. (2015). Dads doing diapers: Individual and relational outcomes associated with the division of childcare across the transition to parenthood. *Journal of Personality and Social Psycholgy, 108,* 298-316.

Finzi-Dottan, R., Cohen, O., Iwaniec, D., Sapir, Y., & Weisman, A. (2003). The drug-user husband and his wife: Attachment styles, family cohesion and adaptability. *Substance Use and Misuse, 38,* 271-292.

Follette, W., & Greenberg, L. (2006). Technique factors in treating dysphoric disorders. In L. Castonguay & L. Beutler (Eds.), *Principles of therapeutic change that work* (pp. 83-109). New York: Oxford University Press.

Fonagy, P., Steele, M., Steele, H., Leigh, T., Kennedy, R., Matton, G., et al. (1995). Attachment, the reflective self and borderline states. In S. Goldberg, R. Muir, & J. Kerr (Eds.), *Attachment theory: Social, developmental and clinical perspectives* (pp. 233-279). Hillsdale, NJ: Analytic Press.

Fonagy, P., Steele, M., Steele, H., Moran, G. S., & Higgit, M. (1991). The capacity for understanding mental states: The reflective self in parent and child and its significance for security of attachment. *Infant Mental Health Journal, 12,* 201-218.

Fosha, D. (2000). *The transforming power of affect: A model for accelerated change.* New York: Basic Books.

Fraley, R. C., Fazzari, D. A., Bonanno G. A., & Dekel, S. (2006). Attachment and psychological adaptation in high exposure survivors of the 9/11 attack on the World Trade Center. *Journal of Personality and Social Psychology, 32,* 538-551.

Fraley, R. C., & Shaver, P. R. (1998). Airport separations: A naturalistic study of adult attachment dynamics in separating couples. *Journal of Personality and Social Psychology, 75,* 1198-1212.

Fraley, R. C., Waller, N. G., & Brennan, K. A. (2000). An item response theory analysis of self report measures of adult attachment. *Journal of Personality and Social Psychology, 78,* 350-365.

Frances, A. (2013). *Saving normal.* New York: William Morrow.

Frederickson, B. L., & Branigan, C. (2005). Positive emotions broaden the scope of attention and thought-action repertoires. *Cognition and Emotion, 19,* 315-322.

Frijda, N. H. (1986). *The emotions.* Cambridge, UK: Cambridge University Press.

Funk, J. L., & Rogge, R. D. (2007). Testing the ruler with item response theory: Increasing precision of measurement for relationship satisfaction with the Couples Satisfaction Index. *Journal of Family Psychology, 21,* 572-583.

Furrow, J., Johnson, S. M., Bradley, B., & Amodeo, J. (2011). Spirituality and emotionally focused therapy: Exploring common ground. In J. Furrow, S. M. Johnson, & B. Bradley (Eds.), *The emotionally focused casebook: New directions in treating couples* (pp. 343-372). New York: Routledge.

Furrow, J., & Palmer, G. (2007). EFFT and blended families: Building bonds from the inside out. *Journal of Systemic Therapies, 26,* 44-58.

Furrow, J., Palmer, G., Johnson, S. M., Faller, G., & Palmer-Olsen, L. (in press). *Emotionally focused family therapy: Restoring connection and promoting resilience.* New York: Routledge.

Garfield, S. (2006). The therapist as a neglected variable in psychotherapy research. *Clinical Psychology: Science and Practice.*

Gendlin, E. T. (1996). *Focusing oriented psychotherapy: A manual of the experiential method.* New York: Guilford Press.

Germer, C. K. (2005). Mindfulness: What is it and what does it matter? In C. Germer, R. Siegel, & P. Fulton (Eds.), *Mindfulness and psychotherapy* (pp. 3-27). New York: Guilford Press.

Germer, C. K., Siegel, R. D., & Fulton, P. R. (2003). *Mindfulness and psychotherapy.* New York: Guilford Press.

Gillath, O., & Canterbury, M. (2012). Neural correlates of exposure to subliminal and supraliminal sex cues. *Social Cognitive and Affective Neuroscience, 7,* 924-936.

Gillath, O., Mikulincer, M., Birnbaum, G., & Shaver, P. R. (2008). When sex primes love: Subliminal sexual priming motivates relationship goal pursuit. *Personality and Social Psychology Bulletin, 34,* 1057-1069.

Goldfried, M. R. (2003). Cognitive-behavioral therapy: Reflections on the evolution of a therapeutic orientation. *Cognitive Therapy and Research, 27,* 53-69.

Goleman, D. (1995). *Emotional intelligence.* New York: Bantam Books.

Gordon, K. M., & Toukmanian, S. G. (2002). Is how it is said important?: The association between quality of therapist interventions and client processing. *Counselling and Psychotherapy Research, 2,* 88-98.

Gotta, G., Green, R. J., Rothblum, E., Solomon, S., Balsam, K., & Schwartz, P. (2011).

Heterosexual, lesbian and gay male relationships: A comparison of couples in 1975 and 2000. *Family Process, 50*, 354-376.

Gottman, J. M. (1999). *The seven principles for making marriage work*. New York: Crown Publishing Group.

Gottman, J. M., Coan, J., Carrier, S., & Swanson, C. (1998). Predicting marital happiness and stability from newly-wed interactions. *Journal of Marriage and the Family, 60*, 5-22.

Gottman, J. M., Katz, L., & Hooven, C. (1997). *Meta-emotion: How families communicate emotionally*. Hillsdale, NJ: Erlbaum.

Granquist, P., Mikulincer, M., Gewirtz, V., & Shaver, P. R. (2012). Experimental findings on God as an attachment figure: Normative processes and moderating effects of internal working models. *Journal of Personality and Social Psychology, 103*, 804-818.

Greenberg, R. P. (2016). The rebirth of psychosocial importance in a drug-filled world. *American Psychologist, 71*, 781-791.

Greenman, P. S., & Johnson, S. M. (2012). United we stand: Emotionally focused therapy (EFT) for couples in the treatment of post-traumatic stress disorder. *Journal of Clinical Psychology: In Session, 68*, 561-569.

Greenman, P. S., & Johnson, S. M. (2013). Process research on emotionally focused therapy (EFT) for couples: Linking theory to practice. *Family Process, 52*, 46-61.

Greenman, P. S., Wiebe, S., & Johnson, S. M. (2017). Neurophysiological processes in couple relationships: Emotions, attachment bonds and the brain. In J. Fitzgerald (Ed.), *Foundations for couples therapy: Research for the real world* (pp. 291-301). New York: Routledge.

Gross, J. J. (1998a). Antecedent and response-focused emotion regulation: Divergent consequences for experience, expression and physiology. *Journal of Personality and Social Psychology, 74*, 224-237.

Gross, J. J. (1998b). The emerging field of emotion regulation: An integrative review. *Review of General Psychology, 2*, 271-299.

Gross, J. J., & Profitt, D. (2013). The economy of social resources and its influence on spatial perceptions. *Frontiers in Human Neurosience, 7*, 772.

Gump, B. B., Polk, D. E., Karmarck, T. W., & Shiffman, S. M. (2001). Partner interactions are associated with reduced blood pressure in the natural environment: Ambulatory monitoring evidence from a healthy multiethnic adult sample. *Psychsomatic Medicine,*

63, 423-433.

Hammen, C. (1995). The social context of risk for depression. In K. Craig & K. Dobson (Eds.), *Anxiety and depression in adults and children* (pp. 82-96). Los Angeles: SAGE.

Harari, Y. N. (2017). *Homo deus: A brief history of tomorrow.* New York: Harper.

Hawkley, L. C., & Cacioppo, J. T. (2010). Loneliness matters: A theoretical and empirical review of consequences and mechanisms. *Annals of Behavioral Medicine, 40,* 218-227.

Hawton, K., Catalan, J., & Fagg, J. (1991). Sex therapy for erectile dysfunction: Characteristics of couples, treatment outcome and prognostic factors. *Archives of Sexual Behavior, 21,* 161-175.

Hayes, S. C., Levin, M. E., Plumb-Vilardaga, J., Villstte, J., & Pistorello, J. (2013). Acceptance and commitment therapy: Examining the progress of a distinctive model of behavioral and cognitive therapy. *Behavior Therapy, 44,* 180-198.

Hazan, C., & Zeifman, D. (1994). Sex and the psychological tether. In K. Bartholomew & D. Perlman (Eds.), *Advances in personal relationships: Attachment relationships in adulthood* (Vol. 5, pp. 151-177). London: Jessica Kingsley.

Herman, J. L. (1992). *Trauma and recovery.* New York: Basic Books.

Hesse, E. (2008). The Adult Attachment Interview. In J. Cassidy & P. R. Shaver (Eds.), *Handbook of attachment: Theory, research, and clinical applications* (2nd ed., pp. 552-598). New York: Guilford Press.

Hoffman, K., Cooper, G., & Powell, B. (2017). *Raising a secure child.* New York: Guilford Press.

Hofmann, S. G., Heering, S., Sawyer, A. T., & Asnaani, A. (2009). How to handle anxiety: The effects of reappraisal, acceptance, and suppression strategies on anxious arousal. *Behaviour Research and Therapy, 47,* 389-394.

Holmes, J. (1996). *Attachment, intimacy and autonomy: Using attachment theory in adult psychotherapy.* Northdale, NJ: Jason Aronson.

Holmes, J. (2001). *The search for the secure base: Attachment theory and psychotherapy.* New York: Brunner/Routledge.

Holt-Lunstad, J., Uchino, B. N., Smith, T. W., Olson-Cerny, C., & Nealey-Moore, J. B. (2003). Social relationships and ambulatory blood pressure: Structural and qualitative predictors of cardiovascular function during everyday social interactions. *Health*

Psychology, 22, 388-397.

Hooley, J. M. (2007). Expressed emotion and relapse of psychopathology. *Annual Review of Clinical Psychology, 3,* 329-352.

Hooley, J. M., & Teasdale, J. D. (1989). Predictors of relapse in unipolar depressives: Expressed emotion, marital distress and perceived criticism. *Journal of Abnormal Psychology, 98,* 229-235.

Horvath, A. O., & Bedi, R. P. (2002). The alliance. In J. Norcross (Ed.), *Psychotherapy relationships that work* (pp. 37-69). New York: Oxford University Press.

Horvath, A. O., & Symonds, B. D. (1991). Relationship between working alliance and outcome in psychotherapy: A meta-analysis. *Journal of Counselling Psychology, 38,* 139-149.

House, J. S., Landis, K. R., & Umberson, D. (1988). Social relationships and health. *Science, 241,* 540-545.

Hughes, D. (2004). An attachment-based treatment of maltreated children and young people. *Attachment and Human Development, 6,* 263-278.

Hughes, D. (2006). *Building the bonds of attachment* (2nd ed.). New York: Jason Aronson.

Hughes, D. (2007). *Attachment focused family therapy.* New York: Norton.

Huston, T. L., Caughlin, J. P., Houts, R. M., Smith, S., & George, L. J. (2001). The connubial crucible: Newlywed years as predictors of marital delight, distress and divorce. *Journal of Personality and Social Psychology, 80,* 237-252.

Iacoboni, M. (2008). *Mirroring people: The new science of how we connect with others.* New York: Farrar, Straus & Giroux.

Immardino Yeng, M. H. (2016). *Emotions, learning and the brain: Exploring the educational implications of affective neuroscience.* New York: Norton.

Izard, C. E. (1990). Facial expressions and the regulation of emotion. *Journal of Personality and Social Psychology, 58,* 487-498.

Izard, C. E. (1992). Basic emotions, relations among emotions and emotion cognition relations. *Psychological Review, 99,* 561-564.

James, P. (1991). Effects of a communication training component added to an emotionally focused couples therapy. *Journal of Marital and Family Therapy, 17,* 263-276.

Johnson, S. M. (2002). *Emotionally focused couple therapy with trauma survivors: Strengthening attachment bonds.* New York: Guilford Press.

Johnson, S. M. (2003a). Couple therapy research: Status and directions. In G. Sholevar (Ed.), *Textbook of family and couple therapy: Clinical applications* (pp. 797–814). Washington, DC: American Psychological Association.

Johnson, S. M. (2003b). Emotionally focused couples therapy: Empiricism and art. In T. Sexton, G. Weeks, & M. Robbins (Eds.), *Handbook of family therapy* (pp. 263–280). New York: Brunner-Routledge.

Johnson, S. M. (2004). *The practice of emotionally focused couple therapy: Creating connection* (2nd ed.). New York: Brunner-Routledge.

Johnson, S. M. (2005). Broken bonds: An emotionally focused approach to infidelity. *Journal of Couple and Relationship Therapy, 4*, 17–29.

Johnson, S. M. (2008a). *Hold Me Tight: Seven conversations for a lifetime of love*. New York: Little, Brown.

Johnson, S. M. (2008b). Couple and family therapy: An attachment perspective. In J. Cassidy & P. R. Shaver (Eds.), *Handbook of attachment: Theory, research, and clinical applications* (2nd ed., pp. 811–829). New York: Guilford Press.

Johnson, S. M. (2009). Extravagant emotion: Understanding and transforming love relationships in emotionally focused therapy. In D. Fosha, D. Siegel, & M. Solomon (Eds.), *The healing power of emotion: Affective neuroscience, development and clinical practice* (pp. 257–279). New York: Norton.

Johnson, S. M. (2010). *The Hold Me Tight program: Conversations for connection* (Facilitator's guide). Ottawa, Ontario, Canada: International Centre for Excellence in Emotionally Focused Therapy.

Johnson, S. M. (2011). The attachment perspective on the bonds of love: A prototype for relationship change. In J. Furrow, S. M. Johnson, & B. Bradley (Eds.), *The emotionally focused casebook: New directions in treating couples* (pp. 31–58). New York: Routledge.

Johnson, S. M. (2013). *Love sense: The revolutionary new science of romantic relationships*. New York: Little, Brown.

Johnson, S. M. (2017). An emotionally focused approach to sex therapy. In Z. Peterson (Ed.), *The Wiley handbook of sex therapy* (pp. 250–266). New York: Wiley.

Johnson, S. M., & Best, M. (2003). A systematic approach to restructuring adult attachment: The EFT model of couples therapy. In P. Erdman & T. Caffery (Eds.), *Attachment and family systems: Conceptual, empirical and therapeutic relatedness* (pp. 165–192).

New York: Brunner-Routledge.

Johnson, S. M., Bradley, B., Furrow, J., Lee, A., Palmer, G., Tilley, D., et al. (2005). *Becoming an emotionally focused couple therapist: The workbook*. New York: Brunner-Routledge.

Johnson, S. M., Burgess Moser, M., Beckes, L., Smith, A., Dalgleish, T., Halchuk, R., et al. (2013). Soothing the threatened brain: Leveraging contact comfort with emotionally focused therapy. *PLOS ONE, 8*(11), e79314.

Johnson, S. M., & Greenberg, L. S. (1985). The differential effects of experiential and problem solving interventions in resolving marital conflict. *Journal of Consulting and Clinical Psychology, 53*, 175-184.

Johnson, S. M., Lafontaine, M., & Dalgleish, T. (2015). Attachment: A guide to a new era of couple interventions. In J. Simpson & W. S. Rholes (Eds.), *Attachment theory and research: New directions and emerging themes* (pp. 393-421). New York: Guilford Press.

Johnson, S. M., & Lee, A. (2000). Emotionally focused family therapy: Restructuring attachment. In C. E. Bailey (Ed.), *Children in therapy: Using the family as a resource* (pp. 112-136). New York: Norton.

Johnson, S. M., Maddeaux, C., & Blouin, J. (1998). Emotionally focused family therapy for bulimia: Changing attachment patterns. *Psychotherapy, 35*, 238-247.

Johnson, S. M., & Sanderfer, K. (2016). *Created for connection: The "Hold Me Tight" guide for Christian couples*. New York: Little, Brown.

Johnson, S. M., & Sanderfer, K. (2017). *Created for connection: The "Hold Me Tight" program for Christian couples: Facilitator's guide for small groups*. Ottawa, Ontario, Canada: International Centre for Excellence in Emotionally Focused Therapy.

Johnson, S. M., & Talitman, E. (1987). Predictors of success in couple and family therapy. *Journal of Marital and Family Therapy, 23*, 135-152.

Johnson, S. M., & Whiffen, V. (Eds.). (2003). *Attachment processes in couple and family therapy*. New York: Guilford Press.

Johnson, S. M., & Williams-Keeler, L. (1998). Creating healing relationships for couples dealing with trauma: The use of emotionally focused marital therapy. *Journal of Marital and Family Therapy, 24*, 25-40.

Johnson, S. M., & Zuccarini, D. (2010). Integrating sex and attachment in emotionally focused couple therapy. *Journal of Marital and Family Therapy, 36*, 431-445.

Jones, E. E., & Pulos, S. M. (1993). Comparing the process in psychodynamic and cognitive-behavioral therapies. *Journal of Consulting and Clinical Psychology, 16,* 306-316.

Jones, J. D., Cassidy, J., & Shaver, P. R. (2015). Parents self-reported attachment styles: A review of the link with parenting behaviors, emotions and cognitions. *Personality and Social Psychological Review, 19,* 44-76.

Jurist, E. L., & Meehan, K. B. (2009). Attachment, mentalizing and reflective functioning. In J. H. Obegi & E. Berant (Eds.), *Attachment theory and research in clinical work with adults* (pp. 71-73). New York: Guilford Press.

Kashdan, T. B., Feldman Barrett, L., & McKnight, P. E. (2015). Unpacking emotion differentiaton: Transforming unpleasant experience by perceiving distinctions in negativity. *Current Directions in Psychological Science, 24,* 10-19.

Kazdin, A., & Bass, D. (1989). Power to detect differences between alternative treatments in comparative psychotherapy outcome research. *Journal of Consulting and Clinical Psychology, 57,* 138-147.

Kennedy, N., Johnson, S. M., Wiebe, S., & Tasca, G. (in press). Conversations for connection: An outcome assessment of the Hold Me Tight relationship education program for couples. *Journal of Marital and Family Therapy.*

Kirkpatrick, L. A. (2005). *Attachment, evolution and the psychology of religion.* New York: Guilford Press.

Klein, M. H., Mathieu, P. L., Gendlin, E. T., & Kiesler, D. J. (1969). *The Experiencing Scale: A research and training manual* (Vol. 1). Madison: Wisconsin Psychiatric Institute.

Klerman, G., Weissman, M. M., Rounsaville, B. J., & Chevron, E. S. (1984). *Interpersonal psychotherapy for depression.* New York: Jason Aronson.

Kobak, R. (1999). The emotional dynamics of disruptions in attachment relationships: Implications for theory, research and clinical intervention. In J. Cassidy & P. R. Shaver (Eds.), *Handbook of attachment: Theory, research, and applications* (pp. 21 43). New York: Guilford Press.

Kobak, R. R., Cole, H. E., Ferenz-Gilles, R., Fleming, W., & Gamble, W. (1993). Attachment and emotion regulation during mother-teen problem solving: A control theory analysis. *Child Development, 64,* 231-245.

Krueger, R. F., & Markon, K. E. (2011). A dimensional-spectrum model of psychopathology: Progress and opportunities. *Archives of General Psychiatry, 68,* 10-11.

Landau-North, M., Johnson, S. M., & Dalgleish, T. (2011). Emotionally focused couple therapy and addiction. In J. Furrow, S. M. Johnson, & B. Bradley (Eds.), *The emotionally focused casebook: New directions in treating couples* (pp. 193-218). New York: Routledge.

Leichsenring, F., Rabung, S., & Leibing, E. (2004). The efficacy of short-term psychodynamic psychotherapy in specific psychiatric disorders: A meta-analysis. *Archives of General Psychiatry, 61,* 1208-1216.

Leichsenring, F., & Steinert, C. (2017). Is cognitive behavioral therapy the gold standard for psychotherapy?: The need for plurality in treatment and research. *Journal of the American Medical Association.*

Levy, K. N., Ellison, W. D., Scott, L. N., & Bernecker, S. L. (2011). Attachment style. *Journal of Clinical Psychology: In Session, 67,* 193-203.

Luhrmann, T. M., Nusbaum, H., & Thisted, R. (2012). Lord, teach us to pray: Prayer practice affects cognitive processing. *Journal of Cognition and Culture, 13,* 159-177.

Lutkenhaus, P., Grossman, K. E., & Grossman, K. (1985). Infant mother attachment at twelve months and style of interaction with a stranger at the age of three years. *Child Development, 56,* 1538-1542.

MacIntosh, H. B., Hall, J., & Johnson, S. M. (2007). Forgive and forget: A comparison of emotionally focused and cognitive-behavioral models of forgiveness and intervention in the context of couples infidelity. In P. R. Peluso (Ed.), *Infidelity: A practitioners guide to working with couples in crisis* (pp. 127-147). New York: Routledge.

MacIntosh, H. B., & Johnson, S. M. (2008). Emotionally focused therapy for couples and childhood sexual abuse survivors. *Journal of Marital and Family Therapy, 34,* 298-315.

Magnavita, J., & Anchin, J. (2014). *Unifying psychotherapy: Principles, methods and evidence from clinical science.* New York: Springer.

Main, M., Kaplan, N., & Cassidy, J. (1985). Security, in infancy, childhood and adulthood. A move to the level of representation. In I. Bretherton & E. Waters (Eds.), Growing points in attachment theory and research. *Monographs of the Society for Research in Child Development, 50*(1-2, Serial No. 209), 66-104.

Makinen, J., & Johnson, S. M. (2006). Resolving attachment injuries in couples using

EFT: Steps towards forgiveness and reconciliation. *Journal of Consulting and Clinical Psychology, 74,* 1055-1064.

Manos, R. C., Kanter, J. W., & Busch, A. M. (2010). A critical review of assessment strategies to measure the behavioral activation model of depression. *Clinical Psychology Review, 30,* 547-561.

Marcus, D. K., O'Connell, D., Norris, A. L., & Sawaqdeh, A. (2014). Is the Dodo bird endangered in the 21st century?: A meta-analysis of treatment comparison studies. *Clinical Psychology Review, 34,* 519-530.

Marmarosh, C. L., Gelso, C., Markin, R., Majors, R., Mallery, C., & Choi, J. (2009). The real relationship in psychotherapy: Relationships to adult attachments, working alliance, transference and therapy outcome. *Journal of Counselling Psychology, 53,* 337-350.

McBride, C., & Atkinson, L. (2009). Attachment theory and cognitive behavioral therapy. In J. Obegi & E. Berant (Eds.), *Attachment theory and research in clinical work with adults* (pp. 434-458). New York: Guilford Press.

McCoy, K. P., Cummings, E. M., & Davis, P. T. (2009). Constructive and destructive marital conflict, emotional security and childrens' prosocial behavior. *Journal of Child Psychology and Psychiatry, 50,* 270-279.

McEwen, B., & Morrison, J. (2013). Brain on stress: Vulnerability and plasticity of the prefrontal cortex over the life course. *Neuron, 79,* 16-29.

McWilliams, L., & Bailey, S. J. (2010). Associations between adult attachment ratings and health conditions: Evidence from the National Comorbidity Survey Replication. *Health Psychology, 29,* 446-453.

Mennin, D. S., & Farach, F. (2007). Emotion and evolving treatments for adult psychopathology. *Clinical Psychology: Science and Practice, 14,* 329-352.

Merkel, W. T., & Searight, H. R. (1992). Why families are not like swamps, solar systems or thermostats: Some limits of systems theory as applied to family therapy. *Contemporary Family Therapy, 14,* 33-50.

Mikulincer, M. (1995). Attachment style and the mental representation of the self. *Journal of Personality and Social Psychology, 69,* 1203-1215.

Mikulincer, M. (1998). Adult attachment style and individual differences in functional versus dysfunctional experiences of anger. *Journal of Personality and Social Psychology, 74,* 513-524.

Mikulincer, M., Birnbaum, G., Woodis, D., & Nachmias, O. (2000). Stress and accessibility of proximity-related thoughts: Exploring normative and intraindividual components of attachment theory. *Journal of Personality and Social Psychology, 78*, 509-523.

Mikulincer, M., Ein-Dor, T., Solomon, Z., & Shaver, P. R. (2011). Trajectory of attachment insecurities over a 17-year period: A latent curve analysis of war captivity and posttraumatic stress disorder. *Journal of Social and Clinical Psychology, 30*, 960-984.

Mikulincer, M., & Florian, V. (2000). Exploring individual differences in reactions to mortality salience: Does attachment style regulate terror management mechanisms? *Journal of Personality and Social Psychology, 79*, 260-273.

Mikulincer, M., Florian, V., & Weller, A. (1993). Attachment styles, coping strategies and posttraumatic psychological stress: The impact of the Gulf War in Israel. *Journal of Personality and Social Psychology, 64*, 817-826.

Mikulincer, M., Gillath, O., Halvey, V., Avihou, N., Avidan, S., & Eshkoli, N. (2001). Attachment theory and reaction to other's needs: Evidence that the activation of the sense of attachment security promotes empathic responses. *Journal of Personality and Social Psychology, 81*, 1205-1224.

Mikulincer, M., & Shaver, P. R. (2016). *Attachment in adulthood: Structure, dynamics, and change* (2nd ed.). New York: Guilford Press.

Mikulincer, M., Shaver, P. R., Gillath, O., & Nitzberg, R. A. (2005). Attachment, caregiving and altruism: Boosting attachment security increases compassion and helping. *Journal of Personality and Social Psychology, 89*, 817-839.

Mikulincer, M., Shaver, P. R., & Horesh, N. (2006). Attachment bases of emotion regulation and posttraumatic adjustment. In D. K. Snyder, J. A. Simpson, & J. N. Hughes (Eds.), *Emotion regulation in families: Pathways to dysfunction and health* (pp. 77-99). Washington, DC: American Psychological Association.

Mikulincer, M., Shaver, P. R., & Pereg, D. (2003). Attachment theory and affect regulation: The dynamics, development and cognitive consequences of attachment strategies. *Motivation and Emotion, 27*, 77-102.

Mikulincer, M., & Sheffi, E. (2000). Adult attachment style and reactions to positive affect: A test of mental categorization and creative problem solving. *Motivation and Emotion, 24*, 149-174.

Minka, S., & Vrshek-Schallhorn, S. (2014). Co-morbidity of unipolar depressive and anxiety disorders. In I. Gotlieb & C. Hammen (Eds.), *Handbook of depression* (3rd ed., pp. 84-102). New York: Guilford Press.

Minuchin, S., & Fishman, H. C. (1981). *Techniques of family therapy*. Cambridge, MA: Harvard University Press.

Mitchell, S. (2000). *Relationality: From attachment to intersubjectivity*. New York: Analytic Press.

Montagno, M., Svatovic, M., & Levenson, H. (2014). Short-term and long-term effects of training in emotionally focused couple therapy: Professional and personal aspects. *Journal of Marital and Family Therapy, 37*, 380-392.

Moretti, M. M., & Holland, R. (2003). The journey of adolescence: Transitions in self within the context of attachment relationships. In S. M. Johnson & V. Whiffen (Eds.), *Attachment processes in couple and family therapy* (pp. 234-257). New York: Guilford Press.

Morris, A., Steinberg, L., & Silk, J. (2007). The role of family context in the development of emotion regulation. *Social Development, 16*, 361-388.

Morris, C., Miklowitz, D. J., & Waxmonsky, J. A. (2007). Family-focused treatment for bipolar disorder in adults and youth. *Journal of Clinical Psychology, 63*, 433-445.

Naaman, S. (2008). *Evaluation of the clinical efficacy of emotionally focused couples therapy on psychological adjustment and natural killer cell cytotoxicity in early breast cancer*. Doctoral dissertation, University of Ottawa, Ottawa, Ontario, Canada.

Newman, M. G., Crits-Christoph, L. P., Connelly Gibbons, M. B., & Erikson, T. M. (2006). Participant factors in treating anxiety disorders. In L. G. Castonguay & L. E. Beutler (Eds.), *Principles of therapeutic change that work* (pp. 121-154). New York: Oxford University Press.

Niedenthal, P., Halberstadt, J. B., & Setterlund, M. B. (1999). Emotional response categorization. *Psychological Review, 106*, 337-361.

Nolen-Hoeksema, S., & Watkins, E. R. (2011). A heuristic for developing transdiagnostic models of psychpathology: Explaining multifinality and divergent trajectories. *Perspectives on Psychological Science, 6*, 589-609.

Norwicki, S., & Duke, M. (1994). Individual differences in the non-verbal communication of affect. *Journal of Nonverbal Behavior, 18*, 9-35.

O'Leary, D., Acevedo, B., Aron, A., Huddy, L., & Mashek, D. (2012). Is long-term love more than a rare phenomenon?: If so, what are its correlates? *Social Psychology and Personality Science, 3*, 241-249.

Olendzki, A. (2005). The roots of mindfulness. In C. Germer, R. Siegel, & P. Fulton (Eds.),

Mindfulness and psychotherapy (pp. 241-261). New York: Guilford Press.

Ortigo, K., Westen, D., DeFife, J., & Bradley, B. (2013). Attachment, social cognition and posttraumatic stress symptoms in a traumatized urban population: Evidence for the mediating role of object relations. *Journal of Traumatic Stress, 26*, 361-368.

Paivio, S. C., & Pascual-Leone, A. (2010). *Emotion-focused therapy for complex trauma.* Washington, DC: American Psychological Association.

Palmer, G., & Efron, D. (2007). Emotionally focused family therapy: Developing the model. *Journal of Systemic Therapies, 26*, 17-24.

Panksepp, J. (1998). *Affective neuroscience: The foundations of human and animal emotions.* New York: Oxford University Press.

Panksepp, J. (2009). Brain emotional systems and qualities of mental life: From animal models of affect to implications for psychotherapeutics. In D. Fosha, D. J. Siegel, & M. Solomon (Eds.), *The healing power of emotion: Affective neuroscience, development and clinical practice* (pp. 1-26). New York: Norton.

Parmigiani, G., Tarsitami, L., De Santis, V., Mistretta, M., Zampetti, G., Roselli, V., et al. (2013). Attachment style and posttraumatic stress disorder after cardiac surgery. *European Psychiatry, 28*(Suppl. 1), 1.

Pasual-Leone, A., & Yeryomenko, N. (2016). The client "experiencing" scale as a predictor of treatment outcomes: A meta-analysis on psychotherapy process. *Journal of Psychotherapy Research, 27*, 653-665.

Peloquin, K., Brassard, A., Delisle, G., & Bedard, M. (2013). Integrating the attachment, caregiving and sexual systems into the understanding of sexual satisfaction. *Canadian Journal of Behavioral Science, 45*, 185-195.

Peloquin, K., Brassard, A., Lafontaine, M., & Shaver, P. R. (2014). Sexuality examined through the lens of attachment theory: Attachment, caregiving and sexual satisfaction. *Journal of Sex Research, 51*, 561-576.

Pennebaker, J. W. (1990). *Opening up: The healing power of confiding in others.* New York: Morrow.

Philippot, P., Baeyens, C., Douilliez, C., & Francart, B. (2004). Cognitive regulation of emotion: Application to clinical disorders. In P. Philippot & R. S. Feldman (Eds.), *The regulation of emotion* (pp. 71-97). Mahwah, NJ: Erlbaum.

Pietromonaco, P. R., & Collins, N. L. (2017). Interpersonal mechanisms linking close relationships to health. *American Psychologist, 72*, 531-542.

Pinniger, R., Brown, R., Thorsteinsson, E., & McKinley, P. (2012). Argentine tango dance compared to mindfulness meditation and a waiting list control: A randomized trial for treating depression. *Complementary Therapies in Medicine, 20*, 377-384.

Pinsof, W. M., & Wynne, L. C. (2000). The effectiveness and efficacy of marital and family therapy: Introduction to the special issue. *Journal of Marital and Family Therapy, 21*, 341-343.

Porges, S. W. (2011). *The polyvagal theory: Neurophysiological foundations of emotion, attachment, communication and self-regulation.* New York: Norton. Powell, B., Cooper, G., Hoffman, K., & Marvin, B. (2014). *The circle of security intervention: Enhancing attachment in early parent-child relationships.* New York: Guilford Press.

Rholes, S., & Simpson, J. (2015). Introduction: New directions and emerging themes. In S. Rholes & J. Simpson (Eds.), *Attachment theory and research* (pp. 1-8). New York: Guilford Press.

Rice, L. N. (1974). The evocative function of the therapist. In L. N. Rice & D. Wexler (Eds.), *Innovations in client centered therapy* (pp. 289-311). New York: Wiley.

Riggs, D. S., Byrne, C. A., Weathers, F. W., & Litz, B. T. (2005). The quality of the intimate relationships of male Vietnam veterans: Problems associated with posttraumatic stress. *Journal of Traumatic Stress, 11*, 87-101.

Roberts, B. W., & Robins, R. (2000). Board dispositions, broad aspirations: The intersection of personality traits and major life goals. *Journal of Personality and Social Psychology Bulletin, 26*, 1284-1296.

Rogers, C. (1961). *On becoming a person.* Boston: Houghton Mifflin.

Rubino, G., Barker, C., Roth, T., & Fearon, P. (2000). Therapist empathy and depth of interpretation in response to potential alliance ruptures—The role of therapist and patient attachment styles. *Psychotherapy Research, 10*, 408-420.

Salovey, P., Hsee, C., & Mayer, J. D. (1993). Emotional intelligence and the self regulation of affect. In D. Wegner & J. W. Pennebaker (Eds.), *Handbook of mental control* (pp. 258-277). Englewood Cliffs, NJ: Prentice-Hall.

Salovey, P., Mayer, J., Golman, L., Turvey, C., & Palfai, T. (1995). Emotional, attention clarity and repair: Exploring emotional intelligence using the trait meta-mood scale. In J. Pennebaker (Ed.), *Emotion, disclosure and health* (pp. 125-154). Washington, DC: American Psychological Association.

Satir, V. (1967). *Conjoint family therapy.* Palo Alto, CA: Science & Behavior Books.

Sbarra, D. (2006). Predicting the onset of emotional recovery following nonmarital relationship dissolution: Survival analysis of sadness and anger. *Personality and Social Psychology Bulletin, 32,* 298-312.

Scharf, M., Mayseless, O., & Kivenson-Baron, I. (2004). Adolescents attachment representations and developmental tasks in emerging adulthood. *Developmental Psychology, 40,* 430-444.

Schiller, D., Monfils, M., Raio, C., Johnson, D., LeDoux, J., & Phelps, E. (2010). Preventing the return of fear in humans using reconsolidation update mechanisms. *Nature, 463,* 49-53.

Schmidt, N. B., Keough, M. E., Timpano, K., & Richey, J. (2008). Anxiety sensitivity profile: Predictive and incremental validity. *Journal of Anxiety Disorders, 22,* 1180-1189.

Schnall, S., Harber, K., Stefanucci, J., & Proffitt, D. (2008). Social support and the perception of geographical slant. *Journal of Experimental Social Psychology, 44,* 1246-1255.

Scott, R. L., & Cordova, J. V. (2002). The influence of adult attachment styles on the association between marital adjustment and depressive symptoms. *Journal of Marriage and the Family, 62,* 1247-1268.

Selchuk, E., Zayas, V., Gunaydin, G., Hazan, C., & Kross, E. (2012). Mental representations of attachment figures facilitate recovery following upsetting autobiographical memory recall. *Journal of Personality and Social Psychology, 103,* 362-378.

Senchak, M., & Leonard, K. E. (1992). Attachment styles and marital adjustment among newlywed couples. *Journal of Social and Personal Relationships, 9,* 51-64.

Sexton, T., Gordon, K., Gurman, A., Lebow, J., Holtzworth-Munroe, A., & Johnson, S. M. (2011). Guidelines for classifying evidence-based treatments in couple and family therapy. *Family Process, 50,* 377-392.

Sharar, B., Carlin, E., Engle, D., Hegde, J., Szepsenwol, A., & Arkowitz, H. (2011). A pilot investigation of emotion focused two chair dialogue intervention for self-criticism. *Clinical Psychology and Psychotherapy, 19,* 496-507.

Shaver, P. R., & Clarke, C. L. (1994). The psychodynamics of adult romantic attachment. In J. Masling & R. Bornstein (Eds.), *Empirical perspectives on object relations theory* (pp. 105-156). Washington, DC: American Psychological Association.

Shaver, P. R., Collins, N., & Clarke, C. L. (1996). Attachment styles and internal working models of self and relationship partners. In G. O. Fletcher & J. Fitness (Eds.), *Knowledge structures in close relationships: A social psychological approach* (pp. 25-61). Mahwah, NJ: Erlbaum.

Shaver, P. R., & Hazan, C. (1993). Adult romantic attachment: Theory and evidence. In D. Perlman & W. Jones (Eds.), *Advances in personal relationships* (Vol. 4, pp. 29-70). London: Jessica Kingsley.

Shaver, P. R., & Mikulincer, M. (2002). Attachment-related psychodynamics. *Attachment and Human Development, 4*, 133-161.

Shaver, P. R., & Mikulincer, M. (2007). Attachment and emotional regulation. In J. J. Gross (Ed.), *Handbook of emotion regulation* (pp. 446-465). New York: Guilford Press.

Shedler, J. (2010). The efficacy of psychodynamic psychotherapy. *American Psychologist, 65*, 98-109.

Siegel, D. (2013). *Brainstorm: The power and purpose of the teenage brain.* New York: Tarcher/Penguin.

Simpson, J. A., Collins, A., Tran, S., & Haydon, K. (2007). Attachment and the experience and expression of emotions in romantic relationships: A developmental perspective. *Journal of Personality and Social Psychology, 92*, 355-367.

Simpson, J. A., & Overall, N. (2014). Partner buffering of attachment insecurity. *Current Directions in Psychological Science, 23*, 54-59.

Simpson, J. A., Rholes, W. S., & Nelligan, J. S. (1992). Support seeking and support giving within couples in an anxiety provoking situation: The role of attachment styles. *Journal of Personality and Social Psychology, 62*, 434-446.

Simpson, J. A., Rholes, W. S., & Phillips, D. (1996). Conflict in close relationships: An attachment perspective. *Journal of Personality and Social Psychology, 71*, 899-914.

Slade, A. (2008). The implications of attachment theory and research for adult psychotherapy. In J. Cassidy & P. R. Shaver (Eds.), *Handbook of attachment: Theory, research, and clinical applications* (2nd ed., pp. 762-782). New York: Guilford Press.

Slotter, E. B., Gardner, W. C., & Finkel, E. J. (2010). Who am I without you?: The influence of romantic breakup on the self-concept. *Personality and Social Psychology Bulletin, 36*, 147-160.

Spanier, G. (1976). Measuring dyadic adjustment. *Journal of Marriage and Family, 13*, 113-126.

Sroufe, L. A., Egeland, B., Carlson, E. A., & Collins, A. (2005). *The development of the person: The Minnesota Study of Risk and Adaptation from Birth to Adulthood*. New York: Guilford Press.

Stegge, H., & Meerum Terwogt, M. (2007). Awareness and regulation of emotion in typical and atypical development. In J. J. Gross (Ed.), *Handbook of emotion regulation* (pp. 269-286). New York: Guilford Press.

Steill, K., & Hailey, G. (2011). Emotionally focused therapy for couples living with aphasia. In J. Furrow, S. M. Johnson, & B. Bradley (Eds.), *The emotionally focused casebook: New directions in treating couples* (pp. 113-140). New York: Routledge.

Stern, D. N. (2004). *The present moment in psychotherapy and everyday life*. New York: Norton.

Stiles, W. B., Agnew-Davies, R., Hardy, G. E., Barkham, M., & Shapiro, D. A. (1998). Relations of the alliance with psychotherapy outcome: Findings in the Second Sheffield Psychotherapy Project. *Journal of Consulting and Clinical Psychology, 66,* 791-802.

Suchy, Y. (2011). *Clinical neuropsychology of emotion*. New York: Guilford Press.

Sullivan, H. S. (1953). *Conceptions of modern psychiatry*. New York: Norton.

Sullivan, K. T., Pasch, L. A., Johnson, M. D., & Bradbury, T. N. (2010). Social supoport, problem-solving, and the longitudinal course of newlywed marriage. *Journal of Personality and Social Psychology, 98,* 631-644.

Szalavitz, M. (2017). Dopamine: The currency of desire. *Scientific American Mind, 28,* 48-53.

Tang, T. Z., & DeRubeis, R. J. (1999). Sudden gains and critical sessions in cognitive behavioral therapy for depression. *Journal of Consulting and Clinical Psychology, 67,* 894-904.

Tolin, D. F. (2014). Beating a dead dodo bird: Looking for signal vs nose in cognitive behavioral therapy for anxiety disorders. *Clinical Psychology: Practice and Science, 21,* 351-362.

Tomkins, S. (1986). *Affect, imagery and consciousness*. New York: Springer.

Tottenham, N. (2014). The importance of early experiences for neuro-affective development. *Current Topics in Behavioral Neuroscience, 16,* 109-129.

Tronick, E. (1989). Emotions and emotional communication in infants. *American Psychologist, 44,* 112-119.

Tronick, E. (2007). *The neurobehavioral and social-emotional development of infants and children*. New York: Norton.

Tulloch, H., Greenman, P., Demidenko, N., & Johnson, S. M. (2017). *Healing Hearts Together Relationship Education Program: Facilitators guide for small groups*. Ottawa, Ontario, Canada: International Centre for Excellence in Emotionally Focused Therapy.

Tulloch, H., Johnson, S. M., Greenman, P., Demidenko, N., & Clyde, M. (2016). *Healing Hearts Together: A pilot intervention program for cardiac patients and their partners*. Presentation at the Canadian Association of Cardiac Prevention and Rehabilitation National Conference, Montreal, Quebec, Canada.

Uchino, B. N., Smith, T. W., & Berg, C. A. (2014). Spousal relationship quality and cardiovascular risk: Dyadic perceptions of relationship ambivalence are associated with coronary-artery calcification. *Psychological Science, 25,* 1037-1042.

van der Kolk, B. (2014). *The body keeps the score: Brain, mind and body in the healing of trauma*. New York: Penguin Books.

Wade, T. D., & Kendler, K. S. (2000). The relationship between social support and major depression: Cross-sectional, longitudinal and genetic perspectives. *Journal of Nervous and Mental Disease, 188,* 251-258.

Wallin, D. J. (2007). *Attachment in psychotherapy*. New York: Guilford Press.

Wampold, B. (2006). What should be validated: The psychotherapist. In J. C. Norcross, L. E. Beutler, & R. E. Levant (Eds.), *Evidence-based practices in mental health: Debate and dialogue* (pp. 200-208). Washington, DC: American Psychological Association.

Warren, S., Huston, L., Egeland, B., & Sroufe, L. A. (1997). Childhood anxiety disorders and attachment. *Journal of the American Academy of Child and Adolescent Psychiatry, 36,* 637-644.

Watson, J. C., & Bedard, D. L. (2006). Client's emotional processing in psychotherapy: A comparison between cognitive behavioral and process-experiential therapies. *Journal of Consulting and Clinical Psychology, 74,* 152-159.

Weissman, M. M., Markowitz, J. C., & Klerman, G. L. (2007). *Clinican's quick guide to interpersonal psychotherapy*. New York: Oxford University Press.

Whisman, M. A., & Baucom, D. H. (2012). Intimate relationships and psychopathology. *Clinical Child and Family Psychology Review, 15,* 4-13.

Wiebe, S. A., Elliott, C., Johnson, S. M., Burgess Moser, M., Dalgleish, T. L., & Tasca, G. A. (2014). *Attachment and sexual satisfaction in emotionally focused couple therapy*. Manuscript under review.

Wiebe, S. A., Johnson, S. M., Lafontaine, M. F., Burgess Moser, M., Dalgleish, T., & Tasca, G. A. (2016). Two-year follow-up outcomes in emotionally focused couple therapy: An investigation of relationship satisfaction and attachment trajectories. *Journal of Marital and Family Therapy, 43*, 227-244.

Wilson, E. O. (1998). *Consilience: The unity of knowledge*. New York: Vintage Books.

Winnicott, D. W. (1965). *The maturational process and the facilitating environment*. London: Hogarth Press.

Woody, S., & Ollendick, T. (2006). Technique factors in treating anxiety disorders. In L. Castonguay & L. Beutler (Eds.), *Principles of therapeutic change that work* (pp. 167-186). New York: Oxford University Press.

Yalom, I. (1980). *Existential psychotherapy*. New York: Basic Books. Yalom, I. (1989). *Love's executioner*. New York: Basic Books.

Yalom, I. D. (2000). *The gift of therapy*. New York: Harper Perennial.

Young, M., Riggs, S., & Kaminski, P. (2017). Role of marital adjustment in associations between romantic attachment and coparenting. *Family Relations, 66*, 331-345.

Zajonc, R. B. (1980). Feeling and thinking: Preferences need no inferences. *American Psychologist, 35*, 151-175.

Zemp, M., Bodenmann, G., & Cummings, E. M. (2016). The significance of interparental conflict for children. *European Psychologist, 21*, 99-108.

Zucccarini, D., Johnson, S. M., Dalgleish, T., & Makinen, J. (2013). Forgiveness and reconciliation in emotionally focused therapy for couples: The client change process and therapy interventions. *Journal of Marital and Family Therapy, 39*, 148-162.

Zuroff, D. C., & Blatt, S. J. (2006). The therapeutic relationship in the brief treatment of depression: Contributions to clinical improvement and enhanced adaptive capacities. *Journal of Consulting and Clinical Psychology, 74*, 130-140.

찾아보기

인명

내용

저자 소개

Susan M. Johnson

교육학 박사(EdD)이며, EFT의 개발자이다. 그녀는 캐나다 온타리오에 있는 오타와 대학교 임상심리학과의 명예교수이자 미국 샌디에이고에 위치한 앨리언트 국제대학 결혼가족학과의 저명한 연구교수이고 정서중심치료 국제센터의 센터장이다. Johnson 박사는 캐나다의 위대한 명예시민 훈장을 받았다. 그녀는 많은 상을 받았지만 특히 미국심리학회(American Psychological Association)의 올해의 가족심리학자상과 미국결혼가족치료협회(American Association for Marriage and Family Therapy)의 결혼가족치료 공로상을 받은 바 있다. 그녀는 전문가에게 인기 있는 『정서중심 부부치료(Emotionally Focused Therapy for Couples)』『외상 생존자의 정서중심 부부치료(Emotionally Focused Couple Therapy with Trauma Survivors)』, 일반인을 위한 『날 꼬옥 안아 줘요(Hold Me Tight)』『우리는 사랑에 대해 얼마나 알고 있을까(Love Sense)』 등의 베스트셀러를 집필했다.

역자 소개

박성덕(Sungdeok Park)

정신건강의학과 전문의로, 고려대학교 의과대학을 졸업하였고 미국 뉴햄프셔 대학교 가족상담학과 및 가족부부상담연구소에서 연수하였다. 현재 연리지가족부부연구소 소장 및 한국정서중심치료센터(EFTKorea) 센터장으로 있다. 정서중심 부부치료모델을 한국에 처음으로 도입하였고, 국제공인 정서중심 부부치료사 및 수퍼바이저 자격을 가지고 있다. 연구소에서는 부부, 개인, 가족 상담을, 센터에서는 전문가 교육을 진행하고 있으며, EBS TV 프로그램 〈부부가 달라졌어요〉〈남편이 달라졌어요〉 등에 책임전문가로 출연하였다. 저서로는 『우리, 다시 좋아질 수 있을까: 상처투성이 부부 관계를 되돌리는 감정테라피』(지식채널, 2011), 『당신, 힘들었겠다: 외롭고 지친 부부를 위한 감정 사용설명서』(21세기북스, 2017), 『당신, 내편이라서 고마워: 박성덕 소장의 서로에게 힘이 되는 부부관계법』(두란노, 2017)이 있고, 역서로는 『정서중심적 부부치료: 부부관계의 회복』(학지사, 2006), 『날 꼬옥 안아 줘요』(이너북스, 2010)가 있으며, 공역서로는 『우리는 사랑에 대해 얼마나 알고 있을까: 사랑을 지키기 위해 알아야 할 관계 심리학』(지식너머, 2015), 『변화 요인을 통해 본 정서중심 부부치료』(학지사, 2019)가 있다.

이지수(Jisue Rhee)

정신건강의학과 전문의로, 서울대학교 의과대학을 졸업하고 용인정신병원에서 수련하였다. 한국정신분석학회 심층정신치료 고급반을 수료하였으며, 한국 정서중심 부부치료센터의 기초교육과정 및 심화교육과정을 이수하였다. 대한신경정신의학회 정회원, 한국정신분석학회 정회원, 국제 정서중심 부부치료센터 및 한국 정서중심 부부치료센터의 정회원이다.

애착이론과 상담

개인, 부부, 가족을 위한 정서중심치료

Attachment Theory in Practice

Emotionally Focused Therapy(EFT)
with Individuals, Couples, and Families

2021년   6월 10일 1판 1쇄 인쇄
2021년   6월 15일 1판 1쇄 발행

지은이 • Susan M. Johnson
옮긴이 • 박성덕 · 이지수
펴낸이 • 김진환
펴낸곳 • ㈜**학지사**

04031 서울특별시 마포구 양화로 15길 20 마인드월드빌딩
대표전화 • 02-330-5114   팩스 • 02-324-2345
등록번호 • 제313-2006-000265호

홈페이지 • http://www.hakjisa.co.kr
페이스북 • https://www.facebook.com/hakjisabook

ISBN 978-89-997-2424-4 93180

정가 22,000원

출판 · 교육 · 미디어기업 **학지사**

간호보건의학출판 **학지사메디컬** www.hakjisamd.co.kr
심리검사연구소 **인싸이트** www.inpsyt.co.kr
학술논문서비스 **뉴논문** www.newnonmun.com
교육연수원 **카운피아** www.counpia.com